国家哲学社会科学成果文库

NATIONAL ACHIEVEMENTS LIBRARY
OF PHILOSOPHY AND SOCIAL SCIENCES

分配危机与经济法规制

张守文 著

张守文 北京大学法学院教授、博士生导师。北京大学法学学士、法学硕士、法学博士。担任北京大学经济法研究所所长、中国经济法学研究会副会长兼秘书长、中国法学会常务理事、中国审判理论研究会常务理事、最高人民检察院专家咨询委员会委员等。

研究成果涉及经济法理论、财税法、竞争法、信息法、社会法等多个领域，较为重要的著作和教材有《市场经济与新经济法》(1993)、《信息法学》(1995)、《税法的困境与挑战》(2000)、《税法原理》(2001)、《经济法理论的重构》(2004)、《财税法疏议》(2005)、《财税法学》(2007)、《经济法总论》(2009)、《经济法学》(2012)、《经济法原理》(2013)等。

曾被评为"全国十大杰出中青年法学家"(2002)，教育部首届"青年教师奖"(1999)和首届"新世纪人才"(2004)；获得中国高校人文社科优秀成果奖一等奖(2009)、司法部首届法学研究成果和法学教材一等奖(2002)等多项省部级奖励；入选国家百千万人才工程(2013)。

《国家哲学社会科学成果文库》
出版说明

　　为充分发挥哲学社会科学研究优秀成果和优秀人才的示范带动作用,促进我国哲学社会科学繁荣发展,全国哲学社会科学规划领导小组决定自2010年始,设立《国家哲学社会科学成果文库》,每年评审一次。入选成果经过了同行专家严格评审,代表当前相关领域学术研究的前沿水平,体现我国哲学社会科学界的学术创造力,按照"统一标识、统一封面、统一版式、统一标准"的总体要求组织出版。

全国哲学社会科学规划办公室
2011年3月

目　　录

导论　分配危机与法治发展 …………………………………………（1）
　一、研究背景与基本命题 …………………………………………（1）
　二、研究对象与问题界定 …………………………………………（3）
　三、基本线索与主要内容 …………………………………………（8）
　四、基本框架与研究方法 …………………………………………（11）

第一章　分配压力与分配差异 …………………………………（15）
　一、两类分配压力的法律缓释 ……………………………………（15）
　二、财政分配危机的法律规制 ……………………………………（28）
　三、分配差异风险的法律防控 ……………………………………（43）

第二章　分配关系与结构的"协整" ……………………………（56）
　一、多元分配关系的国家协调 ……………………………………（57）
　二、分配结构的双重调整 …………………………………………（69）
　三、分配规制的经济法促进 ………………………………………（80）

第三章　分配结构的法律优化 …………………………………（90）
　一、结构优化的必要性与相关性 …………………………………（91）
　二、分配结构的多元法律调整 ……………………………………（98）
　三、结构优化的经济法问题 ………………………………………（103）
　四、结构优化的理论提炼 …………………………………………（112）

第四章　基于分配导向的经济法治 ……………………………（115）
　一、分配导向与"两类分配" ………………………………………（116）
　二、分配重心转变与"U形曲线" …………………………………（120）

三、分配政策变迁与经济法发展 …………………………… (127)
四、贯穿分配主线的制度与理论 …………………………… (133)

第五章 重要分配制度的协调一致 ……………………… (141)
一、不同位阶分配制度的一致性 …………………………… (142)
二、不同类型分配制度的协调发展 ………………………… (155)
三、不同性质分配制度的协调互补 ………………………… (166)
四、相同类型分配制度的内部协调 ………………………… (175)

第六章 分配制度的统一与差异 ………………………… (185)
一、统一分配制度之外的差异 ……………………………… (185)
二、差异化分配的统一规制 ………………………………… (200)
三、同类分配制度的内部差异 ……………………………… (214)
四、分配制度差异中的国家因素 …………………………… (222)

第七章 分配权益的法律保障 …………………………… (237)
一、分配问题与经济发展权的保障 ………………………… (238)
二、从增值税"转型"看分配权保护 ……………………… (249)
三、房产税立法中的分配权衡 ……………………………… (260)
四、分税制的问题与地方收入保障 ………………………… (271)

第八章 分配危机的法律应对 …………………………… (282)
一、分配危机的经济法应对 ………………………………… (282)
二、危机应对与经济法的发展 ……………………………… (292)
三、"二元分化"的分配调控 ……………………………… (297)
四、分配调控的实效与合法性 ……………………………… (304)

第九章 分配危机的理论拓展 …………………………… (309)
一、分配危机的经济法理论解析 …………………………… (310)
二、经济法视域的分配危机理论 …………………………… (323)
三、风险理论与分配危机的防控 …………………………… (334)
四、"发展法学"的分配危机理论 ………………………… (341)

结论	(356)
一、若干基本认识	(356)
二、进一步的延伸思考	(359)
三、研究局限与尚待深掘的问题	(362)

参考书目 ············ (364)

本书索引 ············ (370)

Contents

Introduction Distributive Crisis and Rule of Law Development .... (1)
    Section 1 Research Background and Basic Thesis .... (1)
    Section 2 Research Object and Problem Formulation .... (3)
    Section 3 Basic Clue and Main Contents .... (8)
    Section 4 Basic Frame and Research Methods .... (11)

Chapter I Distributive Pressure and Distributive Difference .... (15)
    Section 1 Legal Slow-release of Two Types of Distribute Pressures ...... (15)
    Section 2 Legal Regulation of Financial Distributive Crisis .... (28)
    Section 3 Prevention and Control of Risks of Distributive
                Differences .... (43)

**Chapter II Distributive Relationships and Coordination of
              Structure** .... (56)
    Section 1 National Coordination of Distributive Relationships .... (57)
    Section 2 Double Adjustments of Distributive Structure .... (69)
    Section 3 Economic Law's Promotion of Distributive Regulation .... (80)

Chapter III Legal Optimization of Distributive Structure .... (90)
    Section 1 Necessity and Correlation of Structural Optimization .... (91)
    Section 2 Multiplex Legal Adjustments of Distributive Structure .... (98)
    Section 3 Economic Law's Problems of Structural Optimization .... (103)
    Section 4 Theoretical Extraction of Structural Optimization .... (112)

II Distribution Crisis and Economic Law Regulation

Chapter IV Economic Rule of Law Based on Distribution-Orientation ············ (115)

Section 1 Distribution-Orientation and Two Types of Distribution ········· (116)

Section 2 Transition of Distributive Orthocenter and U-shaped Curve ······ (120)

Section 3 Change of Distributive Policy and Development of Economic Law ············ (127)

Section 4 Institutions and Theories with a Main Line of Distribution ······ (133)

Chapter V Coordination and Congruence of Important Distributive Institutions ············ (141)

Section 1 Congruence of Distributive Institutions with Different Ranks ············ (142)

Section 2 Coordinate Development of Diverse Types of Distributive Institutions ············ (155)

Section 3 Coordination and Complementarity of Different Types of Distributive Institutions ············ (166)

Section 4 Internal Coordination of Distributive Institutions with the Same Type ············ (175)

Chapter VI Unification and Difference of Distributive Institutions ······ (185)

Section 1 Difference Outside of Unitive Distributive Institutions ········· (185)

Section 2 Unitive Regulation of Differentiate Distribution ················· (200)

Section 3 Internal Difference of Distributive Institutions with the Same Type ············ (214)

Section 4 State Factors in the Difference of Distributive Institutions ······ (222)

Chapter VII Legal Safeguard of Distributive Rights ····················· (237)

Section 1 Distribution Questions and Safeguard of Economic Development Rights ············ (238)

Section 2 Safeguard of Distributive Power Viewed from the Added-value Tax's Transition ············ (249)

Section 3	Distributive Balance in the Housing Property Tax Legislation	(260)
Section 4	Tax-separating System and Guarantee of Local Revenues	(271)
Chapter VIII	**Legal Countermeasures to Distributive Crisis**	(282)
Section 1	Economic Law's Countermeasures to Distributive Crisis	(282)
Section 2	Response to Crisis and Development of Economic Law	(292)
Section 3	Distributive Regulation of Dual Differentiation	(297)
Section 4	Effectiveness and Legitimacy of Distributive Regulation	(304)
Chapter IX	**Theory Expansion of Distributive Crisis**	(309)
Section 1	Theoretical Analysis of Distributive Crisis from Economic Law	(310)
Section 2	Distributive Crisis Theories Based on Economic Law	(323)
Section 3	Risk Theory and Prevention & Control of Distributive Crisis	(334)
Section 4	Distributive Crisis Theoriesof Development Jurisprudence	(341)
Conclusion		(356)
Section 1	Some Basic Understanding	(356)
Section 2	The Extension of Further Thinking	(359)
Section 3	Study Limitations and Remains to be Further Problems	(362)
Reference		(364)
Index		(370)

导　　论

分配危机与法治发展

一、研究背景与基本命题

自德国社会学家贝克（Ulrich Beck）提出"风险社会"（risk society）的概念以来①，现代社会已被公认为典型的风险社会。对于各类风险可能带来的种种危机，历史上的许多著名思想家都曾深度关注。② 2008年发生的影响全球的金融危机，在欧美诸国已演变为财政危机、债务危机乃至整体上的经济危机，多种危机不仅使相关国家的财政压力进一步加大甚至濒于破产③，也使企业经营惨淡，个人收入锐减，民生负担剧增。为了应对上述危机，各国纷纷综合运用财政、税收、金融、产业多种经济政策及相应的经济法律手段，试图遏制经济下行的趋势，推动经济的复苏，恢复社会公众的信心。④

---

① 贝克强调，在发达的现代社会，财富的社会生产系统地伴随着风险的社会生产，相应地，与短缺社会的分配相关的问题和冲突，同科技发展所产生的风险的生产、界定和分配所引起的问题和冲突相重叠。参见〔德〕贝克：《风险社会》，何博闻译，译林出版社2004年版，第15页。其实，分配问题一直是导致社会风险的重要原因，对分配风险及由此形成的分配危机必须高度重视。

② 例如，马克思曾关注资本主义生产方式带来的经济危机，涂尔干曾关注过于强调经济发展带来的道德危机和社会解体的风险，等等。参见〔英〕丹尼：《风险与社会》，马缨等译，北京出版社2009年版，第7页。

③ 2008年金融危机发生后最为引人注目的，就是冰岛濒于破产；其后，希腊等欧洲国家持续多年的债务危机也引发了世界的广泛关注。

④ 我国为应对2008年发生的金融危机，曾采取大量措施，如投资4万亿元拉动内需、实施"结构性减税"等；美国也投入了7000亿美元的紧急金融援助资金进行救市，其他国家也采取了多种应对措施。

与此同时，学界也在反思危机的成因，探讨危机的防范和化解之策，并形成了如下基本共识：经济危机是经济失衡的体现，是资源、财富、利益分配不均的结果，各类危机莫不与分配直接相关。要防止危机的发生，就应未雨绸缪，防患于未然，在平时加强政策调节和法律规制，有效解决分配问题，这对于保障经济安全和社会稳定，提升国家治理能力，促进经济和社会的良性运行和协调发展，都至为重要。

分配问题及其可能引发的分配危机，是当世各国均须关注的重大现实问题。我国同样面临着突出的分配问题。无论是居高不下的基尼系数，还是公众感受强烈的收入分配不公等，都可能导致具有极大破坏性的分配危机。因此，有必要从理论层面分析分配问题的成因和应对机制，提炼相关的分配理论，特别是分配结构调整理论和法律规制理论；同时，也有必要从制度实践层面，分析解决分配问题，化解分配风险和应对分配危机的具体措施，尤其应从经济法规制的角度，提出完善相关分配制度的具体路径。

从既往研究看，由于分配问题历来备受重视[①]，相关研究成果可谓汗牛充栋，尤其在经济学、社会学、政治学等相关领域成果更多。但对于分配问题或分配危机与经济法规制的关联思考，还非常少见，系统研究更显不足。这也是需要关注的重要研究背景。

基于上述背景和问题，本书研究的焦点问题，可以概括为四个关键词，即"分配—危机—法治—发展"。这四个方面密切相关，集中反映了上述基本共识，涉及分配问题或分配危机发生的原因、性质、应对手段，以及化解危机的目标，进而构成了如下相互关联的命题：分配问题会带来分配风险——分配风险可能导致分配危机——各类危机都可归结为分配危机——分配危机需要法律规制——法律规制要体现法治要求——法治能够促进经济的稳定发展。

基于上述认识，本书的基本命题是：针对各类分配问题及其累积可能导

---

① 对于分配的重要性，许多学者都有过讨论，例如，李嘉图在《政治经济学及赋税原理》中认为"确定调节分配的法则是政治经济学的基本问题"；穆勒在《政治经济学原理》中认为，"在最发达的国家，经济所需要的是更好的分配"；克拉克在《财富的分配》中认为，"至关重要的一个经济问题是财富在不同索取者之间的分配"。对此，布朗芬布伦纳认为，在强调分配的重要性时，"有人把收入、财富和权利的分配看成是远比'稀缺'或'效率'更重要的经济问题"。参见〔美〕布朗芬布伦纳：《收入分配理论》，方敏等译，华夏出版社2009年版，第1—2页。

致的分配危机，需要加强法律规制特别是经济法的规制，不断提升经济法治水平，这尤其有助于防范和化解各类分配危机，推动经济与社会的良性运行和协调发展。

从各国的实践来看，解决分配危机，需要各类法律的综合规制，其中，最为重要的是经济法规制，因此，本书将围绕上述基本命题，着重探讨"分配危机与经济法规制"的相关问题，同时，也会辅之以相关的经济政策及其他相关法律规制的探讨。

二、研究对象与问题界定

从总体上说，本书要集中研究的是分配危机与相应的经济法规制问题，具体而言，需要研究分配问题及其引发的分配风险和分配危机，探讨如何通过政策、法律（特别是经济法）等诸多手段，解决各类分配问题，从而防范和化解分配风险和分配危机，并由此提升经济法治水平，促进经济与社会的发展。

基于上述研究对象，本书着重选取以下问题展开研讨：

（一）分配问题与分配危机

分配问题是当代世界各国都非常关注的重大现实问题，它通常包括分配不均、分配不公、分配失序、分配失衡，等等，这些问题对政治、经济、社会、法律等各个方面，都存在直接而深刻的影响，关涉国家的政治安定、经济增长、社会发展和法治昌明。要有效解决国计民生问题，实现国泰民安、长治久安，避免"治乱循环"，就必须解决好分配问题。[①]

本书所关注的分配，既包括收入分配，也包括财富分配、权力分配、资源分配，因而是广义上的分配[②]；同时，分配主体涵盖国家、企业、个人等各

[①] 纵观历史变革、王朝兴替，莫不与分配领域的危机直接相关。要解决"治乱循环"问题，就必须解决好分配问题。

[②] 收入与财富分配的不平等，是两种最重要的不平等类型。有学者认为，收入通常指作为人们工作或投资回报的金钱，如工资、投资收益等；而财富则是各类有价物品积累起来的资产，如不动产、股票、存款等。参见〔美〕克博：《社会分层与不平等：历史、比较、全球视角下的冲突》（第七版），蒋超等译，上海人民出版社2012年版，第24页。

类组织体和个体，由此使分配的具体类型可以包括国家的财政分配、企业的财务分配、个人的收入分配，等等。在上述各类分配中，受经济和法律等诸多因素影响，各类主体参与分配的能力各异，并由此会导致分配的差距或差异①，形成分配不均；如果分配不均与分配不公同时并存，就会导致严重的分配失衡，并酿成较大的分配风险；而随着分配风险的集聚，就可能导致分配危机。

所谓"分配危机"，是由于上述诸多分配问题未能有效解决而引致的危机，它是分配问题的极端体现。一方面，分配不均所带来的分配失衡，会直接影响经济的持续发展，导致经济层面的分配危机；另一方面，分配不公、分配失范或分配失序，也会影响主体的分配权利和分配能力，带来法律和社会层面的不平等、不公平、不正义等问题，从而影响分配的合法性和可持续性，并可能导致法律或社会层面的分配危机。②

通常，人们对上述经济层面的分配危机更有感性认识。无论是 20 世纪 30 年代被认为"生产过剩"的大危机③，还是 2008 年发生并持续发酵的金融危机、财政危机、债务危机等，首先都是经济层面的危机，而且都与分配失衡有关，实质上都是分配危机。要防范或应对各类分配危机，就必须对各类主体的行为加强法律规制，特别是经济法的规制。

（二）分配危机与法律规制

为了防范和化解分配风险，有效应对分配危机，各国通常非常注重政策手段和法律手段，并通过政策调节和法律规制，来有效配置分配的权利或权力，影响分配要素及其权重，从而优化分配结构，解决分配失衡问题；同时，通过加强法律调整，来解决分配失范或分配失序问题。而上述政策手段和法

---

① 在经济学领域，对于"收入分配差距是经济增长的动力还是阻力"之类的问题，还存在着争论。参见薛进军：《不平等的增长——收入分配的国际比较》，社会科学文献出版社 2013 年版，第 15—16 页。

② 哈贝马斯（Habermas）认为，晚期资本主义危机全面地表现在经济领域、政治领域和文化领域。其中，在经济领域出现了通胀危机、财政赤字危机和社会贫富分化危机。参见〔德〕哈贝马斯：《合法化危机》，刘北成、曹卫东译，上海人民出版社 2000 年版，第 63—68 页。而上述几类危机，都属于本书所关注的分配危机。

③ 有关大危机的著作和论断汗牛充栋。如果理解为生产过剩，则是分配上的一种失衡。参见孙立平：《金融危机的逻辑及其社会后果》，载《社会》2009 年第 2 期，第 1—15 页。

律手段，作为解决分配问题的两种路径，对于防范分配风险和应对分配危机非常重要。

从现实情况看，无论是调整产业结构，促进地区均衡发展，还是尊重和保护各国的经济发展权，推进各国协同发展；无论是缓解收入分配差距过大，还是防止收入分配不公；无论是降低企业负担，促进中小企业发展，还是降低个人生活成本，增加居民收入，等等，都可以成为防范分配风险和应对分配危机的具体手段，都有助于促进经济和社会的良性运行和协调发展，这些都与上述两类手段的运用直接相关。

如前所述，分配危机不仅涉及经济层面的诸多问题，还涉及法律层面的分配权利、分配能力、分配公平、分配规范、分配秩序、分配正义，等等，从法律规制的角度来防范和化解分配危机是非常必要的，因此，各国在解决分配问题的法律实践中，都愈发注重加强法律规制，特别是经济法规制，并注意提升经济法治的水平，这已成为各国的普遍共识和共通做法。①

事实上，在国家的财政分配、国民的收入分配，以及财富、资源等分配方面，如果存在严重的分配不均、不公或失衡问题，就可能导致宏观层面的经济波动，从而形成某种类型的分配危机，如财政危机、金融危机、债务危机等。无论是实体经济上的生产过剩或总量失衡，还是金融创新过度所导致的实体经济与虚拟经济的失衡，都体现为资源在不同领域、不同主体之间的分配失衡，对此需要进行整体的协调，通过加强法律规制来解决上述分配问题，熨平经济波动。

在历史上，著名思想家摩莱里（Morelly）早在1755年就提出了"经济法是分配法"的命题②，尽管其认识有一定的时代局限，但他揭示了经济法在解决分配问题方面的重要功用价值。此外，从国外的实践看，在20世纪30年代的大危机时期，随着美国罗斯福"新政"和各国宏观调控措施的成功推行，经济法中的宏观调控法作为"危机对策法"应运而生，这说明经济法在应对经济危机或"反周期"方面具有重要功用。因此，要解决分配问题、防

---

① 定分止争本来就是法律的重要功能。其实，无论是法律的规范功能抑或保障功能，都与分配问题的解决直接相关。通过规范相关主体的分配行为，保障其利益分配，才能形成良好的分配秩序。

② 摩莱里将"调整自然产品或人工产品分配"的法律称之为"分配法"或"经济法"。参见〔法〕摩莱里：《自然法典》，黄建华、姜亚洲译，商务印书馆1996年版，第107—110页。

范分配风险和应对分配危机,就应充分发挥经济法的重要作用。

在我国,分配压力或分配危机推动了改革开放,也推动了经济法的产生和发展。对分配问题的关注,贯穿于中国改革开放的全过程,构成了经济法制度变迁的主线。同时,经济法的发展,又有力地推动了分配领域诸多问题的解决。解决分配问题,既需要不断推进改革开放,也需要大力加强经济法规制。这既是历史,也是正在发生的现实。

(三) 危机、发展与法治

发展乃当代世界的主题。在经济发展过程中频发的各种危机[①],需要通过发展来化解;而无论是经济的常态发展,还是经济的风险防范,都离不开法治的保障,并且,在促进经济的有效发展和应对经济危机的过程中,法治自身也会得到发展。危机、发展与法治之间的密切关联,尤其有助于理解和研究分配领域的经济法规制问题,现简略分述之。

首先,危机与发展密切相关。

一方面,危机是"发展中的危机",即在发展过程中会产生危机,并且,危机若处置不当就会进一步恶化;另一方面,发展是"危机下的发展",即危机虽然需要通过发展来化解,但它也会促进发展,并可能带来新的跨越式发展。

对于上述"发展中的危机",人们通常更为关注。如前所述,尽管学界对金融危机、财政危机等各类危机有不同认识,但从广义上看,它们同属"经济的危机",同时,也都是"分配的危机"。金融危机无论对实体经济影响几何,都会牵涉相关主体的利益分配;而财政危机不仅对市场经济会产生巨大的负面影响,且其本身就是"公共经济的危机"。上述各类危机,都是经济发展过程中出现的危及发展的突出问题,且会影响发展的时机。

在各国经济发展的历程中,都曾出现过多次危机。一国经济唯有协调、均衡发展,真正实现有效发展,才可能避免危机的发生。反之,如果实体经

---

① 有学者考证认为,"危机"一词最早起源于希腊语,指特定疾病达到了转折点,后在14—15世纪转变为英语的 crisis。在我国,"危机"一词整体出现,是在南朝宋天文学家何承天的诗句"驰骋趣危机"中,指麻烦和风险。到唐朝时,"危机"逐渐成为常用词汇。参见高鹏程:《危机学》,社会科学文献出版社2009年版,第5页。

济与虚拟经济发展不协调,本国经济与世界经济发展不均衡,就必然影响整体分配结构的均衡,并可能产生经济危机或分配危机,最终影响经济的有效发展。因此,一国长期、均衡、稳定、有效的发展最为重要。①

其次,危机与发展,都同法治密切相关。

有效的法律规制有助于防范和化解危机,促进经济的有效发展。伴随着20世纪30年代的大危机,宏观调控法应运而生,从而使经济法制度得以整体问世,并成为促进经济有效发展的重要制度保障。经济法由此不仅被称为"危机对策法",亦被称为"发展促进法"。②

从分配的角度看,财政危机、金融危机等都与资金、收入、财富分配的失衡直接相关。通常,金融危机可能转化为财政危机,而财政危机则会加剧金融危机。各类分配危机的发生,固然有深刻的经济原因,但往往都与法律规制不足有关。因此,非常有必要加强对经济行为的法律规制,以防止风险因素的增加。在防范分配风险或应对分配危机的过程中,不仅使相关法律制度得以完善,整体的法治水平亦会得到提升。其实,经济法的产生、发展及其规制功能的发挥,正是这方面的突出例证。

虽然防范和应对经济危机的发生,促进经济的有效发展,都需要加强经济法规制,但规制必须符合法治的基本原则,体现法治的基本精神。为此,经济法领域的法定原则、公平原则、效率原则都必须特别强调③,并贯穿于经济法规制之中;同时,经济法制度的发展,也要处理好自身的统一性与差异性,以及与其他法律制度的独立性与协调性等关系,还要处理好经济政策与经济法的关系,等等,这些对于分配问题的解决和分配危机的防范与应对,都具有非常重要的意义。对此,本书在相关部分将专门探讨。

---

① 与此相关,荷兰学者伯恩认为,经济危机是指长时期的稳定增长和发展过程中出现的衰退区间。参见〔荷〕伯恩等:《危机管理政治学——压力之下的公共领导能力》,赵凤萍等译,河南人民出版社2010年版,第3页。

② 经济法是促进发展之法,这是其与传统法的重要不同。在经济法中有大量"促进型"规范,使其能够发挥促进经济和社会发展的功能。因此,在发展经济学、发展法学领域,都应当加强对经济法问题的研究。

③ 在经济法领域所强调的法定原则、适度原则和绩效原则,对于确保经济法规制的合理性和合法性,解决有效分配和公平分配等问题都非常重要。上述的适度原则和绩效原则,在一定的领域里也体现为公平原则和效率原则。上述原则的相关分析可参见张守文:《经济法原理》,北京大学出版社2013年版,第68—72页。

三、基本线索与主要内容

(一) 基本线索

本书的基本线索是：从问题出发，提出我国需要着重解决的分配问题，探讨分配问题的表现、成因、危害，以及解决分配问题的具体路径，分析在解决分配问题和应对分配危机的制度构建和实践方面存在的具体问题，并结合分配问题或具体的分配危机所带来的危害及其防范，提出完善相关制度的措施和方向，并在此基础上，提炼相关的分配理论和法律规制理论。

具体说来，上述线索可以分解为以下几个方面：

第一，基于问题定位，本书先提出分配领域存在的两类分配压力，即国家的财政压力和国民的民生压力，这两类压力的缓解和释放尤其需要加强经济法规制，从而说明在分配领域加强经济法规制的必要性问题；在此基础上，本书再分别以财政危机和分配差距问题为例，揭示这两类分配问题与经济法规制的内在关联。

第二，各类分配问题的解决，都离不开国家协调。而国家协调的重要手段，则是政策和法律，特别是经济政策和经济法。因此，在分配结构的调整方面，需要经济政策和经济法的"双重调整"，需要经济法中的"促进型规范"的积极回应。此外，在分配结构的优化方面，传统法与现代法有不同的价值追求。这些探讨意在进一步说明为什么在分配领域需要加强经济法规制，以及为什么经济法规制更有助于分配问题的解决。

第三，运用经济政策和经济法的手段来解决分配问题[①]，是我国改革开放以来的基本做法，同时，改革开放以来的整个经济法治建设，一直贯穿着分配的主线，体现着分配导向。事实上，解决分配问题始终是经济法治建设的重要目标，加强经济法规制，对于解决分配问题，防范和化解分配危机，尤其具有现实意义。

[①] 著名经济学家皮凯蒂（Thomas Piketty）在研究分配问题时也强调，应建立一个公正的社会秩序所需要的最合适的制度和政策，在法律框架下实现有效的公平正义。参见〔法〕皮凯蒂：《21世纪资本论》，巴曙松等译，中信出版社2014年版，第32页。

第四，要加强分配领域的经济法规制，就需要不断完善经济法制度。从整体法律体系的维度，需要注意经济法与其他法律制度的协调，尤其应加强与宪法、民商法的协调性，以更好地发挥各类部门法综合调整分配关系的功效；同时，从经济法自身的角度，则需要注意经济法规范的统一性与差异性，以更好地实现分配正义，确保实质公平，全面解决分配问题。此外，加强经济法的制度建设，应当使相关主体的分配权利得到有效保障，特别是经济发展权、财产权或收益权，必须在经济法的各类具体制度中得到应有的保护，这是解决分配问题的重要制度保障。

第五，如果经济法与其他相关法律的规制不到位，不能有效解决相关的分配问题，就极可能发生分配危机。在危机应对方面，加强经济法规制会有助于走出危机。但分配危机的成因和扩展毕竟受多种因素影响，因而也要看到经济法规制的局限性，尤其应当注意规制的合法性，即使在危机时分，也要符合经济法治的要求。[①]

第六，基于上述分配问题、分配危机及相关法律规制的讨论，可以进一步深化理论研究。一方面，应注意运用经济法理论来分析分配问题或分配危机的成因、扩展、应对等问题；另一方面，也应注意结合分配风险的防范和分配危机的应对，不断完善和拓展经济法的理论研究，开创旨在研究分配问题或分配危机的相关法学理论，以更好地推进经济和社会的发展，同时，也推进法治自身的发展。

上述几个方面，着重针对分配问题或分配危机如何加强经济法规制的问题展开研讨，是本书基本线索的进一步具体化，并力求将前述的分配、危机、法治、发展四个方面融为一体。

（二）主要内容

与前述基本线索相对应，本书将探讨如下主要问题：

在分配领域，无论是国家还是国民，都存在着分配压力，其中，国家的财政压力和国民的民生压力，是分配问题的突出体现，必须有效缓解和释放，

[①] 危机时分，各国曾采取一些有别于以往的规制措施，但其合法性往往会受到质疑。如美国为应对经济危机而于1933年制定的《全国工业复兴法》，在1935年曾被联邦最高法院判定为"违宪"；我国的4万亿投资在程序合法性上也受到了一些批评，对此在后面还将具体探讨。

才能防止分配风险的扩大乃至发生分配危机。其中，针对财政压力所带来的财政风险和财政危机，必须通过加强经济法乃至宪法方面的规制来促进其解决；同时，针对民生压力，特别是与之相关的分配不均或分配差异、分配不公、分配失衡等问题，亦须进行有效的法律调整。

为了有效解决分配问题，国家尤其应从政策和法律两个层面，对分配结构进行"双重调整"，并加强法律规制。在优化分配结构的过程中，既要看到传统法对于解决初次分配问题的重要功用，又要看到经济法、社会法等现代法对于解决再分配问题的重要价值[①]；发挥"促进型"经济法规范在解决分配问题方面的重要作用。

从历史上看，我国的改革开放始终围绕着解决分配问题展开，经济法治建设也始终依循分配导向，贯穿着分配主线。国家的财政分配和个体的利益分配，既是推进改革开放的直接动因，也是分析经济政策和经济法制度变迁发展的重要线索。透过分配主线，可以贯通整个经济法治的过去、现在和未来，并形成对经济法制度和经济法规制的"融会"理解。

在解决分配问题的过程中，尽管经济法的规制非常重要，但也应看到，宪法、民商法等制度的功用同样不可小视，因而在各类分配制度中，既要注意经济法与宪法的一致性和协调发展，也应关注经济法与民商法的规制协调，同时还应关注各类分配制度内部的协调，这样才能更好地在整体上发挥各类分配制度的功效，从而更好地解决分配问题，防范和化解分配风险和分配危机。

在关注分配制度渊源的协调统一的同时，还应当看到，虽然从法制统一的角度，应强调分配制度的统一性，但各类分配主体的现实差异，使得分配制度也相应存在诸多层面的差异。这些差异可能体现在同一时段的不同区域、不同行业、不同企业、不同个人等方方面面。现实中大量存在的立法试点、同一立法（如企业所得税法）的内部差别，以及制度实施过程中的区别对待

---

① 在西方市场经济出现20世纪30年代的大萧条以后，随着国家的经济职能和社会职能的扩张，诸多宏观调控法和社会保障法陆续出台，经济法和社会法在解决现代社会的经济失衡和社会失衡方面作用日益凸显，因而它们在学界被认为是有助于解决现代社会的现代问题的"现代法"。与此相关，对于现代法的精神也有不同观点，可参见张文显：《市场经济与现代法的精神》，载《中国法学》1994年第6期，第5—12页。

（如汇总纳税制度的实施），都会引发同一性与差异性的冲突，并影响相关主体的利益分配，因而必须正确认识和有效处理相关的冲突问题。

对于各类分配问题，特别是分配压力、分配差异、分配不公等问题所可能引发的分配风险，需运用经济法等各类法律制度中蕴含的分配制度加以防范，为此，应加强对相关主体分配权利的保障，特别是经济发展权中的分配权利，以及在各类具体制度中所体现的分配权利（如增值税制度中的抵扣权、所得税制度中的收益权）等，都要予以有效保护，这样才可能更好地防范和化解分配危机。

如果分配问题不能得到有效解决，则分配危机的发生就可能成为现实。在分配危机的应对方面，既要看到经济法（特别是具体的财税法）手段对于化解危机的重要作用，又要注意相关调控手段的局限性和合法性，并应注意在应对危机的过程中，推进相应的经济法规制理论和制度的完善。

事实上，运用经济法理论来解析分配危机是一个重要的维度，在后危机时代提炼相关理论，推进理论创新，特别是对公共经济危机理论、国家竞争理论、风险理论、情势变更理论等进行深入研究非常必要。在此基础上，还应进一步推进"发展法学"理论，着重从法学视角来探讨发展问题。[①] 毕竟，无论是分配问题的解决，还是分配风险和分配危机的防范与化解，都是为了更好地促进经济和社会的发展。为此，发展法学应当把分配问题或分配危机作为重要的研究对象，并通过经济法、社会法等领域的深入研究，来推进经济、社会与法治的发展。

四、基本框架与研究方法

（一）基本框架

基于上述的基本线索和主要内容，本书除导论部分外，共分为九章，这

---

① 传统的法学研究，往往因循部门法的分类，但如果更换法律分类标准，以问题为导向，则可以有新的法学分类。例如，以发展问题为研究对象，在其他学科领域里已经有发展经济学、发展政治学、发展社会学等分支学科，相应地，在法学领域也可以有发展法学这一分支学科。相关探讨可参见张守文：《"发展法学"与法学的发展》，载《法学杂志》2005年第3期，第3—7页；汪习根等：《论区域发展权与法理念的更新》，载《政治与法律》2009年第11期，第2—9页。

些部分紧密相连，相互贯通，分别侧重于讨论如下问题：

第一章主要是提出问题。由于分配问题多种多样，本书从社会各界感受和关注最多的分配压力和分配差异切入，从中引出国家的财政分配问题、国民的收入分配问题，特别是分配差距问题和分配不公问题，强调这些问题都是分配失衡的体现，都蕴含着分配风险和分配危机，都需要加强经济法规制，从而为全书的探讨奠定基础。

第二章、第三章和第四章，主要是探讨分配规制工具。先是强调对复杂、多元的分配关系加强国家协调的必要性，提出政策手段和法律手段是国家协调的两种重要工具或手段，探讨对分配结构进行"双重调整"的必要性和可行性，以及运用法律手段中的经济法手段促进分配问题解决的合理性。同时，还强调对分配结构的法律优化，应当注意传统法与现代法的分工和定位，重视经济法在解决分配问题方面的特别功用。在此基础上，从制度变迁的视角，进一步揭示分配对我国经济法理论和制度形成、发展的影响，以及经济政策和经济法规制对于解决分配问题的重要功能。

第五章、第六章和第七章，主要是探讨分配规制制度。先是提出着力解决分配问题的经济法制度与其他涉及分配的宪法制度、民商法制度的协调发展问题；继而探讨经济法制度自身的统一性与差异性的问题，强调经济法规制必须符合相关的法治原则；最后，再具体分析经济法制度对分配权益的保障，强调诸多分配问题的解决，都需要不断完善相关的分配制度，这几章的探讨力图揭示分配规制方面存在的现实问题，对于完善经济法规制更有价值。

第八章和第九章，主要是基于上述的分配规制工具和分配规制制度，探讨应对分配危机的理论和制度问题。先是探讨应对危机的制度及其存在的问题，揭示经济法规制对于应对危机的重要性及局限性，尤其强调规制的合法性，在此基础上，进一步探讨经济法领域的分配危机理论，揭示风险理论对分配危机防控以及经济法理论发展的重要价值，强调应构建发展法学中的分配危机理论。

上述各个部分所构成的基本框架，包含了如下内容：第一，提出分配问题，确定本书的研究对象；第二，针对各类分配问题，国家需要运用相应的规制工具加以解决，其中，政策手段和法律手段是两种主要的分配规制工具，特别是经济法规制具有更为重要的功用；第三，上述各类分配规制工具，都要融入相关的分配制度中，形成规制分配的各类具体制度，为此要研讨分配规制制度存在的各类问题；第四，在此基础上，应研讨如何运用分配规制工具或分配规制制度来应对分配危机，发现其中存在的问题，并提炼相关的理论。

由此，形成了本书的如下逻辑框架：分配问题——分配规制工具——分配规制制度——分配危机应对。

（二）研究方法

在研究方法方面，本书涉及的研究方法可以分为两大类，一类是在各类社会科学研究中通常采用的研究方法，如比较研究方法、经济分析方法、实证研究方法、历史分析方法，等等；另一类是针对分配问题研究，需要特别强调的研究方法，如"结构分析"或"系统分析"的方法、政策分析的方法等。

对于第一类常用的方法，无需作过多展开；对于第二类方法，则有必要略作说明。在研究分配问题的过程中，"结构分析"方法或"系统分析"方法非常重要。由于分配问题的产生与分配结构的失衡直接相关，因此，有必要对分配结构和分配制度进行"结构分析"，发现其中存在的问题，从具体的结构或整体的系统的角度，找到相应的解决对策，这尤其有助于优化分配结构，完善分配制度的相关结构，更有助于有针对性地解决分配问题。

此外，分配系统作为一个"复杂性系统"，是一个可能引发风险和危机的"脆弱性系统"，某些分配问题可能具有"蝴蝶效应"，带来系统风险和系统危机，因此，应当进一步强调用系统分析方法来研究分配问题。[①]

另外，政策分析方法对于研究分配问题也很重要。毕竟，在解决分配问题的过程中，经济政策和社会政策都要起到一定的作用，并且这些政策是经济立法和社会立法的重要源泉，直接影响分配问题的解决或分配危机的化解。

[①] 关于系统的脆弱性，已有许多研究。有的学者认为，系统的脆弱性是指复杂系统易受损害的特性，它与系统的不稳定性（instability）、敏感性（susceptibility）和易损性（fragility）等密切相关，它是风险转化为危机的必要条件。可参见李明：《公共风险与地方治理危机——美国财产税制变迁分析》，北京大学出版社 2011 年版，第 34—35、42—44 页。

因此，从政策分析的角度去思考相关经济政策与经济法规制的关系①，也非常必要。

除了上述方法以外，在研究经济法规制问题的过程中，还可能用到"贯通融会"的方法。事实上，有些分析维度或路径可以贯通经济法的理论和制度的各个主要方面，如分配的维度或路径，就具有这样的地位。依循分配的维度和路径，有助于对经济法制度的产生和发展，以及经济法的制度变迁和未来发展方向"一脉贯通"，从而有助于形成"融会"经济法各主要问题的更全面的理解，同时，也有助于从另一个侧面认识经济法规制对于解决分配问题的重要价值。

基于上述几个方面的考虑，本书将依循上述线索，运用相关的研究方法，在上述的基本框架内，针对需要研究的主要问题，对本书的基本命题展开论证。同时，本书在各章的相关部分将会作出小结，如果将这些分散的"小结"汇总起来，就能够形成对基本命题的总体认识，并为最终的结论奠定基础。

---

① 有关这方面的政策分析，可参见张守文：《经济法的政策分析初探》，载《法商研究》2003年第5期，第94—102页。

第一章

分配压力与分配差异

分配压力与分配差异，是分配问题的突出体现，与分配风险或分配危机密切相关，因而是分配法律制度要解决的突出问题。

在现实的各类分配压力中，有两类分配压力非常值得关注，一类是国家的财政压力，一类是国民的民生压力，这两类典型的分配压力，存在于各国的不同历史时期，都需要通过分配制度的有效调整来解决。同时，两类分配压力又直接导因于分配差异，无论是国家与国民之间的分配差异，还是国民之间的分配差异，都会影响分配压力的形成，并可能导致较大的分配风险，影响分配秩序，甚至酿成分配危机。

事实上，如果在制度上将分配权力过多地配置给国家，则会形成国家与国民的分配差异，拉大分配差距，增加国民的分配压力；反之，则会产生反向影响。因此，在分配领域加强法律规制，尤其应当关注分配压力和分配差异问题，并不断缓解和释放分配压力，减少分配差异。

有鉴于此，本章将先探讨两类分配压力的法律缓释问题，在此基础上，分别从国家财政压力的角度探讨财政危机的法律规制问题，从国民民生压力的角度探讨分配差异风险的法律防控问题。上述两类分配压力与相关的财政压力、财政风险，以及分配差异、分配不公等问题，都是本书持续关注的重点问题。

一、两类分配压力的法律缓释

国计与民生素为治国之要端，国计民生无忧则国治，国计民生堪忧则生乱。故一国唯有力保国计民生，方能克服"治乱循环"，实现国泰民安。

然而，纵观中外，考古察今，国计民生堪忧之情形并不鲜见。无论国力衰微、国库亏空，抑或饿殍遍地、民不聊生，都会使一国面临国计民生的巨大压力。唯有有效解决分配问题，不断缓解和释放国计民生的压力，才能避免由此形成的经济失衡、社会失衡或政治动荡。

为了缓解和释放国计民生的巨大压力，各国在历史上曾采取发动战争、变革法度、发展经济等多种手段，以期实现长治久安和持续发展。在现代法治国家，法律调整已成为"调压"、"解压"、"稳压"的重要手段；加强经济法治，对于解决公共经济和私人经济的失衡，缓释国计民生的压力，可谓作用甚巨，因而受到各国的普遍认同和重视。

由于分配问题未能有效解决而形成的国计与民生的压力，构成了两类非常重要的分配压力，它们在一定时期既可能"独存"，也可能"并立"。目前，两类压力在我国同时存在，已构成"双重分配压力"[①]，其有效缓解和释放，是国家应高度重视的重大现实问题。"双重分配压力"的缓释，虽然需要经济和社会层面的努力，但经由经济法治的路径，实施有效的法律规制，更有助于提高相关主体的收益能力，保障其合法权益。正因如此，国家应当有效运用和不断完善经济领域的法律制度，充分发挥其制度功用，全面推进法治和善治。

对于缓释"双重分配压力"的经济法治路径问题，学界的研究相对不足[②]，但从各国的实践来看，经济法的调整对于缓解和释放两类分配压力至为重要。若能对此展开深入研讨，则不仅有助于揭示经济法的功用、宗旨、制度结构等，还有助于回答经济法的产生基础与发展动力问题；同时，不仅有助于推动经济法的理论研究和制度完善，还尤其有助于从经济法的视角，分析和解决各国频繁出现的"双重分配压力"问题。

为此，下面有必要基于"双重分配压力"的现实存在及其体现，分析其

---

① 各国通常较为关注"通货膨胀压力"和"经济停滞压力"，即停滞与通胀并存的"滞涨"压力，这是典型的"双重经济压力"。但从更为根本和长远的角度来看，对政治、经济、社会、法律影响更大的，应当是财政与民生的"双重分配压力"。

② 对于财政压力的研究成果并不鲜见，但对于国计民生"双重分配压力"的专门研究成果则明显不足。随着民生压力的加大以及"双重分配压力"问题的凸显，在法学领域里的研究成果也会不断增加。

与经济法规制之间的内在关联,揭示其对经济法形成和发展的影响,以及经济法对缓释"双重分配压力"的重要功用;在此基础上,再从权义结构的角度,分析"双重分配压力"与经济法主体的权利、权力及相关义务之间的关联,强调经济法主体权义配置和利益得失对缓释"双重分配压力"的重要性,进而研讨运用经济法缓释"双重分配压力"的具体路径,重申加强经济法各个部门法乃至经济法以外相关部门法的综合调整的必要性,揭示整体的经济法治对于解决分配压力、分配风险、分配危机问题的重要性。

(一)分配压力的现实存在

我国是否并存"双重分配压力"?这是需要首先回答的问题。从民生的角度看,只要存在高失业、高通胀、高物价、高税费等问题,就会使民生成本居高不下,导致国民的分配能力不足,收入水平相对下降,民生压力巨大。目前,我国已进入"高成本时代",民生问题非常突出,同时,国民生存权和发展权的实现路径尚不够畅达,又进一步加大了民生压力,直接影响国民的生活质量和福祉,以及基本人权的实现。[①] 此外,国际经济危机的阴霾持续不散,经济增长和社会发展的动力不足,也使民生压力持续增加。

其实,不只是国民的民生压力现实存在,国家或政府也同样面临生存和发展的巨大压力,这在经济层面体现为公共经济的压力,即公共的"国计压力"或称财政压力[②],它与民生压力(如居民个人的"家计压力"、企业的"竞争压力"等)存在诸多不同,上述两类压力分别主要对应于公共经济和私人经济,但又存在着交互影响:一方面,私人经济或民生问题具有基础性地位,对公共经济或财政问题的解决具有重要影响;另一方面,公共经济或财政问题的解决,也会有力促进私人经济的发展和民生问题的解决。

我国存在突出的民生压力,对此人们殆无疑义;但对于目前是否存在财政压力,则见仁见智,或可存疑。许多人可能会认为,既然前些年财政收入

---

① 参见张守文:《经济发展权的经济法解析》,载《现代法学》2012年第2期,第4—10页。
② 在"财政"一词从国外引进之前,我国古代将"财政"称为"国计"、"国用"、"度支"、"岁计"等,其中,"国计"就是指国家财政。因此,"国计压力"通常被称为"财政压力"。

的增速大大超过 GDP 的增速①，国家的整体财政收入连年增加，因而应该不存在财政压力。但事实上，我国分税制的财政体制具有突出的"非对称性"，财政收入的分配结构不尽合理，使财政收入主要集中于中央政权②，地方政权虽然承担大量职能，但财力支撑却相对不足，从而形成了"政权层级越低则负担越重"的财政压力。尤其应注意的是，地方政权整体上的财政压力，并未因某些地方的财政盈余而有所改变，因为许多地方的财政收入，主要来自"土地财政"，而"土地财政"的收入模式是不可持续的。在地方政权的职能没有缩减，甚至仍在不断扩张的情况下，其财政压力可想而知。正是基于这种财政压力，许多地方才大规模举债，而且举债的规模在有的年份已经超过了全国的财政收入总额。③ 如果考虑政府的"或有负债"、经济增幅减缓④、民生投入增加，以及各类"结构性减税"等因素，则全国整体上的财政压力不可谓不大。

可见，无论是国家与国民、国计与家计、生存与发展，都存在着巨大的压力，从而构成了一系列客观存在的"双重分配压力"，并突出地体现为财政与民生的"双重分配压力"，以及公共经济与私人经济的"双重分配压力"。这是当代经济社会发展特别值得关注的现象。对于承受压力的主体而言，必须不断"缓解"其压力，以使其得以生存和发展；对于整体的经济系统、社会系统而言，必须不断"释放"其压力，以保障系统的整体安全。因此，对"双重分配压力"的"缓释"，是国家必须解决的重大现实问题。

上述的"双重分配压力"，在其他国家也不同程度地存在。例如，无论是曾经饱受主权债务危机冲击的希腊、西班牙，还是意大利、葡萄牙等欧洲诸

---

① 我国财政收入增幅曾多年远高于 GDP 的增速，由此引发了很多质疑和讨论。即使考虑统计口径，也不能否认财政收入的增幅连年偏高，何况财政收入的计算有时并未完全包括各级政府的全部收入。

② 我国财政体制的非对称性，体现为地方政府的职能多，而相应的财力支持有时不够。参见孔善广：《分税制后地方政府财事权非对称性研究》，载《经济社会体制比较》2007 年第 1 期，第 36—42 页；张守文：《论"共享型分税制"及其法律改进》，载《税务研究》2014 年第 1 期，第 60—65 页。

③ 例如，审计署在向全国人大常委会报告 2010 年度中央预算执行和其他财政收支的审计情况时提供的地方负债规模为 10.7 万亿元，已超过 2011 年全国财政收入 10.37 万亿元的规模。

④ 我国已经结束了经济高速增长的时期，经济增幅放缓已成为"新常态"，经济结构调整等任务依然艰巨，财政收入增幅下降，各类分配压力巨大。

国，其财政压力都一度十分巨大。① 为了削减财政赤字，上述各国纷纷采行紧缩支出、降低国民福利等措施，从而直接影响了公共物品的提供，加大了民生压力。与上述国家类似，近年来许多国家的财政压力和民生压力都日益凸显，相互交叠，形成了普遍存在的"双重分配压力"。

"双重分配压力"的现实存在，是经济的"非均衡性"或发展的"不平衡性"的重要体现，与公共经济和私人经济的失衡存在内在关联，会直接影响经济的稳定增长和社会的和谐稳定。考虑到"双重分配压力"会加剧经济失衡，而经济失衡则会进一步影响"双重分配压力"的缓释，并且，经济失衡与"双重分配压力"都在一定程度上与法律的调整直接相关，因此，必须探寻缓释"双重分配压力"的法律路径。鉴于各国在制度实践中普遍通过运用经济法手段解决"经济失衡"问题，来缓释"双重分配压力"，因此，应当进一步研讨"双重分配压力"与经济法调整之间的内在关联，揭示经济法规制能够缓释"双重分配压力"的内在机理。

（二）分配压力与经济法规制的内在关联

经济法的规制为什么能够成为缓释"双重分配压力"的重要路径，其内在机理是什么？要回答这些问题，就需要揭示"双重分配压力"与经济法规制之间的内在关联：一方面，缓释"双重分配压力"需要经济法的规制，这种现实需求推动了经济法的产生和发展，另一方面，经济法的有效规制，经济法的发展和进步，又会进一步推动"双重分配压力"的缓解和释放，从而推动相关的经济问题和社会问题的有效解决。

事实上，现实存在的财政压力和民生压力，迫切需要各国在经济、社会等领域采取相应的政策措施，并进一步作出法律回应，因而两类压力对于推动经济改革和制度变迁具有重要意义。正是在解决"双重分配压力"所带来的诸多问题的过程中，经济法等重要部门法才得以形成和发展。

从财政压力的角度看，著名经济学家熊彼特、希克斯、诺斯等人的研究

---

① 相关问题的分析可参见王辉：《欧洲主权债务危机的根源、影响与启示》，载《财政研究》2010年第5期，第75—77页；郑联盛：《欧洲债务问题：演进、影响、原因与启示》，载《国际经济评论》2010年第3期，第108—121页。

曾被概括为一个重要命题:"财政压力是推动改革的直接动因。"[①] 若对此命题进行扩展,则可以认为,"财政压力也是推动法律发展的直接动因",因为改革都与变法相伴生,并直接影响着法律的发展。此外,若对上述命题再加拓展,还可以认为:民生压力与财政压力一样,也是改革的重要动因,而且是更为根本的动因。在民生压力下所产生的需求,正是经济法等各类法律发展的持久动力和不竭源泉。

例如,在我国改革开放之前,财政压力和民生压力都非常突出。正是基于民生压力,国家才实行了农村的联产承包责任制改革,以解决农民的收入分配问题;正是迫于财政压力和民生压力,国家才启动了以"企业改革"为重点的城市改革,以解决国家与企业、职工个人的收入分配问题。[②] 其中,"利改税"、"拨改贷"等涉及财政、税收、金融、计划领域的改革,以及相应的经济法制度,对于解决三者之间的利益分配,提高经济效率,缓解财政压力和民生压力,实施和完善宏观调控,作用甚巨,直接推动了与商品经济相适应的经济法等法律制度的建立和发展。

在改革开放初期以"放权让利"为主线的制度变革过程中,大量经济法规范得以生成,不仅推进了商品经济的发展,也在一定程度上解决了民生问题。在改革开放15年后,我国才明确实行市场经济体制,而当时正面临着巨大的财政压力,体现为财政收入占GDP的比重和中央财政收入占整个财政收入的比重双双下降,"两个比重"严重偏低,从而使国家能力的实现受到严重影响。[③] 为了提升"两个比重",我国于1994年进行了大规模的财税法律制度改革,力图缓解财政压力过大的问题。经过其后二十年的努力,我国的财税法律制度发挥了巨大作用,全国的财政收入总额,以及上述"两个比重"都有了相当大的提升,从而使"国家层面"的财政压力得到了有效缓解。实践表明,财政压力推动了财税法制度的产生和发展,而财税法制度的有效变革则能够极大地缓解财政压力。

---

① 参见何帆:《为市场经济立宪——当代中国的财政问题》,今日中国出版社1998年版,第39—45页。

② 有学者通过分析历史数据认为,国有企业改革和利税改革的主要原因,就是提高政府财政收入,缓解财政压力。参见古志辉、蔡方:《中国1978—2002年的财政压力与经济转轨:理论与实证》,载《管理世界》2005年第7期,第5—15页。

③ 参见王绍光、胡鞍钢:《中国国家能力报告》,辽宁人民出版社1993年版,第6—10页。

上述财税法制度的变迁,只是经济法制度变迁的一个缩影。事实上,包括金融法制度、产业法制度、竞争法制度、外贸法制度在内的各类经济法制度,也在不断缓释两类分配压力的过程中不断产生和发展起来,它们同传统的民商事法律制度等一起,为缓解"双重分配压力"提供了重要的制度平台。正是在这一过程中,经济法得到了全面发展。

近几年来,随着市场经济的发展,以及分配向国家倾斜,国家的财政压力有所缓解,但民生压力却不断增大。由于民生领域的许多重要问题需要通过扩大财政支出来加以解决,因而会进一步构成新的财政压力,地方政权的财政压力尤为突出,从而形成民生压力与财政压力"并存"的局面。

纵观上述发展历程,不难发现:我国在改革开放之初就面临着"双重分配压力",随着改革开放的深化和商品经济的发展,民生压力相对缓解,但财政压力却在不断增加;在实行市场经济体制以后,随着经济的发展和法律制度的完善,我国的财政收入逐年增加,财政压力略有缓解,但民生问题却日益凸显,形成了目前非常突出的民生压力,以及较为隐性的财政压力,实际上仍是"双重分配压力"共存,并呈现出螺旋式的上升态势。解决上述"双重分配压力"的现实需要,有力地推动了经济法的产生和发展,同时,经济法的有效规制,也对解决"双重分配压力"问题发挥了重要作用,从而使经济法规制成为缓解"双重分配压力"的重要路径。

总之,"双重分配压力"与经济法的规制之间存在着内在关联:"双重分配压力"不仅有力地激发了经济和社会变革,而且也是推动法治发展、制度变迁的重要动力。正是为了解决财政压力和民生压力,国家才需要促进经济和法治的发展,并由此推动了经济法的产生和发展;而经济法一旦生成,其宗旨和使命,其价值和功能,决定了它对于缓释"双重分配压力"具有重要作用。经济法作为"发展促进法",尤其有助于保障经济与社会的稳定发展,激发经济发展的潜力,增强发展动力,防止"发展乏力";经济法作为"危机对策法",尤其有助于预防和化解各类分配风险,缓解和释放各类分配压力,从而尽最大可能地避免发生经济危机和社会危机。[①]

---

① 有关经济法学的"风险理论"的具体分析,可参见张守文:《后危机时代经济法理论的拓掘》,载《重庆大学学报》(社会科学版)2011年第3期,第102—107页。

此外，由于一国的民生问题突出，会直接影响财政持续，从而加大财政压力；而财政压力增加，又可能迫使政府增加财政收入，从而进一步加大民生压力，因此，民生压力与财政压力之间也存在着内在关联，并导致"双重分配压力"在现代社会几乎不可避免地经常出现。"双重分配压力"的存在，需要通过经济法的"有效发展"加以缓解；同时，上述分配压力所带来的风险，也需要通过经济法的有效规制来加以防范和化解。有鉴于此，不仅应关注"双重分配压力"对经济法产生和发展的积极推进，也要看到经济法调整对于缓释"双重分配压力"的重要功用，并应进一步揭示"双重分配压力"与经济法主体权义分配与权益保障的内在关联，从而更好地通过经济法对相关主体的权力、权利和义务、职责的分配、调整，来解决"双重分配压力"问题。

（三）分配压力与经济法主体的权义分配

基于上述"双重分配压力"与经济法调整的内在关联来，从法律角度看，"双重分配压力"之所以会存在，与经济法主体的权义分配不合理，以及由此带来的权益分配不公平直接相关。经济法缓释"双重分配压力"的重要路径或机理，就是通过对相关经济法主体的权义分配，来影响经济法主体的权益结构。

事实上，在不同历史时期，针对民生压力或财政压力的不同情势，经济法对主体权义分配的规定不同，对相关主体权益的影响也各异。例如，在改革开放之初，我国尚处于整体上的低收入、低成本时期，对于分配的数量、质量要求不高，解决"双重分配压力"的难度相对较低，缓释民生压力的努力，也主要体现在解决温饱、消除贫困等方面。而我国现时面临的"双重分配压力"，则形成于进入"中等收入国家"后的"高成本时代"，方方面面的高成本，不仅推动了GDP的增高，也带来了分配结构变化，形成了国家高税收、高财政收入的分配格局，导致分配差距过大、分配不公等问题日益凸显。[①] 在这种情势下，民生压力已不同于既往，因为无论是国民个体所承受的

---

① 分配差距过大等导致分配结构失衡的问题，需要通过法律的调整有效解决，相关分析可参见张守文：《分配结构的财税法调整》，载《中国法学》2011年第5期，第21—33页。

生存压力、发展压力,还是国家所承受的改善民生的压力,都发生了许多变化;同时,由于民生问题的解决同政府的财政支持紧密相关,因而虽然各级政府财政收入总额连年增加,但为解决大量民生问题所需的巨额投入,仍会使政府感到财政压力十分巨大,地方政府举债规模由此不断攀升。

解决"双重分配压力"的问题,需要综合运用经济法及其他相关部门法的多种制度;在"解压"的多种具体法律手段中,尤其应通过调整经济法主体的权义分配,有效配置各类主体的权力、权利、义务、职责等,从而使其在缓释压力的过程中各得其所。

从权利角度看,"双重分配压力"关系到经济法主体生存权和发展权的实现,涉及经济法主体的许多具体权力与权利。[1] 例如,要实现财政压力的缓释,就需要关注财政权的分配与行使,在财政法中合理分配财政收入权与财政支出权,建立更为有效的分税制的财政体制[2],以更好地维系国家与其他主体的存续和发展。又如,要实现民生压力的缓释,则应当关注国民的就业权、竞争权、经营权、收入分配权等权利的分配与行使,因为上述权利影响着国民生存权和发展权等基本权利的有效实现。

从义务角度看,财政压力与国家的财政支出义务(或称支出责任)直接相关。[3] 通常,财政支出义务越大,或者说财政支出的范围和数额越大,则国家的财政压力就越大。基于收支平衡的财政原则,国家的财政支出在很大程度上受制于财政收入,在收入规模相对受限而支出义务却不断膨胀的情况下,国家就会面临较大的财政压力。通常,一国的"刚性支出"越多,支出压力也相对越大。[4]

民生压力与国民的支出义务直接相关。如果国民的支出义务繁重,则民生压力就会增大。从现实情况看,正是高税负、高物价、高收费等"三高",

---

[1] 对于这个方面的具体探讨,可参见张守文:《经济发展权的经济法思考》,载《现代法学》2012年第2期,第4—10页。

[2] 对于分税制存在的问题,国家已有充分认识,并在2013年中共中央作出的《关于全面深化改革的若干重大问题的决定》(简称"改革决定")中,明确了未来分税制改进的方向。

[3] 事权与财权的划分,始终是完善分税制的核心问题,从2013年开始,国家更重视与事权相关联的支出责任,强调事权与支出责任相匹配,并在2014年通过的《深化财税体制改革总体方案》中对此作出了进一步的细化和强化。

[4] 我国2012年的财政性教育经费支出占GDP的比例首次达到4%,这一法定比例的规定使教育经费支出更具刚性支出的特点。类似的社会保障支出等,也都被认为是较为典型的刚性支出。

使国民的纳税义务、缴费义务、支付义务都更沉重,加大了国民总体的支出义务,从而构成了更大的民生压力。此外,即使物价较高,但如果国民就业充分、收入增长大大高于支出的增长,则其压力就会相对减轻。因此,国民收入的不足,是形成民生压力的重要原因。我国的民生压力之所以较大,与国民的收入增长缓慢、支付能力相对下降等直接相关。

可见,财政压力与民生压力,同法律上有关权义的分配直接相关,尤其同经济法上的权义配置直接相关。要缓解或释放上述压力,就必须有效配置财政收入权与财政支出权,合理规定征税权、收费权、定价权,充分保护纳税人、劳动者、消费者等各类主体的权利;必须有效运用各类宏观调控权和市场规制权,使经济法主体的各类权义结构更加合理,以有效降低社会成本,减轻各类主体的负担。为了实现上述目标,有必要进一步明确经济法缓解"双重分配压力"的具体路径。

(四)缓释分配压力的具体路径

分配压力是关涉经济、社会全局的重大问题,其解决需要各类法律制度的综合运用。由于经济法的规制尤其有助于缓解分配压力,保障基本人权,保障国家利益、社会公益和私人利益,因此,应当着重从经济法的视角来认识缓释"双重分配压力"的具体路径。

基于"经济宪法"层面存在的国家财政权与国民财产权的"两权分离"框架,一国必须关注国计与民生,依法保护国家财政权与国民财产权,实现"两权"的均衡保护,这样才能更好地缓解"双重分配压力"。如果上述"两权"的行使受阻或受限,就会加大财政或民生的压力。正因如此,经济法规制要促进"两权"的均衡保护,这是经济法规制的重要目标。

从经济法规制的具体路径来看,针对"双重分配压力"的不同情况,经济法在权义结构的安排上会各有不同,从而有助于通过权义分配,来直接或间接地影响各类主体的具体权益,使各类分配压力得到缓解和释放。

首先,在缓解财政压力方面,如何获取财政收入,如何使财政收支更加均衡,防止出现主权债务危机,如何防范财政风险和化解财政危机,是确定经济法的具体规制路径时必须考虑的重要问题。由于一国的财政收入要以经济发展为基础,而经济的发展则需要经济法的促进和保障,因此,经济法的各个部门法实际上都直接或间接地影响着国家的公共经济，并影响着国家的财政收入，从而有助于财政压力的缓解。

例如，财税法的权义结构调整，对缓解财政压力具有直接功效，尤其对财政收入权的分配更为重要。我国正是通过1994年以来的分税制财政体制的确立和实施，通过税收收益权的倾斜性配置[①]，以及土地收益权等"非税收入"的属地化安排，才使各级政府的收入不断增加，从而在一定程度上缓解了财政压力。但是，随着近年来经济增速的放缓，土地收益的锐减，民生投入的加大，减税领域的拓展，财政压力又会进一步加大。对此，不仅需要财税法上的权义结构作出适度调整，合理配置收益分配权，照顾地方的财政收入能力，加大转移支付的力度，而且也需要金融法、产业法、价格法、竞争法等各类经济法制度的协调和配合；同时，也需要进一步转变政府职能，在宪法、行政法等领域作出进一步推进，全面减少财政支出，做到管仲所说的"用之有止"[②]，这对缓解财政压力非常重要。

在缓解民生压力方面，包括财税法在内的经济法的各个部门法，尤其有助于保护国民的财产权、竞争权、收益权，保障其生存权、发展权等。例如，金融法的调整，直接影响币值稳定和物价水平，以及金融秩序和金融安全，从而会影响国民的收益分配权或国民财产权的保护；竞争法的调整，有助于保障竞争的公平性和正当性，维护市场的秩序、效率、公平与安全，对于小微企业、民营企业等各类企业能否公平进入市场，公平展开竞争，对于国民的就业、收入、分配，乃至整体上的民生，都有直接而重要的影响。总之，经济法的各类具体规制，都直接影响民生压力的形成与缓解。

基于两类压力的内在关联，在关注"解压"的具体路径时，还须关注和强调宏观层面的协调，以求实现"双赢"。其实，民生压力的缓解，有助于更好地解决财政问题；如果只考虑增加财政收入，而不考虑民众负担，则终将

---

① 这种倾斜性配置是我国分税制的重要特点，也带来了不少问题。相关分析可参见张守文：《论"共享型分税制"及其法律改进》，载《税务研究》2014年第1期，第58—63页。

② 管仲强调"取于民有度，用之有止，国虽小必安，取于民无度，用之不止，国虽大必危"，这在今天仍然有重要的意义。参见《管子》卷一《权修》。

进一步加大"双重分配压力",就像著名的"拉弗曲线"所揭示的原理一样。① 因此,应当从"经济宪法"的高度,真正落实宪法中的经济条款,推进各类经济法规范的综合规制,全面缓解"双重分配压力",促进经济与社会的良性运行和协调发展。

要实现经济法的综合规制,还要注意经济法的各具体部门法应各有侧重,在具体实施路径上应统筹兼顾。例如,财政法和税法对于缓解财政压力和民生压力都很重要,因而更要强调"兼顾"、"并行",而不应仅考虑财政压力的缓解;金融法的调整涉及币值的稳定,以及利率、汇率的确定等,直接影响国民的财产权,更应侧重于民生压力的缓解;同样,竞争法的调整有助于规制垄断和不正当竞争行为,保护消费者权益,从而能够有效缓解民生压力。在上述统筹兼顾的综合调整过程中,不仅有助于缓解和释放"双重分配压力",经济法自身也会得到有效发展。

(五)小结

本章从问题定位的角度,提出"双重分配压力"作为分配问题的集中体现,是应予关注的重大现实问题,强调"双重分配压力"不仅客观存在且与经济法规制有内在关联;从权义结构的角度,分析了"双重分配压力"的成因,以及对其进行缓释的经济法路径,强调经济法具体制度的综合调整对于缓释"双重分配压力"的重要价值。在此基础上,有必要进一步提炼和延伸关注以下几个方面的问题:

针对客观存在的"双重分配压力"及其缓释的法律路径,还应从系统分析的角度展开研究。事实上,公共经济系统与私人经济系统作为一国经济系统的重要组成部分,其面临的压力分别体现为财政压力和民生压力。上述两大系统都与法律系统紧密关联,并且,法律系统作为经济系统存续的外部环境,作为影响经济系统的重要"输入"因素,尤其有助于经济系统的问题与压力的解决。其中,经济法系统对于缓释经济系统的"双重分配压力",具有更为直接而重要的作用。

---

① 美国经济学家、供给学派的代表拉弗(Arthur Laffer)曾提出著名的"拉弗曲线"(Laffer Curve),其所揭示的原理表明,国家征税要适度,不能进入课税禁区,尤其要考虑市场主体的负担能力,因此,适度的低税率有助于同时增进国家和国民的收入分配水平。

"双重分配压力"直接影响经济增长、社会发展和政治安定，而运用法律手段缓释"双重分配压力"，则是现代法治国家的重要任务。与经济法规制存在内在关联的"双重分配压力"，不仅推动了经济法的产生和发展，而且也是经济法规制所要解决的重大问题。从经济法权义结构的角度，有助于更好地分析"双重分配压力"的成因，同时，通过在经济法上有效配置主体的各类具体权力和权利以及相关的义务，正是经济法能够缓释"双重分配压力"的机理和具体路径。此外，从宏观层面关注经济法各个部门法的综合规制，有助于发现缓释"双重分配压力"的各类具体路径之间的内在关联，从而有助于更好地发挥经济法系统乃至整个法律系统的整体功效。

对"双重分配压力"的思考关涉经济法的价值论和发生论研究，涉及经济法的产生基础和动力机制问题。不难发现，"双重分配压力"是经济法产生和发展的重要动力，这是"压力变动力"原理的具体体现，由此有助于揭示经济法系统运行的动力机制问题；同时，对于如何缓释"双重分配压力"这一重大现实问题，经济法的制度建设必须予以积极回应，这既是经济法的"回应性"的重要体现[①]，也是经济法系统功用或系统"输出"的重要体现。

在"双重分配压力"普遍存在的情况下，国家的治理或经济法治建设必须特别关注两类压力之间的紧张关系和交互影响，尤其应当重视在"两权分离"框架下的"两类分配"，即国家的财政分配和个体的利益分配[②]，真正提高两类主体的收益能力和收益水平，从而为缓释"双重分配压力"提供经济支持；同时，还应进一步提升经济法的法治化水平，从而为国家和国民的持续发展构建长久的规则框架，真正推进国家与国民之间良性的"取予关系"的形成，使"双重分配压力"全面、持久地得到缓解和释放。

从问题定位的角度看，"双重分配压力"作为我国和其他国家普遍存在的重大现实问题，是导致分配风险、分配危机的重要原因。为此，本书在后面将分别对财政压力所涉及的财政风险、财政危机问题，以及民生压力所涉及的在国民收入分配差距、分配风险等问题，探讨经济法规制的具体路径和应对之策。

---

① 参见刘普生：《论经济法的回应性》，载《法商研究》1999年第2期，第23—28页。
② 我国从改革开放以来就开始重视"两类分配"，具体分析可见张守文：《贯通中国经济法学发展的经脉——以分配为视角》，载《政法论坛》2009年第6期，第122—135页。

二、财政分配危机的法律规制

如前所述,财政压力是导致分配风险和分配危机的重要原因。由于财政关乎"国家经济命脉",因此,如何确保财源茂盛,防止财政分配的危机及其引致的"治乱循环"①,以实现长治久安,历来是各国政府的不懈追求。

由于传统研究领域的局限等诸多原因,我国法学界对有关财政分配危机的诸多法律问题往往关注不多②,对此类问题研究甚微。考虑到法律规制关乎财政分配危机的产生和解决,下面将着重探讨财政分配危机(简称财政危机)的法律规制问题,具体线索是首先归纳人们对财政风险和财政危机问题的共识,在此基础上,再探讨导致财政风险和财政危机的主要法律原因,并分析相应的法律对策。

(一)现实存在的财政风险与财政危机

自2008年国际金融危机发生以来,一些国家出现了巨大的财政赤字、债务危机,由赤字问题及其引发的债务风险或财政危机问题,近年来尤其备受瞩目。冰岛、希腊、意大利、葡萄牙、西班牙、塞浦路斯等诸多国家程度不一的债务危机或财政危机,美国的国债上限或"财政悬崖",等等,都曾经或正在牵动人们的神经。由于上述问题对于一国的经济发展、社会进步和政治稳定影响巨大,因此,许多国家为了解决赤字问题,防止发生财政危机,保障经济和社会的健康发展,不仅在经济等领域采取了大量措施,而且还强化相关的经济立法,或通过缔结专门条约来进行协调。例如,为了解决延续多年的赤字问题,美国早在1985年就专门通过了《格拉姆—鲁特曼—霍林斯

---

① 著名经济学家熊彼特、希克斯、诺斯等通过对经济史的深入研究,都认为财政的压力是产生社会变革的直接原因。他们的观点被概括为"熊彼特—希克斯—诺斯命题";而历史上的诸多治乱循环,都直接或间接地与财政压力或财政危机有关。参见何帆:《为市场经济立宪:当代中国的财政问题》,今日中国出版社1998年版,第34—39页。

② 事实上,法律本身就是国家用财政资金提供的公共物品,如果法律制度的制定和实施不当,就会降低社会的总体福利,加大发生财政风险和财政危机的可能性,因此应当有效地解决法制建设的直接投入和间接投入问题。此外,财政或财政危机问题,对于研究所谓司法独立问题、法律执行问题、部门立法问题等诸多法律问题,也都是一个重要的切入点。

法》，目标是在 1991 年消灭联邦预算赤字①；而欧盟为了解决成员国的赤字问题，还专门缔结了《稳定与增长公约》，要求各国赤字都应保持在 GDP 的 3% 以内，以免高赤字影响经济的稳定增长。② 由于各国对"赤字财政"的有限积极作用与消极作用的认识也已日益清晰，因此，一般都强调力图通过经济、法律等各种手段，来避免财政危机的发生。

事实上，中国自实行改革开放政策以来，有关财政压力、财政风险、财政危机等问题的讨论一直未歇。有人认为，改革开放政策的推行，本身就是财政压力的要求；而之所以要实行市场经济，进行大规模的财税体制改革，实际上都是对巨大的财政压力的回应。特别是近些年来，为了减缓金融危机冲击，解决通货紧缩、内需不足等问题，国家一直在推行"积极的"（即扩张性的）财政政策，从而使财政支出大涨，赤字与国债规模激增。对于是否会由此产生财政危机，以及危机是否深重，人们往往是透过国债规模及其结构的合理性来作出判断。通常，评价一国财政运行状况的指标，主要是债务依存度、偿债率、国债负担率，以及财政赤字占 GDP 的比重等等。通过这些指标的变化轨迹，能够较为直观地反映一国的财政运行是良性状态还是危机状态，以及这些状态的转化趋势。但是，学者的研究结果却未尽一致，并形成了悲观论、乐观论和中立论等不同观点。③

财政风险的大小，在很大程度上取决于政府负债的多少和偿债能力的强弱。因此，如果政府的负债过多，就会加大发生财政危机的可能性。例如，进入 21 世纪的最初几年，我国的财政赤字规模一直很大，每年都有数千亿；2008 年国际金融危机发生后，我国的财政赤字规模又进一步加大。④ 这还只是

---

① 但是，该法的实施，并没有真正完全消除财赤，直到 1998 年美国国会又通过了克林顿政府提出的平衡预算的法案以后，才出现了财政盈余。对于该立法，布坎南还进行过专门的研究，参见〔美〕布坎南：《公共财政》，赵锡军等译，中国财政经济出版社 1991 年版，第 199—201 页；更为具体的分析，可参见〔美〕海迪等：《公共预算经典——现代预算之路》（第三版），苟燕楠等译，上海财经大学出版社 2006 年版，第 235—258 页。

② 从订立"马约"开始，很多国家都在努力实现这个目标，并认为它关系到欧元的地位，从而影响到整个欧盟的未来发展。

③ 财政债务依存度作为一个重要指标，反映的是财政支出中有多少是依靠借债。由于学者的研究结论不同，对于是否会存在发行国债的空间，是否可能发生财政危机，是否应当增税或减税，就会有乐观、悲观、中立等不同的看法。

④ 如我国的财政赤字在本世纪初的 2001 年为 2598 亿元，2002 年为 3098 亿元，2003 年为 3198 亿元，赤字规模继续呈现连年递增的态势。到 2014 年，我国的年度财政赤字规模已达 13500 亿元。

最为直观的政府负担的国家公债的数额。有些学者正是以此为计算债务依存度、国债负担率等指标的依据。

除了上述以发行的国债数量作为衡量政府负债的依据以外，还有人提出其他测度方法。例如，较为重要的是把政府负债分为四类，即显性负债、隐性负债、直接负债、或然负债。① 因此，上述的国债发行规模，只是一种显性的负债或直接的负债，如果从其他角度去考虑政府负债，则政府的债务负担应当更重。例如，国有企业的债务、社会保障的负担、银行的不良资产、大量拖欠的工资、公共卫生（如 2003 年的 SARS 防治、2013 年的禽流感防治）支出等问题的解决，主要需要国家来承担经济责任，或承担最终责任，国家承担的这些"实质上的债务"，都是导致财政危机的重要因素。正是在这个意义上，财政危机比金融危机更值得关注，因为金融危机也会转化为财政危机，并最终由政府财政来"买单"。

由此看来，无论对影响财政风险或财政危机的指标如何确定，也不管对政府的负债如何量化，人们可以达成共识的是：国家的债务负担已相当沉重；大量债务负担的积聚，至少已构成发生财政危机的潜在可能性。由此产生了一系列需要研究的法律问题，如国家不断增加财政赤字、增发国债的做法，是否具有合理性和合法性？是否合乎法治的要求和宪政的精神？是否会产生"财政幻觉"并影响到"代际公平"？② 等等。而要回答这些问题，则需要探讨产生财政危机的法律原因。

（二）导致财政风险或财政危机的法律原因

基于财税学大师马斯格雷夫的卓越贡献，财政在今天已普遍被视为"公共经济"。而"公共经济"作为一种"经济"，同样需要经管，如果经管不

---

① "隐性负债"是指并非基于法定或约定的原因，而是基于公众期望或政治压力，必须由政府承担道义责任或预期责任的负债（如对社会保障，特别是养老金的欠账所应承担的责任）。"或然负债"是指政府在某些情况下可能发生的支出。目前，主要集中在应对金融风险所产生的不确定性的支出。如对于银行不良资产的最终化解，还必须由政府财政负担。

② 意大利财政学家普维亚尼早在 20 世纪初就已提出"财政幻觉"或"财政错觉"的问题，以布坎南为首的公共选择理论对此高度关注，若对此进一步作理论扩展，则更有助于理解国家与国民之间的财政分配问题。相关分析也可参见〔美〕海迪等：《公共预算经典——现代预算之路》（第三版），苟燕楠等译，上海财经大学出版社 2006 年版，第 388—389 页。

善，同样会出现亏损甚至破产。因此，只要稍有不慎，财政危机就会潜滋暗长。对于财政危机的发生，人们往往更加关注从经济上找原因，有时也会探寻政治或历史传统、社会文化等方面的根源，但却很少去研究其法律上的原因，这确实是一个缺憾。

由于专业分工等诸多原因，传统的法律学者往往对财政问题少有问津，但财税领域恰恰是体现近现代法治精神的重要园地。从历史上看，如果没有财政危机，没有财税方面的分权及具体制度安排，就没有近代意义上的宪法，就没有议会与政府的真正分立，也就不可能存在以有效分权为基础的宪政。[1] 可见，财政危机作为财政运行的一种极端状态，作为一国政府所必须面对的危急情势，同宪法、宪政也有着密切的关联。[2]

事实上，财政直接涉及公权力的行使，以及国民基本权利的保护，这本身就是一个宪法问题。宪法的实质是分权，即在国家与国民之间，在国家机关相互之间来进行分权。其中，财权，即占有或分配社会财富的权利或权力，是分权的重要对象。在广义的财权体系中，基于提供公共物品的需要，国家享有财政权（包括财政收入权和财政支出权），而国民则享有基本的财产权。为了有效地保护国家的财政权和国民的财产权，就必须实行"法定原则"，并应当在宪法上对其作出明确界定，这是实行宪政的基础。与此同时，还应当在相关法律中对财政权和财产权作出具体的保护性的规定，以有效地平衡和协调国家的财政权与国民的财产权的冲突。这些法律精神，应当贯穿于相关的财政法、税法、民法等领域的具体立法之中。

上述的法律精神，实际上就是一种法治精神，一种宪政精神，即通过有效的、具有合法性的分权，综合协调、平衡各类主体利益，以实现其良性互动的精神。如果不能有效地贯彻这种精神，就不仅可能侵害国民的财产权，也可能使财政权的行使受到损害，并可能导致财政危机。从现实的情况来看，导致财政风险或财政危机的具体法律原因，最为显见的大概至少包括以下几

---

[1] 如英国的1215年的《大宪章》所确定的"无代表则无税"的原则，不仅形成了税收法定原则的雏形，也为后世的许多法定原则、议会保留原则或法律保留原则奠定了基础，同时，也确立了现代宪法分权的基础。

[2] 曾有学者专门研究过"1788年法国财政危机与1789年革命的财政起源"问题，可参见〔美〕霍夫曼、诺伯格：《财政危机、自由和代议制政府（1450—1789）》，储建国译，格致出版社、上海人民出版社2008年版，第279页以下。

个方面：

1. 预算法形同虚设

由于我国宪法是在特定背景下形成和发展的，其经济性和法律性特征相对较弱，因而对预算的规定十分匮乏。① 这些不足本需预算法弥补，但我国的预算法制度却长期只有较为原则和空泛的规定，且可操作性较差，以致许多现实财政收支管理活动都游离于预算法规定之外，严重影响了预算法的权威性。极而言之，预算法长期形同虚设，亟待改造或重构。②

本来，从法理上说，一国的财政收支都应当纳入预算，许多国家的宪法对此都有明确规定③，并体现于具体的预算法中，但在我国，这一原则曾一度长期未能落实，致使在"预算资金"之外，又形成了所谓的"预算外资金"，甚至在"预算外资金"之外，还积聚了许多违法的"制度外资金"，从而导致国家分配秩序的极度混乱，财政活动失序、失范的问题大量存在，使正当的财政收入受到严重侵蚀，赤字规模由此不断扩大，而财政风险和财政危机也由此潜滋暗长。

此外，财政的收支平衡是各国预算法的基本原则④，甚至在许多国家的宪法上都有规定。如果能够实现这种平衡，就不会产生大量的赤字，也就不会产生财政危机的问题。在一国预算法刚性不足、形同虚设的情况下，收支平衡的原则往往很难被实际执行，这同样是导致财政危机的一个重要原因。

在收支平衡的问题上，与变化万千的经济生活一样，经济学家的主张往往是多变的，这与法律的相对稳定形成了鲜明的对比。在凯恩斯主义强势时期，许多经济学家往往倾向于搞"赤字经济"⑤，鼓吹赤字财政政策；即使主

---

① 我国的现行宪法，仅在预算的审批权和编制执行权方面做了不能再简短的规定，这同一些国家（如德国、芬兰等）宪法中对预算、税收、国债等公共经济问题单独设篇或单独设章做大量规定的情况是很不同的。

② 我国自2004年起即已启动《预算法》修改，历时十年，争议不断，直到2014年8月才告一段落。在修改《预算法》的过程中，强调预算的"完整性"、"规范性"和"公开性"，已成为基本共识。

③ 如印度、希腊、芬兰等国的宪法，都曾有类似的规定。

④ 我国2014年修订的《预算法》第12条就规定，"各级预算应当遵循统筹兼顾、勤俭节约、量力而行、讲求绩效和收支平衡的原则。"因此，各级预算应当收支平衡是一个基本的原则。

⑤ 既然被称为"赤字经济"，就必然会涉及具体的财政、税收、金融、贸易等诸多方面。关于与相关领域的问题的探讨，在20世纪的80年代曾经很受关注，相关著作可参见〔美〕菲力蒲·凯甘主编：《赤字经济》，谭本源等译，中国经济出版社1988年版；吴俊培：《赤字引出的思考》，中国社会科学出版社1992年版。

张财政的收支平衡，也往往强调"周期平衡"，而不要求年度平衡。① 如果这些主张成为官方的主张并影响到具体的预算活动，则会在一定的时期，形成与预算法所要求的收支平衡原则的背离，从而必然会生成大量赤字，埋下引发财政危机的种子。这也是许多国家长期处于"赤字膨胀"状态的重要原因。

从近些年的情况来看，单纯的"赤字财政"已风光不再，收支平衡原则在许多国家得到了实质上的重申。压缩赤字，防范财政风险和财政危机，又成为各国的重要目标。伴随着经济周期、政治周期和法律周期的不断变易②，赤字规模的变动亦呈现出周期性，表现为随着经济、社会变迁和法律调整而出现赤字先增高后降低的运行轨迹，从而形成一系列"倒U曲线"。对于这种尚待未来发展检验的推测，本书称之为赤字的"倒U假设"。③

同著名经济学家库兹涅兹所提出的关于收入分配的"倒U假设"类似④，赤字的"倒U假设"表明，财政赤字并不是无限趋大的，当赤字达到一定规模的时候，无论是基于解决财政危机的压力，还是迫于合法性的压力，甚至是由于经济崩溃或政府更迭等原因的出现，都会导致赤字规模的下降。这种"倒U"曲线，类似于正弦曲线或波浪线（可能连续，也可能断裂），在总体上还是要趋向于一种平衡。而这种平衡，实际上就是收支平衡的一种状态，只有达到这种平衡，才能化解财政危机。

当然，国家公共经济的经营是很复杂的，在实践中，收支往往不能恰好相抵，因而预算法中也会规定允许列赤字的情形，并作出严格限定。然而，预算法的执行总是不够严格的。赤字的发生和扩展，往往是在预算执行中追加支出造成的。为什么支出一般会超过收入，为什么政府总是入不敷出？为什么"一年预算"，要"预算一年"？政府的各种投入（特别是经济建设的投入），是否都是为纳税人谋福祉，是否都在为社会提供公共物品？如果不是，

---

① 我国2014年修订的《预算法》第12条第2款规定，各级政府实行跨年度预算平衡机制。据此，我国已从强调年度预算平衡转为跨年度预算平衡。
② 这些周期之间也存在着内在关联。可参见张守文：《宏观调控法的周期变易》，载《中外法学》2002年第6期，第695—705页。
③ 赤字的"倒U假设"的形成，同体现类似"治乱循环"意蕴的"黄宗羲定律"也有关联。
④ 皮凯蒂认为，库兹涅茨理论在20世纪80年代至90年代具有巨大的影响力，甚至至今仍然为人们所推崇。这是第一个用庞大统计工具形成的系统理论，不得不说这是一项重大的贡献。参见〔法〕皮凯蒂：《21世纪资本论》，巴曙松等译，中信出版社2014年版，第12页。

则多增加的支出,或者赤字的生成,是否还具有合法性?这些问题都很值得研究。

事实上,在一国虽有预算法,但却不去认真执行,以至于使其形同虚设的情况下;在一国只注重短期的政策调整,而不注重长期博弈以形成稳定预期,从而同样使预算法形同虚设的情况下,财政风险或财政危机的滋生是不可避免的。只有全面贯彻预算法的原则,真正做到"预算法定",全面实现收支平衡,才有可能避免财政支出机构的挥霍无度,才能遏制大量不该发生的赤字,有效地解决财政危机问题。

从我国以往的具体实践来看,无论是过去的"预算外资金"及"制度外资金"的存在,还是违反财政收支平衡原则的行为,严格说来,都是置预算法的精神与规定于不顾,使其形同虚设的结果和表现,它们加大了发生财政风险或财政危机的可能性,危害十分巨大。在预算法上,类似的问题还非常多,如分税制的财政体制的非法律化[1]、国库收付制度的不严格遵行[2],对预算收入征收的随意性所导致的收入流失[3],对预算支出的失控甚至凭长官意志所进行的非法支出,等等,都是无视预算法规定的重要现实问题,都是将预算法束之高阁,使其形同虚设的表现,也都是衍生财政危机的重要原因。

需要顺便提及的是,以往的法学研究,往往更关注法律上的权利配置和权力分配,而这些分配最终都会在经济上或利益上有所体现。在公法领域,至少还应考虑如何从预算或财政收支的角度,来对公权力的行使进行限制,这样的直接约束才能真正"限权"。在强调市场经济、"税收国家"或"预算国家"的时代[4],这非常有助于政府转变职能,真正按照国民缴纳的税收有

---

[1] 在我国,甚至连一部真正对分税制财政体制作出具体规定的行政法规都没有。因此,无论是税源的分配、税种的分配还是收入的分配,都呈现出极度的非制度化和不确定性,不仅增加了中央与地方政府的博弈成本,而且其间也严重地违反了税收法定原则,违反了基本的宪政精神。

[2] 财政部正在进行国库的集中收付制度等方面的改革,并建议修改目前一系列立法层次较低的国库方面的制度规定,以期增强国库收付制度在执行上的刚性。

[3] 许多现实的情况表明,虽然国家一再强调要依法治税,但征税中的随意性仍然很大,甚至在一些情况下连基本的"依率计征"都很难做到。因此,违法的税收协议、包税、弃税等现象都不鲜见,这反映了总体上的征税能力的欠缺和课税努力的不足,尤其体现了税法意识的淡薄和税法执行刚性的不足。

[4] 关于税收国家和预算国家的讨论,参见王绍光:《从税收国家到预算国家》,载《读书》2007年第10期,第3—13页。

效提供公共物品。因此，解决赤字、财政危机等问题，涉及广泛的权力分配及其制度安排，具有非常普遍的法律意义。

2. 国债法尚付阙如

财政危机直接体现为大量的显性赤字或隐性赤字，而对于赤字的弥补，则体现为发行国债、增发货币、增加税收等多种形式。但其中危害较小的和最常用的，则是发行国债的形式。发行国债是以国家信用为担保的，国债尽管也是"债"，但毕竟是"公"债，因而具有很强的公法属性。它要求国债的发行规模、结构、利率、偿还等很多方面，都必须要严格地遵守法律的规定，即国债的发行必须有"法"可依。

但是，我国目前国债立法还相当薄弱，尚无专门的《国债法》对相关基本问题作出系统规定。尽管制定《国债法》曾多次被列入立法规划，但步履维艰，立法无望。目前，除在国库券等方面有行政法规级次的简约规定外[1]，其他有关国债的大量规定，都是财政部、国家税务总局、中央银行、国家计委、证监会等机构单独或联合下发的部门规章级次的文件，而整体性的国债法至今仍尚付阙如。

尽管预算法等法律也有关于国债的零星规定[2]，但相关规范的不系统、不配套，也会使财政风险或财政危机发生的可能性加大。在缺少专门的《国债法》的情况下，有关国债的一些基本规范，主要是体现在《预算法》的一些原则性规定之中。

例如，在发行国债的法律依据方面，由于2015年之前实施的《预算法》强调中央政府的公共预算不列赤字，且地方各级预算也应当按照量入为出、收支平衡的原则编制，不列赤字，因此，在理论上就不存在通过发行国债的手段来弥补上述赤字的问题。相应的，在这些领域，就不应当发生赤字问题、

---

[1] 马寅初认为，"国库券与公债，不能视为一物"，只不过在中国，"两者并无大别"。参见马寅初：《财政学与中国财政：理论与现实》，商务印书馆2001年版，第583页。

[2] 如我国2014年修订的《预算法》第35条规定，经国务院批准的省、自治区、直辖市的预算中必需的建设投资的部分资金，可以在国务院确定的限额内，通过发行地方政府债券举借债务的方式筹措。举借债务的规模，由国务院报全国人民代表大会或者全国人民代表大会常务委员会批准。举借的债务应当有偿还计划和稳定的偿还资金来源，只能用于公益性资本支出，不得用于经常性支出。此外，2014年5月19日，国务院批准北京、上海等十个省市可以自发自还地方政府债券，财政部还专门发布了《2014年地方政府债券自发自还试点办法》。

国债问题和财政危机问题。否则，就说明没有贯彻上述的规定，在预算编制和执行过程中没有做到收支平衡。

而事实上，不仅是中央政府，许多地方政府都发生了赤字，而且欠债规模还十分巨大。例如，根据国家审计署的统计，地方政府的各类债务，高达十多万亿元。从预算法的形式规定看，2015年之前各级地方政府都不具有发行国债的权力。① 如何弥补财政漏洞，是通过收费的形式，还是通过其他的形式？问题已经突出地摆在各级政府的面前，这也是事关如何化解不同级次政府的财政危机的重要问题。

从2015年之前的《预算法》明确给出的合法依据来看，只是在中央预算所必需的建设投资出现资金缺口时，才可以"通过举借国内和国外债务等方式筹措，但是借债应当有合理的规模和结构"。② 然而，对于借债的合理规模和结构，却缺少明确的规定，因而才带来了前述学者对债务依存度等问题的诸多不同看法。要解决好这些可能导致财政危机的重要问题，就不能仅靠学者的争论，还应当在充分吸纳各国经验和尊重经济规律基础上，结合我国的发债基础，有效地进行立法并认真执行。

国债的发行规模和结构，是国债法应当规定的重要问题。在目前没有专门国债法的情况下，各级人大及其常委会应当依据《预算法》的规定，加强预算监督，防止政府部门通过不规范的"预算调整"来增加举债的数额，并应依预算法行使改变权或撤销权，切实追究相关人员的法律责任。③

由于没有专门的《国债法》来全面、明确地规定国债的发行规模、结构等问题，因此，权力机关的监督有时缺少直接的法律依据。这也会在一定程度上放纵国债的发行，从而也会增加发生财政风险或财政危机的可能性。

3. 税法刚性不足

从总体上看，在与财政危机相关的各类法律规范中，税法规范的数量最

---

① 根据我国2014年修订前的《预算法》第28条规定，除法律和国务院另有规定外，地方政府不得发行地方政府债券。近些年来，对于是否赋予地方政府发债权，是近些年在修改《预算法》的过程中争论非常大的问题，相关草案亦多次变动，足见在这方面一直有不同认识。

② 参见我国2014年修订前的《预算法》第27条。

③ 我国2014年修订前的《预算法》第55条、第73条有相关的规定，强调各级人大及其常委会对违法进行的预算调整的改变权和撤销权，同时也规定了在不当增加政府债务的情况下，相关人员所应当承担的法律责任。

多。在税收法定原则的基本要求之下，我国虽然没有完全贯彻"法律保留原则"和"议会保留原则"，但仍然还是做到了最基本的"一税一法"原则（当然，这里的"法"还只是广义上的），从而使现在开征的各类税收，都能有至少相当于国务院行政法规级次的立法与之相对应。由于大量税收立法主要都采取了行政法规而非"法律"的形式，税收立法层次相对较为低下，在执法过程中有法不依的问题突出，因而税法的刚性明显不足。

税法的刚性不足，使得税法的执行弹性较大。其具体体现是既存在"征收过度"的现象（如各种"过头税"），也存在"应征未征"的问题。而应征未征，则既可能是放弃国家的税收债权（如通常所说的"人情税"），也可能是应征的税款无法征收或无力征收。"地下经济"、税收逃避的普遍存在，必然会导致国家税收的大量流失，从而降低国家的财政支出能力，加大发生财政危机的可能性。

税法的刚性不足，与我国税收优惠的规定过多过滥有关。[①] 大量的税收优惠规定，以及实践中更大量的超越税法规定增加的税收优惠，使得"税式支出"的规模十分巨大，从而人为地减少了应入库的财政收入，影响了财政赤字的弥补，这同样会加大发生财政危机的可能性。

不仅如此，税法的刚性不足，还与某些国家机关对法定课税要素的非法变动有关。例如，法定的税率、税收减免范围，甚至纳税主体，都可能在未经立法程序的情况下被篡改，税收法治现状如斯，其对依法稳定获取财政收入的负面影响无须多言。

总之，税法刚性不足的体现和原因可能是多方面的。但税收立法层次低，违反《立法法》的规定和税收法定原则的要求，以及在实践中不依法办事，则是导致税法刚性不足的重要原因。因此，全面提高立法层次，"落实税收法定原则"，切实在执行中做到有"法"可依，对于防范财政风险尤其重要。

其实，导致财政危机潜滋暗长的法律原因是多方面的，以上只是选择了与财政危机的形成密切相关的预算、国债和税收等几个领域来进行探讨。从中不难发现，这些领域存在的许多立法和执法问题，直接影响着国家的财政

---

① 国家已对此类问题有充分认识，如中共中央在 2013 年作出的《关于全面深化改革若干重大问题的决定》（简称"改革决定"）中强调：要"加强对税收优惠特别是区域税收优惠政策的规范管理。税收优惠政策统一由专门税收法律法规规定，清理规范税收优惠政策"。

状况。如果这些问题不解决，则即使经济再发展，也不能有效地化解财政危机。应当说，经济发展只是解决财政危机的一个重要的基础性条件，但它并不必然地、自动地解决财政危机的问题。事实上，中国近些年来经济往往号称"一枝独秀"，但赤字、国债的规模和增长速度，也都是"神速"的。因此，探讨和解决财政危机问题，不应仅从经济学角度，而是至少还应从法学等角度进行研究。为此，除了要找到导致财政危机的具体法律原因以外，还应在更高的宪法层面探索其中存在的问题。

（三）宪法缺失：法律原因的进一步归结

在探讨导致财政危机的法律原因的过程中，实际上已多次涉及宪法的缺失。毕竟，财政权和财产权，对于国家和国民是至为重要的。对国家而言，"无财则无政"；对国民而言，"有恒产者有恒心"。因此，财政权和财产权作为国家的基本权力和国民的基本权利，都应在宪法中作出明确的界分并予以保护，唯有如此，才能使国家有效地向社会公众提供公共物品，使国民有生存和发展的基础。这也是保障国家繁荣、进步的重要制度安排。①

上述的预算法、国债法、税法的重要宗旨，都是保障国家的财政权，而其立法依据，则应当是国家的宪法。一国的宪法应不仅在国家与国民之间界分财政权与财产权，还应在相关的国家机关之间进一步界分其财政权。正因如此，许多国家的宪法，才对预算、税收、国债等许多问题作出大量甚至很细致的规定，实际上是对财政权在宪法层面的配置，这些规定不仅为相关的立法提供了重要的宪法依据，而且有些还具有一定的可操作性。

然而，与许多国家宪法相反，我国《宪法》的相关规定却十分简约，直接规定"预算"的条款微乎其微，主要是明确了各级立法机关在预算方面的审批权，以及国家行政机关的预算编制权；在税收方面，直接规定"税收"的不过一条（第56条），即"中华人民共和国公民有依照法律纳税的义务"；而对于国债，则更是未作任何规定。可见，宪法对于与财政相关的预算、税收和国债的事项，存在着许多规定上的缺失。由此不仅影响了相关的立法（使其

---

① 诺思等人的研究已经多次地说明了这一点，而且已经为人类历史的发展所证实并将继续证实。可参见〔美〕诺思、托马斯：《西方世界的兴起》，厉以平、蔡磊译，华夏出版社1999年版，第9—13页。

宪法依据不足），而且也会出现不仅无具体法律可依，亦无宪法可依的情形。

可见，对财政危机影响至深的法律原因，不仅体现为预算法、税法和国债法等具体规定的缺失，也体现为宪法上的缺失。而具体法律的缺失，则根源于宪法的制定与实施的缺失。

宪法的要义在于"分权"，并在分权的同时进行"限权"，从而实现"定分止争"。对于财政权也是如此。如果不能够对财政权进行有效分配，则财政秩序必然混乱，财政危机就会潜滋暗长。我国宪法虽在某些方面已有一些分权规定，但仍有些方面或语焉不详，或存而不论，这就会增加发生财政危机的可能性。

为此，应当分别不同情况来区别对待：凡是宪法规定存在不足的，就应当补足；凡是宪法中已有规定的，就应当有效落实，以更好地避免和化解财政风险和财政危机。依循这样的思路，下面就宪法领域存在的问题及其解决作简略探讨。

1. 宪法规定的不足与补足

宪法的缺失，首先体现为宪法规定的不足。由于历史局限等多方面的原因，我国现行《宪法》尚有许多欠缺。尽管近年来通过若干《宪法修正案》的形式来试图予以弥补，但在财政权的分配方面，仍然还有相当大的空白，需要通过适时修宪来予以补足。

在修宪方面，应当体现宪法的时代精神，尤其是宪法在分权方面的国际共通性，体现基本的制度文明。在经济全球化的时代，宪法的时代特征也尤其应当体现在"经济性"方面，这也是我国宪法长期欠缺并力图弥补的重要方面。[①] 同时，《宪法》中所规定的公共经济领域的问题，都直接涉及国民的基本权利，从而也会牵涉《宪法》其他层面的问题，如对公权与私权的保护问题，等等。事实上，宪法同样首先建立在一个基本的"公私二元结构"之上[②]，这也是确立法治精神或宪政精神的基础。

---

① 事实上，我国近些年来进行的几次修宪，都主要是在经济领域，这也体现了宪法的时代特征，而对这一特征，似乎学界并未给予更多的重视。

② "公私二元结构"假设，是具有普遍意义的理论—认知层面的基本假设，它对许多法学问题的基础性分析都有助益。参见张守文：《经济法学的基本假设》，载《现代法学》2001年第6期，第44—53页。

在"二元结构"的框架中,财政权作为国家主权的重要组成部分,是典型的公权力,其确立和行使都必须贯彻一系列的法定原则,包括具体的预算法定原则、国债法定原则和税收法定原则。这些原则应当在我国宪法的修改过程中有所体现,它们不仅是保护国家财政权的重要原则,同时,更是保护国民财产权的重要原则。要贯彻上述原则,就必须有效地确立和执行"议会保留原则"和"法律保留原则",切实满足我国《立法法》相关规定的要求。[①]

要有效分配财政权,就必须使其专属于特定的立法机关和执法机关。如预算的审批权、监督权,以及预算的编制权、执行权等预算权,应在议会和政府之间进行有效、具体的界分;而税收的立法权、征管权和入库权等税权,则应在立法机关和执法机关进行明确的分配,等等。只有在《宪法》中大量地规定有关财政的内容,明确预算、税收、国债等领域的权限划分,我们的《宪法》才可能日臻完备。

2. 宪法规定的空置与落实

宪法的缺失,不仅表现为《宪法》制定上的不足,也表现在既有规定被空置,而未被落实,从而直接地体现为宪政缺失。其中,有些规定不能落实,实际上是导致赤字、债务或财政危机之类的问题的重要原因。

例如,对于监督权,我国《宪法》已经规定,各级人大有权监督各类国家机关,而各级人大则应当对人民负责,受人民监督,从而体现"一切权力属于人民"的基本精神[②],应当说,各级人大近些年来在行使宪法赋予的监督权方面也做了许多努力。但从总体上说,由于诸多因素,对于财政的监督仍很不够。尽管全国人大设有专门的财经委员会及其预算工作委员会,但仍未能卓有成效地对预算支出等实施监督,从而导致监督权被空置,预算支出缺乏有效监管和约束,赤字规模不断扩大。

无论是人大的监督权,还是人民的监督权,都是宪法赋予的,其不能充分行使的一个重要原因,是我国《宪法》缺乏对知情权的规定和保障。事实上,行使监督权的前提是真正享有充分的知情权,这是一种重要的信息权。

---

① 参见张守文:《经济法基本原则的确立》,载《北京大学学报》(哲学社会科学版)2003年第2期,第83—90页。

② 参见我国《宪法》第2条、第3条。

如果人民或其代表，对预算的编制、执行，对具体的财政收支等情况缺乏了解，自然难以进行有效监督。因此，要解决宪法规定空置的问题，就必须落实相关的权力或权利保障问题。

要落实人大的监督权，必须进行预算编制、审批制度的改革，尤其应细化部门预算，加强对政府采购和转移支付等财政支出形式的监督，防杜"豆腐渣工程"、"三公消费"等所造成的巨大浪费。只有不断加强监督，有效保护纳税人的权利，解决不断追加支出、扩大赤字或债务规模的问题，才有可能不断提高政府的合法化能力，更好地防止财政危机的发生。

要落实人民的监督权，就必须使其真正享有知情权。知情权本来就是纳税人的一项重要权利，同时也是每个公民都应拥有的宪法性权利。据此，纳税人应当有权知道税收的征收依据和如何征收，知晓税款的去向，以及国家是否为自己提供了品质与数量相应的公共物品；有权知道自己的国家承受的负债是多少，是否潜伏着财政危机，等等。这样，才能更好地对政府的预算行为、税收行为、发债行为等进行监督，真正落实宪法赋予的监督权。反之，如果人民不能充分行使其知情权和监督权，不清楚税款的用途，就有可能对政府的征税行为、支出行为和举债行为的合法性产生怀疑，可能会因此从事税收逃避的行为，以及其他不遵从法律的行为，而这些行为，都会进一步地加剧财政状况的恶化，并会形成一种恶性循环的"取予关系"，进而可能诱发财政危机。

前述导致财政风险或财政危机的预算法、国债法和税法等方面的问题，可以进一步归结为宪法上的缺失。这是引发财政危机问题的更深层次的制度根源。为此，应当补足宪法在内容规定上的缺欠，并使宪法上已有的规定得到切实落实，只有这样，才能更好地在解决财政危机的问题上体现法治精神。

（四）在具体立法中应重视财政分权

为了有效解决财政风险和财政危机问题，在具体的财税立法中，应当通过"有效分权"来进行"限权"，使不同主体各得其所，在各类主体之间形成一种"纳什均衡"，以有效地"定分止争"。

财政分权在各个国家都是非常重要的。要进行财政分权，首先要明确政府的职能和边界，在国家与国民、政府与市场之间进行分权、划界，把基本权利真正归还国民，凡是国民能够自行解决的问题，都应由其自行解决，而不应由政府越俎代庖。事实上，政府的核心职能，仍然是各类公共物品的提供。如果政府由此真正转变职能，变"万能政府"为真正承担有限责任的"有限政府"，则财政开支就会大幅减少①，许多赤字和债务问题可能就不会发生。因此，要真正解决"瓦格纳定律"②和"帕金森定律"所带来的负面影响，就必须通过立宪来进行适度的分权。

除了上述的"国民二元结构"之下的分权外，尚需在政府内部进行横向和纵向的财政分权。其中，横向分权，主要涉及在相同级次国家机关之间的财政权的划分，尤其是财税立法权、预算审批权、国债发行权的划分；而纵向分权，则主要涉及不同级次国家机关之间的财政权划分，在形式上尤以财税收益权的争夺令人瞩目。事实上，在中央与地方的关系上，主要问题就是财政权的纵向划分，只有在财税体制上依法对此予以有效界定，并限定其各自权力的行使，充分体现法治精神，才能更好地解决财政收支的问题。例如，只有给地方一定的税权，特别是税收立法权和税收收益权，充分照顾地方的利益，使其各得其所，不断发展，才能充分调动地方的积极性，从而更有效地通过合法的途径，解决本级政府的财政赤字问题。

（五）小结

财政赤字、公共债务以及由此可能引发的财政风险和财政危机，是各国都关注的重要现实问题，我国更应当从各个方面分清利弊，未雨绸缪。目前，对于赤字规模、债务风险及其是否可能引发财政危机等问题，虽然尚有不同认识，但对于赤字和债务规模已经较大，从而加大了发生财政风险和财政危机的可能性，则已经达成了基本的共识。在此基础上，应探寻引发财政危机的经济、社会、法律等原因并提出应对之策。从法律的角度来看，引发财政危机的法律原因，既有具体的财税法制方面的原因，如预算法形同虚设、国

---

① 历届政府所力图进行的机构改革，实际上考虑的就是如何转变政府职能，以解决"十羊九牧"、"尸位素餐"，普遍"吃财政饭"的问题。当然，只有这种改革真正落实到位，才能彻底解决问题，否则，还可能出现机构改革上的"黄宗羲定律"（也有人认为该定律在宋朝时就已经提出），即每次改革之后，反而会有较大的反弹，从而使机构更加臃肿，财政开支更大，赤字问题也随之更加突出。

② 对于瓦格纳定律或瓦格纳法则的具体探讨，可参见〔美〕威尔达夫斯基：《预算：比较理论》，苟燕楠译，上海财经大学出版社2009年版，第296—302页。

债法尚付阙如、税法刚性不足等，也有更深层次的宪法层面的原因，主要体现为《宪法》缺少相关规定或已有规定落实不到位。

要有效解决财政风险和财政危机问题，需要在分权的基础上进行限权，综合考虑各类主体的不同利益，使其充分行使各种权力或权利，以各得其所①，并通过具有约束力的制度安排，来实现"定分止争"。其中既有分权，又有限权；既有自由，又有约束，浸润着民主与法治的精髓，体现着对"合理性"与"合法性"的追求。此外，应真正通过法律的全面制定和有效实施，来形成良性的"取予关系"。只有在这样的良性互动中，才能真正解决财政赤字、债务风险和财政危机等问题，实现国泰民安。

财政危机在许多法制较为健全的国家也会不同程度地存在，欧盟的一些国家、美国等近年来发生的财政危机就是明证。许多国家发生的赤字问题或债务问题，往往都与前述的法律原因有关。世界各国只有不断地反思和总结，持续加强法治建设，特别是经济法规制，在法治环境下，依法理财，依法治税，依法举债，才可能跳出体现"治乱循环"等各种"定律"，形成良好的公共经济秩序，才能更好地推进国家和社会的稳定发展。

三、分配差异风险的法律防控

除了上述与财政压力相关的财政风险、财政危机等问题需关注外，由于与国民的收入分配直接相关的民生压力日益突出，因而其中蕴含的法律问题也非常值得研究。在民生压力方面，分配差异是一个突出问题。基尼系数过高，分配差距过大，大量国民的收入分配能力偏低，会直接带来分配差异风险，也是导致分配危机的重要原因。因此，必须正视分配差异，降低分配差异带来的风险，而要实现上述目标，就必须加强分配差异风险的法律防控，通过加强经济法治，来提升国民的收入分配能力，从而缓解民生压力。

---

① 各得其所，每个主体各自得到其"应得"的，才是具有合理性的，这是分配正义的重要体现。一个好的分配制度应有助于使各类主体各得其所。当然，从不同的视角，对于分配正义会有不同的理解，可参见姚大志：《分配正义：从弱势群体的观点看》，载《哲学研究》2011年第3期，第107页；段忠桥：《也谈分配正义、平等和应得——答姚大志教授》，载《吉林大学社会科学学报》2013年第4期，第34页。

(一) 分配差异问题的提出

"这是最好的时代,也是最坏的时代"①,对时代的评判涉及政治、经济、社会、法律等多个维度,但经济发展与社会公平是更为基本的衡量尺度。通常,经济效率与社会公平,皆需兼顾;经济的快速增长与社会的协调发展,不可偏执一端。而若要实现兼顾和防偏,则需把握连接经济与社会的重要纽带——社会收入的分配,它是评判时代好坏的重要标尺。

社会收入分配在各个时代都非常重要。历代的"治乱循环"、社会变迁,往往都与收入分配直接相关。"均贫富"的思想、"患不均"的文化②,都源于对财富分配、民生国计的关注,以及对"均分"、"公平"的期盼和追求。然而,普遍存在的各类现实差异,会直接导致分配上的差异,从而使分配上的"不均"成为常态。对于分配上的差异如何看待、如何调整,甚至会影响经济、社会的不同发展路径。③

从我国当代的发展路径来看,整个改革开放的过程,始终贯穿着分配调整的主线。④ 近些年来,分配差距过大和分配不公问题,已引起社会各界的高度关注。国家已经认识到,必须兼顾公平与效率,而不能只强调效率优先。为此,必须正视分配上的差异,通过法律等领域的各种制度安排,将分配差异控制在合理的限度内。

事实上,由于诸多因素,分配差异是普遍存在的。对于分配差异的积极作用需要客观分析,对于其消极影响,特别是可能引发的风险,以及如何加以法律防控,尚需深入研讨。基于对问题的限缩和对重点的强调,本章拟着

---

① 由于观察和评判的角度、领域不同,狄更斯的这一名句对于许多领域都是适用的。前些年的经济快速增长,使许多国家的国民认为现在是一个好的时代;而快速增长所带来的诸多社会、环境等方面的问题,又使许多人认为这是一个坏的时代。

② 孔子在分配方面早就提出了"患不均"、"均无贫"的思想,认为"有国有家者,不患寡而患不均,不患贫而患不安。盖均无贫,和无寡,安无倾"(《论语》,季氏第十六篇),这种思想对分配文化产生了深远的影响。

③ 在以往的许多计划经济体制国家,曾经非常重视缩小分配差距,反对个人分配上的差异性,强调平均主义;在历史上提出的"均贫富"的思想等,也是要反对分配差异。这体现了在一定时期人们对公平分配的更多关注。而"让一部分人先富起来"的思想,则体现了在一定时期对分配差异的承认和肯定。

④ 参见张守文:《贯通中国经济法的经脉——以分配为视角》,载《政法论坛》2009年第6期,第124—137页。

重探讨分配差异的经济法规制问题，在分析影响分配差异的三个重要因素的基础上，提出分配差异及其可能带来的结构性风险，揭示分配差异与经济法规制的内在关联，强调经济法规制的必要性，并结合分配差异可能带来的分配不公问题，探讨经济法规制的可能性及相应对策。

在探讨上述问题的过程中，本章试图说明：在长期的经济结构调整的过程中，应当通过对分配结构的有效调整，减少分配差异及其负面影响，发挥适度合理的分配差异的正面作用，并在经济法理论和制度建设方面，体现对分配差异风险的防控，以更好地实现分配正义[①]，促进公平分配和社会稳定。

（二）影响分配差异的重要因素及分析维度

分配差异是普遍存在的。要解决分配差异所带来的问题，必须分析分配差异形成的重要原因或影响因素。通常，影响分配差异形成的因素主要有三个，即主体差异、空间差异和时间差异，相应的，研究分配差异的重要维度也有三个，即主体维度、空间维度和时间维度。

第一，从主体维度来看，国家、企业、个人以及其他主体之间，以及每类主体相互之间，在参与分配的能力、权利或权力、信息等许多方面，都存在着突出的差异。例如，在国家之间，各国汲取财政的能力不同，财政收入在 GDP 中的占比各异；在企业之间，各个企业的获利能力和分配能力不同；在个人之间，每个人获取收入的能力和参与社会分配的能力更是不同。上述的诸多不同，形成了一定时期的收入分配格局。为此，必须分析各类差异及其合理性，这对于国民收入分配问题的研究尤为必要。

目前，我国最为引人瞩目的是个人收入分配问题，分配差异突出地体现为分配差距过大，基尼系数过高，即使依据官方的保守估计，基尼系数也已达到 0.47 以上[②]，这表明在分配方面已经相当不公平。

[①] 从孔子到亚里士多德，从罗尔斯到诺齐克，历代先哲、学者，都非常关注分配正义（distributive justice）的这一核心问题。有的学者认为，在 19 世纪与 20 世纪之交，发生了从古典分配理论到现代分配理论的转变，人们对分配正义问题有了更多的关注。参见〔美〕弗莱施哈克尔（Samuel Fleischacker）：《分配正义简史》，吴万伟译，译林出版社 2010 年版，第 115 页。

[②] 此前已有学者研究认为，2004 年我国的基尼系数已经达到 0.47；而在 1993 年，我国的基尼系数为 0.407，已经超出国际公认的警戒线 0.4 的标准。参见刘永军等：《中国居民收入分配差距研究》，经济科学出版社 2009 年版，第 2 页。至于近年来的基尼系数，也有学者认为已达到 0.5 以上。

附表：近十年中国全国居民收入的基尼系数（国家统计局 2014 年 1 月 20 日公布）

年份	基尼系数
2003 年	0.479
2004 年	0.473
2005 年	0.485
2006 年	0.487
2007 年	0.484
2008 年	0.491
2009 年	0.490
2010 年	0.481
2011 年	0.477
2012 年	0.474
2013 年	0.473

上述分配差异如果再进一步细化，会体现为占总人口比例较小的富人却拥有比例较大的财富，而占人口比例较大的穷人却只拥有比例较小的财富。[①]同时，在城乡之间、不同行业之间、不同所有制企业之间，都存在着分配上的巨大差异。

对于分配差距的测定，基尼系数固然重要，尤其对个人收入分配的公平性可以作出较为直观的描述，但仅此还不够，还应当引进其他的"系数"，如政府财政收入和企业收入在整个社会收入中的占比等，因为这两大类主体收入的占比，直接影响个人收入，恰恰是在调整个人收入分配格局时必须系统考虑的。

第二，从空间维度来看，地域差异也值得重视。环顾全球，不难发现，南北差距其实是分配差异的突出体现。而在我国，分配差异则主要体现为东西差距。毕竟，经济的发展水平决定了收入分配的平均水平，发达国家或发达地区的整体收入水平总是偏高。这种地域差异的存在，是在分析收入差异问题时需要特别关注的。其实，在许多国家，当年美国经济学家刘易斯（W. A. Lewis）特别关注的城乡二元结构，同样也是分配差异的重要体现。例如，在我国，无论在东部还是中西部地区，城乡差异都普遍存在，而且，一般说

---

① 法国经济学家皮凯蒂通过"采用广泛的历史资料和对比数据，覆盖了近三个世纪、二十多个国家，同时运用新颖的理论架构进行深度解析"，也得出了这个结论。参见〔法〕皮凯蒂：《21 世纪资本论》，巴曙松等译，中信出版社 2014 年版，第 1 页。

来，城市居民往往比乡村居民的收入要高。尽管要考虑不同区域的生活成本以及其他成本，但仍应考虑不同区域的"购买力差异"，要使实质的收入水平大体相当。

由于各类主体都处于一定的空间，因此，空间维度是对主体维度的进一步延伸和限定，两个维度之间存在重要关联。从空间维度或地域差异的角度来研究分配差异，人们会有更加切实的体验。

第三，除了上述的主体、空间维度外，时间维度也需重视。分配时间的差异，会对相关主体产生不同的影响。在分配的不同时间段，由于通胀或货币的时间价值等因素，相关主体的实际收入会有差异。同样数额的款项，在不同的时段分配，对主体的实际效果是不同的。这在社会保障以及其他需要考虑跨越较长时间的领域（如资本市场的未来收益），在制度安排上尤其需要注意。

从更为宏观的角度说，不同区域处于不同的发展阶段，这实际上也是一种时间差异。而不同的发展阶段，不同的发展水平，在分配上也会有不同的体现。① 发展阶段在前的，当地普遍的分配水平也会更高一些。针对这种发展时间或者发展阶段上的差异，国家在转移支付、出口退税等制度安排中已经作出了区别对待。②

以上三个维度，体现了主体差异、空间差异和时间差异，它们直接导致分配差异。上述三个维度紧密联系。其中，主体都是一定时空维度内的主体，因此，在考虑主体分配时，要把上述的空间维度和时间维度结合考虑，从而使主体差异更加具体化。例如，同样是公务员，东部地区和西部地区的相同级次的城市，在同一年份和未来岁月，其收入差异是明显的，其他类型的主体也类似。这种差异是在进行制度设计时必须予以考虑的。

---

① 1960 年，美国经济学家罗斯托（Rostow）曾提出"经济成长阶段论"，将一国的经济发展过程分为 6 个阶段，即传统社会、准备起飞、起飞、走向成熟、大众消费和超越大众消费阶段。在不同的阶段，对分配和消费的要求是不同的。可参见〔美〕罗斯托：《经济增长的阶段》，郭熙保、王松茂译，中国社会科学出版社 2010 年版。

② 国家在确定转移支付重点方面，是向发展阶段较为滞后的区域倾斜；国家在安排对口支援方面，强调发达地区省市要支援欠发达地区；在一些政策出台所需资金方面，中央一般也要求发达地区自行安排。

(三) 分配差异及其结构性风险

上述的分配差异，会形成分配的一种重要形式，即差异性分配。差异性分配同参与分配的主体在时空、能力、权义等多方面的差异直接相关，并体现为分配机会和分配结果上的差异。

差异性分配不同于"均等性分配"（或称"无差异性分配"）。均等性分配的重要假设是主体的无差异性，因此才可以均匀、平等地分配，此类分配形式往往在形式上被认为是公平的，但大抵会牺牲效率，同时，也未必真正公平。相对而言，差异性分配对效率关注更多，同时，也未必都不公平，有时更能体现实质公平。可见，在不同分配形式的讨论上，效率与公平的价值取舍仍难以逾越，而公平则是人们普遍关注的更为核心的价值。

同样，无论是哪类分配，在法律领域，人们往往更关注分配的公平性。通常，分配上的适度差异有其合理性；但如果差异过大，分配不公，则其合理性就会丧失，就会引发公众对分配的质疑和不满，影响社会安定和经济发展，甚至会危及政权稳定，从而形成"分配风险"，甚至酿成"分配危机"。历史上许多国家发生的起义、革命等，都与分配风险的集聚所形成的分配危机有关。

古往今来，个人收入分配在整个分配体系中始终占有重要地位，只有将个人收入差距限制在合理的限度内，才能确保社会的久安和国家的长治。确保个人收入的公平分配，是解决"治乱循环"的重要途径。而公平分配的核心问题，则是减少不合理的分配差异，缩小分配上的不合理差距，这关系生存权、发展权等基本人权和人格尊严[1]，与政府的合法性、调控力、强制力等也直接相关。

此外，分配差异极易带来不公平，并因而造成多种"结构性风险"。各类"结构性风险"都存在于一定的分配体系中，需要根据具体情况，加以防范和化解。

例如，在整体分配体系中，各类主体的类型结构及其分配比例的多少，

---

[1] 具体分析可参见张守文：《经济发展权的经济法思考》，载《现代法学》2012年第2期，第4—10页。

是分配结构上的重要问题,不仅具有重要的经济和社会意义,而且具有重要的政治和法律意义。就国家治理而言,《大学》中的名句"财聚则民散,财散则民聚"值得谨记。如果国家收入占比相对较高,国民收入占比相对较低,就会影响市场经济的根基,影响国民的生存和发展,形成主体分配的"结构性风险"。只有降低财政收入占整个GDP或者整体社会财富的比重,减轻国民税负[1],以及各种非税负担,才能使国民更好地生存和发展,政府才能更多地得到国民的拥护。为此,特别需要加强经济法规制。

又如,在个人分配体系中,不同人群财富占有量的多少,也是一个重要的结构问题。如果财富集中在少数人手里[2],整个社会的基尼系数过高,多数人收入过低,就会影响许多个人的生存和发展,从而影响整体经济和社会的发展。为了防止个人分配体系中的"结构性风险",就必须针对不同人群的不同情况,实行"调高、扩中、提低"的政策,以推进个人收入分配的结构从"金字塔型"向"橄榄型"发展。

再如,在分配的要素体系中,按劳分配和按其他要素分配各自所占的比重,也是一个结构问题。从公平的角度说,以按劳分配为主体的原则仍要坚持。如果广大劳动者不能依据按劳分配的原则获取适当比例的收入,则分配风险就会越来越突出。为此,在激励手段方面,要鼓励诚实劳动和辛勤付出,反对不劳而获、钱权交易、不当得利、腐败寻租,以降低分配风险,确保公平分配,减少社会怨愤。如果一个社会"以按劳分配为主体"不能真正落实,就会影响人们对诚实劳动的认可。为此,法律应当鼓励人们勤奋工作,诚实劳动。对此,著名经济学家萨伊(Say)早就主张:一国的税法应当有利于增进道德,鼓励人们的勤劳,这应当确定为一项重要的原则。因此,鼓励诚实劳动,激励真正的创造,公平地分配劳动创造的社会财富,确实需要在法律上认真对待。

需要强调的是,在各类"结构性风险"中,国家与国民之间的分配风险

---

[1] 从福布斯杂志的税负痛苦指数(Tax Misery Index)排名来看,我国曾被排在全球第二,即税收负担被认为偏高。当然,我国已有不少机构和学者对其计算口径和方法提反对意见。

[2] 在2008年金融危机发生的前一年,美国社会最上层的0.1%的家庭所拥有的收入是社会底层90%家庭平均收入的220倍,最富有的1%的人群拥有的财富达到国家财富的35%。参见〔美〕斯蒂格利茨:《不平等的代价》,张子源译,机械工业出版社2013年版,第3页。

尤其需要重视。如果两类主体的收入在整体财富的比重不合理，畸轻畸重，就会产生巨大分配风险——或者民不聊生，或者国将不国。

总之，由于分配差异导源于相关主体结构上的差异性，因此，分配差异所带来的风险也与一定的结构相关，并体现为"结构性风险"。同时，分配风险的不断积聚极有可能导致分配危机，因而必须注意及时防范和化解分配风险。① 我国自改革开放以来，通过不断调整，形成了现时的分配结构，但当前分配结构的失衡，已在一定程度上影响了经济的稳定增长和社会的协调发展。为此，必须重申公平分配的重要价值，知难而上，全面、系统地化解各类分配体系中的"结构性风险"，解决分配差异所带来的问题，这就需要相关法律的有效规制，尤其需要经济法的规制。

（四）分配差异与经济法规制的必要性

运用具体的法律手段，对分配差异进行适度的调节和控制，对于解决分配差异问题特别重要。从总体上说，分配差异需要法律规制，并且，解决我国的分配差异等分配问题，尤其需要经济法的规制。

1. 分配差异需要经济法规制

分配活动牵涉甚广，分配差异需要多种法律制度的规制。例如，不同地区之间的分配差异，会导致财政失衡，影响基本公共物品的提供，因而需要有转移支付制度；企业之间的分配差异，会影响职工的基本生活水平，因而需要有最低工资制度；个人之间的分配差异，特别是在个人劳动能力丧失或不足情况下的收入水平会受到影响，影响其基本生活，因而需要有社会保障制度，等等。此外，在税法领域的许多制度，如税法上的不征税制度、免税制度、减税制度、扣除制度，等等，也涉及分配差异问题的解决。

虽然解决分配差异问题需要多种法律规制，但经济法的规制必须高度重视，它对于调节分配差异、控制分配风险可谓至为重要。下面以经济法中的财税法为例来加以说明。

根据财税原理和财税法理论，分配收入是财税原初的、基本的职能，保

---

① 风险的视角是分析经济法问题的重要维度，对于研究分配问题同样是适用的，相关分析可参见彭飞荣、王全兴：《分配正义中的政府责任：以风险与法为视角》，载《社会科学》2011年第1期，第107页。

障和规范分配行为是财税法的基本职能,整个财税法都是在解决分配问题。同时,在许多具体的财税法制度中,又大量涉及具体的分配问题,如个人所得税制度、财产税制度等,莫不如此。

从分配的角度看,"财税法是重要的分配法"。事实上,各类财税法的制度设计,包括各类制度要素的确立,都与分配直接相关,都是在解决收入或财富分配的问题。例如,在财税法的各类制度中,都包括了分配所涉及的主体要素、客体要素、手段要素,以解决在哪些主体之间分配,分配给谁,以及分配什么、分配多少,如何分配等问题。上述要素可以概括为分配的实体要素和程序要素,其中,实体要素具体体现为参与分配的主体、分配的对象及其种类、分配的方法(如计算的方法,以及特殊情况下的分配方法)等,程序要素包括分配的时间、地点等。此外,在分配过程中涉及优先权、豁免权、抵扣权、退回权、管辖权、入库权、监督权等许多重要的权力和权利,不仅需要从微观制度的角度去研究,更需要从"分配权"的角度去研究。

上述"分配权"是分配法中的基本范畴。我国现实的立法中没有一部《分配法》,是因为分配权通常被规定于多个部门法中,无法用一部法典或一个法律部门来体现,同时,财税法作为分配法的一种重要类型,其核心任务就是解决分配权的"分配"问题。从这个意义上说,财税法中的财权、税权等,都是分配权的具体体现。而上述的优先权、抵扣权、入库权等各类权力或权利,则是分配权的更为具体的微观体现。这些都需要财税法作出具体的配置。

此外,分配事关消费能力,并最终体现为财富的归属或消费能力的大小。基于这个方面,在增值税制度中,要有低税率制度,以有助于保障民生[①];在消费税的制度中,要规制奢侈消费、过度消费等问题[②];在营业税中,对社会事业领域,包括教育、医疗、文化、托幼等方面,要设置许多免税安排。类似规定在整个税法领域比比皆是,在所得税、财产税等领域更为突出。

2. 我国的分配差异尤其需要财税法规制

如前所述,财税法作为分配法,其重要职能是提供分配方面的制度安排,

---

① 我国现行增值税制度规定了13%的低税率,涉及粮油、水、煤、气、农业等领域,主要解决民生方面的问题。推而广之,有关增值税免税的规定是低税率制度的精神的进一步体现。

② 现在对贵重首饰、珠宝玉石、高档手表、游艇等征消费税,就是体现了这一精神。但从总体上说,在充分发挥消费税的作用方面,还有很大的空间。

涉及在国家之间、国家与国民之间，或者在国家与企业、个人以及其他主体之间以及市场主体相互之间的财富分配。针对我国各类主体之间的分配差异，财税法的调整尚有很大的空间，需要更好地发挥其规制功能。

例如，目前国家财政收入占比相对较高，这本身就是财税法的问题。仅从税法的角度看，如何解决复合税制下的税制性重复征税问题，如何降低过重的税负①，协调好各个税法或税种之间的综合规制，是税法的整体制度建设需要考虑的重要问题。此外，与国家财政收入直接相关的各类非税收入近年来也在不断增加，这也与整个财政法领域的法制不健全或有法不依等直接关联。

又如，在个人分配领域的分配差距过大、基尼系数过高，在很大程度上源于在初次分配阶段财税法规制功能的不足。特别是对资本市场等资金集聚较快的领域，税收的调节作用过于轻微，带来了分配差距过大的问题。事实上，无论是初次分配、再分配还是所谓三次分配，都需要加强财税法的有效规制。而目前我国在分配领域存在的突出问题，在很大程度上都与财税法规制的不足有关。

此外，在我国强调对分配差异进行财税法规制，主要目标是使分配差异保持在适度范围内，以更加体现分配公平。如税收优惠制度，体现的是区别对待，它是形式上的平等课征的例外，旨在实现实质公平。因此，税收优惠制度的设计必须合理，才可能在实质上缩小差距。其实，对于老少边穷地区的税收优惠，对于弱势群体的税收优惠等，都是意在缩小分配差距。至于财政法上的转移支付制度等，也是通过减少分配差异，来实现财政均衡，促进公共物品提供上的均等化，保障分配上的公平。

（五）分配不公与经济法的有效规制

与分配差异直接相关的，是分配不公问题。② 通常，收入的分配，包括收

---

① 降低税负，简化税制，是1994年税制改革时曾明确提出的目标，但这一目标至今仍未完全实现。2008年以后国家推行"结构性减税"，特别是推进"营改增"试点，都是在这方面的努力。

② 有的学者认为，公平分配问题是政治经济学乃至整个社会科学领域的中心问题，分配是社会的根本问题。参见〔英〕威廉·汤普逊：《最能促进人类幸福的财富分配原理的研究》，何慕李译，商务印书馆1997年版，第19—20页。

人的分割和配置这两个方面。目前，人们对于收入分配不公的看法，主要来源于两个方面，一个是收入分属不公，一个是收入配置不公。

在分属不公方面，究竟哪些收入应该归国家，哪些应该归企业或其他组织体，哪些应该归个人，无论在整体的分割比例上，还是具体的归属上，都可能存在一些不公平的问题。对此，通过经济法的有效规制，特别是财税法、金融法、竞争法、价格法的有效规制，有助于促进收入的公平分割，归属明晰，从而有助于真正做到定分止争。

从配置不公的方面来看，对于归属于国家的收入（表现为国家财政收入等），哪些应当配置于民生领域，以解决基本人权保障问题，哪些应配置于非民生领域，都需要作出公平合理的安排。如果财政支出在教育、医疗、社会保障等领域的占比较小，而大量用于建楼堂馆所，或者公款消费等，则公众就会认为收入配置不公。这也是分配不公的重要体现。事实上，许多分配不公不是体现在收入的归属或分割上，而往往可能是体现在配置上。

要解决各类分配不公的问题，各类经济法制度都应发挥其重要的规制功能。如竞争法要通过禁止垄断定价等来保障分配公平，同时，应通过保障公平竞争，使市场主体有公平获利的机会；金融法应通过保障币值稳定和加强金融监管，来防止金融领域的分配不公。此外，各类财税法制度，特别是消费税、所得税制度，以及房产税等财产税制度，都要起到重要的调节作用。当然，在收入的形成或分割阶段，相关的税法以及其他财政法制度也要起到重要的调节作用。

除了上述的经济法规制外，要有效解决分配差异及其可能产生的分配不公问题，还需要加强经济法与其他法律的协调。[①] 为此，至少需要在法治建设方面解决好如下问题：

第一，在国家与国民之间要明确界分收入分配权。对于国民的收入分配权，要加强宪法以及经济法、民商法等法律的共同保护，并要注意依法分配，使国家与国民各得其所，使国家在整个社会收入中的占比不至于过高。为此，

[①] 有的学者认为，收入差距继续扩大的主要原因是资源和资产的分配不公。这确实是现实中值得关注的重要问题。参见蔡昉：《如何认识中国收入分配改革现实：一个求同存异的分析框架》，载吴敬琏主编：《比较》（第五十九辑），中信出版社2012年版，第22页。而要解决这类分配不公，就不能仅靠经济法的调整。

在税法、收费法等各类涉及政府收入的领域，都要规定政府分配权限，强调政府必须"取之有道"，依法征收。

第二，在国民之间，企业、个人以及其他主体的分配权也必须明晰，并确保横向公平和纵向公平。特别是在个人收入分配方面，需要通过多种途径，解决好初次分配、再分配和三次分配过程中的收入归属，不断推进收入分配的均衡。

第三，国民个人的收入分配权，需要多种法律制度加以保障。如劳动法、社会保障法、民商法等都要发挥重要作用。如果仅从财税法的角度说，财政支出方面的转移支付法、税法领域的消费税、营业税、个人所得税、房产税、车船税、契税等税法制度，都要直接或间接地发挥重要作用。另外，有关收费方面的制度，以及其他影响个人收入的制度，也都需要重视。

（六）小结

受诸多因素的影响，分配差异是普遍存在的，并由此形成了分配的重要类型——差异性分配。与均等性分配不同，差异性分配既是基于诸多不平等而产生，又会进一步加剧不平等。因此，应正视分配差异的积极作用和消极作用，使分配差异限制在适度的范围内，以防范和化解由其带来的分配风险和分配危机。[1] 对于分配差异及其可能带来的结构性风险，以及分配不公等问题，尤其需要加强经济法规制。

对于分配差异的经济法规制，体现了经济法上的差异性原理。[2] 事实上，没有分配上的差异，没有与其伴生的分配不公等市场失灵问题，以及由此引发的经济失衡和社会失衡问题，就没有经济法规制的必要。

从经济法规制的角度看，对于现实中合理的分配差距，经济法制度需要作出肯定评价，但对于不合理的分配差异，则需要通过制度的重新安排来作

---

[1] 皮凯蒂的研究表明，美国前10%人群的国民收入比重在20世纪两次达到峰值，一次是在1928年（在1929年"大萧条"前夕），另一次是2007年（在2008年金融危机前夕）。因此，他认为，美国收入不平等的扩大一定程度上会引发国家的金融不稳定，这是毫无疑问的。参见〔法〕皮凯蒂：《21世纪资本论》，巴曙松等译，中信出版社2014年版，第302—303页。这是分配差异带来分配风险和分配危机的重要实例。

[2] 差异性原理是经济法上的基础性原理，对于理解分配问题的经济法规制亦有重要价值。相关分析可参见张守文：《经济法原理》，北京大学出版社2013年版，第7—10页。

出否定评价。这样，才能更好地体现把积极的鼓励促进与消极的限制禁止相结合的规制性。与此同时，还应重视经济法与其他法律制度的协调配合，以共同解决分配差异问题。

在经济法领域里，对于社会财富分配和国民收入分配，都应当加强研究，这样才能在更广阔的领域里减少分配差异，从而更好地解决分配结构失衡的问题，促进经济的稳定增长和社会的良性运行。

第二章

分配关系与结构的"协整"

无论是分配压力抑或分配差异,作为分配问题的突出体现,都与分配关系与分配结构的不合理直接相关,因此,需要对不合理的分配关系和分配结构加强协调和调整,实现有效的"协整"(cointegration)。"协整"本是计量经济学中的概念,在实质上具有协调、整合、调整等方面的含义,因而亦可将其概称对分配关系的协调与分配结构的调整。

对于纷繁复杂的分配关系及其带来的诸多分配问题,仅靠市场主体或市场机制是难以解决的,因而需要引入国家协调。国家协调因其主体、领域、手段特殊,对于确保分配关系的和谐具有重要的作用。我国在分配关系的国家协调方面已有不少制度实践,研究这些实践有助于发现在分配领域存在的问题,并提出相应的解决对策。

目前,我国对分配关系进行国家协调的手段主要有两类,一类是政策,一类是法律。通过政策和法律的"双重调整",有助于使分配结构更加优化。考虑到分配结构是整体经济结构的重要组成部分,通过研究整体经济结构的调整,有助于发现在分配结构调整方面存在的具体问题,从而有助于分配问题的有效解决,因此,结合整体的经济结构来研究分配结构的双重调整是非常必要的。

在调整或优化分配结构的过程中,国家会运用大量的促进手段,其中包括一系列促进型的法律规范,这些规范在经济法领域体现得最为突出。为了更好地理解对分配关系进行国家协调或对分配结构进行双重调整所运用的促进手段,还有必要以经济法中的促进型规范为例,来揭示促进型规范在调整分配关系方面的运用。

基于上述考虑，本章将先研讨多元分配关系的国家协调问题，其后探究分配结构以及整体经济结构的调整问题，在此基础上，进一步揭示"促进型"经济法对于解决分配问题的重要作用。

一、多元分配关系的国家协调

在解决分配问题，防控分配风险和分配危机的过程中，涉及多元分配关系的调整。其中，无论是对国家与国民之间的分配关系，还是企业与个人之间的分配关系，无论是缓解财政压力，还是释放民生压力，都需要国家的协调。这是因为，分配问题的产生，分配风险的扩展和分配危机的发生，本身就是市场失灵的产物，是市场机制本身不能有效解决的。因此，各国都需要关注在分配领域的国家协调（如各国社会保障制度、转移支付制度的建立，就体现了国家在分配领域的协调），来调整复杂的多元的分配关系。

正由于在分配领域加强国家协调非常重要，因此，有必要探讨在分配领域进行国家协调的主要目标和具体手段，并结合系统论的思想来分析分配领域的国家协调问题。此外，对分配领域的国家协调不仅应从理论上研究，还应结合相关的制度实践展开研讨，这有助于进一步深化相关的理论研究。

为此，下面将着重探讨在调整多元分配关系方面的国家协调，探讨其中蕴含的协调思想，并分析其对于解决分配问题、化解分配风险和分配危机的重要价值。

（一）对国家协调的基本认识

对分配关系的国家协调，体现了一种协调思想。一般意义上的协调思想，自古有之。[1] 只要存在不同的系统、不同的主体及其行为，就可能出现不和谐或冲突，从而就会产生协调的必要性问题。一般说来，协调思想与"系统思想"紧密相关，强调一个体系或一个系统的内部或外部的一致性，尤其强调

---

[1] 如儒家思想强调道德对人际关系的协调作用；中国古代的"天人合一"的思想，强调人的行为与自然的协调，等等。可参见方克立：《"天人合一"与中国古代的生态智慧》，载《社会科学战线》2003年第4期，第207页。

相关要素不冲突、不交叉、不重叠，以发挥体系或系统的整体功效。因此，协调涉及整体、整体的功能和效率，关乎整体的系统运行和整体目标实现等诸多问题。与此相关，协调既是一种手段，也是一种目标。为了实现更加和谐或更加适合的目标，达到相关要素配合适宜的状态，需要进行协调。

分析国家协调中的"协调"一词，不仅可以有哲学的维度，还可以从语义分析的角度展开。通常，"协调"一词主要有两种含义，其一是"配合适宜"，词性为形容词；其二为"使配合适宜"，词性为动词。如果涉及对分配关系的"协调"，则是在动词的意义上使用的。① 从经济法的角度看，无论是经济和社会的发展，还是权力与权利的配置，抑或分配关系的调整或相关制度体系构建，等等，都离不开国家的协调。当经济和社会发展出现不同步并引发诸多问题时，就需要国家来协调；当权力和权利的配置出现严重失衡影响法益保护时，也需要国家来协调；当调整分配关系的立法在时间、空间、领域上出现失衡或冲突时，还是需要国家来协调。因此，在经济法领域，协调行为和协调思想是广泛存在的，并且，广义上的协调，既可以强调目标和手段、状态和行为等各个方面"配合适宜"的状态，也可以强调在"配合不适宜"的情况下"使其配合适宜"。据此，在调整分配关系方面，既要考虑"分配适宜"的目标，也要考虑各类主体"分配适宜"的状态。

面对多元、复杂的分配关系，加强国家协调非常重要。对分配关系的国家协调可以从三个最基本的方面来理解：第一，协调的主体是国家。目前，对于国家在参与分配和再分配方面所具有的主导作用，人们是普遍认同的，这既是事实，而且在可预见的时期内也将长期持续。第二，协调的领域是分配领域，由于分配的客体是收入、财富、资源等，因而国家协调的内容和领域都具有经济性，是一种"经济协调"。第三，协调的手段包括法律和政策，但主要是法律手段，并且，法律化的经济手段（或法律化的经济政策）在国家协调中具有重要地位。②

上述理解，实际上关注了分配关系的三类最基本的协调，即国家协调、

---

① 协调的基本含义通常被理解为"配合得当，和谐一致，步调同一"，如果达不到协调的状态，则应通过调整"使其配合适当"，这对于全面理解"协调"的两个层面是比较重要的。

② 类似的对国家协调的理解，可参见杨紫烜：《国家协调论》，北京大学出版社2009年版，第127页。

经济协调和法律协调。这三个方面的协调尽管分别侧重于主体、领域和手段的角度，但相互之间存在着内在联系。透过上述三个方面的协调，有助于进一步理解、分析和解决分配关系的国家协调问题，现举例分述如下：

第一，从"国家协调"的角度看，协调的主体是国家。对于"国家"这一协调主体的强调，会直接影响对调整分配关系的法律制度的认识。由于分配问题的解决，分配风险和分配危机的防范和化解，事关基本人权，关系到社会公共利益和国家的长治久安，因此，有关国家调整分配关系的制度，更具有公法的属性。

事实上，上述的国家主体性，决定了许多分配制度应当具有强制性，只不过强制性的强弱程度可以根据对象、领域、时空等进行调整而已。从与分配相关的一些具体领域来看，国家主体性在财政法、税法、金融法、价格法以及市场规制法等领域，都有突出的体现[①]；而对于国家利益和社会公共利益的关注和强调，则使这些制度的公法性更为突出，并由此直接影响对各类分配主体的行为结构、权义结构和责任结构的认识，以及对具体分配制度的结构、功能等方面的认识，以及对经济法与民商法、社会法、行政法等关系的认识，等等。

第二，从"经济协调"的角度看，国家协调的领域，是经济方面的分配领域。国家对分配领域进行的协调是"经济"协调，而不是"政治"协调、"社会"协调。对于经济协调的强调，回答了国家协调的"领域"问题。在社会再生产的各个环节中，分配环节是非常重要的。尤其在市场经济条件下，国家一般不宜直接干预生产环节、交换环节，在这些环节所体现的市场主体的自主性相对更高。当然，在分配环节，对于依法形成的初次分配的结果，也要予以尊重和保护，这才符合法治精神。但是，对于分配环节所存在的突出问题，以及可能引发分配风险或分配危机，进而危害社会公共利益的问题，国家必须通过再分配等机制[②]，或者通过修改法律制度以影响初次分配等措

---

① 在这个意义上，经济法的各个部门法对于分配关系的调整都具有重要价值，从而使整体的经济法规制能够对分配关系的协调起到重要作用。

② 有的学者认为，再分配政策应立足于借助预算的、较透明的税收手段和转移手段。由此可见，预算、税收、转移支付都是再分配机制的重要环节。参见〔德〕柯武刚、史漫飞：《制度经济学：社会秩序与公共政策》，韩朝华译，商务印书馆2008年版，第373页。

施，来作出相应的协调。唯有如此，才能保障经济的持续健康发展，才不至于因分配危机而影响经济的良性运行和协调发展。

对分配关系的国家协调，与市场失灵理论、制度变迁理论以及法律的功能理论等都存在密切关联。由于存在着分配领域的市场失灵问题，有必要对分配关系进行国家协调，因而需要生发出新的分配制度，以弥补传统制度在调整功能方面的不足。由此可见，在对分配关系的国家协调方面，市场失灵是原因，制度变迁是结果，制度功能是关键。

第三，从"法律协调"的角度看，在国家协调分配关系的诸多手段中，法律手段非常重要，并且，基于经济法治的要求，即使在国家协调中运用的是政策手段，也应当逐渐法律化，并应当以法律手段为主。

例如，在运用经济法调整分配关系的过程中，尽管经济法具有突出的"政策性"，但经济法的"法律性"要求必须将重要的经济政策予以法律化。经济法的"法律性"，决定了"法定原则"的重要地位，从而形成了贯穿经济法各个部门法的"法定原则"，如预算法定原则、税收法定原则、货币法定原则、计划法定原则等。经济法上的法定原则，之所以会得到普遍认同[①]，与上述的国家主体性所对应的公权力行使及其限制，与经济协调对国民权益可能产生的重大影响，与经济法自身的法律性要求等，都是内在一致和密切相关的。从总体上说，在对各类分配关系进行国家协调的过程中，都要特别重视法定原则，以更好地体现法治的精神。[②]

（二）国家协调的目标与利益分配的协调

在对国家协调的主体、领域、手段三大问题有明确认识的基础上，需要进一步探讨国家协调的目标。从国家对经济运行进行协调的角度说，"协调的目的是使经济运行符合客观规律的要求，推动国民经济的发展"[③]，同理，在对分配关系进行国家协调方面，也要遵循分配规律，防范分配风险和分配危

---

① 如王保树主编：《经济法原理》，社科文献出版社2004年版，第38页，等等。

② 国家在2013年的"改革决定"中，首次明确提出要"落实税收法定原则"，这是对分配领域的法定原则的特别重视。参见张守文：《税收法当以法定为先》，载《环球法律评论》2014年第1期，第55—57页。

③ 参见杨紫烜：《国家协调论》，北京大学出版社2009年版，第127页。

机，推动经济和社会发展。由于规律作为比人类制定的"规则律例"更高级的"法"，是人们不能创造，也不能改变和消灭的，因此，只有充分遵循"分配规律"，并以法律形式有效体现和利用规律，才能使各类分配关系的协调更加符合客观规律，从而使经济运行能够良性运行和协调发展。

依据上述对目标的认识，在对分配关系进行国家协调的过程中，国家必须遵循分配规律，审时度势，"因其势而利导之"。① 而以规律为圭臬的"因势利导"，本身就是一种有效的协调。国家只有遵循规律，按照体现规律的分配制度去协调分配关系，才可能更好地实现推动经济发展的目标。

尽管防范分配风险和分配危机，推动经济和社会的健康发展，是对分配关系进行国家协调的核心目标，但对于在分配领域进行国家协调的必要性和可操作性，在理论界一直存在争论。特别是自由主义和干预主义、演进主义与建构主义等理论流派，对于国家的作用、国家协调的成本、效益等认识不同，因而对于国家协调所持的态度也不同。尽管如此，基于各国实践，特别是从保障人权、防范分配风险和分配危机的角度看，加强国家协调是各国普遍的选择。尤其是在 2008 年国际金融危机爆发以后，人们对于国家作用的重要性的认识已更为清晰。②

从制度经济学的角度说，国家协调之所以必要，是因为在交易成本过高的情况下，个体之间的利益分配冲突单靠私人个体是难以解决的，因此，国家作为公共物品的提供者，应当担当"协调者"的角色，并且，国家协调本身就是在提供公共物品。由于公共物品的提供者应当是无私的、非营利性的，还应具有超然的地位和强大的实力，因而"协调"的任务只能由符合上述条件的国家来承担。

其实，国家协调不仅要关注私人个体利益分配的冲突，还要解决国家利益与私人利益、国家利益与社会公益之间的利益分配冲突。国家利益、社会公益、私人利益，涉及不同主体的不同层面的利益，在分配领域体现得尤为

---

① 依据司马迁提出的"善因论"，对分配问题的解决同样应当因势利导。相关分析可参见张守文：《政府与市场关系的法律调整》，载《中国法学》2014 年第 5 期，第 60—74 页。

② 2008 年全球性金融危机爆发后，各国纷纷采取多种措施，加强宏观调控和市场监管，体现了各国对国家或政府的重要作用的认识，同时，也使得经济法的重要性更加凸显。相关分析可参见张守文：《金融危机的经济法解析》，载《法学论坛》2009 年第 3 期，第 71—78 页。

突出，都是在国家协调和法律调整方面必须关注的。

在对多元分配关系进行国家协调的过程中，所需保护的利益是多种多样的。例如，在经济法调整分配关系的过程中，经济法所保护的利益，并不仅限于社会公共利益，还应当包括个体的私人利益和国家利益。其中，在国家利益方面，无论是财政利益、税收利益，还是金融利益，等等，都是经济法调整需要有效保护的。只有对各类法益予以均衡保护，经济法的法益保护结构才是更为协调的，如果经济法只保护单一的社会公益，则在基本的私人利益或重要的国家利益得不到保护的情况下，社会公益也难以实现。因此，协调保护各类主体利益，"实现经济法主体利益的协调发展"，恰恰是经济法宗旨的重要内容。

利益协调直接涉及利益的"量化"问题。从经济法对分配关系的调整来看，经济法主体之间利益分配关系的"配合适宜"，并不要求经济法主体之间利益的相等、均等或大致均等①，而是强调要"各得其所"，这样才能有效保护各类主体的法益，才能结合不同阶段、不同时期的不同情况，通过有效的调控和规制，实现在分配领域对效率与公平的兼顾，既有助于防止片面强调某类主体利益而影响分配公平，也有助于防止片面强调均分或均等而影响效率，从而有助于有效保障分配秩序，推进经济与社会的良性运行和协调发展。

（三）从系统论的角度看国家协调

对多元分配关系进行国家协调的思想，与系统思想是一脉相承的；同时，依循系统思想和系统方法，有助于更好地进行"协调"。因此，对多元分配关系的国家协调的问题，可以从系统论的角度，尤其应当从整体、级次、结构与功能等几个具体方面加以分析②，这有助于解决分配领域的许多理论和实践问题，现分述如下：

第一，整体协调问题。强调对分配关系的整体协调，与整体主义的思想是一致的。在分配关系的调整方面，应当把社会分配作为一个整体或系统来

---

① 参见杨紫烜：《国家协调论》，北京大学出版社2009年版，第361—362页。

② 关于系统分析方法，多位学者均在其著作予以关注，这对于实现经济法领域各类系统的内外协调统一，推进经济法理论共识的形成非常重要。参见同上书，第12—13页；刘瑞复：《经济法学原理》，北京大学出版社2000年版，第21页，第24—25页。

看待，把国家、企业、个人以及其他各类主体，都作为一类分配主体，都作为分配系统的组成部分，这样才能更全面地观察各类主体的分配地位和分配能力，发现各类主体分配冲突的症结所在，并有针对性地解决各类分配问题，化解和防范分配风险和分配危机。

在进行整体协调的过程中，国家和国民之间的分配既有宪法上的意义，又有具体的经济法上的意义，需要处理好。两者之间的分配体现了个体营利性和社会公益性的矛盾，而这一矛盾既是整个分配领域非常重要的矛盾，也是经济法领域的基本矛盾①，需要着重加以解决。

第二，级次协调问题。对分配关系的协调涉及非常广阔的时空范围和"差序格局"，因而协调的级次也会不同。例如，中央与地方的收入分配、不同级次政府的收入分配，等等，都会涉及不同级次的协调。

此外，在分配领域，还需关注国内与国际两个不同的级次或层面。无论经济法抑或国际经济法领域，都涉及分配协调问题。在 2008 年金融危机发生后，国际社会普遍认识到应当加强分配领域的政策协调和法律协调，因此，与分配直接相关的财政、税收、金融等诸多领域的合作和协调不断加强。

第三，结构与功能协调问题。一般说来，特定的结构会产生特定的功能，系统内部的结构与功能的协调非常重要。要有效解决分配问题，就必须有效调整相关法律的内在结构，使之能够具备解决分配问题的功能。经济法诸部门法之所以在解决分配问题方面具有重要功用，是因其在规范结构上能够影响分配要素的调整。

此外，即使仅从结构的角度看，为了有效解决分配问题，防范分配风险和分配危机，应当重视经济领域的分配结构的优化②，以及关涉分配的法律规范的数量和比重；同时，还应重视各类分配主体在整体分配体系中的占比，并进行相应的适度调整，等等。

---

① 个体营利性与社会公益性的矛盾，作为经济法的基本矛盾，体现在经济法的各个领域，非常值得研究，这也有助于理解为什么在协调分配关系时要把"有形之手"和"无形之手"结合起来。参见〔日〕金泽良雄：《经济法概论》，满达人译，中国法制出版社 2005 年版，第 27 页。

② 有学者认为，2008 年的金融危机虽然存在着某些周期性因素，但结构性因素是主要的；同时，造成收入分配不公的主要原因是相对价格扭曲。参见张曙光：《国际金融危机对宏观经济学的挑战——从现实经济运行中提出的问题》，载王建民、姚中秋主编：《经济周期与宪政秩序》，浙江大学出版社 2010 年版，第 17 页。

另外，从结构的内外协调来看，调整分配关系的各类制度所构成的系统，也必须做到内外和谐统一，既要处理好其内部各部分之间的协调关系，又要解决好其外部的协调性问题。为此，需要加强调整分配关系的各类法律制度的结构优化，推进主体结构、行为结构、权义结构与责任结构的完善，使各类结构更加协调，从而更好地实现各类分配制度的整体功能，这对于促进分配制度的建设，尤其具有重要的现实意义。

（四）对分配关系进行国家协调的制度实践

由于分配关系至为重要，国家历来重视运用法律、政策等诸多手段进行协调，因而对分配关系进行国家协调的制度实践已有很多。例如，2013 年，国务院批转了发展改革委等部门《关于深化收入分配制度改革若干意见》（简称《分配改革意见》）①，其中，对上述有关分配关系的国家协调的理论和措施有诸多体现。现仅以该意见为例，结合上述有关对分配关系的国家协调的思考，进一步展开探讨。

1. 收入分配制度中的国家协调

对收入分配关系进行国家协调所形成的制度，即收入分配制度。《分配改革意见》特别强调：收入分配制度是我国经济社会发展中一项带有根本性、基础性的制度安排，是市场经济体制的重要基石。改革开放以来，我国收入分配制度改革逐步推进，破除了传统计划经济体制下平均主义的分配方式，在坚持按劳分配为主体的基础上，允许和鼓励资本、技术、管理等要素按贡献参与分配，不断加大收入分配调节力度。目前，按劳分配为主体、多种分配方式并存的分配制度基本确立，以税收、社会保障、转移支付为主要手段的再分配调节框架初步形成。

但是，上述分配制度并未能全面解决我国收入分配领域的问题，目前仍存在一些亟待解决的突出问题，特别是宏观上的分配结构不合理，居民收入分配差距较大，收入分配秩序不规范，隐性收入和非法收入问题突出。这些问题在当前和今后都必须着力解决。从前述系统论的分析视角来看，有效解

---

① 2013 年 2 月 3 日，国务院批转了国家发改委、财政部、人力资源和社会保障部《关于深化收入分配制度改革的若干意见》，明确了收入分配制度改革的四大目标，即到 2020 年，城乡居民收入实现倍增，收入分配差距逐步缩小，收入分配秩序明显改善，收入分配格局趋于合理。

决上述问题确实是一项十分艰巨复杂的系统工程，涉及方方面面的利益调整，不可能一蹴而就，因此，必须从我国基本国情和发展阶段出发，立足当前，着眼长远，有序推进。对此，《分配改革意见》已有较为清晰的认识。

从价值论的视角来看，在初次分配和再分配领域，如何处理效率与公平之间的关系，始终是重大的理论问题和现实问题。基于对效率与公平的认识以及对两类价值的强调，结合当前存在的突出的分配问题，在《分配改革意见》中专门提出，要坚持注重效率、维护公平。其中，初次分配和再分配都要兼顾效率和公平，初次分配要注重效率，创造机会公平的竞争环境，维护劳动收入的主体地位；再分配要更加注重公平，提高公共资源配置效率，缩小收入差距。

此外，从解决分配问题的手段来看，在分配领域，政府和市场两类手段如何运用，也是非常重要的问题。《分配改革意见》特别强调，要坚持市场调节，充分发挥市场机制在要素配置和价格形成中的基础性作用，同时，也要坚持政府调控，更好地发挥政府对收入分配的调控作用，规范收入分配秩序，增加低收入者收入，调节过高收入。[①]

上述对再分配环节的重视，对政府调控的强调，对规范收入分配秩序的强调，都体现了对收入分配关系的国家协调。《分配改革意见》专门列举了在分配领域进行国家协调方面已经采取或正在采取的重要举措，如充分发挥再分配调节功能，加大对保障和改善民生的投入，大幅增加涉农补贴，全面实施免费义务教育，加快建立社会保障体系，深入推进医药卫生体制改革，大力加强保障性住房建设，大幅提升城乡最低生活保障标准和扶贫标准，提高企业退休人员基本养老金水平等。上述影响居民分配的各种措施，对于有效保障基本人权，防范和化解分配风险和分配危机，具有一定的积极作用。

通过国家协调来深化收入分配制度改革，对于解决以下问题具有积极意义：第一，有助于优化收入分配结构，构建扩大消费需求的长效机制，从而加快转变经济发展方式；第二，有助于解决分配不公问题，防止收入分配差

---

① 与此基本一致，2013年的"改革决定"也强调，要"规范收入分配秩序，完善收入分配调控体制机制和政策体系，建立个人收入和财产信息系统，保护合法收入，调节过高收入，清理规范隐性收入，取缔非法收入，增加低收入者收入，扩大中等收入者比重，努力缩小城乡、区域、行业收入分配差距，逐步形成橄榄型分配格局。"

距过大,规范收入分配秩序,从而维护社会公平正义与和谐稳定;第三,有助于更好地处理劳动与资本、城市与农村、政府与市场等重大关系,推动相关领域改革向纵深发展,从而完善市场经济体制;第四,有助于使发展成果更多更公平惠及全体人民,为逐步实现共同富裕奠定物质基础和制度基础。

2. 我国推进收入分配改革的目标与手段

在推进收入分配改革方面,我国的总体要求是:第一,在发展中调整收入分配结构,以着力营造公开公平公正的体制环境;第二,坚持按劳分配为主体、多种分配方式并存,坚持初次分配和再分配调节并重;第三,继续完善劳动、资本、技术、管理等要素按贡献参与分配的初次分配机制,加快健全以税收、社会保障、转移支付为主要手段的再分配调节机制[①];第四,以增加城乡居民收入、缩小收入分配差距、规范收入分配秩序为重点,努力实现居民收入增长和经济发展同步,劳动报酬增长和劳动生产率提高同步,逐步形成合理有序的收入分配格局,促进经济持续健康发展和社会和谐稳定。

结合上述的总体要求,结合我国目前在分配差距、分配结构、分配秩序、分配格局等方面存在的突出问题,《分配改革意见》提出了我国在分配制度改革方面的如下主要目标:

其一,在总量方面,实现城乡居民收入倍增[②];在分配结构方面,使中等收入群体持续扩大,"橄榄型"分配结构逐步形成;在分配差距方面,逐步缩小收入分配差距,使城乡、区域和居民之间收入差距较大的问题得到有效缓解,扶贫对象大幅减少。

其二,在分配秩序方面,收入分配秩序要明显改善,合法收入能够得到有力保护,过高收入得到合理调节,隐性收入得到有效规范,坚决取缔非法收入。

第三,在分配格局方面,要更加趋于合理。居民收入在国民收入分配中的比重、劳动报酬在初次分配中的比重逐步提高,社会保障和就业等民生支出占财政支出比重明显提升。

为了实现上述分配制度改革的目标,需要运用经济法等相关制度,把积

---

① 对此,2013 年的"改革决定"亦有相同的明确的表述。
② 这个倍增计划非常重要。如果到 2020 年能够实现城乡居民人均实际收入比 2010 年翻一番,中低收入者收入增长更快,人民生活水平全面提高,则分配问题就能够在一定程度上得到缓解。

极的鼓励促进和消极的限制禁止结合起来,从而形成能够解决分配问题的"促进型"规范或"促进型"分配制度。在《分配改革意见》中,对相关的"促进型"制度已经有一定的体现。例如:

(1) 在初次分配方面的"促进型"制度

第一,促进就业制度。

由于就业直接关系到收入能力或分配能力,因此,国家不仅颁布了《就业促进法》[①],还在《分配改革意见》中特别强调要促进就业机会公平。具体措施是:第一,大力支持服务业、劳动密集型企业、小微企业和创新型科技企业发展,创造更多就业岗位;第二,完善税费减免和公益性岗位、岗位培训、社会保险、技能鉴定补贴等政策,促进以高校毕业生为重点的青年、农村转移劳动力、城镇困难人员、退役军人就业;第三,完善和落实小额担保贷款、财政贴息等鼓励自主创业政策。上述的促进措施,涉及财政法、税法、金融法、产业法等多种经济法制度。

第二,促进工资合理增长制度。

要解决收入分配差距问题,必须促进中低收入职工工资的合理增长。为此,《分配改革意见》规定了如下重要的措施:第一,建立反映劳动力市场供求关系和企业经济效益的工资决定及正常增长机制。第二,完善工资指导线制度,建立统一规范的企业薪酬调查和信息发布制度。第三,根据经济发展、物价变动等因素,适时调整最低工资标准。应当说,促进中低收入者工资的合理增长,无论对于保障基本人权,缩小收入分配差距,化解分配风险,还是对于拉动内需,促进经济稳定增长等,都具有重要的意义,同时,也与经济法规制目标的实现相一致。

第三,促进居民财产性收入增加的制度。

要解决收入分配的问题,还需要增加居民财产性收入。为此,《分配改革意见》提出如下措施:第一,加快发展多层次资本市场,落实上市公司分红制度[②],强化监管措施,保护投资者特别是中小投资者合法权益;第二,推进

---

① 该法由第十届全国人民代表大会常务委员会第二十九次会议于 2007 年 8 月 30 日通过,自 2008 年 1 月 1 日起施行。

② 例如,2013 年 12 月,中国证监会为进一步规范上市公司现金分红,增强现金分红透明度,切实维护投资者合法权益,专门制定了《上市公司监管指引第 3 号——上市公司现金分红》。

利率市场化改革，适度扩大存贷款利率浮动范围，保护存款人权益，严格规范银行收费行为[①]；第三，丰富债券基金、货币基金等基金产品，等等。这些措施，主要同证券法、银行法等经济法制度密切相关。

（2）在再分配方面的制度安排

从总体上说，再分配制度主要由经济法和社会法的相关制度构成。国家正努力加快健全以税收、社会保障、转移支付为主要手段的再分配调节机制。第一，在财政法方面，主要是健全公共财政体系，完善转移支付制度，调整财政支出结构，大力推进基本公共服务均等化。第二，在税法方面，主要是加大税收调节力度，改革个人所得税制度，完善财产税制度，推进结构性减税，减轻中低收入者和小微企业税费负担[②]，形成有利于结构优化、社会公平的税收制度。第三，在社会保障法方面，主要是力争建成覆盖城乡居民的社会保障体系，按照全覆盖、保基本、多层次、可持续的方针，以增强公平性、适应流动性、保证可持续性为重点，不断完善社会保险、社会救助和社会福利制度，稳步提高保障水平。

在上述的各类制度安排中，税法中的"促进型"制度尤其值得关注，例如：

在个人所得税法方面，基于个税对收入分配的重要影响，国家拟采取如下促进分配公平的措施：其一，加快建立综合与分类相结合的个人所得税制度；其二，为缩小分配差距，要完善高收入者个人所得税的征收、管理和处罚措施，将各项收入全部纳入征收范围；其三，建立健全个人收入双向申报制度和全国统一的纳税人识别号制度，依法做到应收尽收；第四，为实现分配公平，要取消对外籍个人从外商投资企业取得的股息、红利所得免征个人所得税等税收优惠。

在财产税法领域，基于财产税对收入分配的重要影响，国家拟运用一些重要的财产税制度来促进收入分配的公平。例如，在房产税法领域，国家将采取的促进分配公平的措施主要有：其一，完善房产保有、交易等环节税收

---

① 例如，中国银行业监督管理委员会、中国人民银行、国家发展和改革委员会联合发布的《关于银行业金融机构免除部分服务收费的通知》（银监发〔2011〕22号）于2011年7月1日实施。

② 这方面的措施非常多，例如，国家税务总局2014年4月发布的《关于贯彻落实小型微利企业所得税优惠政策的通知》（税总发〔2014〕58号），等等。

制度，逐步扩大个人住房房产税改革试点范围①；其二，细化住房交易差别化税收政策，加强存量房交易税收征管。又如，在资源税领域，国家将提高资源税税负水平，扩大资源税征收范围。此外，国家还在研究在适当时期开征遗产税的问题。

（五）小结

对多元、复杂的分配关系，需要加强国家协调，这对于有效缓解和释放财政压力和民生压力，缩小分配差距，防范分配风险和分配危机，都是非常重要的。

国家协调的目的，是使分配更加"适宜"，使复杂的多元分配关系更加和谐，从而改变分配失衡的状况。由于市场主体无力解决分配不公、分配差距过大、分配秩序混乱、分配格局不合理等诸多问题，因此，针对分配领域的市场失灵问题，加强国家协调非常必要。由国家实施协调行为，会更有强制力和执行力；同时，由于国家是依据法律手段在经济领域对具体的分配关系进行协调，因而在经济的合理性和法律的合法性方面都要有所考虑。

我国一直强调要深化收入分配制度的改革，作为整体分配制度改革的重要组成部分，其改革目标与理论上的国家协调的目标是一致的。同时，由于国家协调要体现系统论的要求，因此，在深化收入分配制度改革的过程中，也应当有系统思维和整体观念，加强顶层设计和体制协调②，这对于宏观层面的分配结构调整尤为重要。

二、分配结构的双重调整

在对分配关系进行国家协调的过程中，国家通常运用的最多的手段主要

---

① 在这方面一直存在较大的争论，有人认为房产税试点并不成功，甚至是完全失败的，因此，不应再扩大试点。从2013年"改革决定"来看，已由原来强调"房产税"改革转为"房地产税"改革，这与上述《分配改革意见》的提法已有所不同。

② 在这方面，2014年5月，经国务院同意，建立深化收入分配制度改革部际联席会议制度。联席会议由国家发展改革委、民政部、财政部、人力资源社会保障部、国土资源部、住房城乡建设部、中国人民银行、税务总局、银监会、证监会等21个部门和单位组成，其职责是统筹协调做好深化收入分配制度改革各项工作，组织研究和协调深化收入分配制度改革中的重大问题，统筹收入分配政策与规划、产业、价格等政策的协调联动。

有两类，一类是政策，一类是法律。运用上述两类手段对分配活动进行调节和规范是各国的普遍做法。考虑到分配活动、分配关系都与分配结构直接相关，而且经济结构的调整会对分配问题的解决产生重要影响，因此，下面拟将分配结构作为经济结构的一个重要组成部分，着重结合整体的经济结构调整，探讨经济结构或具体的分配结构调整的政策和法律问题，从而揭示政策和法律作为各类结构调整的重要手段所具有的特殊重要作用，以及对分配活动进行法律规范的重要性。

（一）经济结构与分配结构的双重调整

经济增长与结构调整密切关联，直接影响经济发展的质与量。片面强调经济增长，必然导致弊端丛生，无法逾越"增长的极限"，使经济发展难以为继。[①] 为此，在关注经济增长的同时，尚需适度调整国民经济系统的构造，使经济结构更加优化。由于经济系统的结构决定其功能，经济结构调整是一国需要不断解决的基本问题[②]，其优化对于社会分配影响巨大，且具有长期性和永续性，而并非临时性的应急措施，因而无论是否发生金融危机，无论是否倡行"低碳"经济，经济结构都要适时调整，这对于解决分配问题非常重要。

经济结构调整离不开有效的经济手段和法律手段。其中，对于经济政策及其政策工具，学界已有诸多探讨，而对于法律制度及其调整手段，则研究明显不足。[③] 事实上，经济结构调整直接影响相关主体的权利和利益的分配，故法律手段亦不可或缺；对于各类主体所从事的经济行为及其收益分配，尤其需要加强经济法规制。

可见，在现实的经济生活中，在诸多行业和领域，要实现经济的有效发展，既需要在经济层面不断进行经济结构的调整，也需要在法律层面加强经

[①] 20世纪70年代，罗马俱乐部的经济学家曾提出"增长的极限"问题，当时并未受到广泛重视，但今天存在的大量问题，使人们深感这种理论预见之重要。其有关人口增长与资本增长的反馈回路机构的研究很有意义，相关研究可参见〔美〕梅多斯等：《增长的极限》，李涛等译，机械工业出版社2006年版，第43—46页。

[②] 对于经济结构调整的基本问题，许多经济学家都做过深入研究。其中，费夏、克拉克、里昂惕夫、库兹涅茨、罗斯托、钱纳里、刘易斯、丁伯根等，都曾贡献甚巨，其研究为探讨经济结构调整的法律问题提供了重要的经济学基础。

[③] 目前，学界从法律角度探讨结构调整问题的论著微乎其微，且主要集中于区域、产业等某类经济结构的研究；同时，在法律制度的建构上，对于经济结构调整之类的相对宏观的问题关注不够。

济法的调整，从而形成了"经济结构调整与经济法调整共存"、"政策性调整与法律性调整同在"的格局，由此便提出了值得关注的"双重调整"问题。①

不仅如此，在调整经济结构的过程中，还特别需要对分配结构作出有效调整，只有调整好分配结构，才能更好地调整整体经济结构中的其他结构。因此，应当同时关注对经济结构特别是分配结构的"双重调整"问题。

上述的各类"双重调整"，与经济、社会、政治、法律领域的诸多复杂问题直接相关，跨越宏观、中观与微观各个层面，涉及发展经济学、发展社会学、发展政治学和发展法学等多个学科领域②，贯穿于一国经济发展的始终，直接决定一国的收入分配是否公平合理，以及经济能否稳定增长和健康发展。由于诸多方面的原因，对于"双重调整"问题的系统、综合探究尚亟待深入，尤其需要从经济法的视角展开思考和探讨。

事实上，无论是整体的经济结构抑或具体的分配结构，都有赖于经济法的有效调整，必须处理好政策性调整与法律性调整的关系，解决在"双重调整"过程中普遍存在的"重政策轻法律"的问题；为此，需要加强经济法的规范结构和立法结构的调整，从而提高经济结构调整的法治化水平。

依循上述思路，在后面的探讨中将着力说明：提高经济结构特别是分配结构调整的法治化水平，是经济法学乃至整个法学领域新的重要课题。国家层面的经济结构或分配结构的调整作为一种宏观调控行为，涉及调控主体和调控受体的诸多权责；只有引入和强调经济法的调整，才能确保结构调整行为的规范性，才能更好地保护相关主体的合法权益，在促进经济稳定增长的同时，保障社会公益和基本人权，实现经济法的调整目标。

（二）结构调整有赖于经济法的有效调整

无论是整体的经济结构调整抑或具体的分配结构调整，从总体上说，都有赖于经济法的有效规制，并且，后者对于确保前者的合法性和有效性具有重要价值。透过调整经济结构或分配结构过程中所采取的诸多措施，可以更

---

① 有的经济学家曾提出我国的经济结构调整已进入周期性调整和结构性调整相结合的"双重调整"阶段，但主要是关注经济层面的调整。本书更为关注的是经济层面与法律层面的"双重调整"，以及相应手段方面的政策性调整和法律性调整。

② 参见张守文：《"发展法学"与法学的发展》，载《法学杂志》2005年第3期，第3—7页。

加清晰地发现两者之间的内在关联。

一般说来，经济结构包括产业结构、投资结构、消费结构、分配结构、地区结构等，这些多层次、多类别的结构之间存在着复杂的关联，涉及社会、政治、法律等诸多领域，直接影响经济、社会的稳定发展和国家的长治久安。自 2008 年经济危机爆发以来，我国更加重视上述结构的调整，力图解决各类结构失衡或发展不协调的问题。例如，在产业结构方面，我国提出了"十大产业"的调整和振兴规划①；在消费结构方面，强调要提高国民的消费能力，不断扩大内需，并实施了"家电下乡"等诸多措施②；在分配结构方面，基于国家、企业和个人在分配比例上的失衡问题，以及在个人分配领域的分配不公问题，采取了调整财税政策等多种措施③；在区域结构方面，为了解决区域发展的不平衡，以及城乡二元结构等问题，发布了一些促进区域发展的规定④；等等。

上述结构调整的诸多措施，已大量体现为政策和法律措施的并用。因此，对于结构调整不能仅从经济政策角度来理解，还需要从法律层面来认识。要确保结构调整能够遵循法定的实体和程序规则，以实现对相关主体合法权益的保护，就离不开经济法的有效调整。

从具体的分配结构来看，其调整之所以有赖于经济法的有效调整，是因为经济法对分配结构调整会产生重要的影响或反作用，能够为分配结构的调整提供重要的法律保障。从现实情况看，分配结构的调整具有突出的政策性，而经济法调整则具有突出的法律性。由于分配结构调整直接涉及各类主体的权利、利益，需要解决好政策与法律的关系，因此，分配结构调整同样离不开经济法的全面规制和有效调整。

经济法的有效"调整"，包括两个方面：一方面，经济法要对相关的经济

---

① 国家当时密集出台汽车、钢铁、纺织、装备制造、船舶、电子信息、石化、轻工业、有色金属和物流业等十大产业调整和振兴规划，涵盖了我国所有重要工业行业。与上述"十大规划"配套的众多实施细则和相关政策，核心就是调整结构、转变发展方式。

② 例如，家电、农机、汽车摩托车下乡政策，以及小排量乘用车购置税减半、家电汽车以旧换新等政策，都是引起广泛关注的一些重要措施。

③ 参见国家税务总局《关于进一步加强高收入者个人所得税征收管理的通知》（国税发〔2010〕54 号）；财政部、国家税务总局《关于调整个人住房转让营业税政策的通知》（财税〔2009〕157 号）。

④ 可参见国务院《关于进一步实施东北地区等老工业基地振兴战略的若干意见》（国发〔2009〕33 号）等。

关系或分配关系作出调整；另一方面，在经济结构或分配结构调整过程中，经济法制度自身也需要相应作出改变，并为经济结构或分配结构调整提供法律前提和制度基础，这也是各国注重加强结构调整立法的重要原因。与此同时，还要强调经济法调整的"有效性"。由于调整经济结构或分配结构的目的是提高经济运行的效率和效益，防范和化解分配危机，因而经济法的调整也必须符合"绩效原则"，即通过促进经济结构或分配结构的优化，确保结构调整目标的实现，从而促进经济的良性运行和协调发展。[①]

此外，经济法的有效调整，还具有突出的"规制性"，即具有把积极的鼓励促进与消极的限制禁止相结合的特性。这与经济结构或分配结构调整所体现出的政策性是内在一致的。例如，产业结构的调整，就涉及强制性与任意性、约束性与引导性，等等。全面把握经济法调整所具有的规制性，有助于更好地理解和解决各类结构调整的法治化问题。

（三）"双重调整"显现的突出问题

虽然分配结构的调整有赖于经济法的调整，但从我国目前情况看，在分配结构的"双重调整"过程中，却存在着非常突出的"重政策轻法律"的问题，即涉及分配结构调整的各类经济政策，如财政政策、金融政策、产业政策、外贸政策等受到高度重视，而与之相应的立法和执法则较为滞后，导致分配结构调整的法治化水平相对较低。如前所述，分配结构的调整本属经济问题，但因其涉及相关主体的利益调整，因而必须依法明确相关主体的权利、义务和责任，尤其应当对政府的相关权力作出法律限定。但目前许多领域的立法却或尚付阙如，或级次较低，导致政策的主导作用更为突出。

例如，在分配结构方面，国家尚缺少综合擘画，分配方面的政策和法律规范十分分散，目标不一，导致分配秩序混乱，分配不公问题突出。其实，与分配结构的情况类似，在其他结构调整方面也存在类似的问题，并且，这些结构的调整，也影响着分配结构的调整。在产业结构方面，在如此重要的领域，目前的立法主要有国务院的法规、指导目录等[②]，立法层级确属较低。

[①] 参见张守文：《经济法总论》，中国人民大学出版社2009年版，第21页。
[②] 如国务院2005年发布的《促进产业结构调整暂行规定》，以及经国务院批准发布的多个年度版本的《产业调整指导目录》等。

在投资结构方面，直接立法的最高级次仅为行政法规，有关实体和程序的规定相当欠缺。与此相关，对4万亿元巨额投资的诸多质疑，体现了人们对预算法、国债法以及投资法等领域立法不足或有法不依的担忧。① 在消费结构方面，消费能力、消费水平、消费物价指数等，都与消费结构调整直接相关，同时，也与微观主体权利和宏观经济运行紧密相连，但整体的消费立法缺失，也直接影响到内需的不足。

此外，在区域结构方面，也存在类似的突出问题。例如，为了解决区域发展失衡的问题，我国基于东部、西部、中部、东北等不同区域的差异，基于长三角、珠三角、环渤海等不同经济区的特殊性，结合经济地理和法律地理，出台了系列《意见》和相关制度②，但对全国经济版图影响深远的区域结构调整，却受政策影响更大，法治化水平也相对更低。

综上所述，对于分配结构乃至整体的经济结构的调整，不仅应从经济层面、政策层面予以关注，也要从法律层面特别是经济法层面加以审视，重视经济法在经济结构调整中的作用。要提高经济结构调整的法治化水平，就必须摆正政策与法律的位置，加强立法，提高立法级次和立法质量，同时，还应加强执法，真正做到有法必依。而无论是立法还是执法，都与经济法自身的结构调整直接相关。

（四）"双重调整"与经济法自身的结构调整

要解决上述"双重调整"所显现的突出问题，需要对经济法的结构作出适度调整，尤其应当对经济法的规范结构和立法结构加以优化。其中，经济法的规范结构，侧重于经济法规范的内在构成，包括经济法的主体结构、权义结构、责任结构等；而经济法的立法结构，则侧重于经济法立法体系的内在构成，包括经济法性质的法律、法规、规章，等等。经济法的上述两类结构密切相关，其中，规范结构的调整要通过立法体现出来，并影响立法结构

---

① 巨额预算支出涉及预算调整，对此我国本已有《预算法》的明确规定，但国务院并未按预算调整程序执行，全国人大也未对此行使预算监督权，这是人们对有法不依问题的最大质疑。

② 如国务院《关于进一步实施东北地区等老工业基地振兴战略的若干意见》（国发〔2009〕33号）、《关于进一步推进长江三角洲地区改革开放和经济社会发展的指导意见》（国发〔2008〕30号），等等。

的变化；而立法结构的调整则会对主体结构、权义结构等诸多结构的调整产生影响。为此，应当关注经济法的规范结构和立法结构所构成的"双重结构"，并对其进行适当调整。下面着重以经济法的规范结构为例来加以说明。

在经济法的规范结构中，就主体结构而言，经济结构调整涉及两方面的主体，一方面是调整经济结构的主体，主要是政府及其职能部门；另一方面是处于某类经济结构中且需接受结构调整的主体，其类型较为复杂，主要是市场主体。在不同的经济结构中，虽然具体的主体组合各不相同，但大略都可以分为上述两类，从而形成主体的"二元结构"。

上述的主体结构，对应于经济法复杂的权义结构，涉及纷繁的权力/权利配置问题。例如，中央政权调整经济结构的权力，是一种重要的宏观调控权，直接影响整体的经济运行与经济系统的完善；而处于某类经济结构中的经济主体，则依法享有诸多具体权利，如投资权、分配权、消费权，等等（上述权利是从经济结构调整的角度所作出的概括），并且，每种权利都与多种经济结构相关。其中，投资权涉及投资数额、投资区域、投资范围等，与投资结构、产业结构、区域结构等相关；分配权则是享受投资回报的权利，以及其他参与收入分享的权利，与分配结构、消费结构等相关；消费权包括企业消费权与个人消费权、生产消费权与生活消费权等，与消费结构、投资结构等相关。可见，经济法上的结构调整或制度安排，关乎上述权利的配置或某种具体权义结构的形成，从而对经济结构调整产生直接影响。

事实上，在产业结构、投资结构、消费结构、分配结构等各类特定的经济结构中，都蕴含或对应着特定的"规范结构"。通常，规范结构的调整会直接影响各类经济结构的调整，而经济结构的调整也必然涉及特定的规范结构。

例如，产业结构作为一类非常重要的经济结构，其调整涉及产业进退等制度安排，涉及相关主体的资格，以及市场主体的投资权、分配权等问题。从经济与法律的关联性来看，产业结构的调整，同时也是产权结构的调整，必须解决好各类权利和权力的配置问题。事实上，产业结构调整过程中，不同行业的不同主体的进退，与产业调控权的行使直接相关。有时，产业调控权可能会与相关市场主体的产权发生冲突，为此，需要明确哪些主体享有投资权，以及国家行使产业调控权的限度和边界等，以有效解决权利和权力的配置问题，从而形成产业法领域特定的权义结构。

推而广之，在宪法以及经济法的体制法层面，都可能涉及市场主体的产权保护问题，以及不同级次的政府及其职能部门的权力行使问题[①]，等等。只有在经济法中解决好各类结构性问题，不断地完善其规范结构，才能更好地进行经济法规制，实现经济结构调整的目标。

在调整和完善经济法规范结构的过程中，必须注意各类经济结构之间的内在关联。例如，消费结构涉及消费能力、消费权的问题，而消费能力（包括生产消费的能力和生活消费的能力）如何，则与分配结构相关[②]；同时，在整个分配体系中，政府、企业、个人以及其他主体各自的占比，关系到各类主体的消费能力，并会影响消费结构；另外，一国究竟选择以政府消费为主，还是以企业消费或居民消费为主，会影响相关投资结构以及产业结构的调整。可见，如能有效调整分配结构，进而影响消费结构、投资结构，就会进一步影响产业结构；而产业结构的调整，还会影响地区结构，并对整体经济结构产生影响。

上述各类经济结构之间的内在关联，是在经济法上行使宏观调控权与保障投资权、消费权、分配权等诸多权利的基础，必须依据上述权力与权利之间的关联、冲突等，来有效地配置各类权力与权利，从而实现各类结构的协调，达成经济法内在结构的完善。

经济法规范结构的调整和完善，有助于发挥经济法系统的规制功能，提高经济结构调整的法治化水平，为经济结构的优化提供坚实的法律基础和保障。而上述规范结构的调整，也需要立法结构的优化，包括立法层次的提高、渊源体系的完善、法律规范数量比例关系的适当，等等，这样才能更好地解决"双重调整"中的重要经济法问题。

---

① 诺斯教授认为，应当设计某种机制使社会收益率和私人收益率近乎一致，一旦所有权未予确定限制或没有付诸实施，便会产生两者的不一致。便会影响一国的经济增长。这一论断对于研究经济结构调整与法律结构调整的关联性，对于强调结构调整过程中相关主体的权益保护，很有借鉴意义。参见〔美〕诺思、托马斯：《西方世界的兴起》，厉以平等译，华夏出版社1992年版，第7页。

② 提高居民消费能力，需要调整国民收入分配结构，提高中低收入居民的收入水平，注重就业和劳动报酬在一次分配中的作用，注重社会保障和公共服务在二次分配中的作用，这是调整国民收入分配结构必须解决的重要问题。

(五)"双重调整"中的重要经济法问题

无论是经济结构（或具体的分配结构）与经济法的"双重调整"，还是经济法自身结构的"双重调整"，都要解决一系列重要的经济法问题，其中包括体制问题、宏观调控权与市场主体诸多权利的配置问题、各类主体权益的保护问题、结构调整制度的实施问题、经济法各个部门法的协调问题，以及经济法的立法结构的协调问题，等等。研究这些问题，有助于更好地解决在经济结构调整过程中普遍存在的"重政策轻法律"的问题。

从体制问题来看，所有的经济结构调整，包括分配结构的调整，都与特定的体制相关。例如，分配结构涉及整体的分配体制，特别是财政体制、税收体制；产业结构涉及计划体制或具体的产业管理体制；投资结构涉及投资体制、金融体制，等等。而上述体制的形成，都与现行的法律制度，特别是与经济法上的体制法直接相关。各类经济结构调整，都受制于一定的管理体制。体制是否优化，往往直接关系到经济结构的优化。因此，恰恰需要对某些管理体制作出调整和改革，重新调整相关经济法主体的权限。但近些年来，我国的分配结构调整在体制调整方面关注不够，这是仍需特别注意的重要问题。

与上述体制问题直接相关的，是经济结构或具体的分配结构的调整权问题。在整个政权体系中，哪个机关或机构享有哪类具体的结构调整权，享有哪些方面的调整权（如分配结构调整权、产业结构调整权），必须在法律上明确。

上述各类调整权在国家层面往往具体体现为一定类型的宏观调控权，如产业调控权、分配调控权等。这些类型的调控权与财税调控权、金融调控权相比，似乎在层次上不那么"宏观"，但却比后两类宏观调控权更"综合"；它们在综合性上类似于计划调控权（因而可以把它们放入广义的计划调控权之内），但又比狭义的计划调控权稍微"微观"、"具体"一些。对于上述各类调控权，还需作更为深入的研究。特别是分配结构调整权、区域结构调整权等，往往需要多种类型的宏观调控权的配合运用，才能实现相应的目标。

为了解决上述的体制问题，有效限定结构调整权，充分保护各类主体的具体权利和合法权益，还应注意综合运用各类具体的经济法制度，来实现各类经济结构的优化。例如,在分配结构的调整方面,要提高居民收入在国民收入分配中的比重和劳动报酬在初次分配中的比重,使城乡居民收入增长、劳动报酬增长与经济增长相协调,就必须扩大中等收入者比重,努力形成"橄榄型"收入分配结构[①],这不仅关系到经济法主体的收入能力和消费能力,还涉及整体上的收入分配问题,需要财政法、税法、银行法、证券法等多种经济法制度以及劳动法、社会保障法等社会法制度的综合调整。又如,在消费结构的调整方面,要扩大居民消费,除了应采取政府补贴等措施外,还应依法加强消费者权益保护,整顿和规范市场秩序,保障食品和药品安全,同时要发展消费信贷,等等。上述各类措施,涉及财政法、消费者保护法、产品质量法、竞争法、金融法等多个经济法领域,只有协调运用上述各类经济法制度,才能更好地实现调整消费结构的目标。

上述各类经济法制度的协调,尤其应体现在经济法具体措施的协调上。例如,我国为应对金融危机和调整经济结构而出台的"十大产业"的调整和振兴规划,就规定了需要相互协调的一系列重要措施,包括财政补贴、出口退税、优惠贷款,等等。这些具体措施其实都涉及分配,与前述的体制、结构调整权以及各类主体的具体权利等直接相关。

上述有关重要经济法问题的讨论,有助于进一步说明:为什么经济结构(包括分配结构)调整有赖于经济法的调整,为什么需要不断提高结构调整的法治化水平。事实上,在经济结构调整过程中存在的突出分配问题,如公众关注的财税法领域的预算调整不合法,以及财政收支透明度较差的问题等[②],都会对经济结构特别是分配结构的调整产生负面影响。而上述问题之所以会存在,则与长期以来的"政策先行,行政推进"的思路,与法律意识淡薄,以及对相关的法定程序关注不够等都有关联。因此,要解决长期存在的"重政策轻法律"的问题,仍然"任重而道远"。

[①] 参见李克强:《关于调整经济结构和促进持续发展的几个问题》,载《求是》2010年第11期,第3页。

[②] 在我国《预算法》的修改过程中,一直强调"公开透明",因此,《预算法》修改后将"建立健全全面规范、公开透明的预算制度"作为其重要立法宗旨。此外,不仅许多重要的国际组织高度重视财政透明度,我国在制度实践中,也特别强调财政收支的透明度。可参见张平:《我国财政透明度之现状、差距及其改进》,载《经济与管理研究》2010年第9期,第64—69页。

(六) 小结

经济与社会的良性运行和协调发展，既需要经济结构（包括分配结构）的调整，也需要经济法的调整，从而构成了不同层面、不同性质的"双重调整"；经济结构调整有赖于经济法的有效调整，但在我国进行"双重调整"的过程中，"重政策轻法律"的问题却非常突出，对于各类具体的经济结构的调整实践产生了诸多负面影响，因此，不断提高分配结构乃至整体经济结构调整的法治化水平，是一个长期的、重要的任务。要确保经济结构调整的有效性和合法性，就需要对经济法的结构进行适度调整。而无论是经济法的规范结构抑或立法结构，其调整对于解决经济结构调整过程中的重要经济法问题都非常重要。只有切实进行经济法结构上的"双重调整"，改善政策性调整与法律性调整这一"双重调整"中的内在结构，才能增进经济法调整的有效性，更好地实现经济结构调整的目标；才能提高经济结构调整的法治化水平，确保结构调整的公正性和合法性。

上述有关经济结构与经济法的"双重调整"的相关问题和原理的讨论，对于分配结构的经济法调整以及分配问题的经济法解决，都是适用的。此外，本章所讨论的"双重调整"，其实体现为多个层面，在经济领域里普遍存在的经济结构调整与经济法调整，是最基本的、贯穿始终的第一个层面的"双重调整"；在上述的"双重调整"过程中，普遍存在着政策性调整与法律性调整畸重畸轻、法律性调整被弱化的问题，这构成了需要关注的第二个层面的"双重调整"；为了解决上述的"重政策轻法律"的问题，需要完善经济法的结构，尤其需要对经济法的规范结构与立法结构进行从内容到形式的调整，这是第三个层面的法律上的"双重调整"。对于上述三个层面的"双重调整"的密切关联，在分配结构的法律调整方面应特别注意。

在经济系统和法律系统中，经济结构的调整与法律结构的调整始终是一个基本的、持续的问题。无论是哪类结构的调整，都需要从系统的、全局的高度，来关注内在结构的合理性；而要判断某类结构是否合理，则需要进行结构分析。结构分析作为一种重要的系统分析方法或整体主义分析方法，对于分配问题的解决和经济法研究具有重要价值。① 事实上,在"双重调整"的过程中,只有在系统中把握结构,在结构的基础上把握调整的方向和力度,才能使相关问题得到有效解决。

此外,结构分析之所以重要,还与经济法上的差异性原理直接相关。② 从现实情况看,主体的能力(如分配能力、消费能力、产业竞争能力、区域发展能力),主体的权义、规模等,都存在着差异,并会对经济结构的平衡与优化产生直接影响。而结构失衡正是结构调整或结构优化的重要前提和基础。如果能够基于现实经济生活中普遍存在的差异性,以及由此引发的结构失衡和劣化等问题,展开有效的结构分析,则对于全面解决包括分配结构在内的各类具体结构问题无疑更有效率。

与上述的差异性直接相关,在经济法调整过程中所体现出的规制性尤其值得关注。事实上,现实的差异性和结构优化的必要性,需要经济法规范具有规制性,以充分发挥其"促进法"的功能。③ 从经济法理论上说,差异性原理与规制性原理,都是在研究"双重调整"问题时需要关注的重要原理,把握上述原理不仅有助于更好地指导经济法的实施,有效地实现经济结构调整的目标,而且也有助于推进经济法理论向纵深发展,全面提高经济结构调整的法治化水平。

三、分配规制的经济法促进

经济法规制之所以有助于解决上述的分配压力和分配差异等分配问题,促进分配结构的有效调整,是因为经济法本身具有特殊的结构,并因而具有突出的规制性,能够把积极的鼓励促进和消极的限制禁止相结合,从而有助于从正反两个方面来解决分配问题。特别是经济法规制所具有的促进功能,对于分配问题的解决更为重要。因此,下面有必要探讨"促进型"经济法的

---

① 相关探讨可参见王全兴、何平:《论经济法学研究中的结构性研究》,载《重庆大学学报》(社会科学版)2008年第5期,第103—106页。
② 关于差异性原理的具体分析,可参见张守文:《经济法原理》,北京大学出版社2013年版,第7—10页。
③ 具体分析可参见张守文:《论促进型经济法》,载《重庆大学学报》(社会科学版)2008年第5期,第97—100页。

相关问题，从而有助于更好地理解为什么加强经济法规制，会有助于分配问题的解决和分配危机的化解。

（一）"促进型"经济法的提出

中国的改革开放不仅带来了经济社会的惊世巨变，也使中国的经济法应运而生。① 三十多年来，经济法通过对改革开放的推进和保障，通过对纷繁复杂的分配关系的调整，有力地促进了经济和社会的快速发展。正是在这一重要的历史进程中，"促进发展"，作为经济法重要的调整目标日渐显现，并逐渐与经济法所内含的促进发展的规范结构和法律功能相得益彰。

从调整目的、调整手段、调整功能的角度，可以把经济法规范分为两类，一类是以鼓励和促进为目的的，可以称为"促进型"经济法，另一类是以限制和禁止为目的的，可以称为"限禁型"经济法。由于许多传统法都更强调"限禁"，且相关研究较多，而对于旨在"促进"的经济法规范则研究相对较少，因此，促进型经济法更值得重视和深究。

之所以提出促进型经济法问题，是因为改革开放以来，促进型经济法对于促进中国经济社会发展，有效解决分配问题，化解分配风险和分配危机，都起到了重要的作用，但却并未引起广泛重视。提出和研究促进型经济法，不仅有助于发现经济法调整与其他传统法调整的诸多不同，也有助于揭示经济法在解决分配问题、推动经济社会发展的重要功用，阐明经济法调整目标和调整手段的重要价值，从而有助于推进经济法的理论发展和制度完善。

事实上，经济法过去曾在解决分配问题方面发挥过重要的作用②，有力地推动了中国的经济和社会发展，据此，学界尚须进一步研究如何通过经济法制度的完善，来更好地促进分配不公等诸多市场失灵问题的解决，从而推动经济和社会的发展，这是今后理论研究和制度建设的重要任务。

有鉴于此，下面拟在对促进型经济法作出界定的基础上，具体分析其主

---

① 对于经济法的产生时间，虽然学界间或有歧见，但大都认为中国经济法的真正兴起是与改革开放同步的，且改革开放推动了经济法的产生。

② 无论是联产承包责任制，还是"利改税"、"拨改贷"、工商税制改革、财政体制改革，等等，都是分配领域的重大制度调整，这些经济法领域的重大制度变革，都对解决我国的分配问题发挥过重要作用。

要类型,以及在我国的立法实践,并进一步分析促进型经济法对解决分配问题,推进经济社会发展的重要作用。

(二) 促进型经济法的法理分析

所谓促进型经济法,是旨在通过法定的鼓励性手段来解决分配问题,促进经济社会发展的经济法规范的总称。促进型经济法的存在,与经济法的特征、结构功能、制度设计原理等密切相关,有必要从法理角度对其展开分析。

首先,从经济法的特征来看,经济法与所有部门法相比,具有突出的经济性、规制性特征,经济法在制度构成上源于大量经济政策及其经济手段的法律化(从而具有突出的经济性),因而能够把积极的鼓励、促进与消极的限制、禁止相结合(从而具有突出的规制性),并且,鼓励、促进已成为经济法调整的一类重要手段,这对于促进公平分配,实现经济社会发展的目标非常重要。自改革开放以来,人们越来越认识到,经济法是促进发展的现代法,具有突出的政策性,是国家用以促进公平分配,推进经济与社会发展的重要工具。可见,从经济法区别于其他部门法的特征来看,经济法具有内在的促进发展的功能,因而在经济法中必然会存在大量的促进型经济法。

其次,从结构功能来看,当代社会的主题是发展,包括经济发展、社会发展、政治发展、法律发展等方方面面。围绕这些发展问题,形成了发展经济学、发展社会学、发展政治学和发展法学的研究。[①] 为了保障社会分配公平,促进经济社会发展,需要法律具备促进发展的功能,经济法要担当此任,就必须具备促进的功能。

要具备上述功能,就需要经济法具有特定的规范结构。因为特定的结构会产生特定的功能,只有在经济法的体系构成中有一类旨在促进发展的规范,并形成一类促进型经济法,才能更好地实现保障公平分配、促进经济社会发展的功能。事实上,促进型经济法主要体现为大量的鼓励性规范,这些规范具有保障公平分配、促进经济和社会发展的功能,它们在经济法的各类现实立法中大量存在,构成了经济法的重要内容。

再次,从制度设计原理来看,要体现上述的促进功能,在制度设计上,

---

① 参见张守文:《"发展法学"与法学的发展》,载《法学杂志》2005年第3期,第3—7页。

必须把"促进"的理念和精神体现在相关经济法制度的调整目标、基本原则、主体架构、权义安排、行为规则之中,从而使促进型经济法规范与经济法的宗旨、原则、调整手段等直接相关。因此,在经济法的宗旨中,要强调对公平分配和经济社会发展的促进;在经济法的原则中,无论是总体上的适度原则或绩效原则,抑或在一些部门法领域具体体现的公平原则或效率原则,都与促进分配问题的解决直接相关;在调整手段或行为规制方面,无论是总体上的调控或规制,还是具体的财税、金融等调控,以及反垄断、反不正当竞争等规制,都要侧重于促进公平分配和经济社会发展,并具体体现在主体制度、权义结构、责任制度等方面,这样才能形成一套内在联系、促进公平分配和经济社会发展的制度。

上述的法理分析表明,促进型经济法的存在,是与经济法的规制性特征相一致的,能够充分体现经济法的规制功能;同时,促进型经济法的存在,是因为经济法规范的特定结构(包括促进型规范与限禁型规范的构成,以及特定的主体结构、权义结构、责任结构、调制手段结构等)决定了经济法具有特定的促进公平分配和经济社会发展的功能;而从制度设计原理上来看,促进的理念和精神,则会融贯于制度的各个重要组成部分。

(三)促进型经济法的具体类别

促进型经济法的核心目标,是保障公平分配,实现分配正义①,促进经济社会的发展。但就"促进"本身而言,在广义上又有积极促进和消极促进之分。通过鼓励性措施所进行的促进,是积极的促进;通过限制性措施所进行的反向推动,是一种消极的促进。通常,在研究促进型经济法时,更应关注狭义上的积极促进。

此外,促进还可以分为直接促进和间接促进、个别促进与整体促进。对于某类个体、行业、区域的促进,一般可以视为直接的个别的促进;而对于宏观经济和社会发展的促进,则往往是在直接的、个别的促进的基础上实现

---

① 罗尔斯认为,为了保证最终结果的分配正义,"有必要把社会和经济过程限制在适当的政治、立法制度的范围内"。参见〔美〕约翰·罗尔斯:《正义论》,何怀宏等译,中国社会科学出版社1988年版,第255—256页。与此相关联,促进型经济法的立法对于保障分配正义非常重要,同时,此类立法确实也具有突出的政策性或政治性。

的，因而对经济社会发展的促进可以视为间接的、整体的促进，这是一种更高层次的促进。

另外，促进还可分为一般促进和专门促进。相应的，在立法上可以分为一般促进立法和专门促进立法。经济法领域的一般促进立法往往规定较为原则或较为分散。例如，在财政法、税法、金融法、竞争法、产业法等立法中，都会有一些鼓励、支持、促进某个领域发展的规定，这些促进型规范散见于经济法的各个部门法中，这属于一般促进立法。此外，还有针对某个特定领域进行的专门促进立法，是针对某个行业、地域、产业、群体等作出的集中、综合、专门的规定。无论是哪种促进型立法，都与分配问题的解决存在直接或间接的关联。在研究促进型经济法时，既要关注专门促进立法中的集中规定，又要注意分散的一般促进立法。

一般说来，专门促进的立法，主要是通过对一些重要产业、地区、企业的促进，来解决产业、地区、企业分配或发展的不平衡问题，以更好地保障实质公平和整体效率，所体现的仍然是经济法中的差异性原理。其中，产业发展促进，包括对农业、汽车产业、第三产业的促进，以及对流通业、畜牧业的促进等；地区发展促进，包括对西部地区、东北地区、中部地区等大的区域发展的促进，以及对沿海地区、经济技术开发区、老少边穷地区等特殊区域发展的促进；特殊企业发展促进，包括对中小企业、乡镇企业、国有企业、民营企业等各类企业的促进，等等。值得注意的是，对于产业、地区、企业等方面的促进是紧密联系的，如产业促进直接会影响产业所在地区及该地区的企业；对地区的促进直接影响该地区的相关产业和企业，等等。其实，这些促进型经济法，是在从不同角度促进"城乡二元结构"、"东西二元结构"、"大小二元结构"之类的二元结构问题[①]，以及由此产生的不平衡及相应的经济效率与分配公平等问题。

在促进型经济法中，各类促进手段非常重要，它们通常是各类法律化的经济政策工具，因而具体包括财税促进手段、金融促进手段、竞争促进手段、产业促进手段、外贸促进手段等。多种法律化的促进手段，构成了促进型经

---

① 我国不仅城乡二元结构的问题很突出，而且东部地区和西部地区的"东西二元结构"、大企业与中小企业的"大小二元结构"等问题也非常严峻，直接带来了诸多分配问题，需要通过经济法规制加以解决。

济法的核心内容。透过这些促进手段的规定，不仅可以从一个侧面来研究解决分配问题的具体路径，还可以对经济法的各个部门法进行"融贯研究"，发现和提炼在促进法方面的共性内容。

上述各类促进手段，主要规定于各类鼓励性的优惠制度中，与分配问题的解决直接相关。在各类优惠制度中，较为重要的有财政优惠制度（如财政补贴、专项转移支付制度）、税收优惠制度（如税收减免制度）、金融优惠制度（如低息贷款制度）、竞争优惠制度（如适用除外制度）、产业优惠制度（如投资鼓励制度）等。各种优惠制度中的促进手段，对于调整相关主体的利益分配，解决相关分配问题，都具有重要作用。事实上，我国改革开放的历程是与利益分配，与大量促进手段的实施紧密相关的，没有大量的促进手段的有效运用，就不会有好的宏观调控和市场规制，就不会有分配问题的有效解决，也就没有经济与社会的快速发展。经济改革从最初的"包产到户"等"例外"开始，再到放权让利、放水养鱼、藏富于民，实现共同富裕和全面建成小康社会，整个改革过程和改革目标，都与分配问题的解决直接相关。

（四）促进型经济法的立法实践

1. 分散立法与综合立法

中国的促进型立法，主要体现在经济法和社会法两个领域，它们与分配关系的调整直接相关。改革开放以来，促进型经济法的发展非常迅速，从开始的重视分散立法，转向同时也重视集中的、综合的、专门的立法，从而不仅在财税法、金融法、计划法、竞争法等与分配相关的法律领域有大量的促进型经济法规范存在，而且在一些冠以"促进"字样的法律或法规中，也蕴含大量的促进型经济法规范。

目前，我国以"促进法"命名的法律，主要有《中小企业促进法》、《农业机械化促进法》、《就业促进法》、《民办教育促进法》（2013 年修正）、《清洁生产促进法》（2012 年修正）、《循环经济促进法》等。[①] 这些法律虽然促进的领域不同，但都不同程度地包含着许多促进型经济法规范，从而有助于

---

① 与之类似的还有一部法律，即《中华人民共和国促进科技成果转化法》（自 1996 年 10 月 1 日起施行）。在名称上，若称其为"科技成果转化促进法"也是可以的。

相关资源分配向被促进领域的倾斜。例如,《农业机械化促进法》在总则部分规定,"县级以上人民政府应当把推进农业机械化纳入国民经济和社会发展计划,采取财政支持和实施国家规定的税收优惠政策以及金融扶持等措施,逐步提高对农业机械化的资金投入……促进农业机械化的发展"。这一规定涉及计划法、财政法、税法、金融法等多个经济法部门法的规定。同时,该法还专门设第六章"扶持措施",规定了财政补贴、税收优惠、贴息贷款等多种扶持鼓励措施,以实现对农业的"倾斜性分配",促进农业的现代化。在上述法律中,一般除在总则部分对促进措施做原则规定外,还都设专章规定"扶持措施"、"鼓励措施"、"扶持与奖励"等,对旨在通过"倾斜性分配"来促进发展的各类鼓励措施作出具体规定,而这些规范又都属于经济法中的财税法、金融法、计划法等相关部门法,同时,它们又都与相关主体的利益分配直接相关。这也是各类促进型立法有助于解决分配问题的重要原因。

除了上述的法律以外,包含促进型经济法规范的行政法规级次的规范性文件非常多。自改革开放以来,国务院发布的大量财税、金融、产业、竞争等方面的法规中所包含的促进型经济法规范自不待言,仅国务院直接发布或转发的规范性文件中包含"促进"字样的规范性文件就超过80个,其中大部分都与经济社会发展直接相关,涉及对多个行业、地区、市场等领域的"促进"。此外,与"促进"接近的,在形式或实质上旨在"推进"或"鼓励"的规范性文件也有不少。这些规范性文件大都是促进型经济法的重要渊源。

上述国务院发布或转发的各类规范性文件,主要涉及产业、企业、地区、市场,以及外贸、价格等领域。其中,在促进产业发展方面的规范性文件最多,从发布时间的先后来看,主要涉及汽车业、钢铁业、饲料业、农产品加工业、煤炭工业、流通业、畜牧业、奶业、房地产业等[①],这些产业关系国计民生,具有基础地位、支柱地位,但有些还比较薄弱,因此,需要通过法律化的经济手段,予以有效促进。与此相关,国务院还专门制定了《促进产业结构调整暂行规定》。这些不同类型的规范性文件,都直接或间接地涉及分配

---

① 如2013年国务院办公厅《关于促进煤炭行业平稳运行的意见》、国务院《关于促进健康服务业发展的若干意见》《关于促进信息消费扩大内需的若干意见》《关于扩大光伏产业健康发展的若干意见》等9个"促进型"文件,以及国务院2005年《促进产业结构调整暂行规定》2007年《关于促进畜牧业持续健康发展的意见》《关于促进奶业持续健康发展的意见》,等等。

问题的解决。

此外，有关地区发展的规范性文件，主要涉及西部大开发、东北振兴和中部崛起①，与不同区域的资源、利益分配等直接相关。而一些关系国计民生的重要市场，如房地产市场、资本市场等，则直接影响相关主体的收入分配，更是需要稳定、健康发展的②；同时，中小企业、乡镇企业等，也是国家鼓励促进其发展的企业形态③，为此，国务院在不同时期作出了相应的旨在促进上述领域发展的综合性规定。

2. 立法的阶段特点

中国的经济法发展，自1978年起至今，以1992年确立实行市场经济体制为界，可以分成两个阶段。在第一阶段，受改革的阶段、经济体制的变迁，以及法制不健全等诸多因素的影响，经济法还很不完善，其功能定位、调整目标等都还不是很明确，这无疑会影响经济法的立法数量和质量，同时，也影响了促进型经济法的立法。从总体上看，促进型经济法的立法在这一阶段主要以分散立法为主，集中立法微乎其微。

从上述"促进法"和国务院的规范性文件的制定和发布时间来看，所有的以"促进法"命名的法律，都是在实行市场经济体制以后，甚至都是进入21世纪后才出台的新法律。此外，国务院发布的促进型经济法的规范性文件也大都是在实行市场经济体制以后。这表明，在实行市场经济体制之前，国家在促进型经济法的集中立法或综合立法是很不够的，同时也说明，越是推进市场经济，越需要有政府综合运用各种手段实施的促进。这些促进，主要是以政府利益的让渡为前提的，这其实是利益的再分配。事实上，"放权让

---

① 如国务院《关于进一步推进西部大开发的若干意见》（2004）、国务院办公厅《关于促进东北老工业基地进一步扩大对外开放的实施意见》（2005）、国务院办公厅《关于落实中共中央国务院关于促进中部地区崛起若干意见有关政策措施的通知》（2006）、国务院《关于促进边境地区经济贸易发展问题的批复》（2008）、国务院《关于大力实施促进中部地区崛起战略的若干意见》（2012），等等。此外，针对宁夏、内蒙古、广西、贵州，国务院还分别发布了进一步促进其经济和社会发展的意见。

② 如国务院办公厅《关于促进房地产市场平稳健康发展的通知》（2010）、国务院《关于推进资本市场改革开放和稳定发展的若干意见》（2004）、国务院《关于促进生猪生产发展稳定市场供应的意见》（2007）等。

③ 在我国《中小企业促进法》和《乡镇企业法》作出相关的鼓励促进规定以前，相关的规范性文件有国务院批转农业部《关于促进乡镇企业持续健康发展报告的通知》（1992）、国务院办公厅转发国家经贸委《关于鼓励和促进中小企业发展若干政策意见的通知》（2000），以及国务院《关于进一步促进中小企业发展的若干意见》（2009），等等。

利"作为重大的利益分配调整战略，不仅是改革开放初期的基调，对于不同时期的促进型经济法的立法同样非常重要。无论是作为鼓励措施的财政补贴，还是税收优惠、贴息贷款等，都与政府的利益让渡直接相关。政府通过让利的手段来促进经济社会的发展，促进某个重要领域的稳定健康发展，实际上是以形式上的不公平来换取实质上的公平，从而保障总体的社会公共利益，促进经济与社会的良性运行和协调发展。

尽管在我国确立实行市场经济体制以前，专门的促进型经济法的立法屈指可数，但对于实质上的促进型经济法应在更广的层面上来理解。事实上，在经济法发展初期，也就是我国的改革开放初期，虽然立法相对较少①，但存在着许多政策性较强的实质意义上的经济法规范。因此，对于经济法不能仅看形式上的立法规定，还要看在实质上真正起作用的、体现经济法宗旨和精神的那些制度，它们构成了广义上的实质意义的经济法。这也是在未来的研究中应予重视的。

例如，初级阶段的、萌芽阶段的经济法，是体现经济法"促进"理念的那些制度安排，较为典型的是直接影响收益分配的联产承包责任制。相对于过去不太考虑个人利益的分配制度安排，联产承包责任制强调"交足国家的，留够集体的，剩下的都是自己的"②，这种鼓励措施作为一种新型的分配制度，作为一种广义上的财税安排，就是经济法上的"促进型"制度，它极大地调动了农民的积极性，使我国的农村改革取得了最初的成功。同样，在城市的企业改革过程中，"利改税"的制度安排，也是对企业和个人在收入分配上的重要激励，它使市场经济所需要的主体（包括经济法主体），逐渐获得独立地位。这不是民法或行政法上的安排，而是朦胧阶段的经济法上的安排，它使整个国家的经济运行更经济，也降低了各类主体之间的交易成本，提高了社会总体福利。这些都是促进型经济法的重要功用之所在。

---

① 我国在改革开放初期的经济法的立法，主要体现在税法领域，这与当时国家力图在法律上有效解决国家与企业、个人之间的分配关系直接相关，同时，这也是改革开放的重要制度基础。

② 我国在农业税领域过去长期实行实物税，典型的形式是农民要向国家"纳粮"或"交公粮"，联产承包责任制体现了国家与农民的分配关系，其实也是一种财税制度安排。

（五）小结

在解决分配问题方面，促进型经济法非常重要，作为整体经济法的重要组成部分或重要类型，它与经济法的特征、功能结构、设计原理等直接相关。促进型经济法所强调的"促进"，有多种类别，其中，无论是直接促进还是间接促进，无论是个别促进还是整体促进，无论是一般促进还是专门促进，都涉及利益分配的调整。改革开放以来，促进型经济法经历了从重视分散立法到同时重视专门的综合立法的转变，尽管在我国改革开放的最初十几年，促进型经济法的集中专门立法相对不足，但仍然不应忽视那些分散的立法，以及具有实质上的促进型经济法意义的制度安排，例如，对于推进我国改革开放具有重要意义的联产承包责任制、"利改税"、"拨改贷"等重要的分配制度，尤其需要深入研究。

促进型经济法是国家对分配关系进行协调的重要手段，也是调整分配结构的重要法律工具，对于解决分配问题，防范分配风险和分配危机，尤其具有重要作用。深入研究促进型经济法，加强经济法规制，不断提升法治水平，尤其有助于各类分配问题的全面解决。

第三章

分配结构的法律优化

经由前面几章的探讨，不难发现，分配关系的国家协调离不开法律，法律是调整分配结构、解决分配问题的重要手段，分配风险和分配危机的防范和化解，离不开经济法的规制，更离不开全面的法治。基于上述认识，特别是基于前述有关调整分配结构的法律手段的探讨，下面将着重分析分配结构的法律优化问题，即不仅要从一般的法律调整的角度，更要从实质优化的角度，来推进分配结构的完善，从而促进分配问题的有效解决。

考虑到分配结构的优化离不开相关法律，尤其是直接影响分配的经济法的有效规制，因而基于问题定位，以及分配结构对分配问题的重要影响，本章将首先从法律的角度，探讨分配结构与分配制度以及收益分配权之间的关联，从而说明分配结构与经济法调整之间的内在联系，以及运用经济法等法律手段调整分配结构的必要性和可能性；在此基础上，将进一步探讨分配结构及其问题的制度成因，说明经济法与其他类型法律制度解决分配问题的功用和特殊性，以及权利或权力配置对分配结构的影响；基于上述讨论，本章还将提炼经济法领域的分配理论，特别是有关分配结构调整的理论，并结合现实存在的分配结构失衡、分配差距过大、分配不公这三类分配问题，提出完善经济法制度、加强经济法调整的对策，以求更好地保护各类主体的分配权利，维护分配秩序，实现分配正义。①

需要说明的是，本章更加侧重于在宏观的分配制度和法律体系中，来观察分配结构与经济法调整的内在关联，以及经济法上的权利配置对不同类型分配结构的影响，这样更有助于发现经济法调整的定位、局限以及与其他相关法律调整之间的关联，从而揭示分配结构调整的复杂性与经济法调整的必要性，以及应当如何通过经济法具体制度的调整来促进分配结构的优化。

一、结构优化的必要性与相关性

（一）为什么要优化分配结构

自古及今，分配始终关乎国计与民生，贯穿于经济、社会乃至政治、法律等诸多领域，不仅影响政治安定、经济增长、社会发展和文化繁荣，也影响国民财富积累和基本人权保障。纵观古今中外历史上的诸多纷争、制度变迁乃至政权更迭，往往皆因分配失当或分配失衡等"分配问题"而起②，因此，对分配问题必须高度关注并予以有效解决。

中国自改革开放以来，伴随着经济的高速增长，经济总量和社会财富迅速扩张，但因诸多因素导致的分配差距过大、分配不公、分配失衡等分配问题也日益凸显，各类主体的分配压力剧增，已经影响经济发展、社会团结和社会和谐③，迫切要求对经济基础和上层建筑作出适度调整。如前所述，解决

---

① 对于分配正义，古今中外的许多学者都进行过深入探讨。例如，罗尔斯在其《正义论》中提出了有先后顺序的正义原则，即自由平等原则，以及机会平等原则和差异原则，并强调为实现上述原则，政府需要进行调节和干预；但哈耶克则反对社会正义和分配正义的观念，诺齐克也同哈耶克一样持自由放任立场，反对政府对分配的干预。尽管如此，还是有越来越多的学者认为强调分配正义很有价值，国家应当在分配领域尽到维护公平、正义的责任。

② 子曰："有国有家者，不患寡（或作'贫'）而患不均，不患贫而患不安。盖均无贫，和无寡，安无倾。"（《论语·季氏》）尽管对孔子的分配思想人们有多种理解，但至今仍然有现实意义。纵观历史，诸多治乱循环的生成，大抵与分配之不均、不公、不当所导致的分配失衡有关，因此，对分配失衡可能引发的分配风险和分配危机必须保持高度警惕。

③ 涂尔干所提出的"社会团结"思想，在今天尤其有重要意义。只有解决好分配问题，才能减少冲突，增进社会团结，促进社会和谐。参见〔法〕埃米尔·涂尔干：《社会分工论》，渠东译，生活·读书·新知三联书店 2000 年版，第 159—186 页。

收入分配问题的现实需求，本来就是中国进行改革开放的直接动因[①]；而持续解决分配问题，则是中国未来必须长期着力解决的重大问题，是改革开放的全程使命。

上述分配问题的形成，与分配结构不合理直接相关。在各国不同历史时期的类型各异的分配系统中，分配结构始终是影响分配功能实现的至为重要的因素。因此，要解决各类分配问题，必须追根溯源，对分配结构进行有效调整。这样才能防止分配失衡，才能有效地"定分止争"，实现国泰民安。

从发展经济学、发展社会学和发展政治学的角度看，中国的经济社会发展目前已到了关键阶段——随着工业化、城镇化、市场化和国际化进程的加快，各种类型的"二元结构"问题层出不穷，分配失衡十分严重，分配问题相当突出。要绕过许多国家没能避开的所谓"中等收入陷阱"[②]，缓解各类社会矛盾，化解社会纠纷，以在保持经济稳定增长的同时，保障社会稳定和政治安定，就需要对分配结构进行有效调整，依法规范分配活动，保障分配秩序；同时，也需要针对发展中的各类分配问题，加强"发展法学"的研究。[③]

分配结构的形成与调整，均受制于特定的分配制度。分配制度之优劣良莠，直接影响分配公平，涉及分配正义，关乎分配法治，故不可不慎。无论宪法抑或其他法律，只要其中包含分配制度，则均应在相关分配主体之间有效确定分配的权力与权利，对分配结构实施有效调整，以确保其合理性与合法性，最大限度地解决经济社会发展过程中产生的各类分配问题。

依据"发展法学"的框架和理念，分配结构的调整与法律的调整密不可分。无论是财富或收入的分配，还是相关资源、权力或利益的分配，都离不

[①] 我国进行农村改革和城市改革的最初动因，都是要解决分配问题。参见张守文：《贯穿中国经济法学研究的经脉——以分配为视角》，载《政法论坛》2009年第6期，第124—137页。

[②] "中等收入陷阱"（middle income trap）的概念由世界银行在《东亚经济发展报告（2006）》中提出，强调当一国脱离"贫困陷阱"，经济增长达到人均GDP 3000美元附近时，由于经济发展方式等内外原因，极易出现经济增长停滞、贫富分化严重、腐败与民主乱象、各类矛盾突出等问题，导致其无力与低收入国家和高收入国家展开竞争，并长期难以进入高收入国家之列，从而陷入所谓"中等收入陷阱"。为此，我国必须及时调整分配结构，解决好分配问题，努力绕开或跨过这一陷阱。

[③] 分配问题是国家经济、社会发展和法治建设方面需要着力解决的重要问题，旨在研究发展过程中的突出法律问题的"发展法学"应当将其作为重要的研究对象。对于加强"发展法学"研究的必要性，可参见张守文：《"发展法学"与法学的发展》，载《法学杂志》2005年第3期，第3—7页。

开法律的有效调整。其中，经济法以及具体的财税法作为"财富分割的利器"，作为典型的"分配法"，其调整功能尤为重要，社会公众对此寄望甚高。可以说，要实现分配结构的优化，就必须加强各类法律的调整，特别是经济法或具体的财税法的调整，并确保调整的合理化与合法化。

通过加强经济法或相关法律的调整，来促进分配结构的优化，也与国家转变经济发展方式的宏观背景密切相关。目前，国家已从关注"经济增长"转向重视"经济发展"[①]，不仅强调经济发展的质量、效益，同时也重申社会分配、社会公平之重要。如前所述，转变经济发展方式需要调整多种结构，包括产业结构、投资结构、消费结构、分配结构，等等[②]，经济学界对此已有较多讨论，但法学界的研究还十分欠缺，因而对于宏观分配系统中的分配结构调整问题，非常有必要从法学的视角，探究如何通过法律的调整，来推动分配结构的优化。

事实上，现实中的大量分配问题，带来了复杂的经济、社会问题乃至政治问题；分配的不当、不均和不公，源于分配结构的失衡；要实现分配的相对均衡，必须对分配结构进行调整。而分配结构本身也是经济结构、社会结构的重要组成部分，从系统论和结构功能主义的角度来看，"结构决定功能"，"好的结构会产生正功能"[③]，只有不断优化分配结构，才能使之更趋均衡合理。

（二）分配结构优化的法律相关性

分配结构的优化，与法律的调整具有直接的相关性，特别是与相关的具体分配制度及分配权具有内在的关联。为此，有必要探讨分配结构与分配制度之间的紧密联系，揭示分配制度对分配结构的影响；同时，还要进一步阐

[①] 我国在1995年制订"九五"计划时，就提出要"推进经济增长方式转变"，"实现经济增长方式从粗放型向集约型转变"，但上述目标未能得到有效实现。随着经济总量的不断攀升，GDP崇拜也不断加强，经济发展的质量、效益，生态环境保护方面的问题日益突出。为此，我国的《"十二个五"规划纲要》强调"以加快转变经济发展方式为主线，必须贯穿经济社会发展全过程和各个领域"。

[②] 对于上述结构的调整，我国存在着突出的"重政策轻法律"的问题，结构调整的法治化水平亟待提升。相关分析可参见张守文：《"双重调整"的经济法思考》，载《法学杂志》2011年第1期，第30—34页。

[③] 结构功能主义的重要代表人物默顿认为：正功能是指社会结构要素及其关系对于社会调整与社会适应所具有的促进和帮助作用，分配结构的优化有助于更好地发挥分配系统的正功能。

明分配制度中的收益分配权配置对分配结构的直接影响,找到分配结构调整的关键。现就上述两个方面分别探讨如下:

1. 分配结构与分配制度的内在关联

在一国的分配系统中,分配结构直接决定分配功能,要实现分配的"正功能",就必须通过对各类分配结构的调整,形成有效的分配机制,实现"分配正态"和分配均衡。

近年来,我国宏观的分配结构问题备受瞩目。例如,自改革开放以来,在分配的主体结构中,政府、企业和个人的收入在整个分配体系中的占比呈现出明显的变化趋势:大体上自 1978 年到 1995 年,随着"放权让利"等政策和制度的实施,国家财政收入在整个收入分配体系中的占比逐年下降,居民个人收入占比则逐年上升;但自 1996 年至今,政府和企业收入占比则逐年递增,而居民个人占比则逐年递减,于是,国家财政收入占比的变化轨迹呈现为"U 形曲线",而居民个人收入的占比变化轨迹则呈现为"倒 U 曲线"。[①]这是我国宏观分配结构非常值得关注的现象。针对国家财政收入和企业利润收入增长较快,而居民个人收入增长较慢的问题,必须通过法律制度的调整,改变不合理的分配结构,提高居民个人收入占整个国民收入中的比重,增强其分配能力和消费能力,解决分配结构失衡的问题。

不只是上述的主体结构,分配结构中的城乡结构,以及行业结构、地区结构等,也都与特定的法律制度相关。恰恰是各类特定法律制度上的安排,直接影响了分配结构中的各类具体结构的形成。应当说,法律制度对各类具体分配结构的影响,是研究财税法及其他法律调整问题的基础和前提。厘清法律制度对分配结构的直接影响,尤其有助于分析财税法等各类法律制度调整的必要性与可行性。

事实上,涉及资财分配(包括个人的收入分配、企业的利润分配,以及国家的财政分配等)的各类法律制度,构成了有关私人物品和公共物品分配的各类分配制度,直接影响着各类分配结构的形成。同时,在"物我两分"、"资源有限"和"利益主体"普遍存在的情况下,分配作为贯穿经济、社会

---

① 1994 年的分税制财政体制改革和大规模的税法变革是产生这一变化的重要原因。参见张守文:《贯通中国经济法学发展的经脉——以分配为视角》,载《政法论坛》2009 年第 6 期,第 124—137 页。

等诸多领域的重要问题①,分配关系作为非常基本的经济关系或社会关系,也必然会对法律等上层建筑产生重要影响,从而也会影响各类具体分配制度的形成。而如何"定分",从而"止争",恰恰是法律非常重要的职能。

考察各类法律规定,不难发现其中的分配制度通常都着重规定参与分配的主体、分配的客体、分配的时空、分配的权利、方式、方法等,从而形成了分配的主体结构、客体结构、时空结构、权利结构等多种结构,而正是上述各类分配结构,会直接影响分配的结果,关系到分配是否失当、失衡,以及是否会引发各类分配问题。

例如,从分配的主体结构来看,在"劳动者"与"资本等要素拥有者"所构成的分配结构中②,劳动者收入分配能力的相对下降,以及资本等要素拥有者分配能力的提升,拉大了分配主体的分配差距;在农村居民与城镇居民所构成的分配结构中,特别是农民与市民所构成的分配结构中,农村居民收入或者农民收入的相对下降,直接引发城乡差距过大的问题。上述各类主体在分配能力上的差异,直接带来了分配差距过大和分配失衡的问题,需要通过分配制度的调整来解决。

此外,上述分配上的主体结构也与空间结构密切相关。具有不同分配能力的主体,在空间上的分布很不均衡,并由此会形成地域上的分配差距。如国际上的南北差距,我国的东部与中西部的差距,等等(上述的城乡差距其实也是一种空间差距)。与此同时,从分配客体角度看③,不同行业、不同领域的财富、收入、资源的非均衡分布,也形成了行业或领域差距,这些差距归根到底是由分配制度所导致的。

---

① 如前提及,李嘉图曾认为,确定调节分配的法则是政治经济学的基本问题,这就是在强调分配制度的重要性;此外,克拉克曾认为,财富在不同索取者之间的分配是至关重要的一个经济问题。其实,克拉克只说对了一部分,这种分配不只是一个经济问题,也是一个非常重要的法律问题。

② 从参与分配的要素的角度看,目前理论界普遍认同的最重要的要素主要有五类,即劳动、土地、资本、管理和技术。早期经济学家如杜尔哥等主要关注劳动、土地与资本,以及与之相对应的工资、地租和利润(包括股息、利息等)三种收入。可参见〔法〕杜尔哥:《关于财富的形成和分配的考察》,唐日松译,华夏出版社2007年版。此外,上述要素大都属于物质资本、人力资本等,只不过劳动要素特别重要,因而常被单列,从而形成了"劳动者"与"资本等要素拥有者"两类分配主体。

③ 分配的客体在广义上较为广泛,主要包括收入、财富、资源、权利、权力等。从分配结构的角度看,主要是收入或财富的分配结构。财富与收入直接相关,因而两者也常被通用;资源会影响收入和财富,特别是土地资源、矿产资源等自然资源;权利和权力则是从法律的角度,影响收入、财富和资源的拥有。

总之，分配结构与分配制度之间存在着内在关联，一方面，分配制度决定了分配结构的形成；另一方面，分配结构也是分配制度的现实体现。经济法作为一类重要的分配制度，对各类分配结构的形成均有重要影响。因此，分配结构的调整离不开经济法的规制，并且，经济法的规制具有重要地位。

2. 收益分配权配置是分配结构调整的关键

分配结构不合理所导致的亟待解决的各类分配问题，构成了分配结构调整的现实需求；而产生各类分配问题的法律原因，则主要体现为收益分配权配置的不合理。因此，分配结构调整的关键在于改变收益分配权的配置。

收益分配权，往往被简称为收益权或分配权，是相关主体依据一定的权利或权力而享有的取得收益的权利，它是分配领域需要特别提出和关注的重要范畴。收益分配权作为直接影响主体生存和发展的权利，对个人而言，它关系到个人的基本人权；对企业而言，它关系到企业的持续经营；对第三部门而言，它关系到非营利状态下的组织存续；对国家而言，它关系到国家机器的正常运转和公共物品的有效供给。因此，在整个分配系统中，不同主体都要享有收益分配权，并且，收益分配权的配置，直接影响分配结构的合理性，影响分配的起点公平、过程公平和结果公平。

在现实生活中，国民基于其劳动力产权以及股权、债权、知识产权等各类权利，依法享有收益分配权，而国家则基于其征税权、收费权、所有权等各种权力和权利，依法享有收益分配权，由此形成了国家与国民收益分配权的"二元结构"。但是，无论是国家与国民之间，还是国民相互之间，其收益分配权并非同质，因而不能等量齐观。各类主体收益分配权配置的非均衡性，直接导致其分配能力和分配结果的差异，从而在事实上造成了分配差距过大、分配不公、分配结构失衡等诸多问题。要解决上述分配问题，就必须优化分配结构，在法律上改变相关主体的收益分配权配置，使收益分配权体系更加合理。

例如，从分配差距的角度看，在市场经济条件下，要强调竞争，追求效率，就必须承认合理的分配差距，这是市场经济的应有之义。但与此同时，分配差距也必须适度和合理，否则，如果分配差距过大，就会严重影响经济的发展和社会的稳定。由于我国农民、产业工人收入普遍偏低，不同人群收入分配差距过大,基尼系数持续走高①,已严重影响内需。尽管政府多年来大量运用政府投资等多种手段,一直力图拉动内需,但内需问题依然突出,远未治本。为此,在2008年金融危机发生后,面对外需骤降、出口不畅等问题,我国同时推出巨额投资、结构减税、家电下乡等诸多举措,试图拓展国内市场,特别是农村市场;同时,为了缩小收入分配差距,提高居民消费能力,还确立了"调低、扩中、限高"的收入分配制度改革的总体思路。但要实现缩小收入差距的目标,就必须在多种类型的法律中改变现行的收益分配权配置,不断增加中低收入群体的收入,真正实现共同富裕。

又如,从分配公平的角度来看,分配不公的问题也需高度关注。在任何国家,尊重劳动、公平分配、各得其所②,是极其重要的导向,如果由于垄断、资源禀赋以及其他非市场因素的存在,形成不同行业、不同地区的分配差距,且该差距与个人的勤奋努力、辛劳付出没有直接关联,就会形成严重的分配不公。事实上,由于初次分配是按照一般的市场原理、市场原则进行,对于公平价值体现不够,因而在公平分配方面市场失灵非常严重,这也是国家开始强调在初次分配中也要体现公平的重要原因。③

再如,从分配体系的角度来看,如果以"富国裕民"或"民富国强"为理想标尺④,则当前分配体系的总体格局存在严重结构失衡:政府财政收入增速多年持续过快,而居民收入增速多年持续过慢;同时,居民的劳动报酬在初次分配中占比持续下降。上述的分配结构失衡问题,不仅无助于私人经济的发展,也会影响公共经济的持续,因而对失衡的分配结构必须予以特别

---

① 对于我国的基尼系数,由于统计和计算口径等不同,得出的结论也不同。但无论是官方或民间统计,都认为我国的基尼系数2000年已超过0.4这一国际公认的警戒线。如前所述,国家统计局公布的2013年的基尼系数已经超过0.47。

② 与各得其所相关联的是"应得"(desert),"应得"的核心含义是强调"人只应得到他应得的东西",这样才是正义的。亚里士多德、斯密、康德等都曾经研究过"应得"的含义,人们大都认为人们"应得"的收入应与其贡献、辛劳、付出成正比,这与"不劳动者不得食"的思想是存在共通性的。

③ 我国政府已经认识到"合理的收入分配制度是社会公平的重要体现",因此,在2007年10月提出"初次分配和再分配都要处理好效率和公平的关系,再分配更加注重公平",强调要"保护合法收入,调节过高收入,取缔非法收入"。

④ 无论是《尚书》提出的"裕民"思想,还是孔子主张的"足食"(《论语·颜渊》)、"富而后教"(《论语·子路》);无论是孟子提出的"易其田畴,薄其税敛,民可使富也"(《孟子·尽心上》),还是荀子倡导的"王者富民"(《荀子·富国》),都是强调裕民、富民的重要性,都在关注达成国家善治的理想标尺。参见王定璋:《〈尚书〉中的裕民思想》,载《社会科学研究》2000年第4期。

调整。

无论是上述分配差距过大或分配不公问题的解决，抑或失衡的分配结构的调整，都需要对既有的收益分配权配置进行变更，亦需要相关制度的综合协调；而针对上述的各类问题，经济法的规制都可以发挥突出作用，即通过影响不同类型收益分配权的"权重"变化，来实现对不同主体收益分配结果的调整。①

此外，研究分配结构的法律优化问题，不仅需要研究分配结构与经济法规制之间的内在关联，还需要在更为广阔的法律体系中把握不同类型的法律调整对分配结构的影响，这有助于发现经济法规制与其他法律调整之间的关联，揭示经济法规制的特殊性，说明经济法与其他法律协调互补、综合调整的必要性。

二、分配结构的多元法律调整

如前所述，分配结构与分配制度之间的内在关联，要求分配结构的调整和优化必须对相应的分配制度进行变革，并且，改变法律上的收益分配权配置正是关键所在。为此，下面有必要结合具体的分配制度，探讨分配结构的多元法律调整，并从中揭示经济法规制的特殊性。

考虑到分配结构的划分是多种多样的，且通常在分配方面人们最关注初次分配和再分配（有时也会关注"第三次分配"②），下面主要结合两次分配所形成的分配结构，分别说明宪法和民商法等传统法对初次分配的重要影响，以及经济法和社会法等现代法对再分配的重要功用，并在此基础上，探讨财税法调整发挥作用的空间和特殊性。

---

① 对于各类收益分配权的"权重"问题，以往经济学界是从价值、贡献的角度有一定的关注，但法学界的研究总体上还较为欠缺。对于此类权利与利益的对应及其量化问题，未来的法学研究很值得关注。

② 厉以宁教授在其1994年出版的《股份制与市场经济》一书中最早提出了"第三次分配"的概念，他认为除了初次分配和再分配以外，还有"在道德力量的作用下，通过个人自愿捐赠而进行的分配"，此即第三次分配，但也有人称之为"第四次分配"，参见青连斌等：《公平分配的实现机制》，中国工人出版社2010年版，第12—15页。但相对于初次分配和再分配，"第三次分配"对于整体分配的影响至少目前还很小。当然，构建规范第三次分配行为的分配制度还是很重要的。

（一）初次分配与分配结构的传统法调整

鉴于分配制度极其重要，我国《宪法》第 6 条专门规定基本的分配原则和分配制度为"实行各尽所能、按劳分配的原则"，"坚持按劳分配为主体，多种分配方式并存的分配制度"，与此相对应，还规定要"坚持公有制为主体、多种所有制经济共同发展的基本经济制度"。由于所有制形式和产品分配方式都是生产关系的重要内容，因而两者曾在一定时期（特别是 1982 年《宪法》出台后的一段时期）有相对较强的对应性和一致性。但随着改革开放的深入和市场经济的发展，公有制的主体地位与按劳分配的主体地位的对应性正逐渐减弱，"按要素分配"在多种分配方式中所占的比重逐渐提高，使得"以按劳分配为主体"更主要的是体现在参与分配的人数上，而未必是分配数额上，并带来了多种所有制经济与多种分配方式并存情况下的分配差距不断扩大的问题。

我国《宪法》有关分配制度的上述规定，适用于社会个体成员的初次分配，由此形成了分配方式上重要的"按劳分配与按要素分配相结合"的分配结构。[①] 其中，对"按劳分配"中的"劳"究竟是指劳动、劳动量、劳动成果还是劳动力产权，人们还有不同的理解。[②] 而对"按要素分配"中的各类要素，人们通常较为关注的则是资本、资源、技术、管理等，这些要素在生产经营活动中都很重要。从经济学的角度看，上述各类要素在生产经营中的贡献不同，其市场价值或获取收入的"权重"各异，从而形成了收入分配的差距。近些年来，恰恰是对"按要素分配"的强调，以及资本等要素拥有者获取收入能力的提高，形成了分配差异，扩大了分配差距，加剧了分配不公。[③] 因此，在调整分配结构方面，对于劳动力与其他要素的价值在分配上占

[①] 我国自 2007 年 10 月以来，重申"要坚持和完善按劳分配为主体、多种分配方式并存的分配制度"，强调"健全劳动、资本、技术、管理等生产要素按贡献参与分配的制度"，从而使"按劳分配"与"按要素分配"的分配结构更加明晰。

[②] 经济学界对此有很多不同的看法，在早期的讨论过程中，有些学者认为应当是指劳动力产权，并认为这样更有助于保护劳动者的利益。参见姚先国、郭继强：《论劳动力产权》，载《学术月刊》1996 年第 6 期，第 44 页。

[③] 主体差异、空间差异和时间差异是影响分配差异形成的重要因素，分配差异和分配不公会带来结构风险，需要财税法的有效规制。相关分析可参见张守文：《差异性分配及其财税法规制》，载《税务研究》2011 年第 2 期，第 71—76 页。

比如何,劳动力的价值占比是否过低或是否在相对下降,不仅需要经济分析,也需要法学探讨。

从法学的视角看,上述的按劳分配,直接涉及劳动权或劳动力产权,而按要素分配,则涉及相关主体的股权、债权、知识产权等一系列权利,并进而涉及投资权等权利。上述各类权利都蕴含着主体的收益分配权,或者说,收益分配权本来就是各类主体相关产权的重要权能。无论是工薪所得还是劳务报酬,无论是经营所得还是股息、利息、红利、特许权使用费等各类收益[①],都要以收益分配权为依据。

上述权利在初次分配过程中具有重要意义。无论在权力与权利之间,还是在各类具体的权利之间,其"力"与"利"并不均衡,同时,"权"与"益"亦非同一。各类权利因性质不同而收益各异,会在很大程度上影响分配差距和分配公平。可见,对于各类权利的收益分配权能的差别,需要高度重视和深入研究。

以上主要从宪法规定的角度,对重要的"按劳分配与按要素分配相结合"的分配结构进行了简要的法律解析,从中不难发现,这一分配结构对应于一系列重要的权利,并由此形成重要的权利结构。由于不同主体的权利性质、收益能力各异,在劳动要素与资本要素之间、劳动权与投资权之间会形成一定的紧张关系,从而会导致影响收益分配和分配差距的"劳资"矛盾,对此需要展开专门研究。

宪法所确立的各类社会个体的收益分配权,与基本人权的保障直接相关,是人权理论、宪政理论的重要研究对象。同时,收益分配权的具体实现,与各类主体所拥有的具体产权存在关联,鉴于劳动力产权与资本、土地、知识等要素产权之间存在着差别,且受到不同法律的保护,因此,这些权利之间的冲突和协调也与各类法律之间的协调直接相关。

通常,劳动法、物权法、合同法、知识产权法、公司法、银行法、证券法、保险法、破产法等诸法,会对上述各类权利作出具体规定(这些大都属于传统的民商法规范),并成为初次分配制度的重要渊源。加强上述诸法在收

---

① 这些收益形式无论是体现为劳动报酬还是投资所得、资本利得等,都是具有可税性的,我国的《个人所得税法》已将上述收益形式都列为征税项目。

益分配权方面的协调,对于解决分配问题极为重要。

总之,从法律角度看,分配结构就是由各类主体享有的收益分配权构成的权利结构,这些收益分配权基于劳动力产权以及资本等要素产权而产生,体现于宪法和相关的具体分配制度之中。从总体上说,在初次分配方面所涉及的各类产权,以及相关的收益分配权,主要由宪法和民商法等传统法加以确立和保护。

(二)再分配与分配结构的现代法调整

初次分配着重关注各类要素在市场上的贡献,更加重视效率,对于公平的强调不够,因而难以解决收入差距扩大等问题。为了使社会成员之间的分配更趋合理,在承认适度差距的同时,国家必须注意防止两极分化,实行"二次调节"的分配制度,此即再分配制度。

初次分配是市场主体之间的分配,再分配则是在初次分配的基础上,由国家主导的第二次分配[①],是对初次分配的一种结构调整,它力图使分配更加合理、更趋公平,以减缓或防止初次分配可能存在的严重的分配不均、不公和失衡等问题。在再分配过程中,涉及市场主体之间或居民个人之间的分配结构,以及国家与国民之间的分配结构的有效调整,需要经济法和社会法等现代法发挥更加重要的作用。其中,转移支付、财政补贴等财政手段,税收减免等税收优惠手段,社会保障手段等,都可以成为重要的再分配手段[②];与之相对应,还涉及一系列重要的权利和权力,如国家的财权、税权,以及社会个体成员的社会保障权、纳税人权利,等等。这些权力和权利的配置如何,直接关系到收入差距过大等分配问题能否得到有效解决。

从历史和现实情况看,各国在实现现代化的过程中,分配差距过大,分配不公的问题都已经发生或正在发生。1971年诺贝尔经济学奖获得者库兹涅

[①] 关于再分配的具体类型,有学者分为四类,即援助性再分配、补偿性再分配、保险性再分配和公正性再分配。参见胡鞍钢、王绍光等:《第二次转型:国家制度建设》,清华大学出版社2003年版,第275—311页。

[②] 我国的《"十二五"规划纲要》强调要"加快健全以税收、社会保障、转移支付为主要手段的再分配调节机制",据此,再分配所涉及的主要法律制度就是财税法和社会保障法。但也有著名学者认为,再分配机制令人高度质疑,初次分配的决定性作用更大。参见〔美〕费景汉、拉尼斯:《增长和发展——演进的观点》,洪银兴等译,商务印书馆2014年版,第430—432页。

兹（Kuznets）曾从发展经济学的角度，提出了人均财富增长（效率）与人均财富分配（公平）之间的关系问题，认为在一国经济发展初期，人均财富增长会导致收入差距扩大，但到一定的阶段，随着人均财富的进一步增长，收入差距会逐渐缩小，从而形成了收入分配状况随经济发展过程而变化的"倒U曲线"（Inverted U Curve）。[①] 尽管有人对"库兹涅兹假设"有不同的看法，但至少从我国改革开放以来的情况，以及其他一些国家的发展现实来看，这一假设仍然值得关注，并且，有越来越多的人认识到，防止分配差距扩大，需要国家通过有效的分配制度安排加以解决，其中，经济法的有效规制更加重要。

如前所述，在一国的法律体系中，许多法律都涉及收入、财富、资源等方面的分配，如继承法上的遗产分配，破产法上的破产财产分配，公司法上的企业利润分配，劳动法上的劳动收益分配，等等，从而使各类法律都不同程度地涉及分配规范，但这些分配规范相对比较分散，且主要用于解决初次分配的问题。相对说来，经济法是典型的"分配法"，它尤其有助于解决国家参与国民收入分配和再分配的相关问题，以及公共经济中的资源分配和社会财富分配问题，与各类主体均有关联。因此，在研究分配问题时，经济法始终是无法逾越的，并且，其在再分配方面的作用非常巨大，尤其有助于解决分配差距过大、分配不公、分配结构失衡等问题；同时，由于经济法的调整对参与初次分配的各类要素也会产生重要影响，因而其对于保障初次分配公平的功用也不应忽视，这些正是经济法调整的特殊性所在。正因如此，各国调整分配结构时普遍必用经济法，并将其作为直接的、主要的调整手段。

旨在解决分配失衡等市场失灵问题的现代经济法，对各类主体利益有直接而重要的影响，因而可以成为调整分配结构，实现再分配目标，保障分配公平、适度，防止分配失当、失衡的重要工具。事实上，分配差距过大，实为分配的失当、不适度，极易转化为分配不公；而无论是差距过大或不公，在宏观层面都体现为分配结构上的失衡。解决上述三类密切相关的分配问题，尤其需要经济法的有效规制。

[①] 西蒙·史密斯·库兹涅兹（Simon Smith Kuznets），被誉为"美国的GNP之父"。在1955年的《经济增长与收入不平等》（"Economic Gronth and Income Ineguality", *American Economic Review*, Vol. 45, No. 1 (Mar., 1955), pp. 1-28) 论文中，提出"倒U曲线"假设。库兹涅兹假设还被用于环境、法律等方面的研究，以说明经济发展和收入分配差距扩大给环境和社会秩序等带来的影响。

总之，透过分配结构的多元法律调整，不难发现，分配结构不仅体现为一种经济结构，同时，它也是一种法律结构，尤其是一种权利结构。无论是初次分配还是再分配，无论是市场主体之间的分配还是国家与国民之间的分配，都对应着一系列的权利，与相关权利的配置相关联，因此，分配结构的调整和优化，尚需通过经济法等相关法律的调整和完善来逐步实现。

三、结构优化的经济法问题

（一）结构优化的经济法理论问题

分配结构优化的经济法规制，需要有理论的指导和支撑，并体现相应的理念和价值追求，以确保分配结构调整与经济法制度建构的系统性、科学性和内在一致性。为此，经济法理论应当有一个重要的组成部分，即分配理论[①]，以及更为具体的有关分配结构调整的理论。但从总体上说，以往的经济法研究对此关注不够，因而应结合前面的有关探讨和经济法的制度实践，进一步提炼经济法领域的"分配理论"，以及更为具体的"分配结构优化理论"。事实上，在经济法的分配理论中，分配结构优化理论是核心，因为从分配的角度看，整个经济法的制度安排或制度调整，在一定意义上都是围绕分配结构的优化展开的，由此视角观察，可以对整个经济法的理论和制度进行重新解析。

结合前面的理论探讨和相关制度实践，可以提炼出经济法学分配理论中的一系列具体理论，包括关联理论、功用理论、目标理论、适度理论、系统理论、范畴理论，等等，它们是实现分配结构有效调整的重要理论基础，现分别简析如下：

第一，关联理论强调，分配与制度的关联，分配结构优化与经济法规制的关联，是运用经济法优化分配结构的重要基础；没有上述关联，经济法的

[①] 由于"各种各样的分配理论无法被加总成为一个能被普遍使用、普遍接受或被普遍验证的整体"，因此整体的、宏观的分配理论一直"令人不满"。参见〔美〕布朗芬布伦纳：《收入分配理论》，方敏等译，华夏出版社2009年版，第371页。有鉴于此，在经济法领域，确需提炼可以指导分配结构调整的"分配理论"。

规制就不可能影响分配结构。如前所述，经济法领域的大量分配制度，对分配结构的形成和变革具有重要影响；同时，经济法对于各类主体收益分配权的配置，会直接决定分配结构的合理性。要优化分配结构，就必须在经济法领域合理配置收益分配权。关联理论解决的是"对分配结构进行经济法优化"的必要性和可行性问题，强调要不断解决经济法上的收益分配权配置失当问题。

第二，功用理论强调，经济法对分配结构优化具有特殊功用。前面的探讨表明，在分配结构的优化方面，不同类型法律各有不同的功用：传统法对于初次分配的调整功用往往更大；而现代法对于再分配的调整功用则更为突出。若从宏观调控的角度看，经济法解决再分配问题的功用更引人注目。此外，由于经济法的调整同样会影响初次分配的相关要素，因而其对于初次分配的功用亦不可忽视。可见，在分配结构的优化方面，经济法的功用更为特殊，作用的空间更为广阔。

第三，目标理论强调，经济法作为典型的"分配法"，其主要目标就是通过规范分配行为，保障分配权益，来实现宏观调控和资源配置的效益，保障经济公平和社会公平，从而促进经济与社会的良性运行和协调发展。而分配结构的优化，同样应当有助于提高宏观调控和资源配置的效益，保障和促进分配公平与分配正义，推进经济稳定增长与社会和谐稳定。可见，分配结构的优化应当与经济法的规制目标保持一致。

经济法的目标既与其前述的功用直接相关，也与经济法的特定价值密不可分。诸如公平、效率、秩序、正义等价值，对于分配结构优化同样非常重要。通过经济法的有效调整，实现分配结构的优化，应当更加有助于增进分配公平，提高分配效率，保障分配秩序，从而实现分配正义。

第四，适度理论强调，在各类主体之间的分配一定要适度，要"成比例"或"合比例"。① 分配结构的优化，与宪政理论、人权理论、宏观调控理论等直接相关，无论基于限制政府权力、保障基本人权，还是基于保障调控实效的考虑，收入或财富的分配都必须适度，尤其不能给国民造成不应有的侵害，

---

① 亚里士多德在谈到分配的公正时认为，"公正必定是适度的、平等的"，强调"分配的公正在于成比例，不公正则在于违反比例"。参见〔古希腊〕亚里士多德：《尼各马可伦理学》，廖申白译注，商务印书馆 2003 年版，第 134、136 页。

或者应当努力把侵害降到最小。

适度理论中还蕴含着一些指导分配结构优化的重要思想。例如，基于政府提供公共物品的定位，政府不能与民争利，其收入能够满足公共物品的提供即可，而无需在整个国民收入中占比过高。此外，在国家征收比例方面，要实现"富国裕民"或"民富国强"的目标，就必须真正"裕民"，实现"民富"，国家在财富的征收方面就不能伤及"财税之本"。依据著名的"拉弗曲线"（Laffer Curve）所体现的"拉弗定律"，一国课税必须适度，不能税率过高，更不能进入课税禁区，必须使税负合理，以涵养更多的税源。从制度实践来看，体现这一重要思想的美国 1986 年《税制改革法》[①]，为世界范围内的税法改革提出了重要的思路。我国有关"宽税基、低税率"的主张甚多，其实就是适度思想的体现。类似地，德国联邦宪法法院在审判实践中形成的"半数原则"[②]，强调私有财产应以私用为主，其负担的税收不应超过其应有或实有收益的"半数"，以更好地保障私人产权。在这一过程中，确立良性的"取予关系"非常重要[③]，它是国家与国民之间良性互动的前提和基础，也是政府合法化水平不断提高的重要基础。

此外，适度理论还与上述的目标理论密切相关，它强调在实现目标的手段方面，无论是分配结构的优化，还是经济法的规制，都应当强调"适度"，都应符合经济法上的调制适度原则；只有分配适度，才能实现公平、公正，才能形成良好的分配秩序，各类主体及其行为才具有可持续性。

第五，系统理论强调，分配问题非常复杂，分配结构的优化或分配问题的解决，都要从整体上系统地考虑，需要经济法各类制度的配套。同时，要全面实现分配结构的优化，不仅需要不断完善经济法自身的法律结构，实现分配结构与经济法自身结构的"双重调整"，还需要加强经济法与其他相关法律制度的协同，以更好地规范各类分配关系，形成良好的分配秩序。

[①] 美国 1986 年《税收改革法案》（Tax Reform Act of 1986）的基本思想是"取消特惠，增进公平，扩大税基，降低税率，简化管理，促进经济增长"，这一思想至今仍有重要意义。

[②] 受 Paul Kirchhof 法官的影响，德国联邦宪法法院在 1993 年至 1995 年期间，发展出最优财产权课税理论，强调纳税人财产的整体税负，应适用"半数原则"，以防国家过度课税，从而加强私人财产权的法律保障。参见葛克昌：《税法基本问题（财政宪法篇）》，北京大学出版社 2004 年版，第 177—178 页。

[③] 参见张守文：《财税法疏议》，北京大学出版社 2005 年版，第 189、224、298 页。

此外，系统理论还强调，由于经济法上的收益分配权配置直接影响相关的分配结构，因此，必须关注收益分配权结构的合理性，并对相应的收益分配权结构进行"动态调整"，以更好地实现经济法系统的功能。

第六，范畴理论强调，经济法中的大量制度都是在规定分配主体、分配行为、分配权利、分配义务、分配责任，通过这些分配制度的安排，来解决分配问题，防止分配失衡，确保分配秩序，实现分配公平和分配正义，从而形成了一系列重要的"分配"范畴。这些分配范畴对于构建经济法学较为系统的"分配理论"非常重要。与此同时，通过构建分配范畴体系，可以重新审视整个经济法和经济法学，从而有助于更好地理解为什么"经济法是分配法"，以及为什么"分配是贯穿整个经济法学的重要线索"等重要命题。

以上只是对影响分配结构调整的几类重要分配理论的简要解析，其实，上述几类理论的内容是非常丰富的，对于分配结构调整具有重要意义，同时，对于完善现行的经济法制度，推进分配结构的优化，亦具有重要价值。基于上述理论，可以更好地针对具体分配问题展开相应的经济法调整。

（二）结构优化的经济法实践问题

调整分配结构，促其不断优化，需要在实践中持续完善经济法中的分配制度，着力解决宏观上的分配结构失衡问题，以及现实中突出存在的分配差距过大、分配不公等分配问题。为此，应针对上述各类问题，结合上述的分配理论，调整经济法的内部结构，改变不合理的权利配置，全面推进经济法具体制度的完善。

1. 针对结构失衡的经济法调整

分配结构的失衡，是经济法调整应予解决的重大问题。经济法的制度完善，尤其应针对重要的、特殊的分配结构来展开。例如，政府、企业、个人三大主体所构成的"三者结构"历来备受重视[①]；同时，高收入者、中等收入者、低收入者所构成的"三者结构"也引起了社会各界的关注。针对这两类"三者结构"，在经济法上应当明确和合理界定各类主体的收益分配权，并

---

① 有关居民、企业和政府的收入分配的分析，可参见王小鲁：《国民收入分配战略》，学习出版社、海南出版社2013年版，第52—27页。

在制度设计上予以公平保护。

如前所述，近些年来，居民收入在国民收入中的占比，以及劳动报酬在初次分配中的占比都相对偏低，这"两个比重"偏低的问题，作为分配结构失衡的重要体现，已经引起了国家和社会各界的高度重视。[①] 在未来相当长的时期，如何提高"两个比重"，既是分配结构调整的重要使命，也是经济法调整的重要目标。

第一，居民收入占比过低的经济法调整。

针对居民收入在国民收入中占比过低的问题，应当在经济法的调整方面作出诸多重要安排，通过多种再分配的手段，不断提高居民收入的数额以及居民收入在国民收入中的占比。

在提高居民收入的数额方面，可以运用多种经济法手段。例如，通过实施转移支付制度，加大财政补贴、社会保障方面的数额，使居民收入得到提升，真正做到"用之于民"；通过各类税法制度的调整，应当适当降低居民的税负水平，真正做到"多予少取"，从而在实质上扩大居民的可支配收入，等等。

在提高居民收入具体数额的同时，还要通过经济法的调整提高居民收入的占比。进入 21 世纪以来，我国财政收入曾多年连续大幅高于 GDP 的增速，在整体国民收入中的占比逐年攀升，已受到不少诟病。[②] 因此，应通过经济法制度的完善，形成国家与国民合理的收入分配结构，以确保收入分配秩序，解决财税制度的"过度征收"问题。

上述的国家财政收入连年大幅增收，有多方面的经济和法律原因，其中，各种类型的"重复征税"是较为重要的法律原因。无论是税制性的重复征税，还是法律性的抑或经济性的重复征税，都会严重损害国民权益，影响相关主

[①] 我国早在 2007 年 10 月就提出要"提高居民收入在国民收入分配中的比重，提高劳动报酬在初次分配中的比重"。此后，"合理调整收入分配关系，努力提高两个比重，尽快扭转收入差距扩大趋势"已成为普遍共识，并被列入《"十二五"规划纲要》。

[②] 有关居民收入占比下降、政府和企业收入占比上升问题的具体分析，可参见白重恩、钱震杰：《谁在挤占居民的收入——中国国民收入分配格局分析》，载《中国社会科学》2009 年第 5 期，第 99—115 页。

体的有效发展。① 当前，经济法律制度不协调导致的不合理的税制性重复征税，以及由此引发的税负过重问题，直接影响了居民收入水平的提高和整体占比，解决此类重复征税问题，应当是完善现行财税制度的一个重点。为此，国家近些年力推"营改增"，以求解决营业税领域的重复征税问题。

此外，无论是提高居民收入的具体数量，还是提高整体占比，都需要通过完善各类经济法的具体制度来实现。例如，正是基于降低企业和个人的税负和实现税负公平的考虑，我国的企业所得税法和个人所得税法都在不断改进；与此同时，我国的财产税制度也在不断出新，推出了房产税制度、资源税制度的改革试点等②，并且，在这些制度变革过程中，国家一直试图融入有关公平分配的理念。

上述在直接税制度方面促进分配公平的种种尝试固然重要，但商品税制度对于分配的影响亦不应被忽视。毕竟，我国真正的主体税种还是商品税，居民的税负实质上主要来自于商品税。因此，在居民个人作为消费者，同时也作为商品税税负的最终承担者的情况下，如何减轻某些商品税税负，从而相对增加居民的可支配收入，是一个非常值得深入研究但却常常被遮蔽的重要问题。

其实，即使公众平时关注较多的"显性"问题，也仍有许多认识需要转变。例如，个人所得税法的调整，与个人收入能否真正增加直接相关。从收入分配角度看，个税法需要完善的绝不只是全国人大重点修改的工薪所得扣除额和税率级次，整部法律都需要进行全面、系统的修订，其中包括劳务报酬等税目、税率的调整，各类投资所得、资本利得税目、税率的调整，以及不同国籍个人的公平对待等。③ 如果不综合考量，仅在工薪所得方面做文章，

---

① 前几年全球性的通货膨胀在持续走高，我国国内的通胀问题也十分突出。面对节节攀升的 CPI，人们惊奇地发现，重复征税的问题已经成为导致物价上涨过快的重要诱因。因此，对于税制性重复征税，必须考虑税制的整体优化，加强税收立法的协调和统合。

② 房产税的改革试点涉及国家与国民的收入分配问题，而资源税改革试点则不仅涉及国家与纳税人之间的关系，还涉及中央与地方的收入分配关系。

③ 我国《个人所得税法》以往的多次修改，主要侧重于工薪所得的扣除额、税率等方面的修改，但远远不够。因为工薪所得仅是诸多类型收入中的一种。要有效解决公平分配问题，还须从整体税法完善的角度，全面地解决相关分配问题。

则其在调节收入分配方面的作用将大打折扣。① 又如,房产税制度的完善,一定要考虑房产税最根本的"财产税"属性,而不能将其作为调控房价的至尊法宝②;同时,对房地产制度的完善一定要全面配套,并应兼顾"增加公民财产性收入"的思路,否则可能会形成国家立法思想上的冲突和矛盾。

以上各个方面,主要还是侧重于税法制度的调整和完善。其实,狭义的财政法的调整和完善尤其应高度关注。例如,政府性基金收入过多、各种收费过滥,会直接影响居民收入的数量和占比;备受质疑的"土地财政"问题,也会影响居民收入,需要从完善分税制、规范分配秩序、调整分配结构的角度加以解决。同时,破解历史上的"黄宗羲定律"③,防止居民负担不断加重,使合理的分配制度能够得到长期有效实施,尤其需要经济法制度的不断完善。由于分配、分配结构的调整,以及分配关系的法律调整,都是"复杂性问题",因此,相应的制度改进对策更需要多维思虑,全面设计。

第二,劳动报酬在初次分配中占比偏低的经济法调整。

劳动报酬在初次分配过程中占比偏低,会直接影响"橄榄形"收入分配格局的形成进程,关系到社会稳定和国家治理的基础。提高劳动报酬在初次分配中的占比,同样需要经济法制度的相应变动和调整。

在相关统计分析中,居民个人收入通常包括四种类型,即工资性收入、转移性收入、财产性收入和经营性收入。多年来,在我国居民个人收入中,工资性收入占比一直达80%左右④,在其占比如此之高的情况下,要全面体现按劳分配的原则,提高劳动者收益分配权的"权重",提高劳动报酬的占

---

① 有的学者认为,个人所得税虽然具有累进性,并能够在一定程度上减弱间接税的累退性,但因其规模小,尚不足以完全抵消间接税的累退性。参见岳希明、张斌、徐静:《中国税制的收入分配效应测度》,载《中国社会科学》2014年第6期,第96—117页。

② 将对个人自住住房征收房产税作为调控房价的重要手段,曾经是一个较为普遍的想法,但有许多人认为这是行不通的。从房产税的试点情况来看,其调控房价的作用确实不突出。因此,必须看到房产税自身的局限性。这其实也在一定程度上体现了所有税收手段的局限性。

③ 黄宗羲在其《明夷待访录》中指出了历史上的税收制度的"三害",即"斯民之苦暴税久矣,有积累莫返之害,有所税非所出之害,有田土无等第之害",据此,秦晖教授将其总结为"黄宗羲定律",强调历史上的税费制度改革,会因改革后各种"杂派"的增加而加重人民的负担,这对于今天的税费改革尤其有借鉴意义。参见秦晖:《并税式改革与"黄宗羲定律"》,载《中国经济时报》2000年11月3日。

④ 参见张东生主编:《中国居民收入分配年度报告》,经济科学出版社2013年版,第5—7页。另据国家统计局资料,2013年,我国全年城镇居民人均总收入29547元,其中,工资性收入比上年名义增长9.2%;全年农村居民人均纯收入8896元,其中,工资性收入比上年名义增长16.8%。

比，就需要通过各类经济法制度的调整和完善来加以实现。

例如，在商品税领域，作为课税基础的销售收入、营业收入等与劳动报酬直接相关，因此，增值税、消费税、营业税等各类商品税制度也会对劳动报酬产生重要影响。此外，对小规模纳税人的征收率，以及增值税、营业税制度对某些主体起征点的规定，都会影响相关主体最终的劳动报酬水平。

又如，在个人所得税法领域，劳动报酬与税法上规定的工资薪金所得、劳务报酬、稿酬所得等所得类型直接相关；同时，也与个体工商户的生产经营所得、企业承包承租经营所得等有紧密关联。这些方面的制度调整，特别是税目、税率、税收优惠等方面的制度安排，都会对居民的劳动报酬收入产生直接影响。[①] 即使在企业所得税法领域，劳动报酬也是在确定扣除项目时要考虑的重要内容：是否要扣除，如何扣除（限额扣除抑或据实扣除），既与工资制度相关，也与企业所得税制度相连。可见，所得税制度会对劳动报酬产生较大影响。

上述各类税法制度的调整，包括2006年取消农业税等，都是侧重于如何增加劳动报酬的数额。在增加数额的同时，宏观上的劳动报酬的占比如何提高，则还涉及劳动收益与资本收益等方面的关系，以及多个方面的制度。仅从税法角度看，对于两类收益如何征税，涉及不同类型居民的收入，以及对分配结构的调整。依据勤劳所得和非勤劳所得的划分，劳动报酬之类的勤劳所得的税负应该相对更低，这样的区分和制度安排有利于保护大多数中低收入者的利益。

要保护中低收入者的利益，提高其劳动报酬收入，还必须解决好劳动力产权的"权重"问题。为此，工资制度和其他涉及劳动报酬的相关制度都应进一步改进。在改进的过程中要兼顾公平与效率，否则，不顾整体效率而单方面强调公平，最终还会影响居民收入水平的提高。

2. 针对分配差距过大与分配不公的经济法调整

上述的分配结构失衡与分配差距过大、分配不公等问题存在着交互影响，对于这些突出的分配问题，都需要加强经济法规制。下面先讨论针对分配差

[①] 提高劳动报酬的制度需要综合考虑和设计。例如，我国个人所得税实行分类所得税制，往往会提高个人税负，不利于体现税负的公平；同时，税法规定的劳务报酬、稿酬所得等税目，也都属于劳动所得，但其扣除额和实际税负都偏重，对勤劳所得的鼓励不够。

距过大的经济法调整问题。

通常，人们更关注居民之间的收入分配差距过大问题，而这一问题的产生和存续，与其他主体之间的分配差距过大也有关。例如，不同级次政府之间的分配差距过大，会直接影响居民个人的收入分配。往往是财力越紧张的地方政府，就越重视加强征收各类财政收入，使这些地区的税费都比其他地方要高，从而对居民的收入分配能力以及消费能力等产生重要影响。为此，对于中央与地方之间，以及地方之间的财政分配差距，主要应通过完善分税制，特别是通过转移支付制度等来解决。[1] 又如，对于国家与国民整体上的分配差距，要考虑居民收入增长不仅要与经济增长同步，甚至还要略快于经济增长，这样才能实现居民整体收入实质上的快速增长，并进一步促进经济发展。

针对居民之间的分配差距过大问题，应当通过完善财政补贴制度以及各类税收制度等，来实现"补瘦"和"抽肥"。同时，由于分配差距过大的成因非常复杂，涉及许多制度，因此，还要完善相关的配套制度。例如，基于垄断行业的企业（特别是大型国企）的某些人员收入过高所形成的分配差距，需要对此类企业工资标准、成本核算、上缴红利等加强法律规制，以使收入分配更加合理。

此外，居民收入分配差距也与行业差距、地区差距等有关。这些方面的研究成果已有很多。从经济法的调整来看，地区差距与转移支付制度中解决财政的横向失衡有关联；而在缩小行业差距方面，涉及国企的国有资本经营预算制度能够起到一定作用。

值得注意的是，在强调竞争和差异的市场经济条件下，收入分配差距不可避免。但如果收入分配差距过大，等量等质的劳动不能得到相同的报酬，就会产生分配不公的问题。

例如，不同行业的工资收入相差悬殊，证券业的平均工资是畜牧业平均工资的9倍。[2] 而如此过大的差距，在许多情况下与各行业职工的劳动和努力

---

[1] 我国的转移支付规模已经非常庞大，其中，专项转移支付的占比又过高，为此，国家提出要"优化转移支付结构，逐步提高一般性转移支付比例，清理整合专项转移支付"，如能切实落实，则对于解决中央与地方的分配关系问题会起到一定的积极作用。

[2] 参见张东生主编：《中国居民收入分配年度报告》，经济科学出版社2013年版，第91页。

并没有直接和必然的联系，主要是因行业的特殊性或垄断性等所致，这无疑很不公平。可见，分配差距与分配不公有相当大的关联性。[①]

需要说明的是，各类分配问题的解决，需要经济法各类制度的配合，例如，财政法与税法的配合就非常重要，因为税法主要解决收入的问题，而财政法则能够解决支出的问题，两者配合才可能更好地解决分配公平问题。此外，分配不公可以有多种表现，例如，如果一国税法遵从度不高，税收征管不力，税收逃避泛滥，则对于守法者而言，会构成实质上的分配不公；同理，如果税收优惠制度不合理，或者执法不严，随意进行税收减免，则同样对于未得到税收优惠的主体会构成一种分配不公。至于非税收入过多，分配秩序混乱，则更会使人感到分配不公。凡此种种，都需要通过经济法制度的不断完善来逐步解决。

四、结构优化的理论提炼

总结本章的探讨，可以认为，分配事关生存与发展、稳定与安全、团结与和谐，因此，必须高度重视并切实解决分配问题。目前，我国的经济社会发展已经到了重要历史时期，各方面矛盾日益凸显，分配问题尤为突出，因此，非常有必要在转变经济发展方式的过程中，不断优化分配结构。

分配结构的不合理是导致分配问题的重要原因。要调整和优化分配结构，就必须调整分配制度，因为分配制度与分配结构存在密切关联，并且，分配制度决定分配结构，分配结构体现分配制度。优化分配结构的关键，是改变分配制度中有关收益分配权的配置，明晰各类收益分配权的"权重"和归属，这样才能更好地保护相关主体的分配权利，维护分配秩序，实现分配正义。

分配制度通常被规定于多种不同类型的法律之中，各类法律对于优化分配结构的功用各不相同。其中，宪法、民商法等传统法对于解决初次分配的功用更为突出，而经济法、社会法等现代法对于解决再分配领域问题的作用更为巨大。与其他法律的调整相比，经济法的调整有其特殊性：它不仅有助

[①] 这种分配不公体现了分配的不合理，为此，厉以宁认为，分配不公往往很难说清楚，用"收入分配合理"一词作为"收入分配公平"的替代语也许更为恰当。参见厉以宁：《收入分配的合理性与协调》，载《社会科学战线》1994年第6期，第9—17页。

于解决再分配领域的诸多分配问题，而且对于参与初次分配的各类要素，也能够产生一定的影响，从而也有助于初次分配的相关问题的解决。鉴于在分配结构的优化方面，经济法的适用领域更为广阔，作用也更为突出，因此，对于优化分配结构的经济法理论和制度都需要认真研究。

在理论方面，经济法本身就是典型的"分配法"，其自身就蕴含着"分配理论"。经济法学的"分配理论"具体包括关联理论、功用理论、目标理论、适度理论、系统理论、范畴理论等。这些理论既能为分配结构优化提供理论指导，又能为经济法具体制度的调整和完善提供理论支撑。

在制度方面，针对我国当前突出存在的分配结构失衡、分配差距过大和分配不公等重大现实问题，需要调整经济法的内部结构，改变其不合理的权利配置和分权模式；同时，还应结合经济法学的分配理论，不断在具体制度设计上加以完善。

结合上述探讨，在此需要重申：国家必须针对现实的分配问题，不断优化分配结构；分配结构是导致分配问题的重要原因，同时也是一国法制结构和法治状态的重要体现，反映国家的合法化能力和水平。因此，在经济系统、社会系统以及政治系统中，分配结构始终事关全局，不可小视。

此外，分配结构作为一种权利结构，其核心问题是收益分配权的配置。因此，不仅要研究分配的经济结构，还要研究分配的法律结构，并通过分配结构的优化和法律自身权义结构的调整来不断解决分配问题。这对于分配结构的经济法优化，以及经济法制度的完善都非常重要。

分配问题作为经济社会发展中的重大问题，是经济法学的重要研究对象。通过调整分配结构，以及相关的消费结构、投资结构、产业结构、区域结构等，来促进经济与社会的均衡、协调、持续、良性发展，是经济法的重要调整目标，也是经济法学研究的重要任务。经济法学的"分配理论"的提炼，有助于丰富和推进整体的经济法理论的发展。

在经济法学的"分配理论"中，本章所提及的诸多分配范畴，如分配职能、分配主体、分配行为、分配权力、分配权利、分配能力、分配失衡、分配公平、分配效率、分配秩序、分配正义、分配绩效、分配结构、分配法治等，与哲学、政治学、经济学、社会学等多个学科都有密切关联，需要深入研究。如果上述分配范畴体系得以建立和完善，则整体的经济法理论研究又会得到很大提升。

总之,分配问题是典型的"复杂性问题",分配系统是典型的"复杂性系统",由此使分配结构的优化也极为复杂。在分配结构的优化过程中,经济法的规制虽然非常重要,但仍有其局限。要有效地优化分配结构,更好地解决分配问题,必须系统地考虑各类法律制度与政策措施的协调性,全面提升分配结构调整的科学性和法治化水平,从而形成良好的分配秩序,促进经济与社会的良性运行和协调发展。

第四章

基于分配导向的经济法治

如前所述，基于财政与民生两个方面的分配压力，基于防范财政风险和财政危机，缓解分配差异带来的分配风险的需要，国家通过政策与法律的手段，来对分配结构进行"双重调整"，许多促进型规范亦在此过程中应运而生。而在上述对分配的关系和结构进行"协整"，对分配结构进行法律优化的过程中，经济法治也得到了发展。

事实上，在经济法治的发展过程中，解决分配问题始终是一条重要的主线，从而形成了重要的"以分配为导向的经济法治"，使解决分配问题的目标贯穿于经济法治建设的始终。因此，如果能够理解经济法治建设中贯穿的分配导向，就能够经由分配的路径或维度，从一个重要的侧面，审视经济法治发展的脉络和问题，并为推进经济法治的发展和更好地解决分配问题提供理论或对策上的支持。

有鉴于此，在前几章讨论的基础上，本章将承上启下：基于分配导向的视角，着重从分配路径来揭示经济法治的发展历程，通过探讨经济法的制度变迁，来解释经济法为什么会产生和发展，为什么它会以分配问题的解决为重要目标，并具有分配规制的功能，在此基础上，还将基于分配领域存在的突出问题，进一步揭示经济法治未来的发展方向。

一、分配导向与"两类分配"

（一）为什么要重视分配路径

现代经济法自其肇始，迄今不过百年。与法学的其他分支学科相比，中国经济法学之历史尤其短暂。[①] 大抵每过十年，学界都要回顾前瞻，以促进学术积累，增进理论共识，推进制度发展。[②] 通过学界历次总结，许多困惑都已柳暗花明，但影响认识深化的一些重要路径仍需进一步打通。为此，有必要关注贯通中国经济法治发展的路径或称"经脉"。

所谓"经脉"，在医学上原指纵贯全身，沟通上下内外的主干通路。经济法（学）作为一个系统，同样要有自己的经脉。[③] 贯穿于经济法与经济法学发展的"经脉"是一脉相承的，是相通甚至同一的。找准经济法的"经脉"，有助于更好地提纲挈领，在整体上认识经济法和经济法学；把握经济法的"经脉"，有助于发现经济法制度建设或法学研究需要解决的深层问题，从而有助于对症下药，促进经济法的健康发展。为此，探寻那些"深而不见"的贯通中国经济法学的"经脉"，确实非常必要。

贯通经济法的重要"经脉"究竟有哪些？人们对此定会存有异见。从应然的角度说，经济法的"经脉"，应当贯穿经济法的各个方面。例如，在时间上，应当贯穿其各个发展时期；在内容上，应当是经济法必不可少的内容。因此，对于经济法制度抑或经济法理论，可以从"经脉"的视角解析其发展

[①] 对于中国经济法学的肇端，学界曾有不同认识，有的学者认为在 20 世纪 30 年代对于国外经济法理论的译介和评析，应当作为中国经济法学产生的标志。但从总体上说，目前许多学者还是倾向于以 1978 年作为中国经济法学真正产生的起点。

[②] 在中国经济法学发展的每个十年，学界都有不少回顾文章，如 20 世纪 80 年代末有马洪的《十年来经济法学基本理论问题争鸣述评》，载《财经研究》1989 年第 12 期，第 55 页；谢次昌的《经济法学的十年及当前亟待解决的一些问题》，载《中国法学》1989 年第 3 期，第 36 页，等等。20 世纪 90 年代末有多位学者参加的中青年学者笔谈会《经济法的若干理论问题探讨》，载《中外法学》1998 年第 3 期，第 90 页，以及《面向 21 世纪的中国经济法学——中青年学者笔谈会》，载《法商研究》1998 年第 6 期，第 3 页，等等。进入 21 世纪后有李昌麒：《直面中国经济法学三十年的贡献、不足与未来》，载《法学家》2009 年第 5 期，第 25 页，等等。

[③] 《黄帝内经》载："经脉者，人之所以生，病之所以成，人之所以治，病之所以起。"贯穿于整个经济法的"经脉"也是一样，作为经济法发展的主要路径，就像人体的经络一样，一旦出现问题，就会带来整个系统的病态或故障，因而必须保持其健康通畅。

的主线,并由此把握经济法研究所需关注的主要内容。

纵观经济法的发展历程,至少有三条路径值得关注:第一条路径,即分配关系的调整,或称分配的路径,它直接关涉利益的归属,与经济法调整目标攸关,由此可以发现改革的最初动因、制度安排的侧重,以及经济法制度变迁的动力。第二条路径,就是与上述利益分配相关的政策,透过这些政策的变迁,可以发现从政治性政策向经济性政策转变的历程,解释经济政策对于改革开放、经济法制度建设和法学研究的重要价值。第三条路径,就是将上述经济政策法律化的路径,或称法制的路径。经由上述路径不难发现:随着改革的发展、分配关系的调整、经济政策的变化,法律和法制也在随之发生相应的变化,经济法正是在此过程中应运而生并不断发展壮大。

上述三条路径,即分配—政策—法制的路径,是暗明相继、关联贯通、由里及表的,实际上也是经济法的三条至为重要的"经脉"。这三条"经脉",贯穿于经济法和经济法学的产生发展过程,同时,也是经济法制度建设和法学研究不可或缺的重要内容。把握上述三条"经脉"的脉动,就能更好地把握经济法制度和法学研究的问题与出路。

上述相互贯通的三条路径,每条路径都涉及多方面的问题。为了使问题的讨论相对集中,下面拟着重基于分配导向的视角,依循分配的路径,回顾与改革开放同步发端、发展的中国经济法的制度或经济规制变迁的历程,探究与分配相关的国家职能、经济政策和法制建设等方面的问题,揭示其中的内在关联,强调分配路径作为贯通经济法和经济法学的重要"经脉",对于推进中国经济法治未来发展的重要价值。

(二)影响改革开放和经济法发展的"两类分配"

经济法通常被认为是典型的"分配法"。无论是历史上的先哲,还是学界的贤者,都非常重视分配问题。[①] 无论是国家的财政分配,抑或国民的收入分

---

① 摩莱里和德萨米早在18、19世纪,就分别在其著作《自然法典》、《公有法典》中提出了"分配法或经济法"的问题。此外,德国第一次世界大战时期的"战时统制法"和美国20世纪30年代的"危机对策法",其实都与分配直接相关。我国的经济法学者也较为重视分配问题,在实行市场经济初期,也有学者认为分配非常重要,并把关于分配方面的法律规范作为与宏观调控法等相并列的独立部分。参见李昌麒:《经济法——国家干预解决的基本法律形式》,四川人民出版社1995年版,第403—405页。

配；无论是国家机关之间的财政权力分割，抑或市场主体之间的财产权利配置，等等，都是经济法的制度建设和法学研究所关注的重要问题。因此，分配的视角对于经济法研究非常重要。

事实上，经济法领域所涉及的分配问题纷繁多样，经济法的各个部门法都直接涉及分配的问题：如财税法涉及财税收入和支出的分配问题，金融法涉及货币供应量的分配问题，竞争法领域涉及竞争权益的分配问题，等等，都牵涉在相关主体之间如何分配权力、权利及利益的问题。从中国经济法的发展历程来看，国民个体（包括个人和企业）的利益分配与国家的财政分配，是非常重要的两类分配，调整两类分配关系的现实需要，作为重要的动因，不仅推动了国家的改革开放，也带动了经济法的产生和发展。

1. 基本动因：个体利益分配的调整需要

当代中国经济法产生于改革开放初期。在传统的计划经济体制下，不可能有旨在解决"两个失灵"的经济法；只有改革开放，才能逐步奠定经济法调整的微观基础和宏观框架。因此，中国经济法的产生和发展，同改革开放是紧密相连的，它是改革开放带来的最重要的法制建设成果。

从历史上看，个人和企业的利益分配方面的要求，是推动改革开放的基本动因。一般认为，改革的前提是生产关系不能适应生产力的发展要求，而在生产关系中，分配关系是非常重要的。历史上诸多的"治乱循环"，无不与分配关系的调整休戚相关。在1978年中国进行波澜壮阔的改革开放之前，无论是农村还是城市，都存在着解决个体利益分配问题的内在诉求。正是在这种诉求的推动之下，在一些民不聊生的农村地区（如著名的安徽凤阳小岗村），率先实行了家庭联产承包责任制。通过包产到户、包干到户之类的改革，分配关系得到了全新的调整，使农民的生产积极性得到了极大提高，农村改革也由此获得了初期的成功，并进一步增强了决策者进行城市改革的信心。而自1984年开始的城市改革，其核心是企业改革，直接涉及国家、企业和个人三者利益的分配。在整个企业改革的历程中，无论是强调"放权让利"，还是强调"两权分离"、建立现代企业制度[①]；无论是强调产权改革、

[①] 放权让利、两权分离、建立现代企业制度，通常被认为是我国国有企业改革的几个重要阶段。而这几个阶段，其实都与分配制度的改革，特别是国家与企业之间的分配关系的调整直接相关。

价格改革,还是其他方面的改革,其实最终都与利益分配直接相关,因为改革就是对既有利益分配格局的重新调整,就是要形成新的利益分配关系。

个体利益分配调整的需要,是改革开放以及经济法产生的最初的基本动因,直接推动了中国经济法的产生、变革和发展。个体利益的重新分配和调整,不仅需要有传统的规则、制度,还需要创设新的规则、新的规范,以解决传统规则不能解决或解决不好的分配问题。正是基于个体利益调整对规则的现实需要,经济法才得以应运而生。此外,个体利益分配的调整需要,体现的是个体的营利性,但经济法不仅要考虑个体营利性,还要考虑社会公益性,并在两者之间作出协调和均衡。而对社会公益的保障,则与国家的财政分配直接相关。

2. 直接动因:国家财政分配的需要

上述个体利益分配调整的需要,是推动改革开放的基本动因,也是相关经济法律产生的重要动力。与之密切相关的国家财政分配的需要,则是推动改革开放的直接动因,它推动了"建构型"经济立法的发展。

根据熊彼特等著名经济学家的研究,以及由此被概括出的"熊彼特—希克斯—诺斯定理"可知①,财政压力是改革的直接动因。这一定理对我国也是适用的。其实,在改革开放之前,我国的国民经济"已濒于崩溃的边缘"②,由此而产生的财政压力可想而知。由于企业活力不足,经济效益欠佳,企业利润的持续上缴困难日增,从而使主要依赖企业上缴利润的国家财政体系岌岌可危,迫使国家必须进行改革。在今天看来,尽快解决财政危机问题,正是当时国家在城市进行企业改革的直接而重要的动力。从发展的角度,解决企业与国家的分配关系,有效界定两者在初次分配中的定位,恰恰是当时国家要着重考虑的问题。有鉴于此,在调整国家、企业、个人三者利益分配关系的改革进程中,国家与企业分配关系的调整被摆在了突出重要的位置。其重要意义不仅体现在财政或经济方面,也体现在法律方面。从经济法的角度说,只有解决基础性的分配关系,使企业有独立的利益,才能使企

---

① 何帆:《为市场经济立宪——当代中国的财政问题》,今日中国出版社1998年版,第34—39页。

② 对于这一判断,公认为较早提出者是华国锋。可参见华国锋:《团结起来,为建设社会主义现代化强国而奋斗——在五届全国人大一次会议上的政府工作报告》(1978年2月26日)。

业真正独立并逐渐成为真正的法人，才能奠定市场经济的主体基础，在此基础上，才能真正运用经济法进行宏观调控和市场规制。否则，商品经济和经济法的发展都是不可想象的。

国家的财政分配与国家的经济、社会职能等公共职能紧密相关，其核心是提供公共物品。因此，国家的财政分配与上述的个体利益分配有所不同，它体现的是社会公益性。由于国家的财政分配源于企业和个人等主体的个体收益，因而个体利益与国家利益、社会公益有时也会存在冲突，从而形成个体营利性与社会公益性的矛盾，并可能进一步演变成效率与公平的矛盾[1]，这就需要有相关的法律规范予以解决。而在传统的法律体系中，各个部门法的职能定位都已比较清晰，且扩展适用往往不便，因而需要有新兴的部门法来担当此任，而这一新兴部门法就是经济法。

总之，个体利益分配和国家财政分配，作为基本动因和直接动因，会进一步推进改革开放和经济法向纵深发展。在经济法领域，关注个体利益分配与国家财政分配的关系，解决好个体营利性和社会公益性这一基本矛盾，兼顾效率与公平，作为经济法调整的重要目标和职能，必然要贯穿于经济法的相关制度之中，成为经济法发展的重要路径。上述分配关系的调整，属于"复杂性问题"，且随着经济和社会的发展，随着改革开放的深入，会变得更加复杂，其有效解决需要经济法制度的不断完善，也需要经济法学研究的不断深化。

二、分配重心转变与"U形曲线"

（一）分配重心："从重产品分配向重权利分配"的转变

上述对个体利益分配以及国家财政分配的探讨，着重从经济的角度说明改革开放的动力和原因。在私人欲望与公共欲望、私人物品和公共物品、私人利益和公共利益等二元结构普遍存在的情况下，上述的两类分配，会不断

---

[1] 这些矛盾都是经济法领域的基本矛盾，财税法等经济法的各个部门法都需要不断协调和解决这些矛盾。

地推动国家的改革和开放，推动体现和保障改革开放成果的经济法制度的发展。此外，在上述两类分配的发展过程中，还发生了各类主体"从重产品分配向重权利分配"的转变，这与经济结构、经济体制、法律制度的变化都直接相关。

在计划经济时期，产品是短缺的（科尔奈称之为"短缺经济"[①]），因而会有统购统销，凭票供应等制度安排。国家除了设立国家计委、财政部等部委外，还要设物资部、商业部之类的职能部门，以解决物资产品分配方面的问题。那时，人们最重视的是物资或产品的分配。而在商品经济时期，由于物资或产品变成了可流通的商品，无需再按国家计划去分配或配给，政府也不能任意平调，而是必须尊重不同主体的独立利益以及作为其法律表现的相关权利。从微观层面看，在商品经济条件下，物权、债权开始变得重要，与之相关的其他权利形态也日益丰富。无论是交易主体的各类权利，还是管理主体的各类权利，都成了稀缺的资源。如何界定、保护产权，如何保障各类主体的各类权利的有效行使，逐渐成为人们关注的重要问题。事实上，权利的界定过程，也是权利和利益的分配过程，因而实际上仍是一个分配问题。

整个社会之所以更重视权利分配，是因为在商品经济或市场经济条件下，交易是更大量、更复杂的，如何确保交易安全和交易效率，降低交易成本和交易风险，对于个体和整体都很重要。根据科斯定理，在存在交易成本的情况下，初始的权利分配意义重大。因此，诸如民商法、经济法等事关初始权利配置的法律，会对各类权利的分配产生重要影响，直接关涉微观交易成本的大小，以及整体社会成本的多少。可见，重视经济法等相关法律对于权利的分配，不断完善相关的经济法律制度，在微观和宏观两个层面都很重要。

上述的权利分配，其实是广义的。在具体的法律制度实践中，它通常既包括权力的分割，也包括权利的配置。改革开放以及经济法的发展历程，实际上是权力与权利此消彼长的过程——国家的多种经济权力被下放或分解，市场主体的权利随之相应增加，国家从集中管理逐渐转向分层放权，并力图

[①] 匈牙利科学院通讯院士、著名经济学家科尔奈（János Kornai）在其著作（参见〔匈〕科尔奈：《短缺经济学》，张晓光、李振宁、黄卫平译，经济科学出版社1986年版；《增长、短缺和效率：社会主义经济的一个宏观动态模型》，崔之元、钱铭今译，四川人民出版社1986年版）。中对短缺问题有深入的研究。

发挥市场主体作为自由的经济主体的主观能动性。在上述过程中，经济法其实起到了积极的促进作用。因为国家大量权力的下放和调整，特别是宏观调控权和市场规制权等经济权力的分配，主要是以经济法的形式确立下来的；而民商法不仅在当时欠发达，而且它自身也无法直接解决权力下放的问题，无法规定"体制法"的问题。从总体上说，重视经济权力和权利分配的过程，也就是经济法的体制法和具体的调制法的产生和发展过程。

可见，从计划经济发展到商品经济乃至市场经济，既是我国改革开放的过程，也是人们从"重产品分配到重权利分配"的过程，同时还是经济法产生、发展的过程，从分配的视角有助于更好地分析经济法的发展历程。

（二）实证分析：分配上的"U形曲线"及其启示

1."U形曲线"的提出

无论是上述作为推进改革开放重要动因的个体利益分配和国家财政分配，还是从重视产品分配到重视权利分配的过程，都有助于从分配的视角定性地研究改革开放的基本路径，同时，也有助于揭示经济法产生和发展过程中的内在矛盾和基本问题。此外，由于分配直接关系到收入或财富数量，而收入或财富的流量、增量等直接体现着收入或财富分配的方向，以及与此相关的权力和权利的调整，因而若选取上述某种分配类型展开实证分析，则有助于从"量"的角度揭示改革开放与经济法的发展轨迹，并进一步揭示国家职能和权力分配的变化。考虑到国家财政分配的视角对于说明相关问题更具有直接性，因而下面拟以财政收入为例，提出分配上的"U形曲线"[①]，并力图通过财政收入的U形变化轨迹，揭示从计划经济体制向市场经济体制改革的路径，说明在这一过程中国家经济职能及相关法制的变迁，以及经济法的发展问题。

国家的财政收入和财政支出，直接地体现着国家参与国民收入分配的情况，分析财政收支有助于说明国家的财权与事权的配置、国家公共物品的提

---

① 美国著名经济学家、统计学家库兹涅茨（Simon Smith Kuznets）在1955年发表的《经济发展与收入不平等》的论文中，提出了收入差距的"倒U假说"，即在发展中国家向发达国家过渡的长期过程中，居民收入分配的差距呈现"先恶化，后改善"的趋势，从而体现为"倒U曲线"。诺贝尔奖获得者刘易斯教授在其二元经济结构的研究过程中也得出了类似的结论。库兹涅茨认为，在收入分配差距的改善方面，法律、政治决策、技术进步等都有重要作用。这对于研究财政收入的U形曲线也很有启示。

供，以及国家具体职能的紧缩或扩展的情况。考虑到国家的财政收入数据相对准确，且能够直接揭示国家与国民之间的取予关系，因而可以通过财政收入的视角，来考察国家职能的变化。为此，现列出1978年至2013年的财政收入及相关GDP数据，具体可参见下表：

1978—2013年中国GDP与财政收入情况表　　　　（单位：亿元）

年份	GDP	财政收入	年份	GDP	财政收入
1978	3645	1132	1996	71177	7408
1979	4063	1146	1997	78973	8651
1980	4546	1159	1998	84402	9876
1981	4892	1175	1999	89677	11444
1982	5323	1212	2000	99214	13395
1983	5963	1367	2001	109655	16386
1984	7208	1643	2002	120333	18904
1985	9016	2005	2003	135823	21715
1986	10275	2122	2004	159878	26396
1987	12059	2199	2005	184937	31649
1988	15043	2357	2006	216314	38760
1989	16992	2665	2007	265810	51321
1990	18668	2937	2008	314045	61330
1991	21782	3149	2009	340903	68518
1992	26924	3483	2010	401513	83102
1993	35334	4349	2011	473104	103874
1994	48198	5218	2012	519470	117254
1995	60794	6242	2013	568845	129143

（资料来源：国家统计局国家数据，已四舍五入。）

对于上述数据，可从绝对数和相对数两个方面来分析。从绝对数来看，1978—1984年，每年的财政收入一直是1000多亿元；1985—1990年，每年的财政收入一直是2000多亿元，其间增幅一直不大。从1992年确立市场经济体制以后，财政收入才开始以每年递增1000亿元左右的速度增长。自2000年起，每年递增达2000亿元以上，且呈加速上升态势。此外，近些年来，许多学者都比较重视研究财政收入与GDP的比重这一相对数。从相对数来看，从20世纪70年代末到90年代初，财政收入的绝对数增长缓慢，增幅不大，但同期的GDP却逐年大幅递增，呈加速上升态势，从而使财政收入与GDP的比值呈逐年相对下降的趋势，到 1995 年左右降到最低。① 1995 年财政收入占 GDP 的比重为 10.3%，1996 年为 10.4%，此后，财政收入的相对数则一路走高，从而在财政收入的轨迹上形成了"先逐年降低再逐年升高"的曲线，因其形态类似 U 形（图像的开口向上，且开口较大，这与财政收入对 GDP 的占比较低，且选取年限较长有关），故称之为"U 形曲线"（见下图）。

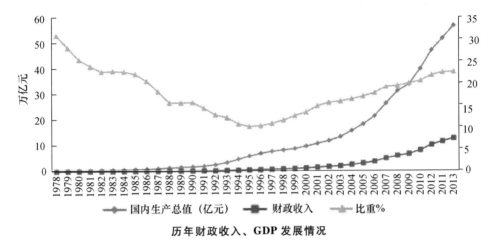

历年财政收入、GDP 发展情况

2. "U 形曲线"的启示

透过上述的"U 形曲线"，有助于分析改革开放以及经济法发展历程中的许多重要问题。例如，透过"U 形曲线"，可以大略揭示国家经济职能的变化，以及与此相关的经济法的功能和调整目标的变化；同时，还有助于揭示权利与权力分配上的制度变迁，并可以对"瓦格纳定律"作出拓展，等等，从而不难发现利益分配这一路径对于研究改革开放以及经济法产生发展等问题的重要性。下面就结合上述问题，简要探讨如下：

（1）"U 形曲线"与国家经济职能、权利分配及经济法职能之间的关联。

由于财政收入与财政支出直接相关，而财政支出又与国家的公共职能，

---

① 根据《中国财政年鉴》的统计，1993 年财政收入占 GDP 的比重是 12.9%，是 1978 年改革开放以来的最低点。1993 年是刚刚确立实行市场经济体制的翌年，也是《宪法修正案》规定"国家实行社会主义市场经济体制。国家加强经济立法，完善宏观调控"的一年。财政收入比重的偏低以及由此给国家能力造成的负面影响，使国家下定决心在 1994 年进行大规模的税制改革。

尤其与国家经济职能、社会职能的行使直接相关，因此，应当关注财政收入与国家经济职能之间的如下互动关系：一方面，财政收入的变化，会影响国家职能的履行，当财政收入高时，国家有条件可以更好地履行其经济职能；当财政收入较低时，国家职能的履行就会受到制约；另一方面，国家为了更好地实现其相关职能，甚至扩大相关职能，必然会有增加财政收入的冲动，并努力通过制度安排来扩大财政收入。财政收入与国家职能的上述互动关系，是在经济法研究方面尤其应当注意的。

通过分析"U形曲线"，不难发现，在1978年，国家财政收入占GDP的比重[①]，可以达到31.1%，足见在无所不包的计划经济时期，政府的经济职能还是很强的。但就当时情况看，这种较高占比的基础却很脆弱，因为财政收入主要建立在国营企业大量上交利润的基础上，这种分配制度使企业没有发展后劲，个人收入低，企业和个人都日益贫困，从而在总体上会影响个体积极性，缺少持久的效率，导致潜伏的问题日益增多。正是基于上述分配制度及整个经济体制的不足，我国才开始改弦易辙，实行有计划的商品经济，并进而逐步实行市场经济。

如上所述，中国从计划经济向市场经济转变的过程，从财政收入分配的角度看，其轨迹是一个"U形曲线"，即政府所获取的财政收入占整个GDP的比重，从最初的较高，逐渐在"放权让利"的改革过程中日渐降低，直至中国确立实行市场经济体制之初降到谷底。随着对市场经济和国家经济职能认识的深化，人们逐渐感悟到：市场经济同样要有政府的调控和规制，而且此类职能还要进一步强化，同时，相关的社会职能也需要加强。政府职能转变的过程，职能法定化的过程，在法律上就是权力和权利的此消彼长、从量变到质变的过程：一方面，国家对于经济的控制权力逐渐在范围上、数量上缩小，另一方面，企业和个人的权利逐渐扩大，所获利益逐渐增加。改革开放初期的所谓"放权让利"的过程，也是个体权利增加、权利意识觉醒的过程。这一过程不仅影响宪法、行政法、民商法的发展，也直接影响经济法的产生和发展。

[①] 对于财政收入占GDP的比重，经济学界的许多学者都高度重视。许多人认为发展中国家的这个比值应当占到25%以上，发达国家的这个比值应当占到35%以上。我国学者对数据的统计口径等还有不同看法。

从经济法发展的历程来看，最初的经济法的功能和目标，与当时国家的职能和目标相关联。在国家经济职能不确定的情况下，经济法的职能和调整目标也难以确定。在大变革的时代，国家经济职能的不断变化，会直接影响相关制度构建，从而使经济法具体制度的目标定位会随之发生变化。这也是在确立实行市场经济体制以前，学界对经济法的职能和调整目标始终难以达成共识的重要原因。随着市场经济体制的逐步确立，国家经济职能的日渐明晰，特别是随着经济调节和市场监管方面的职能的确定①，经济法的宏观调控和市场规制的职能，以及相关的调整目标，也日益受到重视。这不仅有助于经济法立法上的统一，也有助于经济法理论共识的提高。

（2）对"U形曲线"的拓展探讨。

首先，上述的"U形曲线"，既是瓦格纳定律的间接体现，也是对该定律的拓展。根据瓦格纳定律，随着政府职能的扩大，财政支出也呈现不断扩大的趋势。②反之，财政收入的多少，财政收入的分配状况，也会影响政府职能的实现。从历史上看，随着"放权让利"式的改革的深入，随着计划经济向商品经济转轨，国家的财政收入占 GDP 的比重也在下降，政府直接管理经济的职能相应地逐渐缩小。在这个意义上，可以对瓦格纳定律作出拓展：财政收入的相对减少，或者说财政收入占 GDP 比重的下降，会使政府职能产生实质上的"萎缩效应"；同时，政府职能的减少，会进一步减少财政收入或财政支出的规模。当然，上述拓展，还只是一个理论假设，还需要有更大时空范围的多个国家的多个历史时期的事实来验证。

其次，上述的"U形曲线"，可能同样适用于更大时空范围的多种情况：其一，它可以适用于其他转轨国家。转轨国家在向市场经济转轨的过程中，其政府职能是先缩小再扩展，经济立法也从相对不足到较为丰富，因而其转

---

① 我国曾将政府职能概括为经济调节、市场监管、社会管理和公共服务四个方面。其中，经济调节与市场监管职能，与经济法上的宏观调控、市场规制大体对应。

② 马斯格雷夫认为，瓦格纳（Wagner）在 1893 年提出的预言被证明是正确的，公共部门的增长已经成为西方世界在 20 世纪决定性的特征。参见〔美〕布坎南、马斯格雷夫：《公共政策与公共选择：两种截然不同的国家观》，类承曜译，中国财政经济出版社 2000 年版，第 48 页。

轨历程可能同样体现为上述的"U形曲线";其二,从"大历史"的角度看①,在从自由竞争时期转向垄断时期,从国家的不干预到干预,再到适度干预的时期,其历史发展轨迹同样可能显现为上述的"U形曲线";其三,随着人类历史的发展,国家的职能可能会发生变革,相应的经济立法的数量,对经济影响的深度等,也都会随之发生变化,体现出一定的周期性,导致经济法的周期变易②,从而可能体现为连续的"U形曲线";其四,由于经济发展的周期,会带来经济法调整的周期(如宏观调控法的调整周期与反周期的要求是一致的),这些周期变化的曲线都可能是一种"U形曲线",由于经济周期的U形变化,会带来经济法调整的U形变化,因而截取一段"U形曲线",就可以透视其中的许多问题,从而有助于提高对经济和法律发展的预见性,防止巨幅波动,减缓相关周期,以减轻经济和社会的震荡,更好地实现稳定发展的目标。

最后,上述的"U形曲线",同样有助于揭示经济法的制度建设和法学研究的轨迹。如前所述,财政分配会影响政府职能,政府职能也会影响财政分配;与此同时,在法制框架之下,政府职能还会影响到经济法中的体制法,并进而影响到具体的调控法和规制法。因此,政府职能的转变,不仅对宪法、行政法等会有影响,对于经济法尤其会有较大的影响。经济法的制度建设,同财政分配、政府职能转变等,基本上是同向的,轨迹也是一致的。同样,经济法学研究的轨迹,也与上述几个方面的运行轨迹是一致的。这可能是我国经济法和经济法学发展的一个重要规律。

三、分配政策变迁与经济法发展

(一) 经济政策的螺旋式回归:"收—放—收"

上述的分配关系直接涉及相关主体的切身利益,因而在改革开放初期,

---

① 黄仁宇式的"大历史"的研究方法,强调对不同时期的历史问题的归纳和综合,这对于时空跨度较大的问题进行整体化的研究可能是更合适的。参见黄仁宇:《中国大历史》,生活·读书·新知三联书店1997年版,中文版自序。

② 参见张守文:《宏观调控法的周期变易》,载《中外法学》2002年第5期,第695—705页。

分配关系的调整是制定经济政策需要关注的重要内容，许多经济政策的核心内容就是分配政策。此外，随着改革开放的深入，与分配直接相关的产权关系、价格关系等也逐渐成为经济政策的重要内容，随之分别出现了强调以产权改革为中心或以价格改革为中心等不同的改革思路。由于改革是"摸着石头过河"，是渐进式的，许多方面难以法律的形式直接加以规定，而人们的行为又需要有一定的依循，于是，各类经济政策或分配政策的作用就日益凸显出来了。

改革初期的经济政策或分配政策，还不是很成熟，会经常显露出计划经济的痕迹，实际上是国家对相关领域的改革进行指导和管理的重要手段和依据。最初，许多重要的经济政策都是以中共中央或国务院文件的形式下发的。如中共中央有关农村改革的连续多年的"一号文件"，以及1984年的《关于经济体制改革的决定》等[①]，其中大量涉及分配政策。这一时期的经济政策，存在着突出的政党政策与公共政策、政治政策与经济政策紧密融合的特点，而且直接管理的功能更为突出。随着改革开放的不断深入，特别是治国能力和执政能力的不断提高，国家开始重视推行法制，强调依法改革，依法保障改革；同时，经济政策的运用也日臻成熟，逐渐将其作为一类重要的公共政策，对经济活动进行间接调节，从而使经济政策的应用范围和实施功效举世瞩目。

虽然经济政策在各国都是调节经济的重要手段，但在不同的历史时期、不同的经济体制之下，其作用却大相径庭。在计划经济或统制经济时期，国家实行经济集控和市场管制，与市场经济相适应的经济政策不可能发挥作用；反之，在商品经济或市场经济时期，国家实行的是宏观调控和市场规制，因而与市场经济相适应的经济政策就能够发挥很大的作用。上述两类不同的时期，在我国改革开放的历程中都经历过，考察两类时期的特点，有助于更好地把握经济法的发展历程。

---

① 中共中央在1982年至1986年连续五年发布以农业、农村和农民为主题的中央"一号文件"，对农村改革和农业发展作出具体部署。同样基于"三农"问题的重要性，2004年至2008年，中央又连续下发了五个"一号文件"。此外，1984年10月，党的十二届三中全会通过了《关于经济体制改革的决定》，比较系统地提出和阐明了经济体制改革中的一系列重大理论和实践问题，突破了把计划经济同商品经济对立起来的传统观念，确认我国社会主义经济是公有制基础上的有计划的商品经济。

事实上，在计划经济或计划性较强的时期，国家在许多方面都要"统一管制"（即统制①），个体的经营自由等多种自由都可能会受到限制，一些经济活动会被禁止，分配政策也会受到很多限制。因此，统制时期也是"限禁"时期，与经济有关的政策主要服务于统制和限禁。随着人们对统制和限禁弊端的认识逐渐深刻，国家开始在经济政策或具体的分配政策上开始"放开"。所谓"放"，包括思想的解放、权力的下放、束缚的释放，因而也被形象地称为"松绑"，其实就是改革；所谓"开"，就是开放，包括打开国门、打开市场、打开壁垒，以确保交易自由。通过这样的"放开"，有助于解放思想，改变那些不合理地限制经济自由的制度，其中包括分配领域的"放开"。当然，"放开"也要循序渐进，适时适度，否则同样会产生诸多负面影响。事实上，在经历了更为深广的"放开"之后，日益凸显的市场失灵问题使人们更加深刻地认识到政府适度规制的必要性，于是便由"放开"时期进入到政府适度规制时期。可见，我国的经济政策或分配政策，其实经历了最初的限禁—放开—适度规制三个不同的时期。

上述三个时期的经济政策或分配政策，从国家的角度看，体现了从最初的集中到放开，再到适度集中的过程，因而也可以简称为"收—放—收"。但后一个体现适度集中的"收"，同前一个体现高度集中的"收"，并非处于同一层面，因而是一种螺旋式回归。这种"回归"同前面财政分配的"U形曲线"是一致的。由此也说明国家的财政分配，与国家的经济政策、经济职能、经济法制等，存在着一种正相关的关系。

在"收—放—收"的过程中，从原来的"限禁"时期到"放开"时期，是从"收"到"放"的时期，在这一过程中，国家的计划指令、相关的统管因素日益减少。随着放开，国家集控和市场管制也日益放松，"简政放权"或"放权让利"是这一时期经济政策内容的主流。而恰恰是在这些政策的推行过程中，形成了民商法和经济法调整的微观基础。

---

① 这里的统制，与纯粹的统制经济或统制经济学的理解未必尽同。我国20世纪30年代受凯恩斯理论、日本学说以及战时状态等多种因素影响，曾经有许多学者（如马寅初等）研究统制经济的问题。近年来一些学者强调统制经济虽与计划经济很接近，都体现了国家对价格、贸易等诸多方面的统一管制，但与纯粹的计划经济还有些不同，它仍然以混合经济体制为前提。可参见钟祥财：《20世纪三四十年代中国的统制经济思潮》，载《史林》2008年第2期，第33页。

随着经济政策中计划因素的日渐式微，以及经济生活中商品化、市场化水平的提升，经济政策的主要形式也逐渐清晰，从最初较为综合的农村政策、企业政策，逐渐演变为与市场经济联系密切的财税政策、货币政策、产业政策、竞争政策、外贸政策等。政府已经逐渐学会较为自觉地运用经济政策进行宏观调控和市场规制。特别是在1992年确立实行市场经济体制的目标以后，有关经济政策的运用日臻成熟。例如，1993年我国就运用相关的货币政策和金融法律，在金融领域里进行了宏观调控，解决了当时经济过热的问题，提前化解了许多国家后来（1997年）发生的金融危机；而在1998年大洪水以后，又连续多年运用积极的财政政策，成功解决了内需不足、通货紧缩及其由此导致的经济偏冷问题。[①] 多年来，我国一直主要针对经济的冷热变化进行宏观调控，针对转轨时期的经济秩序，进行着较为顽强的规制。

上述各类较为成熟、稳定、重要的经济政策，往往会体现在相关经济法的立法上。从这个意义上说，"经济法是经济政策的法律化"，同时，"经济法对于经济政策的有效实施起着重要的保障作用"。经济政策的目标、工具，与经济法的调整目标、调整手段，存在着内在的关联。正因如此，经济政策与经济法联系十分紧密，并使经济法具有突出的政策性。[②] 依循经济政策的路径，同样能够较为全面地把握经济法和经济法学的整体。

（二）经济政策对经济法的具体影响——以财税分配为例

众所周知，我国经济体制改革是沿着"放权让利"的渐进式分权思路展开的。一方面，通过不断向企业分权，向私人经济让利，来逐步培育市场主体，使企业成为独立的市场主体；另一方面，通过不断转变政府职能和多次变革财政体制，调整不同级次政府之间的分配关系，来建立政府间较为规范、稳定的分税制的财政体制。上述两个方面，分别涉及前述的两类分配，即个体的利益分配和国家的财政分配。由于两类分配都涉及经济政策中的财税政

[①] 面对2008年发生的全球性的金融危机，我国同样推出了积极的财政政策，这是与十年前的成功经验直接相关的。

[②] 政策性被许多学者概括为经济法的重要特征，这一政策性其实同经济法的经济性、规制性的基本特征直接相关，它是经济法的现代性特征的直接体现。对此还有人从司法的角度进行了考察。可参见刘思萱：《经济法政策性特征的实证考察——基于31年最高人民法院工作报告的整理与分析》，载《南京大学学报》（哲学、人文科学、社会科学版）2011年第1期，第58—72页。

策,因此,下面着重以财税政策为例,来分析改革开放的路径以及经济法的发展路径。

如前所述,财政压力是改革开放的直接动因,而个体的利益分配则是改革开放的基础动因。20世纪70年代末,国家实际上面临着相互矛盾的两个问题,一方面,为了使企业和个人的生存和发展有资金支持,就需要减负、放权、让利;另一方面,国家为缓解财政压力,又必须解决好财政收入持久增长的问题。其实,就像"诺斯悖论"所揭示的那样:"国家既是经济增长的源泉,又是导致经济衰落的原因",如果对"诺斯悖论"作反向拓展,则可以说:个体利益分配既可能成为经济增长的源泉,也可能成为导致经济衰落的原因。① 因此,在有关分配的经济政策上,必须处理好上述两个方面的问题。

在改革开放之初,国家在经济上要考虑如何促进企业的发展,提高个人的经济待遇。在财税政策方面,由于当时经济基础条件不具备,财税手段尚未成为重要的调节工具。随着改革开放的深入,GDP逐年提高,且快于财政增长的速度(从前述的"U形曲线"可以得知),财政政策调整分配方面的作用日益显现。特别是实行市场经济体制以后,财税政策已成为国家进行收入分配和宏观调控的至为重要的工具。

值得注意的是,在"放权让利"的改革过程中,虽然国家也放掉一些财政收入权,但基于财政压力的考虑,国家对财权仍有很多保留,某些企业的负担甚至还相当重,背离了公平税负的要求。例如,我国在实行"利改税"以后,当时国营大中型企业的所得税税率高达55%,不仅如此,还可能被加征企业收入调节税,从而使国营企业的税负畸高。此外,集体企业实行八级超额累进税率,最高也可达55%。而没有历史"包袱"的外商投资企业的税负也最轻,名义税率仅为33%,有很多企业实际执行的税率仅为15%,甚至更低。由于国营企业对财政的贡献最大,企业越努力,税收负担也越沉重,

---

① "诺斯悖论"关注的是国家的财政分配,而这里的反向拓展则更关注个体的利益分配,其实也可以视为一个问题的两个方面。从历史上看,英国和荷兰在200年间的发展快于法国和西班牙,正是对个体利益分配的制度安排的差异造成的。参见〔美〕科斯、阿尔钦、诺斯等:《财产权利与制度变迁:产权学派与新制度学派译文集》,刘守英等译,上海三联书店、上海人民出版社1994年版,第331页。

因而上述财税政策也被称为"鞭打快牛"的政策,其"棘轮效应"非常突出①,并带来了长期困扰中国经济发展的国企问题等许多问题。另外,对外商投资企业的分配倾斜,虽然有利于吸引外资等开放政策的落实,但却带来了内外不公平,产生了分配歧视问题。上述内外有别的两套税制,"94 税改"亦未能解决,直至 2008 年元旦统一的《企业所得税法》实施,才使内外不公问题在形式上得到了较大缓解。②

对企业税收政策的大调整,集中体现为 20 世纪 80 年代初和 90 年代初的两次大的税制改革。1983 年到 1984 年实施的两步"利改税"(与之相关的还有"拨改贷"等③,也都涉及分配),使企业从最初的主要上缴利润转化为上缴税收,这对于培育市场主体具有重要作用。经由"84 税改"所制定的税收政策和税收制度存在的突出问题是:税法不统一、税负不公平、税制不简明。而正是上述问题的存在,以及市场经济条件下所要求的公平税负、公平竞争,才推动了 20 世纪 90 年代初更大规模的税制改革,并且使国家在税收政策方面要更多地考虑市场取向,以及税负公平。

从历史上看,我国财税政策的变迁,也体现为"收—放—收"的过程。最初,在企业形式较为单一的时期,国家对公有制企业的税收政策是相对集中管理的,这体现为"收"。随着企业形式的增多,特别是外商投资企业、私营企业的增多,国家开始对各种形式的企业制定不同的税收政策。与之相对应,国家对内资企业所得税的立法权则普遍下放给国务院,而且税率也不断调低,以实现"放权让利",这是"放"的过程。随着立法分散、税负不公

---

① 棘轮效应(ratchet effects)一词最初多用于对苏联式计划经济制度的研究。在计划体制下,企业的年度生产指标根据上年的实际生产不断调整,好的表现反而会带来不利的后果(因此,聪明的经理用隐瞒生产能力来对付计划当局)。这种标准随业绩上升的趋向被称为"棘轮效应"。棘轮效应是经济学家杜森贝(James S. Duesenberry)提出的,强调消费者易于随收入的提高增加消费,但不易于因收入降低而减少消费,即具有不可逆性。司马光所说的"由俭入奢易,由奢入俭难"即指此种效应。

② 实质上的不公平还会有很多,即使在我国《企业所得税法》中仍然对不同企业有许多不同的规定。参见张守文:《企业所得税法的统合及其局限》,载《税务研究》2008 年第 2 期,第 50—53 页。

③ "拨改贷"对企业的影响巨大。在计划经济时期,国有企业补充资本金由国家财政直接拨款解决,企业利润全部上缴财政。20 世纪 80 年代初,国家为了提高国有资金使用效率,将原来的财政直接拨款方式改为通过银行转贷给企业使用的方式。后来在国有企业改革过程中,国家陆续出台了一些将"拨改贷"资金直接转为国有企业资本金的政策。"拨改贷"既涉及国家与企业之间分配关系的调整,也涉及金融体制的改革。通过这些改革,国家不再承担无限责任,而是要由企业自己独立承担责任。

等问题的日益突出，国家在所得税政策以及其他财税政策方面又开始相对集中，以解决在"立法放任"或"粗放立法"时期所产生的诸多问题。据此，1994年税制改革的目标被确定为"统一税法、公平税负、简化税制、合理分权"，以期在此基础上，进一步实现保障收入和宏观调控的目标。正是为了实现上述目标，财权和税权又出现了相对集中的趋势。同时，基于财政法定原则的要求，国家对各类财税政策的规范化、法律化的要求也更高了。

如前所述，经济法是经济政策的法律化。上述涉及分配的各类财税政策，其法律化便构成了经济法的重要内容。因此，经济法制度的发展，与上述财税政策的变迁是内在一致的。透过与分配直接相关的财税政策的变迁，同样可窥经济法产生发展规律之堂奥。

四、贯穿分配主线的制度与理论

经济法的立法和法学理论发展，可以按照市场经济发展的路向，以1993年宪法修正案确立实行市场经济体制为界①，大致分成两大阶段：第一阶段，1978—1993年，是经济法理论随经济体制改革，随中国法制的初步发展而发展的时期。其间各类理论异彩纷呈，不断变化，是经济法和经济法学的初创易变时期。第二阶段，即1993年至今，是经济法和经济法学稳步发展的时期。这一时期，由于有了共通的经济基础，有关市场经济及相关法制建设的基本理论认识较为一致，因而法制建设的目标更为明晰和确定，经济法理论的共通性和共识度逐渐增强。这对于推进经济法的稳步发展，非常重要。

（一）贯穿分配主线的经济法制度建设

自1978年中共十一届三中全会提出"以经济建设为中心"的思想以来，国家面貌发生了巨变，法制建设，特别是经济法制建设的成就尤其突出。为

---

① 依据1993年3月29日八届全国人大一次会议通过的《中华人民共和国宪法修正案》，《宪法》第15条从原来的"国家在社会主义公有制基础上实行计划经济。国家通过经济计划的综合平衡和市场调节的辅助作用，保证国民经济按比例地协调发展"修改为："国家实行社会主义市场经济"、"国家加强经济立法，完善宏观调控"。这些修改对于推进经济法的法治建设和法学研究是非常重要的。

了更好地发展经济，改善民生，国家多年来一直着力调整与企业和个人之间的"取予关系"，力图解决好分配问题，这已成为经济法制建设的一条重要线索。

在经济法的立法方面，尽管立法层次和类型多种多样，但始终贯穿着分配的主线。从农村改革到城市改革，从企业利益调整到个人利益调整，从个体利益分配到财政利益分配，所涉及的经济法领域的法律法规非常之多，现仅举不同阶段的代表性法律、法规如下：在改革开放初期，国务院于1979年7月3日发布了《关于发展社队企业若干问题的规定（试行草案）》①，其中不仅涉及农村企业发展和工业化问题，也涉及重要分配关系的调整。此外，1980年7月1日，国务院发布了《关于推动经济联合的暂行规定》②（不久被1986年3月23日国务院发布的《关于进一步推动横向经济联合若干问题的规定》代替），不仅涉及经济法要调整的竞争关系，也涉及分配关系。由此可见，由于多方面的原因，最初的改革开放立法往往综合性更强，并且，调整分配关系始终是其重要内容。

在改革开放之初，个体利益分配与财政利益分配紧密相连，两类分配都是经济立法需有效解决的难题。为此，1980年《关于实行"划分收支、分级包干"财政管理体制的暂行规定》强调，国家对各省实行"划分收支、分级包干"的财政管理体制，"在巩固中央统一领导和统一计划，确保中央必不可少的开支的前提下，明确各级财政的权利和责任，做到权责结合，各行其职，各负其责，充分发挥中央和地方两个积极性"。同年9月10日，五届全国人大三次会议通过了《个人所得税法》，意在解决政府间财政利益分配的同时，更好地解决国家与个人（尤其是外籍个人）之间的分配问题。基于同样的考虑，1981年1月，国务院发布了《关于平衡财政收支、严格财政管理的决定》以及《国库券条例》，启用了多年未用的国债手段，用于平衡财政收支，解决国家的财政分配困难问题。此外，同年12月13日，五届全国人大四次

---

① 已被1996年10月29日全国人大常委会通过并公布的《乡镇企业法》、1990年6月3日国务院发布的《乡村集体所有制企业条例》代替。

② 该规定强调经济联合有助于把地方、企业的物力、财力吸引到国家建设急需的方面来；有助于按照经济规律沟通横向联系，打破地区封锁、部门分割；有助于按照专业化协作原则改组工业，避免以小挤大，重复建厂，盲目生产。在两个关于推动经济联合的《规定》中，都涉及财政和税收问题，与分配直接相关。

会议通过了《外国企业所得税法》，意在进一步解决国家与外国企业之间的利益分配关系，这对于缓解国家财政困难，推进对外开放，维护国家财政利益，公平各类企业的税收负担，都有积极的意义。

随着改革开放的深入，特别是城市改革的启动，国有企业与国家之间的利益分配关系被摆在了突出重要的位置。由于同上述的外国企业和个人相比，国有企业（时称国营企业）才是国家财政收入的最主要的提供者，国家要有效推进改革，就必须理顺国家与国有企业之间的分配关系，为此，国家在20世纪80年代初，开始实行具有重要经济意义和法律意义的"利改税"。从法制角度看，"利改税"把国家与国有企业之间的分配关系纳入了法律调整的轨道，在经济上使国有企业逐步走上了自主经营、自负盈亏的道路，在法律上则使国有企业逐渐成为真正独立的法人。按照国务院1984年9月18日批准颁布的《国营企业第二步利改税试行办法》，以及后来制定的一系列《税收暂行条例（草案）》，我国陆续开征了产品税、增值税、盐税、营业税、资源税、城市维护建设税、房产税、土地使用税、车船使用税、国营企业所得税和国营企业调节税等税种，从而使税法成为在国家和国民之间分配收入或分割财富的重要工具。

上述税法制度作为经济法制度的重要组成部分，对于推进20世纪80年代中后期的改革开放起到了重要作用。但在1992年我国确立实行市场经济体制以后，其诸多不足日益显现，对此前已述及。为此，我国实施了与分税制配套并行、影响深远的"94税改"，确立了我国实行市场经济体制后的基本税法制度。改革开放以来，虽然税制几乎每十年改革一次，但到2004年以后，并未出现如1984年或1994年那样大规模的税制改革。[①] 这也说明，"在基本的市场体制确立以后，相关制度虽在完善之中，但一般不会有特别大的变化"。这可能也是一个基本的规律。

上述的经济体制对相关法律制度的影响，以及更根本的经济基础对于经济法的决定性作用等基本规律，早已为人们所认识。由于总体而言，我国经历了计划经济体制、有计划的商品经济体制和市场经济体制等几个阶段，因

[①] 2004的税制改革，是以在东北地区推行的增值税转型为主要标志的，远不如前两次税改那样轰轰烈烈。如果说2004年开启了新的税制改革的话，可以认为是新的"结构性减税"的开端。因为此后进行的结构性减税一直绵延不断，并促进了整体税法结构的进一步优化。

此，在国家的经济管理方面，也要从"统制经济"向"调制经济"方向转变（即从对经济的"统一管制"转向"调控和规制"），经济法的制度建设也要相应体现这些特点，即从最初的综合性的立法，转向更为具体的立法。同时，整个立法的内容，也要与改革开放的成果紧密关联，并将主要的经济政策加以法律化。在此过程中，有关分配的内容，始终是立法的重要内容，或者说，分配始终是一条重要的主线，贯穿于整个经济法制度建设的始终。也正因如此，分配不仅始终是改革开放过程中的重要问题，也是贯穿整个经济法制度建设的一条重要经脉。

（二）贯穿分配主线的法学研究

由于个体利益分配和国家财政分配始终是经济法的制度建设和法学研究的重要内容，因而分配的线索也自然成为连接经济法的制度建设和法学研究的重要路径，并贯通于相关的法学理论之中。

如前所述，在改革开放之初，由于整体经济的计划性仍然很强，法制观念淡薄，国家的法律普遍偏少，所制定的法律也主要是在刑法、刑诉等传统法律领域，经济方面的立法主要体现于税法等关系国家主权的领域。由于国家最初对改革目标的定位并不清晰，加之人大的立法能力相对较弱，因而国务院是经济立法的重要主体；国务院制定的法规、文件，实质上是重要的法律渊源，这与全国人大的授权立法密切相关。① 在这一时期，经济法理论初创，对于经济法的调整对象等问题，人们存在诸多歧见。由于学界当时对民商法、经济法等部门法之间的边界难以界分，对法律的职能、目标、调整对象等缺乏清晰认识，因而许多人主张对纵向和横向的经济关系都予以调整，由此形成了这一时期影响较大的纵横统一经济法理论，或称"纵横统一说"。这一学说尽管受到了苏联的影响，但也与中国当时的经济体制，以及整体的观念等直接相关。无论是"纵横统一说"，还是与之直接相关的其他学说，就当时的经济、政治、社会和法律发展阶段而言，都有其一定的合理性。

---

① 全国人大常委会和全国人大分别于1984年和1985年两次作出授权立法的决定，使国务院的立法权限大幅扩大，这对于解决改革开放之初的立法不足问题具有一定的积极意义，但授权立法如果没有期限的限制，则会带来负面影响。目前，其负面效应日益显现。

随着市场因素的增多，有计划的商品经济体制的实行，特别是1986年《民法通则》的颁布，国家开始明确纵向的经济关系要由经济法、行政法调整[①]，调整当时人们认为的纵向关系的经济法规范逐渐增多（"利改税"后续的相关税收法规，也都是在这一时期出台的）。改革开放的深入，经济体制的变化，使经济法制度的内容也随之发生急剧变化，并直接影响着经济法理论的研究。由于在立法上已明确民法主要调整横向经济关系，因而经济法学界的许多观点都随之调整，其中影响最大的是"管理—协作说"。该理论是对当时的经济、法律等实际发展情况的一个高度概括，它既体现"有计划"的一面，又体现"商品经济"的一面，因而与当时的有计划的商品经济体制，以及与该体制相关联的经济法制度，都是内在一致的。

众所周知，直到1992年我国明确实行市场经济体制的目标以后，与市场经济体制相适应的经济法制度才陆续出台。特别是1993年有关市场规制方面的法律（如《反不正当竞争法》、《消费者权益保护法》等）的出台，1994年的财税法律制度（尤其是一大批税收暂行条例）的出台，1995年的金融法律制度（如《中国人民银行法》、《商业银行法》等）的出台，使经济法最重要的几大部门法的主要法律相继问世，实现了基本的法制化。经济体制改革目标的确立，经济法制度的完善，不仅促进了财税法、金融法、竞争法等相关部门法的兴起[②]，而且也推动了经济法理论的大发展。事实上，从1992年年底到1993年年初，结合新的市场经济体制，已有一些经济法理论方面的探讨。到1994年，经济法理论研究再度进入繁荣阶段。同以前相比，这时经济法理论研究不仅在学术上更加成熟，而且，市场经济体制的确立也使人们的共识度更高，从而形成了新的"经济法诸论"。[③] 由于新诸论普遍体现了市场

---

① 王汉斌曾指出，政府对经济的管理，国家和企业之间以及企业内部等纵向经济关系或者行政管理关系，不是平等主体之间的经济关系，主要由有关经济法、行政法调整，民法基本上不作规定。参见王汉斌：《关于〈中华人民共和国民法通则（草案）〉的说明》。

② 这三个部门法是近些年发展最快的，相关研究成果也最多。这同市场经济发展的需要，以及这些领域法制建设的相对完备都有关系。

③ 在20世纪80年代初期，曾经进行过经济法理论的热烈讨论，许多部门法领域的著名学者都加入了这场大讨论，并形成了当时的中国经济法诸论。可参见编写组编著：《中国经济法诸论》，法律出版社1987年版，以及其他大量的研究论文。1994年以后，由于经济法领域的一些代表性观点陆续出现，学界称这些观点为中国经济法学的"新诸论"。相关研究可参见肖江平：《中国经济法学说史》，人民法院出版社2002年版，等等。

经济条件下共通的经济和法律原理,因而人们对于许多问题的认识也更加趋同。在今天看来,许多经济法学者对于经济法的基本假设、调整对象、特征、体系以及对主体、行为、责任等具体理论的认识,并没有根本的分歧。由此可见,稳定的经济体制,对于形成较为稳定的经济法制度,以及经济法理论的基本共识,都有着重要的作用。

从总体上说,我国的经济体制、经济政策、经济法制度和经济法理论,在不同时期会分别受到管制主义——自由主义——适度规制主义等诸多思想的影响,其具体的发展历程在立法、法学研究上也都有所体现。在经济法的制度上,上述思想体现在经济法的宗旨、原则、调整方式的规定等诸多方面;在经济法理论上,则体现为不同历史时期对经济法的职能、对象、特征、体系等方面的认识。例如,基于经济法的保障宏观调控和市场规制的职能,不难发现:经济法是"现代法",具有突出的现代性,是能够有效解决现代社会突出的现代问题的法;经济法是"促进发展之法",它有助于解决现代国家普遍关注的发展问题;经济法是"政策之法",具有突出的政策性,并因而具有调制性,等等。①

中国改革开放的实践表明:生产关系特别是分配关系的变化,推动了经济体制的变化,并进而带来了法律的变化,使经济法应运而生并不断发展;与此同时,经济法的思想、理念、观点、理论,也随之发生着或快或慢的变化。在此过程中,无论是经济、社会、政治等方面的发展,还是法律体系、法学理论的发展,都深刻地影响着经济法的制度建设和法学研究。可见,经济法领域的制度变迁、思想变迁和理论变迁,受到了多种因素的综合影响,但分配无疑是重要的影响因素之一,它是贯通经济法的制度建设和法学研究的一条重要经脉。

(三) 小结

综合本章的探讨,可以发现,中国的改革开放起于分配,并随着分配关

---

① 对于经济法的现代性和政策性的论述,可参见张守文:《经济法理论的重构》,人民出版社2004年版,第227—237页;此外,经济法对于促进发展具有特别重要的作用,因而经济法学与社会法学同属于新兴的法学分支——发展法学的重要组成部分。可参见张守文:《"发展法学"与法学的发展》,载《法学杂志》2005年第3期,第3—7页。

系的调整而深化。个体利益分配是影响改革开放的基本动因,国家财政分配是影响改革开放的直接动因。正是这些分配方面的动因,推动着改革开放的起步和深化,也推进着中国经济法的产生和发展。

从分配的视角看,我国的改革开放经历了"从重产品分配到重权利分配"的过程,在这一过程中,在分配方面的权力和权利如何分割,如何配置,始终是各类主体关注的焦点问题,因而也是经济法的制度建设和法学研究所要关注的重点问题甚至是核心问题。由此使分配成为贯通中国经济法和经济法学发展的一条重要"经脉"。

中国的改革开放过程,是先"放权让利"以培育市场主体,再适度集权,进行宏观调控和市场规制的过程。在这一过程中,国家的权力控制经历了"收—放—收"的过程,经历了从统制到放权,再到适度规制的过程,与国家职能的履行和职权的行使呈正相关,其路径变化可以通过国家财政分配的变化体现出来。我国改革开放以来的财政收入的数据变化,正好体现为"U形曲线",同上述权力控制的"收—放—收"的路径是一致的。借助于"U形曲线"可以进行很多拓展研究,尤其有助于揭示分配与国家经济职能、经济体制、经济政策以及经济法制度、经济法理论等方面的内在关联。

上述的各类分配,会体现在各类经济政策之中,尤其会体现在直接影响分配的财税政策中。我国的经济政策与国家的经济职能、经济体制改革直接相关,因而其发展路径同样体现为"U形曲线"。同时,由于经济法是经济政策的法律化,经济法的制度建设和法学研究的发展轨迹,也同样体现为"U形曲线",其兴衰沉浮,同上述的分配关系调整、经济体制变迁、国家经济职能变化、经济政策调整等存在着内在的一致性。基于这种一致性,可以认为,前面对于"两类分配",以及与分配有关的财税政策等经济政策的探讨,其实都是在从不同的侧面揭示经济法的制度建设和法学研究的问题。

经济法制度同经济法理论之间存在着紧密的、内在的联系,分配是联结经济法制度与理论的重要纽带。通过把握经济法制度发展的历程及其存在的问题,有助于更好地把握经济法理论研究的重点、难点和问题,从而有助于更好地推进经济法的理论发展和制度建设,使经济法成为有效推动经济和社会发展的现代法。

总之,分配作为研究经济法的一条重要路径,是贯穿于中国经济法制度与经济法理论的重要"经脉",它与国家利益和个体利益紧密关联,对于改革开放、对于国家经济职能转变、对于经济政策制定以及经济法制度的形成均具有重要价值。不断地解决好分配的问题,既是经济法制度建设的持久任务,也是经济法理论研究中常新的领域和未来需要努力的方向。

第五章

重要分配制度的协调一致

如前所述，分配问题的解决，分配危机的防范和化解，都需要加强经济法规制。在经济法规制的过程中，必然涉及经济法与其他部门法中的分配制度的关系问题，只有使各类重要分配制度之间保持协调一致，才能更好地实现法律定分止争的功能，更好地调整分配关系。

在各类重要分配制度中，宪法和经济法居于非常重要的是地位，在宪法和经济法领域，都有大量位阶和类型不同的分配制度。宪法作为"分权"之法，涉及各类重要权利和权力的分配，同时，也涉及具体的分配制度方面的规定；而经济法则是典型的"分配法"，其各项制度更是与收入、财富、利益的分配协调直接相关。宪法和经济法作为分配制度的重要渊源，相互之间能否够保持一致，直接关系到相关分配主体的权利保护，以及整体分配制度的运行实效。为此，本章将着重探讨两者之间的一致性和协调发展问题，并以此来说明不同位阶、不同类型的重要分配制度的协调一致的重要性。

此外，民商法在确定相关主体财产权方面具有重要地位，也是分配制度的重要渊源，研究经济法与民商法的制度协调问题，对于有效解决分配问题，防范分配危机同样非常必要。为此，本章还将以税法的调整与私法秩序的协调为例，探讨不同性质的分配制度的协调规制问题。

另外，即使是同类分配制度，其内部的各个部分之间的相互协调也非常重要，直接涉及制度整体目标的实现。因此，本章还将以在分配方面非常重要的税法为例，探讨其内部制度的相互协调问题。

一、不同位阶分配制度的一致性

在整体的法律体系中，各类分配制度的法律位阶或法律效力并不相同，具有层级性，对于这些分配制度，必须保障其内在一致性或融贯性，才能更好地实现其保障公平分配，实现分配正义，防范和化解分配风险和分配危机等功能。在不同位阶的分配制度中，宪法与经济法中的分配制度最具代表性，为此，下面以宪法与经济法为例，来说明不同位阶分配制度之间的一致性问题。

（一）从分配的"经济性"看制度的内在一致性

市场经济的发展得益于经济体制的优化，而经济体制的优化则受制于宪法和经济法有关经济权力分配的制度安排。一国的宪法和经济法能否有效推进和保障经济体制改革，能否理顺分配关系，解决分配问题，进而促进经济发展，在很大程度上取决于宪法与经济法的关系是否协调。正因如此，宪法与经济法的关系，不仅是重要的理论问题，也是需要特别关注的重大现实问题。

对于宪法与经济法的关系问题，以往学界的研究主要侧重于从宪法与经济法的位阶与属性的角度，揭示两者之间的联系和区别，这无疑是一个重要的思路。本书拟在此基础上转换视角，着重从分配的"经济性"维度，分析宪法与经济法的关系，探讨不同位阶的分配制度的协调一致问题。事实上，尽管学界已对宪法的经济性和经济法的经济性分别有过探讨，但对这两类经济性的内在关联，以及由此产生的宪法与经济法领域的分配制度的经济性的关联及一致性，还缺少深入研究，因而很有必要探寻宪法与经济法中的分配制度在经济性方面的共性，并以此为基础进一步探究宪法与经济法的关系，发挥宪法与经济法在分配领域的调整合力，更好地解决分配问题，防范分配危机，推进国家的经济社会发展和法治建设。

从既有研究来看，基于对"宪法的经济性"和"经济性宪法"的关注，学界在加强"宪法的经济分析"的同时，又强化了对"经济性宪法规范"的研究①，进而在不同法系国家拓展为"宪法经济学"（或宪政经济学、立宪经济学）② 与"经济宪法学"③ 之类的研究领域。上述领域的研究成果，对于探讨宪法中的分配制度的"经济性"，以及经济法在分配方面的宪法问题，推进宪法与经济法的互动交融及具体的分配制度建设，均有其积极意义。

但是，无论是"宪法经济学"还是"经济宪法学"，无论它们基于经济学视角抑或法学视角，其研究的对象或领域仍集中于宪法④，且尚未自觉、充分地揭示宪法与经济法在分配制度方面的内在关联及其对经济和社会发展的推进，为此，需要找到宪法与经济法的交集，并选取适当的切入点来展开分析。

考察经济法的理论或制度，不难发现，其中值得关注的宪法问题非常多。经济法与宪法之间的密切关联体现在诸多方面，尤其是两者在产生和发展过程中的互动与交融，以及在分配制度方面的紧密关联，都非常值得关注；如果以这种互动交融的纽带或基础为视角和切入点，则无疑有助于促进宪法与经济法关系的研究。

事实上，宪法与经济法以及两者所蕴含的分配制度的重要交集在于，它们都具有经济性，经济性是两法相容共生的纽带和互动交融的基础，且与它们对分配关系的调整直接相关；如果从经济性的视角切入，对宪法与经济法的关系进行"经济性"分析，则不仅有助于认识现代宪法的时代特征以及经济法的基本特征，也可以更好地理解为什么宪法与经济法及其所内涵的分配制度存在如此密切的关联，以及为什么现代国家修宪的重要领域是经济领域，特别是经济分配领域，同时，还有助于发现宪法与经济法的制度缺失，包括在分配制度方面的缺失，从而可以更好地协调两法关系，全面实现其调整

---

① 参见邹平学：《应注重对宪法经济属性的研究》，载《法学》1995年第12期，第16—17页。
② 对于"Constitutional Economics"，有宪法经济学、宪政经济学、立宪经济学等多种译法，相关的讨论可参见〔澳〕布伦南、〔美〕布坎南：《宪政经济学》，冯克利等译，中国社会科学出版社2004年版，冯兴元的《宪政经济学》编校序，第2页。
③ 有的学者认为，宪政经济学关注的重点是不同制度模式对经济增长的影响，而经济宪法学则不仅关注经济稳定增长的制度保障，更关注人权和个体的基本自由在经济制度中应有的位置。参见吴越：《经济宪法学导论——转型中国经济权利与权力之博弈》，法律出版社2007年版，前言，第4页。
④ 虽然经济宪法的概念被认为最早起源于德国经济法的研究，但包括德国学者林克等学者对经济宪法的界定，仍然是将其定位为宪法规范或称根本法规范。参见赵世义：《经济宪法学基本问题》，载《法学研究》2001年第4期，第32—41页。

目标。

此外，由于经济性对宪法和经济法的产生和发展有重要影响，且对两法的紧密关联具有维系价值，因而通过"经济性"分析，不仅有助于推进宪法与经济法的发生论及变迁理论的研究，更好地理解分配问题与分配制度的重要性，还有助于探索完善宪法与经济法协调互动机制的具体路径，从而更好地推进分配制度的协调一致。

基于上述考虑，本章在后面的研讨将力图说明：宪法与经济法及其蕴含的分配制度都具有经济性，并且两法所共有的经济性具有内在一致性；经济性是两法存在密切关联的纽带和有效互动的共同基础，只有推动宪法与经济法的制度互动与相互一致，才能全面构建宪法与经济法的良性互动关系，包括在两类法律中的分配制度方面的协调关系，这对于有效解决分配问题，推动经济、社会与法治的发展均大有裨益。

（二）宪法与经济法所共有的经济性

学界有关宪法与经济法关系的探讨并不鲜见。从经济分析的角度看，宪法与经济法之所以会存在密切关联，是因为它们都具有突出的经济性。宪法与经济法所共有的经济性，是它们能够紧密联系的重要纽带和基础，也是两者共性的体现。正是基于经济性，宪法与经济法及其内涵的分配制度才会产生交互影响、交融共生。

在经济法学的研究中，人们大都认为经济法具有突出的经济性特征，对此已殆无疑义。但对于宪法是否具有经济性，是否存在"经济性宪法"，则或存歧见。从学界既有的研究来看，以美国学者布坎南（Buchanan）、塔洛克（Tullock）为代表的公共选择学派，对宪法的经济性已有深入研究，他们更注重从经济学的视角，研究宪法的经济功能、宪法对经济变迁的影响，以及经济对宪法的影响等，并通过对宪法的经济分析，推进了"宪法经济学"或"立宪经济学"、"宪政经济学"之类的经济学研究。[①] 此外，以德国学者欧肯（Eucken）、伯姆（Böhm）等为代表的弗莱堡学派，则较早地关注了"经济宪

[①] 在这方面的努力和成果可参见〔美〕布坎南、〔美〕塔洛克：《同意的计算——立宪民主的逻辑基础》，陈光金译，中国社会科学出版社2000年版；以及〔澳〕布伦南、〔美〕布坎南：《宪政经济学》，冯克利等译，中国社会科学出版社2004年版；等等。

法"或"经济性宪法",关注与经济领域相关的宪法规范,他们尤其注重从法学的视角,研究国家对经济自由的限制、对国家干预职权的限定等,从而形成了"经济宪法"的研究领域,推动了宪法以及相关的经济法研究。① 无论上述研究的侧重点是经济学还是法学,也无论其关注点是理念还是规则,都是以承认宪法具有"经济性"或者存在"经济性宪法"为前提,因此,宪法的经济性在这些研究中已被普遍承认。

在我国宪法学界,对宪法的"政治性"、"法律性"或"规范性"等似乎关注更多②,而对于宪法的经济性的研究则相对略少。但既然法律具有回应性,不同的时代就会有不同的法,不同时代的宪法在内容上也会有所不同。尤其在现代社会,基于发展经济的需要,必然要大量进行经济立法,有关经济制度的规范也会融入宪法之中,从而会使宪法的经济性更为突出。

基于对时代重要需求的回应,以及国家经济职能在宪法领域的重要体现,现代宪法的经济性日益凸显,这不仅对经济法的制度形成产生了重要影响,也使经济法的经济性更为突出。事实上,宪法的经济性与经济法的经济性不仅密切关联,而且存在许多共性,两法所"共有的经济性"具体表现在以下几个方面:

首先,无论是宪法对相关产权的界定,还是对国家权力与公民权利的界分,无论是经济法对宪法相关规定的具体化,还是对各类经济法主体"权义结构"的具体规定,目的都是通过公平有效的分配来定分止争,使整体经济运行成本更低,摩擦更少,效率更高,从而提升总体经济效益。可见,宪法和经济法都要通过有效的权义配置,在总体上保障和促进本国的经济发展更加"经济",使相关的分配更为公平合理。

其次,为了实现上述目标,宪法和经济法都要体现"经济规律"。例如,宪法有关经济体制的规定及其对经济法具体制度的影响,都与立法者对经济规律的认识和把握有直接关系。其实,一国选取何种经济体制,不仅是政治

---

① 一些著名的经济法学家如伯姆、林克等都非常重视宪法与经济法关系的研究,他们与经济学家奥肯等一样,都非常重视经济宪法与"秩序"的紧密关联,并强调经济宪法是对国民经济生活秩序的整体选择。

② 有的学者是将政治性与法律性作为宪法的两种属性,有的学者则基于宪法的政治性与规范性,分别拓展了政治宪法学和规范宪法学的研究。参见高全喜、田飞龙:《政治宪法学的问题、定位与方法》,载《苏州大学学报》(哲学社会科学版)2011年第3期。第72—80页。

选择①，也取决于对经济规律的认识，以及对有效的分配制度的认识。因此，我国《宪法》第 15 条第 1 款规定"国家实行社会主义市场经济"，实际上体现了对经济规律的把握。同时，只要明确实行市场经济体制，也就明确了市场机制在资源配置方面的功能，以及基本的分配制度；同时，为了确保市场机制作用的有效发挥，促进公平分配，国家必须进行宏观调控和市场规制。而宏观调控和市场规制又恰恰是经济法发挥作用的重要领域。

我国《宪法》第 15 条第 2 款规定"国家加强经济立法，完善宏观调控"，这本身就体现了市场经济条件下的"经济规律"的要求。中国作为一个迅猛发展的大国，作为一个在探索中前行的新兴市场经济国家，不断完善和加强宏观调控尤为重要。与此同时，市场经济需要公平竞争，需要规制垄断和不正当竞争行为，维护良好的市场秩序，因此，我国《宪法》第 15 条第 3 款规定"国家依法禁止任何组织或者个人扰乱社会经济秩序"。此外，美国宪法对"州际贸易条款"的规定②、俄罗斯《宪法》对垄断和不正当竞争的规定③，等等，也都体现了对市场规制方面的经济规律的认识。而在上述各国的宏观调控和市场规制的制度中，都包含着大量的分配制度，从而是经济法得以成为解决分配问题，化解分配危机的重要制度。

再次，上述的宏观调控和市场规制，都需要有效分权，这首先便是宪法的重要任务。无论是宏观调控权还是市场规制权，都已经不同于传统的"政治性权力"，而是各有自其新的特色，甚至被称为"第四种权力"。④ 由于它们是重要的、影响国民基本权利的权力，因而须先在宪法层面进行"分配"。为此，许多国家宪法对于涉及宏观调控的财政、税收、金融、产业调整等方面的权力，以及对反垄断、反不正当竞争等市场规制方面的权力，都力图作出明确规定，从而形成了有关经济体制的宪法规范，并且，这些规范构成了

---

① 伯姆、欧肯等在其主编的《经济的秩序》（1937 年）的发刊词中曾强调："应将经济宪法理解为国民经济生活秩序的整体抉择"，这种抉择固然是一种政治抉择，但也与对经济规律的认识直接相关。

② 美国《宪法》第 1 条第 8 款规定了"州际贸易条款"，强调国会对州际贸易有进行调控和规制的立法权，据此，美国出台了《州际贸易法》、《谢尔曼法》等一系列重要的经济立法。

③ 俄罗斯联邦《宪法》第 34 条第 2 项规定，"不允许进行旨在垄断和不正当竞争的经济活动"，这是反垄断法和反不正当竞争法立法的宪法基础。

④ 也有学者将这些权力称为国家调节权，并认为其属于第四种权力形态。可参见陈云良：《国家调节权：第四种权力形态》，载《现代法学》2007 年第 6 期，第 15—21 页。

经济法的"体制法"的基础。这是宪法与经济法之间非常重要的内在关联。

最后，宪法和经济法不仅通过对基本的宏观调控权和市场规制权的规定，而使其体现出"经济性"；同时，还因上述规定也是"经济政策"的法律化（尤其是具体的"经济政策工具"的法律化）而体现出"经济性"。因为无论宏观调控抑或市场规制，都需要运用法律化的调控手段和规制手段，于是，预算手段、税收手段、国债手段、货币手段、垄断规制手段等各类调制手段的法律化，便构成了经济法制度的重要内容；同时，上述法律化的经济手段的实施，是为了保障良好的市场秩序和分配秩序，实现宏观经济运行的整体效益。而上述各个方面，都使得经济法的"经济性"更为突出，并由此会进一步推动宪法的经济性规范的发展。

总之，宪法与经济法一样，都要回应时代的经济要求，都具有突出的经济性，具体表现为：它们都要体现国家的经济职能，规范国家的经济行为；都要遵循经济规律，对宏观调控权和市场规制权等经济职权加以限定；都要体现法律化的经济手段，有效解决分配问题，促进经济的良性运行，追求总体上的经济效益。上述宪法与经济法所共有的经济性，是两法具有内在关联的基础，也是两法所蕴含的位阶不同的分配制度紧密相连的纽带。

基于宪法的经济性的要求，当今世界各国的宪法，都应当有助于促进经济的发展，凡是宪法规定的不能促进甚至阻碍经济发展的体制和制度，都应当进行变革，这对于解决各国的发展问题非常重要。从我国和其他国家宪法修改的情况来看，完善宪法的经济性规范，无疑是实现"帕累托改进"的重要方向。

（三）从经济性看宪法与经济法的交互影响

宪法与经济法的关系，不仅体现为它们都具有突出的经济性，还体现为基于经济性所形成的两法之间的交互影响。为此，下面将从经济性的视角，分别探讨宪法对经济法的重要影响，以及经济法对宪法的落实与推动。

1. 宪法对经济法的重要影响

在各国宪法中存在的具有突出的经济性的规范，或称宪法的经济性规范，主要包括宪法中有关经济分权的框架，特别是有关经济体制、所有制和分配制度等方面的基本经济制度，以及经济职权等方面的规定。上述规范作为典

型的"经济宪法"或"经济性宪法",对经济法具有直接而重要的影响,现举例说明如下:

首先,从经济分权框架来看,宪法作为一个国家的"总章程",不仅要体现一个国家的政治存在,还要体现其经济存在;而从经济的角度看,任何组织体的运转都需要财力支撑,国家要履行日益繁多的职能,更需要强大的财力保障。为此,宪法必须大量规定经济内容,明确界分公共经济与私人经济,相应地,需要厘清不同主体的财产权利与经济利益,这些其实都是宪法层面的"分配问题"。于是,在宪法层面就会形成"国家财政权"与"国民财产权"的"产权二元结构",这也是在宪法层面进行国家与国民之间的经济分权的基础框架,同时,也是经济法诸多制度展开的基础,对经济法的制度形成具有重要影响。①

其次,与上述国家与国民的产权结构相关联,一国宪法必须直接规定或间接体现其基本的经济制度,尽管各国对此规定的内容不同,立法体例上也不统一,但大都包括基本的所有制、分配制度、经济体制等内容。例如,在所有制方面,一国实行公有制还是私有制?相应的,在重要的土地制度方面,实行土地公有制还是私有制?② 在经济体制方面,一国是实行市场经济体制抑或计划经济体制?在具体的分配制度方面,是按劳分配还是按其他要素分配?在财产权保护方面,对私人产权与公共产权如何保障?等等,对于上述方面,我国宪法都有较为明确的规定。上述有关经济制度的规定,加上保护市场主体经济自由权的规定,构成了"经济宪法"的基础性的核心内容。而整个经济法制度的形成与发展,也必须以上述宪法规定的经济制度为基础,同时,其制度的实施也必须充分保护市场主体的经济自由权,尤其要有效保护市场主体的分配权。

再次,在宪法规范中,还要规定国家机构的"经济职权",包括财政权、预算权、税收权、发债权、发钞权、反垄断权等重要的经济性权力,这些都

---

① 有的学者认为,产权制度是宪法所确认的根本经济制度(如市场经济制度或计划经济制度)的核心。参见桂宇石:《中国宪法经济制度》,武汉大学出版社2005年版,第20—21页。
② 例如,俄罗斯联邦《宪法》第8条规定:"在俄罗斯联邦,私有财产、国有财产、地方所有财产和其他所有制形式同等地得到承认和保护。"第9条规定:"土地和其他资源可以属于私有财产、国有财产、地方所有财产和其他所有制的形式。"

是分配方面的权力。明确上述经济职权的分配非常重要，有的国家甚至还会在宪法中规定各级政府的收入分配。① 正因如此，从实证的角度看，宪法不仅是从政治角度，也是从经济角度或分配角度作出相关规定，或者说，宪法不仅是"政治文献"或"法律文献"，同时也是"经济文献"。例如，英国的《大宪章》所体现的"无代表则无税"的精神，强调的是议会与政府在征税权方面的划分，实际上就是经济方面的职能和权力的划分或分配，直接影响着相关主体的利益分配。其实，宪法虽为政治斗争或多方博弈的结果，但也是"经济的集中体现"，与各类主体的经济利益直接相关。正是考虑到美国宪法也是相关利益集团所制定的分配利益的法，其背后都是经济问题，著名学者比尔德才特别强调，"宪法基本上是一项经济文献"。② 而上述在宪法中规定的财政权等各类经济职权，同时又都是经济法需着重作出具体规定的调控权或规制权。可以说，宪法对上述经济职权的规定或分配，为经济法的制度建设奠定了重要基础。

最后，宪法确立的主体结构及相应的权利结构，对经济法也有非常大的影响。基于宪法所确立的国家与国民之间的"主体二元结构"，宪法最核心的内容，就是有关"国家治理结构"和"公民权利结构"的规定。从分权的角度看，在国家与国民之间进行的权力与权利方面的分配，一方面形成了国民或公民的基本权利，它们构成了所谓公民权利法案（或称之为"权利宪法"）的内容；另一方面，国家权力需在国家机构之间进行分配，无论是横向分配还是纵向分配，对于国家治理都至为重要，它们构成了有关国家机构相关职权方面的宪法规定（其中包括"经济宪法"的相关内容）。

宪法所确立的上述主体结构及相应的权利结构，直接影响经济法的理论和制度构造，不仅有助于理解经济法理论中的国家干预与经济自由、国家调制行为与市场对策行为等各类"二元结构"，也为研究经济法中的各类问题提供了重要的分析框架。

---

① 如巴西联邦共和国《宪法》（1988年10月5日公布施行）第六编"税收和预算"第157条、第158条就对各级政府的税收收入分配作出了专门规定。
② 这是美国著名史学家比尔德用经济史观解释美国宪法，用"经济决定论"对美国宪法进行经济分析所得出的结论。参见〔美〕比尔德：《美国宪法的经济观》，何希齐译，商务印书馆2011年版，第243页。

总之，如从经济性的视角看宪法对经济法的重要影响，便不难发现，宪法对国家财政权与国民财产权的界分，确立了重要的"经济产权"框架，正是基于该框架，一国才需要财政制度和税收制度来影响公共经济与私人经济（这是许多分配活动的重要基础），才需要通过金融制度来支持经济的有效运转，才需要国债制度、产业政策和产业组织制度等发挥重要作用，才需要通过上述制度解决复杂的分配问题。上述框架既是财政制度、税收制度、金融制度、产业制度、竞争制度的宪法基础，也是整体经济法的基础，因为上述各类制度都是经济法体系的重要组成部分。

此外，宪法所确立的经济制度，直接影响一国对公有制与私有制、国有制与民营制、土地国有制与集体所有制等方面的选择，这些选择作为非常基本的重要约束条件，直接影响相关主体的利益分配，也影响经济法调整所力图实现的经济稳定增长等目标。同时，宪法所确立的经济体制和分配制度，对经济法的制度建设至为重要。如果没有宪法确立的市场经济体制，就无需国家的宏观调控和市场规制，也就不需要经济法去规范宏观调控和市场规制的行为，并由此影响相关主体的收益分配。事实上，我国在1993年的"市场经济体制"入宪，不仅对经济法的整体发展形成了强力推动，也全面推进了各领域分配制度的发展。

另外，在讨论宪法对经济法的重要影响时，还有必要区分"宪法中的经济性规范"和"经济法中的与宪法相关的规范"，这不仅有助于揭示宪法与经济法之间的联系与区别，也有助于说明：对经济性宪法的研究，并不能代替对经济法规范的研究，尤其不能简单地通过将经济法规范分成经济宪法和经济行政法，来否定经济法的独立存在。[①] 对这个重要的理论和实践问题必须加以厘清，否则，研究经济性宪法可能非但于经济法研究无益，甚至可能造成新的混乱。

2. 经济法对宪法的落实与推动

由于宪法与经济法都具有经济性，两者之间的互动不仅体现为宪法对经

[①] 对于经济行政法的问题，学界已经有很多探讨，例如〔德〕施托贝尔：《经济宪法与经济行政法》，谢立斌译，商务印书馆2008年版，等等。但在中国经济法学界，有相当多的学者反对将经济法等同于经济行政法。可参见薛克鹏：《经济行政法理论探源——经济法语境下的经济行政法》，载《当代法学》2013年第5期，第123—130页。

济法的上述重要影响，也体现为宪法需要经济法的具体落实，并且，经济法还会推动宪法的发展。

无论是哪个国家，宪法的真正实施都需依赖于普通法律。宪法中的经济性规范，包括有关分配的规范，都需要经济法具体落实。如果没有经济法的制定和有效实施，宪法中的经济性规范就可能会被束之高阁。正是在这个意义上，经济法的法治建设，直接影响着宪法的生命力。没有经济法的具体落实，经济宪法，包括有关分配的宪法性规范，就可能形同虚设。

与此相关，经济法与宪法还可能在相互影响中相得益彰。经济法在具体落实宪法的过程中，还可能推进宪法的发展。经济法与宪法同为整个法律系统中的重要组成部分，只是相对于宪法而言，经济法与经济生活的联系更为直接而密切，经济和社会发展所提出的某些现实需要，包括解决分配问题，防范分配危机的需求，可能会先在经济法中有所体现，并形成重要的经济法制度，而后再直接或间接地传导并再现到宪法之中，从而形成经济法对宪法发展的推动。

经济法对宪法发展的推动，不仅体现为当代的经济和经济法发展对宪法变革提出的现实要求，而且也体现在经济法尚未成体系之前。例如，经济法中的财税法规范，作为重要的分配制度，产生相对较早，直接涉及国民基本财产权的保护，与宪法和宪政关联非常密切，因而对宪法的推动非常巨大。前述的英国《大宪章》及其后续的相关立宪或立法活动，都涉及预算、征税等今天需由经济法作出具体规定的领域。正是解决预算权、征税权分配等分配问题的现实需要，持续推动了各国宪法的丰富和发展。同样，我国在改革开放过程中，往往也是先有经济法上的一些探索和制度变革，待其相对成熟后才在宪法上作出相应规定，尤其是《宪法》的一些修正案，更是体现了经济法的制度变迁特别是分配制度发展对宪法变革的影响。随着经济法的进一步发展，要求将税收法定原则、货币法定原则等重要法律原则写入宪法的呼声会越来越高。如果这些原则最终能够"入宪"，则又是经济法推动宪法发展的重要实例。

总之，基于共有的经济性，包括对分配问题的共同关注，宪法与经济法之间存在着交互影响：一方面，宪法的根本法地位，使其能对经济法产生重大影响；另一方面，伴随着国家经济职能的凸显以及经济生活的现实需要，特别是解决分配问题，防范分配危机的现实需要，经济法中有关分配方面的原则和制度又不断入宪，从而有力地推动了宪法的发展。只有宪法与经济法良性互动，交融共生，才能更好地推进经济、社会和法治的发展。而要实现宪法与经济法之间的良性互动，则必须关注两法之间的"一致性"问题。

（四）宪法与经济法的"一致性"解析

基于宪法与经济法所共有的经济性、对分配问题的共同关注，以及由此使两者产生的交互影响，从应然的角度说，宪法与经济法应当具有内在的"一致性"。首先，从共有的经济性来看，宪法与经济法在保障经济的良性运行和协调发展，遵循经济规律，共同促进分配问题的解决，防范分配危机，从而实现经济运行"更经济"的方面是一致的；同时，两者在强调宏观调控和市场规制的合法性、合宪性方面是一致的。其次，从两者之间的交互影响来看，由于宪法对经济法具有直接而重要的影响，且经济法不能与宪法相冲突，因而经济法需要在合宪的意义上与宪法保持一致性；同时，经济法在落实宪法的过程中对宪法的有效推动，也会使宪法更加符合现实需要，回应现实提出的解决分配问题的需要，从而与经济法保持一致性。

如前所述，宪法中的"经济性规范"，包括有关分配的规范，是制定经济法规范的重要依据，对经济法的制度建设和理论研究都有重要价值。同时，正由于宪法中的"经济性规范"对经济法具有基础性意义，因而经济法应当与宪法保持一致。依据一般法理，宪法作为根本法、基本法，其规定具有"根基"的意义；而经济法要落实宪法的规定，就必须通过更为具体的制度安排，使宪法的"根基性规范"变得更具有可操作性，从而保障宪法规范的有效执行。

强调宪法与经济法的一致性，对于加强其互动交融和持续发展非常重要。由于宪法的经济性规范需要经由经济法来加以具体落实，而经济法的许多基本制度需要有宪法上的依据，因而两法可能会针对同一问题，分别作出相对原则和更为具体的规定。例如，在保障公平分配方面，在货币发行、预算、税收、国债发行等领域，许多国家不仅在宪法层面有相关的原则规定，还在具体的经济法中有更为具体的规定，并且具有高度的一致性。无论是美国、德国，还是俄罗斯等，尽管它们在政治体制、经济体制、历史传统等方面分属于不同类型的国家，但在宪法中对上述领域都会作出规定，并在具体的经济立法中加以具体化①，从而更多地体现了宪法与经济法的一致性，这当然与宪法的地位及其对经济法的影响有关。

不仅如此，宪法要进行各类分权，要体现协调或妥协；而经济法规制则建立在宪法分权的基础上，也要体现协调和妥协、竞争与合作，以及多个层次的博弈。在上述的分权和博弈中，经济法涉及国家层面的调控权和规制权的分割与配置，以及对这些调制权的有效控制，因而同宪法联系更为密切，只有更好地保持与宪法的一致性，才能更加符合宪法的规定和体现宪政的精神。

强调宪法与经济法的一致性，不仅是应然层面的要求，而且更是基于现实存在的"非一致性"问题的解决。在实践中，宪法与经济法存在的不一致会带来很大的问题，因而需要对宪法和经济法进行及时的"动态协调"，以保持两者的"动态一致性"。

从历史上看，由于经济法直接贴近改革开放的实际，更能及时体现体制改革的成果，而宪法的修改则相对滞后，因此，在经济体制改革的过程中，曾出现过宪法与经济法违反"一致性"要求的问题，导致某类具体的经济立法与宪法的规定不甚相合，如过去曾存在的体现市场取向改革精神的经济立法与宪法规定的计划经济体制的矛盾，就曾引发学界关于"良性违宪"的讨论和争论。② 从法治的要求看，唯有强调宪法与经济法的一致性，并通过宪法的科学设计和及时完善，才可能更好地防止违宪问题的发生。

我国尚处于不断深化改革开放的过程中，一些重要的体制尚未定型，直接影响相关体制法的形成。目前，我国对"体制法"的规定仍较为薄弱，许多国家机关的职责权限尚无基本的法律规定，只好通过变通的办法（如"三定方案"，以及全国人大常委会的决定）等加以界定。此外，某些重要的经济体制改革仍由国务院来推进，例如，有关分税制的财政管理体制、税收分享

---

① 例如，俄罗斯联邦《宪法》第71条规定，属于俄罗斯联邦管辖的是："7. 确定统一市场的法律基础；财政、外汇、信贷、海关调整、货币发行、价格政策基础；联邦经济机构，包括联邦银行；8. 联邦预算；联邦税收和集资；联邦地区发展基金；"这些都是经济法上要重点规定的领域。

② 对此较早的讨论和争论可参见郝铁川：《论良性违宪》，载《法学研究》1996年第4期，第89—91页；童之伟：《"良性违宪"不宜肯定》，载《法学研究》1996年第6期，第19—22页，等等。随着法治的完善，还是应避免各类违宪问题的发生，而无论是否"良性"。

体制、金融体制、投资体制等，都是涉及分配的重要体制，都是由国务院作出决定。① 我国在体制方面的立法供给严重不足，这固然有体制改革尚未完全到位的原因，也有基于本位利益、集团利益等不愿受法律严格约束的原因，这些方面，严重影响了分配问题的有效解决。

自1982年《宪法》实施以来，我国日渐强调在法治框架下推进改革开放和市场经济发展，基于法治的要求，上述的各类体制和制度都应相对稳定，并应尽可能以法律的形式加以确立。由于在宣告法律体系形成以后②，更重视法律的稳定性和可预见性，同时，也更要求宪法与经济法保持一致性，因此，应当从"一致性"的角度，考察经济法领域是否存在违宪的问题，以及宪法是否存在脱离经济生活实际的问题，通过宪法与经济法的制度互动，使其在宪政框架下能够相互一致，从而全面构建宪法与经济法的良性互动关系，更好地推动经济、社会与法治的发展。

(五) 小结

从分配制度的角度看，宪法与经济法的关系如何，对于解决分配问题，化解分配风险和分配危机非常重要。基于学界已有的相关研究，本书着重从经济性的视角，探讨了宪法与经济法所"共有的经济性"，以及对分配问题的共同关注，以揭示其存在密切关联的基础和纽带；分析了宪法对经济法的重要影响，以及经济法对宪法的落实与推动，以揭示其交互影响；在此基础上，提出了宪法与经济法之间的"一致性"问题，强调应当基于共有的经济性和一致性的要求，解决实践中存在的"非一致"的问题，并在宪政的框架下构建宪法与经济法的良性互动关系，这对于经济、社会和法治发展，尤其对于解决突出的分配问题，防范分配危机，都非常重要。

厘清宪法与经济法的关系，对于"经济宪法学"或"宪法经济学"的研

---

① 有关国务院推进相关体制变革的具体制度实例，可参见国务院1993年12月15日的颁布的《关于实行分税制财政管理体制的决定》（国发〔1993〕85号），2001年12月31日发布的《关于印发所得税收入分享改革方案的通知》（国发〔2001〕37号），1993年12月25日的《关于金融体制改革的决定》（国发〔1993〕91号），2004年7月25日的《关于投资体制改革的决定》（国发〔2004〕20号），等等。

② 虽然在我国在2011年1月即已宣布形成了有中国特色社会主义法律体系，但实际上涉及分配的许多法律制度仍很不健全，因此，分配领域的立法仍然任重而道远。

究,对于"经济法中的宪法问题"的研究,以及对于分配问题和分配危机的研究,都有重要的理论价值;同时,对于解决法治实践中可能存在的经济法领域的违宪问题,或宪法与经济法的脱节问题,都有一定的帮助。前面从经济性的视角展开分析,其实是融入了宪法与经济法调整的基本目标的考量,渗透了当代各国所需要解决的基本矛盾和基本问题,包括突出的分配问题(个体营利性和社会公益性的矛盾,必然引发分配问题;而各类市场失灵问题,其实也都与分配问题直接相关),因而对未来的法治发展亦有其积极意义。

随着人类经济文明和法治文明的共识的增加,宪法中涉及经济的许多问题(包括宪法层面的分配问题),将越来越多地需要通过经济法来具体地加以解决;同时,经济法上的许多问题(包括相关的分配问题),在根本上也都是宪法问题,因而需要通过宪法的完善来加以解决。经济法不仅同经济生活联系直接而密切,而且同宪法的联系同样直接而密切,因而可以成为宪法与现实经济生活联系的纽带和桥梁。宪法与经济法所共有的经济性,以及由此形成的两法之间的交互影响和交融共生,对宪法与经济法的一致性提出了更高的要求,需要通过不断完善宪法和经济法,特别是相关的体制法等来推进,这对于确保宪法与经济法各自包含的分配制度的一致性非常重要。

二、不同类型分配制度的协调发展

在整体法律体系中,存在诸多不同类型的分配制度,它们有的位阶不同,有的性质不同,分布于各类法律渊源中,这些分配制度唯有协调发展,才能更好地实现分配制度作为一个系统的整体目标。例如,在宪法和经济法中,都包含一系列重要的分配制度,其位阶或效力层次不同;又如,经济法与民商法中,也都包含大量重要的分配制度,但其法律性质不同。但无论哪种类型的分配制度,都要确保其协调发展。为此,下面先以宪法和经济法为例,来说明位阶不同的分配制度的协调发展问题,其后再以经济法与民商法为例,来说明不同法律性质的分配制度的协调规制问题。

基于前述宪法与经济法的一致性的讨论,宪法与经济法应当具有协调性,应当保持其协调发展,这本身也是法治发展的需要。如果宪法与经济法的发展不够协调,则法治发展方面就会存在很多问题,同时,也很难有效解决分配问题,防范分配风险和分配危机,并会带来很多方面的合法性危机。因此,基于宪法与经济法的一致性与协调性,有必要探讨宪法与经济法的协调发展问题,从而说明不同位阶的分配制度的协调发展问题。

(一)为什么要关注宪法与经济法的协调发展

不管世界风云如何变幻,发展始终是时代的主旋律。一国的全面发展,无论是经济增长与社会进步,抑或政治清明与文化繁荣,莫不与法治昌明密切相关。经济法作为促进发展之法,深系国计民生之全局,与分配压力的缓释直接相关;其发展不仅关乎分配问题的解决及经济与社会的发展,对法律体系各部门法发展及整体法治建设亦影响深远。因此,不仅应关注经济法的"产生",更要关注其"发展",特别是经济法中的分配制度与宪法中的分配制度的协调发展问题。[1]

考虑到经济法的发展事关法律体系的结构调整与制度变迁[2],同时,也关系到整体的分配结构的调整与制度演进,从结构功能分析的角度,审视法律体系中各部门法所具有的特定功用,从而推进法律体系整体的"协调发展",促进分配结构的优化,无疑甚为必要。事实上,尽管各部门法的调整领域、调整方式各异,但都各有所能,不可偏废。与此相关,中国的法治建设不仅应有法治思维,更要强调系统思维,唯此才可能促进法律系统各构成部分特别是相关分配制度的协调发展。

研究整体经济法或其中的分配制度的发展问题,可以有多种不同的维度,其中,通过考察经济法与其他部门法的关系,分析不同部门法中的分配制度

---

[1] 学界以往对经济法学的发展问题关注相对较多,对经济法自身的纵向发展历程亦有一些研究成果,如程信和:《中国经济法发展30年研究》,载《重庆大学学报》(社会科学版)2008年第4期,第104—108页;朱崇实、李晓辉:《开放性:我国经济法发展的进路与启示》,载《厦门大学学报》(哲学社会科学版)2008年第3期,第65—73页,等等。但从总体上说,学界对于经济法自身的发展尚需深入研究。

[2] 经济法的产生和发展,改变了各国法律体系的基本结构,同时,在财政、税收、金融、竞争等领域的制度变迁,对产权保护亦有实质性影响,并由此促进经济的发展。这其实与诺斯的制度变迁理论也是一致的。诺斯强调,"国家提供的基本服务是博弈的基本规则",其目的是界定产权和增加税收,而宪法与经济法对于实现上述目的是非常重要的。参见〔美〕诺斯:《经济史中的结构与变迁》,陈郁、罗华平译,上海三联书店、上海人民出版社1994年版,第24页。

之间的关联，来推进经济法与其他部门法的协调发展，无疑是一个重要门径。以往学界研究经济法与其他部门法的"相邻关系"或"外部关系"时，大抵更专注于解析经济法与其他某个部门法的"两者关系"，这固然非常重要，但若基于政治、经济、社会、文化等诸多要素而为综合考量，则尚需在扩展的系统中考辨"三者关系"。例如，基于经济法领域非常基础且重要的政府与市场关系[①]，有必要探究经济法与民商法、行政法的"三者关系"；如果进一步延伸，还应思考经济法与宪法、社会法的"三者关系"，等等。在上述的"三者关系"中，直接涉及重要分配制度之间的关系。

无论研究对象是"两者关系"抑或"三者关系"，都要考虑如何更好地推进经济法与相关部门法的协调发展，推进分散于各部门法中的分配制度的协调发展。毕竟，每个部门法或每类分配制度产生的"历史背景"和"多元基础"不尽相同，其使命和职能各异，但又都需要在"当代背景"下继续发展，同时，各个部门法或各类分配制度又往往需面对诸多共同的或密切关联的问题，这些都使其关系变得更为复杂，只有深入研究，认真梳理，才可能更好地推进其协调发展。

在当代各国的经济和社会发展，以及相关的政治与法律发展进程中，尤其在分配问题的解决方面，经济法和宪法担当着十分重要的角色，它们所包含的层级不同的分配制度对于解决分配问题都具有重要作用。经济和社会发展方面的重大需求，以及相关的重要分配制度，都要在经济法乃至宪法中加以体现，并通过经济法的具体落实来再现宪法的精神。因此，经济法与宪法的"协调发展"至为重要，相应的，两类部门法中的分配制度也要协调发展。

考虑到每个法律部门都要与其他法律部门"协调发展"，同时，宪法与经济法的发展均事关重大，两者之间关系的协调对于整体分配制度的发展和完善非常重要，下面拟基于经济法与宪法关系的视角，重点分析经济法及其中的分配制度发展的宪法基础，同时探讨经济法的发展对宪法发展的推动，从而说明经济法发展的必要性，解释各国为什么会大力发展经济法，并通过加

[①] 政府与市场的关系，一直是我国改革开放过程中，特别是全面深化改革方面特别关注的重要关系，对于解决分配问题同样非常重要。参见张守文：《"改革决定"与经济法共识》，载《法学评论》2014年第2期，第18—29页；《政府与市场关系的法律调整》，载《中国法学》2014年第5期，第60—74页。

强经济法规制来解决分配问题,在此基础上,进一步探讨经济法与宪法在发展中的协调性问题,从而说明应如何实现两者的协调发展,如何更好地解决分配问题。

(二) 经济法发展的宪法基础

经济法的发展具有坚实的宪法基础。当代各国大力发展经济法,推进实质意义的经济法的制定和实施,绝非在立法重点上存在共同的"偏好",而恰恰是基于经济法在促进经济与社会发展,特别是解决分配问题方面所具有的举足轻重的地位,恰恰是为了更好地体现宪法规范的要求,全面实现法律系统的整体功能。

大力发展经济法体现了宪法规范的要求。在各国宪法大量增加经济性规范,从而形成"经济宪法"的情况下[①],如果不大力推进经济法的制定和实施,就会使大量的宪法规定无法落实,从而导致"宪法落空",这不仅不符合宪法的规定和精神,也会严重影响法律系统的整体实效,还可能带来分配领域的分配失衡等其他诸多问题。

依据法律位阶理论,宪法具有根本法、基本法的位阶,是其他法律的基础,经济法的发展应符合宪法的要求。[②] 从宪法条文的要求来看,各国宪法涉及经济的条文多数都与经济法直接相关。这些经济性的宪法规范,涉及经济体制、所有制、分配制度等多种基本的经济制度,构成了各国的"经济宪法",奠定了经济法发展的重要宪法基础。

例如,我国《宪法》的第 15 条,就是对经济法发展有重大影响的条文。[③] 该条在 1993 年修宪前曾对计划经济体制作过重要规定,现行的 3 个条款都与经济法直接相关,不仅确定了经济法的经济体制基础,揭示了经济法产生和发展的必要性,同时,也确立了经济法的调整范围、基本架构或体系,

---

① 经济宪法是经济法的重要基础,德国著名经济法学家伯姆(Böhm)等较早地关注了"经济宪法",并同欧肯等共同推进了"经济宪法"的研究;而布坎南在其开创的宪政经济学研究中,也涉及大量经济法制度的问题,因此,研究经济法的发展问题应当注意上述相关制度和理论之间的紧密关联。

② 位阶理论更强调宪法与其他法律之间的层级关系,据此,经济法要服从位阶更高的宪法的要求。参见〔德〕格林:《现代宪法的诞生、运作和前景》,刘刚译,法律出版社 2010 年版,第 14 页。

③ 该条文对于经济法的制度发展和学术研究都非常重要,在宪法解释方面应特别重视,它尤其能够为经济法的制度建设和法学研讨提供重要的宪法支撑。

因而具有重要意义。现分述如下：

第 1 款规定"国家实行社会主义市场经济"①，这是我国首次在宪法上确定实行市场经济体制，对于经济法的发展意义重大，因为现代市场经济正是经济法产生和发展的重要前提和基础。其实，只要实行市场经济体制，就应加强宏观调控和市场规制，就要有经济法中的宏观调控法和市场规制法；如果不实行市场经济体制，当然也就不涉及对市场经济的调控和规制，因而现代意义的经济法也就没有存在的必要。此外，只要实行市场经济体制，就要有与该体制相应的分配制度，无论是国家的财政分配，抑或企业的利润分配等，都要有经济法的保障。可见，上述有关市场经济体制的规定，与经济法的产生和发展，以及经济法的存在基础或必要性等都直接相关。尽管各国未必都将市场经济体制明确规定于宪法中②，但只要实行市场经济体制，就必须大力发展经济法，并不断完善经济法中的分配制度。

第 2 款规定"国家加强经济立法，完善宏观调控"③，这与第一款直接相关。只要实行市场经济体制，国家就必须加强经济立法，尤其应加强经济法的立法；同时，只有加强经济立法，才能更好地完善宏观调控。在我国经济法的立法中，宏观调控的立法占比甚大，这既与我国的"大国"特点有关，也与市场经济体制实行未久有关。随着国家法治化水平的提升，要通过"加强经济立法"来"完善宏观调控"，就需要加强宏观调控法的制定和实施。此外，整体的社会分配格局的形成，与宏观调控直接相关，并且，宏观调控本身也是促进公平分配，解决分配失衡的重要手段。对于宏观调控问题，尽管有的国家未必在宪法中直接作出规定，但在宪法的解释上仍会大量涉及。例如，美国《宪法》中的贸易条款（Commerce Clause）就被认为涉及联邦的宏观调控权问题，从马歇尔时代至今，美国最高法院曾多次作出重要判决，

---

① 原来与此相对应的宪法条文是"国家在社会主义公有制基础上实行计划经济。"这种经济体制的巨变，涉及宪法和经济法的许多重要理论和制度问题，直接影响经济法的发展。

② 例如，德国就没有直接对经济体制作出规定，但由此也引发了理论上和法律适用上的争论，产生了对"经济宪法"的不同范围的认识。可参见黄卉：《宪法经济制度条款的法律适用——从德国经济宪法之争谈起》，载《中外法学》2009 年第 4 期，第 559—573 页。

③ 原来与此相对应的宪法条文是"国家通过经济计划的综合平衡和市场调节的辅助作用，保证国民经济按比例地协调发展"，原来条文对综合平衡和协调发展问题，与新条文强调的宏观调控有一定的相通之处。

联邦的贸易调控权不仅由此得到承认,而且在变易的解释中日益扩大①,这其中都涉及相关主体的利益分配与利益权衡。

第3款规定"国家依法禁止任何组织或者个人扰乱社会经济秩序",这是宪法对市场经济健康发展的重要保障。在市场经济体制下,依法有效规制市场经济秩序,对于保障相关的分配秩序以及整体的社会经济秩序非常重要。为此,必须加强市场规制法的制定与实施。德国学者伯姆将经济宪法理解为对国民经济生活秩序的公共选择或整体抉择,就体现了宪法对经济秩序或市场秩序的普遍重视。其实,正是为了保障宪法强调的社会经济秩序,才需要加强市场规制或市场监管,才需要有专门的市场规制权和市场规制法。

可见,我国《宪法》第15条的上述3款规定,强调了经济法的经济体制基础、以及经济法的调整范围(即宏观调控和市场规制两大重要领域),明确了经济法的二元体系、作用领域等,揭示了推进经济法发展的宪法依据,从而为经济法的制度建设和经济法学的发展奠定了重要的宪法基础。

以上着重以我国《宪法》规定为例,来说明经济法发展的宪法基础,以及《宪法》条文对发展经济法的要求。事实上,随着各国宪法的发展,经济性规范日益增加,尤其在财政、税收、金融、竞争等领域的诸多规定,确立了国家与国民、政府与市场、中央与地方等多重二元结构的框架,明确了相关主体在权力、收益、权利等各方面的分配边界,从而为经济法及其分配制度的发展提供了非常重要的宪法基础。②

当然,经济法的宪法基础不仅体现为《宪法》条文的直接规定,也体现为宪法所蕴含的平等、自由、公平、效率、正义、安全等理念和价值。③ 因此,即

---

① 相关研究可参见张千帆:《美国联邦政府对州际贸易的调控》,载《南京大学学报》(哲学人文科学社会科学)2001年第2期,第141—150页。

② 在一些国家宪法中有关经济或经济法方面的规定非常多。如《德意志联邦共和国基本法》第十章对财政制度有非常具体的规定;而《委内瑞拉玻利瓦尔共和国宪法》(1999年12月30生效)第六编专门规定社会经济制度,该编的第二章中规定了预算、税收、货币制度和宏观经济调控制度,其中,第311条规定了预算平衡原则、财政平衡原则,第316条专门规定了税收法定原则。

③ 如《德意志共和国宪法》《魏玛宪法》第151条曾规定,"经济生活秩序必须符合正义之基本原则,并以保障人人得以有尊严地生存为目的。在此范围内保障个人经济自由。"又如,《多米尼加共和国宪法》(2010年1月26日通过)第217条规定,"在自由竞争、机会均等、社会责任、参与团结的框架下,基于经济增长、财富再分配、社会公平正义、社会和领土凝聚力及环境的可持续性,制定经济制度。"这些规定都体现了宪法的价值和精神。

使某些国家《宪法》在相关条文中未作直接规定或规定较为简约,但其宪法的理念、价值和整体设计,同样可以为经济法的发展奠定重要基础。与此相关联,在经济法领域涉及分配公平、分配正义的制度安排,与各国宪法所强调的公平、正义的理念和价值,也是一脉相承的。通过经济法规制来解决分配问题,防止分配失衡和分配危机,既是宪法的内在要求,也是在推动宪法的实施。

(三) 经济法的发展对宪法发展的推动

经济法的发展,有助于丰富和完善宪法的内容,进而推进宪法的发展。例如,经济法中的大量"体制法"都涉及宪法问题,在解决涉宪体制问题的过程中,自然会推动宪法的发展。尤其是经济法中有关财政、税收、金融、产业、竞争、外贸等领域的体制安排,涉及多种分配制度,其法治建设对宪法发展的影响更大。

从经济法的早期发展史看,为了加强市场规制,美国国会曾于1887年和1890年先后通过了《州际贸易法》和《谢尔曼法》,并陆续成立了州际贸易委员会和联邦贸易委员会等独立的规制机构,形成了一套特殊的规制体制和制度①,对于经济法的后续发展具有重要的里程碑意义。上述经济法制度的产生和发展,不仅推动了相关调控和规制体制的变化,解决了相关领域的分配问题,形成了具体的分配制度,也推动了宪法的发展。

例如,依据前述美国《宪法》的贸易条款,制定上述《州际贸易法》是国会贸易调控权的体现②,但在该法实施后,随着贸易的发展和诸多纠纷的出现,对于联邦层面的贸易调控权的范围及其行使等问题,美国最高法院曾长期进行着复杂的解释③,正是在这些解释的过程中,不仅使对贸易的调控和规

---

① 对于规制机构问题,行政法学领域的许多研究对理解经济法领域的市场规制问题亦有启发。可参见宋华琳:《美国行政法上的独立规制机构》,载《清华法学》2010年第6期,第53—71页。

② 依据美国《宪法》第1条第8款的规定,国会享有一系列重要权力,包括征税权、信贷权、造币权,以及国际贸易、州际贸易的调控权等。这些权力与经济法上的宏观调控权和市场规制权都直接相关,同时,也都是事关分配的权力。

③ 在不同时期的不同判例中,形成了多种不同的理论和原则,如"生产—贸易"区分理论、"贸易流"理论、"直接相关"原则、库利原则等,在宪法解释不断变易的过程中,联邦的调控权力亦不断增强,国家干预的范围日益扩大。而上述的宪法解释过程,正是通过融入经济调控和规制的实践,来不断发展宪法的过程,由此可见,宪法解释的确非常重要,"它是当代宪法和司法审查理论的核心问题"。参见〔美〕惠廷顿:《宪法解释:文本含义,原初意图与司法审查》,杜强强等译,中国人民大学出版社2006年版,第2页。

制权力得到扩展,从而推动了经济法的发展,而且在经济法发展的过程中,宪法本身也得到了丰富和完善。[①]

中国当代的经济法是在从计划经济体制向市场经济体制转变过程中产生和发展起来的。我国的改革开放在推动经济法产生、发展的同时,也带来了商品经济的发展和繁荣,不仅使实行市场经济体制和加强宏观调控渐成共识,也使相关的分配制度不断得到完善。事实上,我国在改革开放之初,就已认识到政府直接管理微观经济存在的诸多弊端,并开始强调"宏观调节",其实质内容就是"宏观调控"。[②] 我国20世纪80年代在财政、税收、金融、价格等领域进行的体制改革和的经济法制度实践,特别是国家的"放权让利"和"放松管制",使市场取向改革的制度建设不断深化[③],实际就是国家重视运用法律化的经济手段不断完善宏观调控的过程,同时也是不断完善各类分配制度,减缓各类分配压力的过程。上述的诸多体制改革,在相当大的程度上解决了分配领域的问题,极大地提高了生产力水平,推动了经济法的产生和发展,而经济法的发展和相关的经济体制改革,则对于市场经济体制和宏观调控在宪法上的最终确立,对于《宪法》第15条的整体修改,起到了重要的推动作用。

"宏观调控"入宪并成为一个重要的法律概念,对于经济法中的宏观调控法的发展尤为重要。随着经济体制改革的深入、完善和稳定,我国所进行的各类体制改革和制度变迁的重要成果,包括完善分配制度的各类成果,不仅会在经济法中得以确立,也可能在未来的宪法修改中加以体现,这也是经济法对宪法发展的重要推动。

---

① 曾任美国联邦法院首席大法官的马歇尔认为,宪法条款仅能勾勒宏伟纲要,指明重要目标,宪法的完好解释应该允许国家立法机构具有选择手段的裁量权,从而以最有利于人民的方式,履行期最高职责。只要所有合适的手段与宪法的文字与精神相一致,就是合宪的。参见张千帆:《美国联邦宪法》,法律出版社2011年版,第98—100页。马歇尔的思想有助于理解经济法与宪法的关系,以及经济法的合宪性问题。

② 1984年10月20日在中共十二届三中全会上通过的《关于经济体制改革的决定》中提出"宏观调节",强调"在及时掌握经济动态的基础上综合运用价格、税收、信贷等经济杠杆,调节社会供应总量和需求总量、积累和消费等重大比例关系,调节财力、物力和人力的流向,调节产业结构和生产力的布局,调节市场供求,调节对外经济往来",这与后来对"宏观调控"的理解大体相当。到1988年9月30日,在中共十三届三中全会的报告中已开始使用"宏观调控"的概念。

③ 这方面的具体探讨可参见张守文:《贯通中国经济法学发展的经脉——以分配为视角》,载《政法论坛》2009年第6期,第122—135页。

我国在改革开放的过程中，由于全国人大及其常委会在经济法领域的授权立法甚多，"试点立法模式"通行①，因而涉及分配的税法制度等许多制度变革往往在经济法领域"先行先试"，有时甚至可能存在"良性违宪"的问题（这涉及经济法与宪法的一致性问题）。同时，正因违宪是"良性"的，存在经济上的合理性，因而也会推动宪法的修改和完善。这同样是经济法发展对宪法发展的推动。

经济法发展对宪法发展的推动，在不同国家的不同时期会有不同的显现。由于我国宪法规定较为简约、原则，因而在"形式上"受部门法发展影响而产生的变动相对较小。如果在宪法文本内容更为细致繁复的国家，则经济法等部门法发展对宪法发展的推动会体现得更为突出。

以上分别以美国的市场规制法和中国的宏观调控法为例，来说明经济法的发展对宪法发展的推动，从中亦可窥见经济法与宪法的发展在不同国家的不同时期所呈现的不同特点。但无论各国的制度如何特殊，都应重视经济法与宪法在发展过程中的一致，强调在两法中蕴含的分配制度的协调。

（四）经济法与宪法在发展中的协调

依据前述认识，经济法与宪法在发展中的互动值得关注：一方面，经济法的发展需要以宪法为基础，大力发展经济法既是宪法条文的要求，又是实施宪法的需要；另一方面，经济法的发展有助于宪法的丰富、完善，从而推动宪法的发展。因此，必须考虑宪法与经济法在发展中的双向互动，尤其应关注两者的经济性和规范性，以增进两者的一致性和协调性，从而实现两者的"协调发展"。

如前所述，宪法与经济法所共有的"经济性"②，是两法所蕴含的分配制度能够协调发展的重要前提。随着宪法中经济性规范的与日俱增，宪法的"经济性"日益凸显。经济宪法的不断丰富，特别是对分配问题的高度关注，体现了时代需要和发展要求，而且从发展趋势上看，经济宪法可能会与日俱

---

① 具体探讨可参见张守文：《我国税收立法的"试点模式"——以增值税立法试点为例》，载《法学》2013 年第 4 期，第 61—68 页。

② 有关宪法与经济法的经济性的具体论述，可参见张守文：《经济法总论》，中国人民大学出版社 2009 年版，第 48 页、第 59 页。

增。而要落实和体现这些经济宪法,就必须大力推进经济法及其分配制度的发展。反之,如果一国的经济法不能得到有效发展,则不仅《宪法》的规定不能落实,而且还可能在实质上损害其经济发展。事实上,各主要国家都曾经或正在努力构建较为完备、发达的经济法制度,这对于推进其经济和社会发展非常重要。

宪法与经济法所共有的"规范性",为两法中的分配制度的协调发展提供了规则基础。作为法律体系的重要组成部分,宪法和经济法都具有规制职能,在规范性上有相通之处。[①] 此外,如前所述,宪法规范和经济法规范对应于两类不同的秩序,两类规范具有不同的层级或位阶,因此,经济法中的分配制度不仅不能与高位阶的宪法中的分配制度相抵触或冲突,还要以宪法中的分配规范为基础,并与其保持一致。应当说,明晰不同分配制度的层级,对于其协调发展甚为重要。

基于上述的经济性和规范性,必须注意宪法与经济法及两法中的分配制度之间的一致性。一方面,从法律效力的角度,经济法规范应当与宪法规范保持一致,否则可能会存在违宪的危险;另一方面,从法律发展的角度,宪法在发展中亦应吸纳经济法的发展成果,并适时作出适度的调适,以保持两者的一致。只有在经济性和规范性的基础上实现一致性,才能实现两者的协调发展。

为了增进经济法与宪法的一致性或协调性,需要通过司法判断或非司法判断,来认定经济法与宪法是否存在不一致或不协调。其中,法院通过司法审查所作出的"司法判断"具有法律效力,因而非常重要。司法机关基于宪法所进行的违宪审查是单向度的,在一定时期,涉及经济法规范的立法可能会被宣布为"违宪"[②],但随着法院对国家的调控和规制职能认识的深化,对宪法的解释也在发生转变。例如,在美国曾被认为与宪法存在不一致的个别经济法制度(如所得税制度,也是重要的分配制度),就早已不再被认为

[①] 对于经济法的规制性和规制职能,学界已有较多探讨,而宪法的规制职能则可能被理解为规范或约束的职能,与经济法的规制职能不尽相同。可参见〔荷〕马尔塞文等:《成文宪法——通过计算机进行的比较研究》,陈云生译,北京大学出版社 2007 年版,第 315 页。

[②] 如美国 1895 年曾宣布《所得税法》违宪(直至 1913 年才恢复开征所得税),1935 年宣布《全国产业复兴法》(或译为《国家工业复兴法》)违宪,等等。

"违宪";有些国家甚至还将所得税制度直接规定于宪法中,从而形成了宪法上的分配制度。① 上述司法判断或宪法解释的变化,以及相关具体制度的发展,体现了宪法与经济法在发展中的相互影响与调适。

此外,学者和社会公众等非司法主体基于自己的观察,可以对经济法与宪法的一致性或协调性作出"非司法判断"。随着人们的法律意识特别是宪法意识的提升,对于合法性、合宪性的关注也越来越多,这会促进宪法与经济法在发展中的协调。一方面,基于宏观调控、市场规制行为对国民财产权、经济自由权等诸多基本权利的重要影响,经济法制度的制定与实施的合宪性日显重要,因而经济法必须与宪法规定相一致、相协调;另一方面,基于经济宪法的要求,必须大力加强宏观调控法和市场规制法的制定和实施,依法限定国家的权力,保障市场主体的经济发展权②,而不应被利益集团"俘获",人为阻碍经济法的发展。当前,阻滞中国发展的坚冰亟待通过全面深化改革加以击破,财税体制、金融体制等诸多体制瓶颈亟待突破,妨害公平竞争的壁垒亟待打破,各类分配问题亟待解决。上述问题的层层破解,尤其需要经济、政治、社会等诸多体制的协调变革,需要各类分配制度的协调发展,需要经济法与宪法的共同保障。

宪法在发展,经济法也在发展,无论规范层面抑或价值层面,无论是哪个位阶的分配制度,都要在动态调整中保持其协调,否则,如果出现不协调或不一致,就会带来许多负面效应。无论是宪法的发展滞后,还是经济法的发展滞后,都会对相关分配问题的解决以及整体的法治建设产生不良影响。

(五) 小结

经济法是"促进发展之法",经济法与各个部门法能否协调发展,相关的不同类型、不同位阶的分配制度能否协调互补,既涉及经济法在法律体系中的"相邻关系",又涉及经济法的发展质量和效益。尤其是经济法与宪法的协调发展,牵涉甚广,关系到不同类型分配制度的长远发展,非常有深入探究

---

① 如美国就不再认为所得税制度违宪,在德国的基本法或巴西等国的宪法中,不仅对所得税制度有较为具体的规定,而且对涉及财税、金融等重要的宏观调控制度和市场规制制度亦可能有较多规定。

② 有关市场主体的经济发展权的具体探讨,可参见张守文:《经济发展权的经济法思考》,载《现代法学》2012年第2期,第3—9页。

之必要。

前面着重探讨了经济法发展的宪法基础,以及经济法发展对宪法发展的推动,从中不难发现,经济法的发展和分配制度的完善,均离不开宪法基础的支撑和保障,加强经济法规制,有效解决分配问题,既是宪法规范的要求,也是实施宪法的需要;同时,经济法自身的发展及其蕴含的各类分配制度的完善,也会在一定程度上丰富和完善宪法,进而推动宪法的发展。上述探讨有助于说明各国为什么要推进经济法的发展,以及为什么要促进经济法与宪法领域的分配制度的协调发展。在此基础上,还应关注经济法与宪法在发展中的互动与协调,尤其应基于经济法与宪法所共有的经济性和规范性,借助于司法判断和非司法判断,来发现和解决不同类型分配制度的不一致问题,从而增进其一致性和协调性,以全面实现其协调发展。

保持经济法与宪法中的分配制度的动态协调发展,有助于实现良法之治,解决分配制度中存在的违宪(或良性违宪)问题;同时,如能结合经济与社会的动态发展,关注各类分配制度的动态变迁和制度调适,在实质意义上加强司法审查,则对于经济的良性发展和分配问题的解决亦甚为重要。

对于经济法领域涉及的大量宪法问题、经济宪法领域涉及的大量经济法问题,以及两个法域涉及的分配问题,都需要深入研究,关注经济法与宪法的关系,促进不同类型分配制度的协调发展,已日显重要。与此相关联,未来的经济法学研究不仅应关注"宪政经济学"等交叉研究成果,也要重视经济法学与宪法学及其他法学学科的交叉研究,这对于推进整体的法学繁荣和法治发展,推进分配问题的解决,均甚为重要且大有裨益。

三、不同性质分配制度的协调互补

在分配领域,公法和私法都具有重要影响,尤其经济法和民商法对于各类主体的收益分配影响更大。因此,除了研究宪法与经济法之类的公法属性的分配制度的一致性和协调性以外,还应当研究经济法与民商法这两类不同性质的重要分配制度之间的协调互补问题。

考虑到经济法和民商法都涉及分配制度,且分别具有公法和私法的不同属性,下面拟以经济法中对分配具有重大影响的税法制度为例,来探讨税法制度的变革与民商法调整所形成的私法秩序之间的协调,从而揭示经济法与民商法中的分配制度的协调互补性。

众所周知,税法变革历来备受关注——它直接影响相关主体的利益分配,古今中外的历次"变法"都直接或间接地与其相关,同时,它还会对私法秩序产生重要影响,从而使税法变革与私法秩序的冲突与协调问题,亦成为一个可持续研究的、有可掘度的重要问题。

由于无论是税法变革,还是一般的私法调整,都涉及财产权的确立与保护,都与分配问题直接相关,并可能由此而引发冲突;同时,由于在我国宪法的修改过程中,对财产权的保护问题虽多有讨论,但从税法学或宪法的角度看,从公法秩序与私法秩序的协调来看,还有很多值得研究的问题,因此,下面拟着重从财产权保护的角度,简要探讨税法变革与私法秩序的协调问题,从中可以发现在解决分配问题方面加强经济法与民商法的协调的必要性和重要路径。

(一)冲突的必然性与协调的必要性

税法的调整,同私法调整所形成的私法秩序存在着交互影响。税法作为高级法,是以私法的调整为基础的。特别是在税收征纳方面,更是如此。例如,商品税的征收离不开商品的流转,而商品的流转首先是由私法来规范的;所得税的征收,离不开所得的确立,而所得额的确立及其多少,则首先是由私法来调整的。在财产税领域也是如此。可见,私法的调整,确立了具有"物化"特征的商品、所得和财产[①],并且,也相应地确立了这些"物"的数量和范围,只不过私法调整所确立的"物",还只是"潜在的"课税对象。真正的课税对象及其范围和数量,最终要经由税法上对课税要素的规定来确立,由此使税法会对最终的分配产生重要影响。

事实上,私法上所确定的"物"[②],同税法上所确定的课税对象,并非一

[①] 商品、所得和财产,作为财富的动态和静态的表现形式,恰恰是通常的征税客体或称征税对象。参见张守文:《税法原理》(第六版),北京大学出版社2012年版,第54—55页。

[②] 需要说明的是,这里探讨的"物"是从一般的法学研究(特别是包含了税法学研究)的角度展开的,因而是更为广义的;即使在谈到私法上的"物"的时候,也并不仅限于狭义的物权法上的"物"。

一映射，因为任何国家的税法调整，都要有所取舍，从而形成了私法调整与税法调整的差异。私法调整所确定的"物"，如果不属于课税对象，则税法至少在形式上不能对其最终归属产生影响；反之，如果私法上所确立的"物"同时也是课税对象，则税法的调整会对其最终命运产生直接影响。正是在这个意义上，私法调整所形成的私法秩序，往往可能并非稳定的"终局"，至少在"物"的最后归属上，还可能因税法的调整而受到影响（至少是一定数量上的变化），这体现了税法参与社会产品的分配和再分配的功能。因此，虽然私法的调整及由此形成的私法秩序是税法调整的基础，但税法作为"高层次的法"，其调整会对私法秩序的最终形成和稳定产生重要影响。两者之间的互动，随着市场经济的发展而愈发显得重要。

私法调整所确立的"物"，其权利归属如何、是否"完整"，一般会被归结为财产权及其保护的问题。如何保护财产权，会直接影响相关的私法秩序。而税法的调整，恰恰被认为对私人财产权存在着一种"侵犯"，从而会形成税法调整与私法调整、税法秩序与私法秩序之间的一种冲突。两者之间的冲突，同税法与私法的法益保护目标及其作用机理直接相关，因而是有其必然性的。[1]

由于私法调整涉及财富的形成，以及私人财产权的确认和归属，而税法的调整则可能对私人财产权的确认与归属产生"反向"的或"减量"的影响，因而一般会认为私法更侧重于保护私人的财产权，税法则可能构成对私人财产权的"侵犯"，两者在私人财产权的保护上存在着一种内在的法律调整上的冲突。其中，隐含着国家与国民、政府与市场、公权力与私权利之间的冲突。上述冲突，如果不能有效解决，就会对经济和社会的稳定发展，对国家和国民生活的方方面面，产生诸多不利影响，甚至会影响国家的兴衰。这已经为许多学者的研究所证实。[2] 正因为税法调整与私法调整之间的冲突影响巨大，因此，必须对其冲突进行有效协调。事实上，对于上述冲突如何协调，

---

[1] 如果进一步深究，这个问题还可以从所谓"诺斯悖论"的角度来认识。诺斯曾经认为，国家的存在既是经济增长的关键，又是经济衰退的根源；国家既要界定和保护产权，又要不断增加自己的收入，其目标存在着内在的矛盾。其实，"诺斯悖论"中所体现出的矛盾，同税法与私法之间的矛盾是一致的，它有助于说明税法与私法冲突的必然性。

[2] 可参见〔美〕诺斯：《经济史中的结构与变迁》，陈郁等译，上海三联书店、上海人民出版社1994年版，第166—177页。

如何缓冲，始终是一个常新的话题。

对于协调的必要性，人们多基于稳定、和谐的法律秩序对于经济、社会稳定发展的重要性来考虑。从历史上看，只有那些能够有效地保护私人的财产权，同时又能够有效地提供公共物品的国家，其经济和社会发展才会呈现良性运行的态势，其在国际竞争中也才能够处于优先地位。从法律的角度来看，税法和私法都是整个法律系统中的重要子系统。尽管对这些子系统的描述还有诸多不同，但人们一般会认为，它们都各有其功能，这些功能需要通过法律系统的有效整合，才能更好地发挥整个法律系统的整体功效。为此，法律系统必须内在地协调，不断缓解税法与私法之间，以及它们与其他法律调整之间的冲突。可见，即使从完善法律系统的角度看，也需要对税法与私法的调整，以及税法秩序与私法秩序进行有效协调。

作为一个开放的系统，法律系统的各个子系统都要随着经济和社会的发展以及其他方面的需求，而不断地作出调整和调适，税法系统更是如此。由于税法受经济政策、社会政策等公共政策的影响更大，某些调控性规范的变易更为频仍[①]，因此，税法的变革便会应需发生，甚至可能呈现一定的周期性[②]，从而必然会对私法秩序产生影响。上述税法变革与私法秩序之间的冲突，是否具有协调的可能性？协调的基础是什么？诸如此类的问题，都需要作出进一步的探讨和回答。

（二）"两权分离"的合理性与协调的可能性

以往人们比较关注的"两权分离"，是所有权和经营权的分离，尽管这个问题在历史上曾经有着重要的意义，但毕竟更多的是侧重于微观层面。在此，需要提出和关注的是客观上久已存续，但并未受到足够重视的另一类"两权分离"，即"私人财产权与公共财产权的分离"，或者在把财产权仅仅狭义地理解为私人财产权的情况下，也可以称之为"财产权与财政权的分离"。

上述"两权分离"的合理性，源于满足人类欲望的正当性，与国家和国民的利益分配直接相关。从基本人权的角度来看，人类的基本需要应当通过

[①] 参见张守文：《税法的普适性及其局限》，载《中外法学》2001年第5期，第554页。
[②] 参见张守文：《经济法理论的重构》，人民出版社2004年版，第478页以下。

相应的渠道来得到满足。其中，私人欲望需要通过私人物品来满足，这就需要私法来确认私人的财产权；公共欲望需要通过公共物品来满足，这就需要公法确认和保护公共财产权。由于两类欲望、两类物品，需要有两类不同的权利与之相对应，于是就形成了私人财产权与公共财产权的分离。①

在"朕即国家"的"家天下"时代，由于"普天之下，莫非王土"，现代意义上的"两权分离"的土壤尚付阙如，皇室或王室的财产与国库的财产不分，皇帝或国王可以恣意征税，以满足自己的需要，社会公众的私人财产权自然难以得到长期、稳定的保护。从某种意义上说，预算法定、税收法定等原则的逐步确立，作为近现代法治精神的重要体现，是与"两权分离"与"两权法定"相一致的，并使财税法成为保护"两权"的重要制度。

从以往的研究来看，人们在财产权是包括物权、债权还是包括其他更多的私权等方面，可能存在认识分歧，但在谈及财产权的保护时，往往更重视私人财产权。从私法的角度看，这固然很重要亦很必要。但从超越私法与公法的角度，从人类欲望的全面满足来看，尽管私人财产权非常基本也非常重要，但仅仅重视私人财产权的保护还是不够的，因为公共财产权的保护同样不可或缺。如果公共财产权得不到有效保护，公共物品的提供就会受到很大影响，历史和现实中的此类教训不胜枚举。

依据法益保护的基本分工，人们一般会认为，私法侧重于私人财产权的保护，而公法特别是税法，侧重于公共财产权的保护，并且，公共财产权的形成，在很大程度上又是建立在私人财产权的基础之上的，是私人财产权的部分让渡，因此，税法的调整与私法的调整，必然会在私人财产权的保护方面形成一定的冲突。但由于"两权分离"是与公共欲望与私人欲望的满足相联系的，且与公共物品与私人物品的提供相对应，具有其内在的合理性，因而与之相对应的公法（特别是税法）与私法的冲突，也存在着协调的可能性。基于这种可能性，如何有效地保护私人财产权和公共财产权，缓解由于"两

---

① 斯密曾经指出，政治经济学有两个目标：一是给人民提供充足的收入或生计，一是给国家或社会提供充分的收入，两者可总称为"富国裕民"。参见〔英〕亚当·斯密：《国民财富的性质和原因的研究》（下卷），郭大力、王亚南译，商务印书馆2003年版，第1页。其实，富国裕民也是当今各国的至为重要的目标，而要"富国"，则要确立公共财产权；而要"裕民"，则要确立私人财产权，从而使两权分离亦有其现实正当性。

权分离"而产生的冲突，实现税法调整与私法调整之间的协调，就是一个非常重要的问题。

其实，私人财产权与公共财产权的"两权分离"，首先会体现在宪法层面上。任何国家都必须特别关注收入或财富的分配，并应当设定或区分国民的财产权与国家的财政权。因此，"两权分离"在立宪过程中就要进行协调，并在一定时期形成一种"均衡"。在宪法上，要规定对国民财产权的保护，同时，也要规定国家的财政权。对于"两权"的分割与配置，首先要在宪法上进行协调，并应当进一步体现在相关的法律与法规之中，从而形成两权分离与保护的法制基础。

应当说，税法调整与私法调整，都离不开上述的法制基础，它为税法变革与私法秩序的协调也提供了制度上的可能性。从整个法制系统来看，税法与私法都是宪法的具体化，它们对于公共财产权和私人财产权都具有保护作用，只不过在某些制度上各有侧重而已。由于"两权分离"及对"两权"的保护都具有合理性，因此，当税法与私法在相关规定上不协调的时候，应当基于"两权"的综合保护，从宪法规定和宪法精神的角度，来考虑如何进行协调。如果税法或私法的调整，在"两权保护"方面存在冲突，有时还应考虑是否存在违宪的问题。

（三）税法变革的外部效应与制度协调

税法是常维新的。税法变革不仅会经常发生，有时还会形成周期变易。税法变革对私人行为、私人利益、私法秩序所产生的影响，是税法变革的一种外部效应。对于税法变革所产生的负的外部效应，尤其应当关注，因为它直接涉及私人财产权的保护，关乎私人利益和私法秩序的稳定。当税法的外部效应所产生的问题非常突出时，就需要进行相应的利益协调。

世界各国的税法变革，通常可体现为多个方面。例如，纳税主体、具体的税目、税率等各个课税要素的变化，开征、停征某个或某几个税种，等等，都是税法变革的具体体现，它们都会对私法秩序产生直接的影响。例如，我国1994年的税制改革，是规模宏大的一次税法变革，在这次变法过程中，开征了一些新的税种（如消费税、土地增值税等），同时，调整了一些税种（如增值税、营业税等）的征税范围，合并了一些税种（如企业所得税、个人所得税等），这些税法变革，都会对既存的私法秩序产生影响，尤其对相关私法主体的市场行为及其经济结果会产生外部效应。

众所周知，私法调整所形成的私法秩序，是需要相对稳定的。特别是在财产权方面，"有恒产者有恒心"①，国家的法律只有对国民的产权提供全面、有效的保护，从而形成稳定的私法秩序，才能更好地推进经济和社会的发展。对此，诺斯等在制度经济学研究中已经作出了较有说服力的解释，从而使产权保护影响国家兴衰的轨迹在经济发展史上得到了愈发清晰的显现。有鉴于此，在税法的变革过程中，必须很好地考虑与私法秩序的协调问题，以免过多地干预和影响稳定的私法秩序的形成。事实上，私法秩序的最终形成，要考虑税法的影响。特别是在财产权方面，往往要在经由税法调整以后，才能形成较为稳定的私法秩序。

税法变革是需要随着经济和社会的发展而不断作出的。人们所关注的税法变革与私法秩序相协调的问题，其实在很大程度上是强调：税法的变革要顾及私人主体的预期，要对其私人经济活动影响相对较小，也就是说，在那些特别强调市场调节的领域，还是要像马歇尔当年一样倡导"税收中性"；而在那些特别强调宏观调控的领域，则应注意尽量不要增加私人主体的额外负担。为此，在可能的情况下，要尽量有效地配置私人财产权与公共财产权，促进社会财富的公平分配。

但是，在现实的经济生活中，私人财产权与公共财产权的冲突是一个永恒的问题，需要持续不断地去解决，而不可能一蹴而就。对此，我国的相关立法已经从过去的片面关注某一类权力或权利，逐渐转为关注各类权力与权利的协调保护。例如，我国过去的《税收征收管理法》曾更多的是关注国库的利益，关注公共财产权的取得等问题，在具体的设计上，更多的是在规定纳税人的义务，而对其权利的规定相当不足。但在进入21世纪以后，在修改《税收征收管理法》的过程中，已经融入了大量的有关纳税人权利的规定，并在多项制度（包括过去比较强调国库利益的税收保全制度、强制执行制度等）

---

① 孟子曰："无恒产而有恒心者，惟士为能。若民，则无恒产，因无恒心。苟无恒心，放辟邪侈，无不为已"（梁惠王章句上·第七章）。孟子的上述思想，在今天同样很有现实意义，并得到了广泛的认同。

中，都规定了纳税人的权利①，且主要涉及私人的财产权。这无疑是一个很大的进步。但这些规定能否在公共财产权与私人财产权之间，在税法调整与私法调整之间实现有效的协调，则尚需进一步努力。

由于税法所涉及的领域非常广阔，因而对于私法秩序的影响也会非常大。任何一次税法变革，都会使原本平静的私法秩序荡起层层涟漪。事实上，每一次税法变革，都可能改变私人的预期，影响着私人的行为和收益，从而会影响整个私法秩序的稳定。

例如，我国的出口退税制度，就曾多次变革，每一次变革都会直接影响公共财产权和私人财产权的分割与配置，甚至还会在不同层次的公共财产权（如中央政府的公共财产权与地方政府的公共财产权②）之间，以及不同主体的私人财产权（如出口企业和非出口企业的私人财产权③）之间，产生不同的影响。对于这些问题，包括出口退税制度的历次变革的得失，学界已有很多探讨，但从法律角度看，其中一个非常核心的问题，始终是纳税人的退还请求权的保护问题，或者说国家获取公共收入，应如何降低私人主体的额外经济负担、如何保护其私人财产权的问题④，亦即在私人财产权与公共财产权之间如何权衡的问题，同时也是税法变革与私法秩序如何协调的问题。

对于上述问题，国家已高度关注，并采取了一些行之有效的措施。与此同时，因各类税法制度变革所带来的私法秩序受到影响的其他问题，还有相当多未能有效解决。例如，在"营改增"过程中，有的行业在改征增值税后，其税负不降反增，从而对相关企业的生产经营活动和收益分配产生了负面影响，需要在全面推进"营改增"的进程中着重加以解决。

对于税法变革在私法领域的外部效应，应当有充分的估计，并相应地作

---

① 国家税务总局曾根据现行法律、法规有关纳税人权利的规定，于2009年11月6日，专门梳理并整合发布了《关于纳税人权利与义务的公告》，其中涉及纳税人权利共计14项。

② 从2003年我国出口退税制度的变革来看，中央政府的公共财产权与地方政府的公共财产权的分野，已经越来越明晰，这也是财政体制法和税收体制法研究需要特别关注的问题。此外，还应关注相关的国际义务，可参见王海峰：《WTO视角下我国出口退税制度的完善与发展》，载《政治与法律》2011年第9期，第75—82页。

③ 同非出口企业相比，出口企业由于退税不及时、不足额而带来的经济负担，或者说其私人财产权所受到的保护的不充分，始终是出口退税制度变革屡遭诟病的一个重要缘由，同时，也是政府不断完善该项制度的一个重要动力。

④ 参见张守文：《略论纳税人的退还请求权》，载《法学评论》1997年第6期，第26页。

出制度协调,在税法或私法上予以具体安排。从总体上说,无论是哪类制度的协调,往往并非单纯地通过单方面的税法或私法制度安排来实现。与此相关联,宪法或其他法律的相关协调,特别是在权力或权利配置上的规定,往往对解决税法变革带来的私法秩序的不稳定等问题会具有重要价值。

由于税法制度众多,涉及范围广泛,因此,就某类税法制度而言,从保障私法秩序的稳定性,以及有效协调私人财产权与公共财产权的保护来看,则应当保持相对稳定。虽然税法具有重要的宏观调控或配置资源的功用,但"治大国若烹小鲜",税法的变革确实也应当慎重,不应当随意、频繁,这对于保障稳定的私法秩序是非常重要的,也体现了与私法秩序的一种"协调"。

此外,税法之所以发生变革,有时是由于私法的调整不足以有效地保护公共财产权,甚至也不足以全面地保护各类主体的私人财产权。在这种情况下,也需要通过私法的变革,来与税法的变革相协调。税法与私法在制度上的协调不仅可以是单向的,也可以是双向的,甚至还可能体现在一些更高层次的共通的法理或法律原则方面。例如,诚实信用原则,不仅是私法上的基本原则,也是税法适用的重要原则,它是两者协调的一个重要桥梁。其实,私人之间依据诚实信用原则建立、发展、终止经济关系的活动,是国家征税的重要基础;同时,私人对于国家也应当诚实信用,当私人违法进行税收逃避的时候,国家同样可以通过对法律上的真实情况的确认,来进行征税。另外,如果私人滥用其私法上的权利,意图规避税法,则在税法上可以否定其私法上的效力,进行实质课税。①

其实,私法领域的主动协调非常重要,但往往易被忽视。例如,民法上规定违反法律的民事行为无效,据此,违反国家税法的私人交易,当然亦无效。这对于稳定私法秩序,有效保护公共财产权和私人财产权,都有重要价值。从这个意义上看,虽然税法与私法在保障公共财产权和私人财产权上有时各有侧重,但是作为法律,它们对于"两权"保护,对于全面解决分配问题,都有其重要功效,这也是两者能够协调的一个重要基础。

---

① 德国《税法通则》第42条专门对规避税法的行为作出了规定,强调对纳税人滥用权利的行为进行实质课税。这被公认为是实质课税原则的典型立法例。

(四) 小结

从税法与私法调整的基本原理来看，税法变革与私法调整所形成的私法秩序需要协调。从满足人类不同需求，促进公平有效的分配的角度看，协调不仅是必要的，而且也是可能的，这同私人财产权、公共财产权的分离直接相关。对于税法变革所产生的外部效应，特别是对于私法秩序所产生的负的外部效应，尤其需要重视，并应通过具体的制度安排，分别从税法或私法的角度，以及其他各类法律、法规的角度，来进行制度协调，这样才能更好地解决分配问题，防范分配危机。

公共财产权与私人财产权的分离，有其内在的合理性，税法和私法对于保护"两权"，构建良好的分配秩序，都有着重要的价值。因此，通过税法、私法乃至宪法和其他法律方面的制度协调，来解决税法变革产生的负的外部效应问题，特别是给私法秩序带来的负面影响问题，既有必要，也有可能。只是上述问题往往会此消彼长，因而需要持续不断地去解决。而解决上述问题的过程，既是不断对分配活动进行法律规制的过程，也是经济法与民商法在规制方面不断进行协调的过程。

四、相同类型分配制度的内部协调

除了上述的宪法与经济法、经济法与民商法等不同类型（不同位阶、不同性质）的重要分配制度需要加强协调固然重要，但除此以外，即使是同类分配制度，也需注意其内部协调，尤其应在规制目标和法律依据上加强协调。例如，我国自2004年（特别是2008年）以后，税制改革的一个重要目标是"结构性减税"，减税作为降低市场主体税负，激发市场活力的重要举措，在各类相关税法制度中都要有具体体现。为此，各类具体的税法制度，作为同类分配制度，在减税目标和法律依据上就需要保持协调一致。为此，下面以结构性减税为例，来说明同类分配制度的内部协调问题。

(一) 结构性减税的提出

作为应对分配危机的重要手段，减税措施在各国的运用非常频繁而广泛，对相关主体的收入分配影响巨大。① 我国在 2008 年金融危机发生以后，各类成本居高不下，民生压力巨大；企业负担更显沉重，已直接影响其发展权和竞争力。② 在此背景下，亟待调整经济结构，降低国民负担，激发市场活力，从而使"适度减税"渐成共识。

为推进"适度减税"，我国力倡"结构性减税"③，即所谓"为实现特定目的而针对特定主体、特定领域实施的减税"，它不同于整体并行的大规模减税，而是有差别的"适度减税"。上述对"结构性减税"的通常概括，更强调减税的"特定性"或"特殊性"，而对其"结构性"特征并未特别关注。事实上，所有的减税均与结构有关，既有赖于现行税法结构，又会影响税法自身的结构优化，如果能够坚持统一的减税目标，坚守相关的法律基础，则会有助于增进税法制度内部的协调，即"结构性减税"会带来税法的"结构性变革"，它会使相关税法制度之间的协调性提高；同时，它还会对宏观层面的经济结构、财政结构、税收结构、分配结构等产生积极的影响，因此，对"结构性减税"产生的诸多"结构性"问题，确有深入研究之必要。④

需要强调的是，"结构性减税"并非仅是一个政策问题或经济问题，更是一个法律问题，它要求在统一的法律目标和法律依据的基础上，加强各类税法制度之间的内部协调，并对税法结构作出优化，这样才能在法治的框架下实现"善治"。⑤

"结构性减税"虽然是应对危机的重要措施，但如果强调"结构性减税"

---

① 2008 年金融危机发生后，美国、德国、英国、日本、澳大利亚等多国家纷纷减税。其中，美国通过的 2008 年《紧急经济稳定法案》、2008 年《能源促进与（优惠）延长法案》和 2008 年《延长税收（优惠）与最低选择税减免法案》涉及逾千亿美元的减税额度，影响尤为巨大。

② 减税与市场主体的经济发展权直接相关，从经济法视角展开的相关探讨，可参见张守文：《经济发展权的经济法思考》，载《现代法学》2012 年第 2 期，第 4—10 页。

③ 从 2009 年正式提出实行"结构性减税"至今，国家已将"结构性减税"作为解决经济和社会问题的重要手段，重视程度亦不断提高。此前，学界对于"结构性减税"已有关注，且有学者强调应将其作为战略选择。参见安体富、王海勇：《结构性减税：宏观经济约束下的税收政策选择》，载《涉外税务》2004 年第 11 期，第 7—12 页。

④ 有学者探讨了"结构性减税"与税制结构优化的关系，这已经认识到了"结构性减税"所涉及的"结构性"问题。参见安体富：《论结构性减税的几个问题》，载《税务研究》2012 年第 5 期，第 3 页。

⑤ 尽管人们对美国最高法院马歇尔大法官所说的"征税的权力事关毁灭的权力"可能有不同的理解，但学者普遍更重视对征税权这种"索取权"的法律或宪法约束。参见〔澳〕布伦南、〔美〕布坎南：《宪政经济学》，冯克利等译，中国社会科学出版社 2004 年版，第 6—10 页。

与相关重要结构的紧密关联,特别是其与财政收支结构、税法结构的调整和税法制度协调的密切联系,则可以认为,随着财政领域"两个比重"下降问题的解决①,我国自2004年以来即已开始实行"结构性减税"。② 从税法结构的变化以及对"结构性减税"的"特定性"的强调来看,这一判断是符合实际的。

从现实情况看,"结构性减税"的具体路径,主要有二:一是整体的税种调整,具体体现为通过税种的"废、停、并",来影响相关税法制度的变化;二是某个税种内部的课税要素调整,具体体现为通过税目、税基、税率等要素的变动,来实现税法制度的变革。这两条具体路径,由于都涉及税法制度的变易,因而会直接影响税法制度之间的协调问题,并影响税法体系整体功能的实现。为此,下面有必要分别研讨。

(二)从整体税种调整看税法制度的协调

基于税种或税类的划分,我国的税法体系曾长期由工商税法、农业税法和海关税法三类规范构成,这种"三元结构"的形成,同税务机关、财政机关和海关分享税权(特别是征管权)的税收征管体制,以及工商业与农业、内国与涉外等多重划分标准有关。但上述的多重划分标准和征管体制,带来了税权界定不清晰、税法结构不合理、税法制度不协调等问题。通过不断推进"结构性减税",上述问题在一定程度上得到了解决。

例如,由于农业税法本来就属于内国税法,且在广义的农业税体系中,农业税、牧业税已被废除,目前仅存的耕地占用税和契税的征收主体已由财

---

① 我国1994年全面实行分税制并进行大规模税法变革的重要动因,就是财政收入占GDP的比重下降,以及中央财政收入占整体财政收入比重下降,"两个比重"下降会严重影响国家的宏观调控能力和有效规制。改制以后,我国税收收入的增速多年持续大大高于GDP增速,但市场主体税负过重的问题已引起普遍关注,减税呼声不断高涨。参见岳树民等:《新形势下的结构性减税与税制改革》,载《税务研究》2011年第1期,第32页。

② 较为清晰的"结构性减税"试点主要始于2004年,个别的探索还可能更早。如早在2000年我国就对固定资产投资方向调节税暂停征收(停征也是"结构性减税"的一种路径,对此在后面还将谈到),只不过那时对"结构性减税"的认识还不是特别清晰。

政机关变更为税务机关①，从而使原来意义上的农业税法已不复独存，因此，对税法体系可作出更为严谨的"内国税法"与"涉外税法"的"二元"划分。这样，通过"结构性减税"和税收征管权的调整，我国税法体系和征收主体的结构都从"三元"变成了"二元"，相关的税法制度和税权配置都更为协调。

附表：税法体系与征税主体结构的变化

原来税法体系的 "三元结构"	现时税法体系的 "二元结构"	现时征税主体的 "二元结构"
工商税法	内国税法	税务机关
农业税法		
海关税法	涉外税法	海关

在我国的税法体系由"三元结构"向"二元结构"转变的过程中，通过"结构性减税"来废除农业税等税种是非常重要的环节。早在2004年中央政府宣布黑、吉两省免征农业税后，各省就纷纷效仿，终使全国人大常委会正式通过了废止《农业税条例》的决定，并于2006年元旦开始实施②，尽管对于农民的实际税负是否可由此真正减轻或可存疑，但这确是"结构性减税"的重要步骤，并在总体上推动了税法结构的调整和优化，使各类具体税法制度能够在统一的促进"三农"问题解决的目标下更好地发挥作用。③

当然，在统一的减税目标下，我国被"废除"的税种不只是农业税，还有曾产生过一定影响的屠宰税和筵席税等税种。继2006年《屠宰税暂行条

---

① 根据财政部、国家税务总局《关于加快落实地方财政耕地占用税和契税征管职能划转工作的通知》（财税〔2009〕37号），在2009年12月31日前，完成两税征管职能由地方财政部门划转到地方税务部门的各项工作。

② 全国人民代表大会常务委员会《关于废止〈中华人民共和国农业税条例〉的决定》已由中华人民共和国第十届全国人民代表大会常务委员会第十九次会议于2005年12月29日通过，第一届全国人民代表大会常务委员会第九十六次会议于1958年6月3日通过的《中华人民共和国农业税条例》自2006年1月1日起废止。

③ 客观地说，立法者当时未必考虑到这是实质的"结构性减税"的重要步骤，也未必认识到这对于优化和完善税法结构可能具有的重要意义。毕竟，税法体系的优化或总体设计在当时尚未受到重视，而解决"三农"问题，减轻农民负担，才是当时最直接的想法。

例》被废止后①,《筵席税暂行条例》也于2008年初被废止。② 这些调整既有经济、社会等因素的影响，也有征收效率的考虑。对于被废税种所涉领域的特定主体而言，其"减税效应"均较为突出，从而有助于更好地促进相关领域分配问题的解决。

此外，在"结构性减税"的具体路径方面，我国还采取过"停征"的方式，即通过对某个税种的停止征收，来体现减税的精神。例如，固定资产投资方向调节税就曾于2000年"暂停征收"。③ 采取"停征"的措施，固然有税收效率原则的要求，也有不同时期经济社会发展需要的考虑，但上述税种的"暂停征收"并无法律或行政法规的规定，仅在相关"停征"文件中冠以"经国务院同意"或"国务院决定"之类的句子，能否在效力上相当于"行政法规"，大可存疑。毕竟，对行政法规的制定程序，立法上有较为严格的要求。④ 如果国务院的某个职能部门或直属机构下发的文件只要加上一句"经国务院同意"，就可以像行政法规一样通行全国，则不仅与既有规则不符，亦与法治的基本要求相距甚远。依据税权理论，税种的开征权和停征权都是重要的税收立法权，需从税收立法的高度来认识停征权的行使；同时，按照现行法律规定，税种的停征，也要遵循法律的规定，即使有法律授权，也要有行政法规的规定。⑤ 由此可见，按照现时的法律要求，涉及停征权的规定无论如何也不能低于行政法规的层次，当年固定资产投资方向调节税的停征依据是存在问题的。只要停征权等权力行使主体不统一，就可能带来税法制度不协调的问题。只有严格强调税收法定原则，税法制度之间的协调性才会更好。

除了上述对某些税种的"废除"或"停征"，我国还专门对一些税种予

---

① 国务院令（第459号）规定，1950年12月19日政务院发布的《屠宰税暂行条例》自2006年2月17日起废止。

② 2008年1月15日，国务院发布了《关于废止部分行政法规的决定》，认为《中华人民共和国筵席税暂行条例》的"调整对象已消失，实际上已经失效"，故决定宣布该条例即日起失效。但"调整对象消失说"似并不确切。

③ 依据1999年12月17日财政部、国家税务总局、国家发展计划委员会发布的《关于暂停征收固定资产投资方向调节税的通知》，自2000年1月1日起，暂停征收固定资产投资方向调节税。依据国务院2012年11月9日公布的《关于修改和废止部分行政法规的决定》，《中华人民共和国固定资产投资方向调节税暂行条例》被废止，自2013年1月1日起施行。

④ 我国自2002年1月1日起施行的《行政法规制定程序条例》对行政法规的制定程序已有严格规定。

⑤ 我国《税收征收管理法》的第3条对此有明晰的规定，对此在后面还将进一步探讨。

以"归并"。"归并"与"废除"直接相关,它是通过废除相关的税种,废止相关的税法规范性文件来实现的,其目的主要是基于国民待遇原则,以解决"内外有别"的"两套税法"所造成的税法制度的不协调问题。例如,现行的企业所得税,就由对内资企业和涉外企业分别征收的两个所得税税种"归并"而成①,类似于"新设合并";而现行的房产税、车船税等,也都由原来体现"内外有别"精神的两个税种"归并"而成,但因其保留了原来的税种名称和相关制度,因而更类似于"吸收合并"。② 这些"归并",同样会对税法结构产生直接影响,并增进税法制度的协调性。此外,尽管"归并"的减税效果不像税种的"废除"和"停征"那样直接且突出,但对相关主体仍会产生一定的减税效果。毕竟,在原来"内外有别"的税制下,税法上待遇各异的主体,其税负自然亦不同,而通过税法的统一、税种的"归并",则不仅可减少税收体系中的税种数量,而且按照"就低原则"进行的税率调整,还会使某些主体的税负降低,从而产生"减税效应"。例如,在企业所得税方面,过去内资企业与涉外企业的法定名义税率虽然都是33%,但其实际税负却往往高于涉外企业,而通过统一税法,"归并"税种,内资企业的名义税率至少可以降为25%,有些企业甚至还会更低,这就是"归并"税种所带来的"减税收益"。

上述三种具体路径,对应于不同的减税领域,同时,行使减税权的主体也各不相同,基本情况如下表:

附表:减税的路径、领域与行权主体

减税的具体路径	减税领域	行使减税权的主体
废除税种	2006年废除农业税 2006年废除屠宰税 2008年废除筵席税 2013年废除固定资产投资方向调节税	全国人大常委会 国务院 国务院 国务院

---

① 这两个税种一个是"企业所得税",另一个是"外商投资企业和外国企业所得税"。统一的《企业所得税法》由十届全国人大五次会议通过,自2008年1月1日起实施。

② 原来对涉外企业和外籍个人征收的城市房地产税、车船使用牌照税,被要求与内资企业一样征收房产税(2009年1月1日)、车船使用税(2007年1月1日,后更名为车船税),从而实现了房产税和车船税的统一。

（续表）

减税的具体路径	减税领域	行使减税权的主体
停征税种	2000年暂停征收固定资产投资方向调节税 （至2013年由国务院废除）	财政部、国家税务总局、国家发改委
归并税种	2007年统一车船税 2008年统一企业所得税 2009年统一房产税	国务院 全国人大 国务院

上述税种的"废除"、"停征"和"归并"，作为我国进行"结构性减税"的具体路径，在减税效果上大体呈递减的顺序。其中，"废除税种"因其导致在某个领域里不再征税，故减税效果最突出；"停征税种"的减税效果次之，它只是在一定时期停止征收，税种并未废除；而"归并税种"则由于在"废除"某个税种的同时，对相关主体又征收新的税种①，因而其减税效果要视新税种的课税要素而定，在税负总体下降的趋势下，纳税人的税负实质上往往也会减轻。

此外，在分析减税效果时，不仅要关注某个具体税种，还要看整体税负是否下降。例如，上述各种路径的减税，都有助于提升各类税制制度之间的协调性，使我国"税制性重复征税"问题得到缓解。毕竟，在国家征收多种税的情况下，同一主体被重复征税的概率会大大增加，从而使整体税负在同等条件下也会相对加重。通过废除、归并相关税种，削减税种数量，有利于减少"税制性重复征税"，从而会在整体上降低税负。

值得注意的是，上述"结构性减税"的路径不同，行使减税权的主体亦不尽相同，主要有三类重要主体，即全国人大及其常委会、国务院、国务院的相关部委及总局。其中，涉及"废除"税种的（包括为"归并"而进行的"废除"），主要由全国人大及其常委会、国务院来行使减税立法权；而涉及"停征"税种的，则主要由国务院或其职能部门来行使减税立法权。上述安排与对税法结构的影响程度有关。毕竟，"废除"或"归并"税种，直接影响

---

① 如对涉外企业废除了"外商投资企业和外国企业所得税"，但要开征新的"企业所得税"；对涉外企业废除了"城市房地产税"，但要征收新的"房产税"；对涉外企业废除了"车船使用牌照税"，但要征收新的"车船税"，等等。

税法的体系和结构，对各个方面影响更大，也更重要，而"停征"是在税种保留前提下的"暂停"，因而影响相对较小。①

在上述各类行权主体中，国务院行使减税权是否过多？国务院的部委能否行使减税立法权？其合法性如何？这些都是值得关注的重要现实问题，它们都在不同程度上会影响税法制度的协调性，尤其会影响人大税收立法与国务院税收立法的协调，以及国务院部委的"税收立法"与人大及国务院的税收立法的协调。

（三）从课税要素的调整看税法制度的协调

税法制度之间的协调，不仅体现为上述整体的税种调整，也体现为在某个具体税种制度中对税目、税率、税基以及税收优惠措施的调整。其中，通过调整税收优惠措施来进行减税，是市场主体普遍关注和较为熟悉的路径，而通过调整税目、税率、税基等课税要素来进行减税的路径，社会公众则普遍关注较少。为此，有必要分别略加讨论。

其实，通过调整税目来进行减税已有大量的制度实践。通常，税目调整往往体现为同一税种内某个税目的取消或变动。例如，在消费税领域，过去曾长期对"汽车轮胎"税目征税，而自2006年起则不再征税，以体现"结构性减税"的精神。此外，税目调整有时也体现为跨税种的变动。例如，自2012年1月1日起，我国开始在上海进行"营改增"试点②，作为当前正在实施的典型的"结构性减税"措施，其主要做法是将征收营业税的一些税目（如交通运输业和邮电通信业），调整到增值税的征税范围中，以使相关行业不再承受原来相对较重的营业税税负，并进一步解决因营业税领域的重复征税而导致的税负加重问题，从而实现"实质减税"的目的。上述各类"结构

---

① 在我国，某些税种或税目被"暂停"，一定是这些税种或税目的征收与特定时期的经济政策、社会政策不符，因而其"暂停"征收的影响也相对较小。除了固定资产投资方向调节税以外，"利息税"的暂免征收也是一个很好的例证——依据《个人所得税法》的规定，国务院决定自2008年10月9日起，对储蓄存款利息所得（包括人民币、外币储蓄利息所得）暂免征收个人所得税。这一"决定"虽然对税收收入有少许影响，但却得到了社会各界的普遍认可。

② 2011年11月，经国务院同意，财政部和国家税务总局印发了《营业税改征增值税试点方案》，依据该方案，上海自2012年1月1日起开始试点；2012年8月1日，"营改增"的试点范围已被推广至北京等多个省市；2013年8月1日，交通运输业和部分现代服务业"营改增"试点工作在全国范围内全面推开，并在此后不断增加新的改征增值税的行业。

性减税"路径,无论是税种内部的税目调整,还是跨税种的税目调整,都涉及相关税法制度之间的协调。上述的"营改增"尤其涉及两个最重要的商品税制度之间的协调,这对于相关市场主体的收入分配,对中央与地方的收入分配,都会产生直接的影响。

在上述两类"税目调整"中,同一税种内的税目调整,会影响征税的"广度",当征税的广度受到限缩,或者原本征税的税目被取消或被税负更轻的税目替代时,就会具有减税效果;而跨税种的税目调整,则会在原税目征税广度不变的情况下,因受到另一税种的税率、税基等要素的影响而体现出减税效果,从而影响相关主题的收入分配。[①] 由此可见,在发生税目调整时,还须关注税率、税基等要素的变化,才能全面考察其"减税效应"。

通常,税率调整直接影响课税的"深度",调低税率便可直接发生减税效果,因而降低税率往往是"结构性减税"的重要工具。例如,前面提及的我国自2008年开始实施的《企业所得税法》,就是将原来对内资、外资企业普遍适用的名义税率由原来的33%调低为25%,特殊企业的税率还更低[②],不仅减税效果非常明显,而且也与世界多数国家通过降低所得税税负来提升企业竞争力的趋势相一致。此外,我国的《个人所得税法》历经多次修改,已将工薪所得适用的最低税率由5%调低为3%,并大幅提高了所得税的扣除标准,从而使该税目的纳税主体数量骤减,其减税效应亦被普遍关注。上述在两大所得税领域实施的税率调整,涉及直接税的征纳数量,减税效果更加直接,尤其有助于保障和改善民生,增加工薪阶层收入,促进"后危机时代"的经济复苏,提高企业的竞争力,实现公平竞争。其实,不仅在所得税领域,类似的税率调整措施在各个税种领域的运用都较为普遍、广泛。

除上述税目和税率的调整外,税基的调整对于减税同样非常重要。例如,在间接税领域,为了应对金融危机,更好地体现增值税的"中性"特点,减少和防止重复征税,推动由"生产型增值税"向"消费型增值税"的制度转型,我国自2009年1月1日起在全国范围内扩大增值税的抵扣范围,降低增

---

① 如原来征收营业税的交通运输业税目,在其征税范围不变的情况下,如果改征增值税(按新的11%的税率计算),则相关纳税人的实际税负会下降。
② 如根据我国《企业所得税法》第28条规定,小型微利企业适用的税率为20%,而国家重点扶持的高新技术企业适用的税率为15%。此外,在特定时期,国务院还可能对小微企业给予更多的税收优惠。

值税的税基，全面推进增值税领域的减税。又如，在直接税领域，我国完善个人所得税法的重要路径，就是不断提高工薪所得的扣除额标准，从而通过降低税基来实现减税的目标。而上述各类税法制度的变动，都需要在减税的大目标下加以协调。

(四) 小结

结构性减税是影响相关主体收入分配的重要措施，对国家和国民都会产生重要影响。作为一种重要的分配手段，结构性减税措施的实施，会影响到税法体系的变化，以及具体税种制度的变化，有助于在同一减税目标下增进税法制度内部的协调。

税法制度作为一种重要的分配制度，其内部协调与否，直接关系到其整体分配目标的实现。因此，在税法内部各类制度之间，必须保持目标和具体措施之间的一致性和协调性。据此，在推行结构性减税措施的过程中，无论涉及相关具体税种制度的存废，还是相关税种制度之间的调整，都要在统一的目标下保持协调。

如前所述，无论整体税种调整，抑或某个税种的课税要素的局部变更，都是"结构性减税"的重要路径。而通过"废除"、"停征"、"归并"税种实现的整体税种调整，以及通过变更某个税种的税目、税率、税基等实现的课税要素调整，都与整体的税法结构及某个具体税法的内部结构有关，也都与各类税法制度之间的协调有关。各类税法制度，作为同类分配制度，其相互之间的协调需要有统一的制度设计，其制度完善也需要稳步有序推进，这样才能更好地实现统一的分配目标，更好地解决分配领域的相关问题。

第六章
分配制度的统一与差异

分配问题的解决离不开法律的规制，尤其离不开经济法的规制。基于法制的统一性，相关的分配制度亦应具有一定的统一性，这对于解决那些基本的、具有普遍意义的分配问题甚为必要。但是，分配制度的统一只能是相对的。由于各类分配主体各方面的情况千差万别，存在着突出的差异性，因此，总是可能存在对统一的分配制度的突破或例外，且会形成新的制度差异，从而构成对统一的分配制度的突破。这些突破是否具有合法性？是否符合法治精神？都是需要认真研讨的。据此，在关注分配制度的统一性的同时，还要关注其中存在的诸多差异性，并解决好统一与差异的关系，这样才能更好地实现分配制度的总体目标。

事实上，在分配制度中涉及差异化的安排比比皆是，例如，税收立法的"试点"就是在统一制度之外的差异化安排；与此同时，针对诸多差异化安排，又必须注意确保相关分配目标和法律依据的统一，这在结构性减税措施的实施过程中尤其值得关注。此外，在统一的企业所得税法中蕴含着诸多制度差异，在有些情况下，譬如，在极具特殊性的汇总纳税制度中，相关的差异化安排还在一定程度上有国家因素的考量。为此，有必要结合上述各领域的制度实践，说明分配制度的统一与差异的辩证关系，以及在分配制度的差异性方面存在的问题。

一、统一分配制度之外的差异

为了解决复杂的分配问题，在分配制度的构建过程中经常存在一些"试点"情况,导致在统一的分配制度之外出现了一些差异化的安排,这与法定原则的要求存在一定的距离。在税收领域,立法"试点"的情况更为常见,直接影响着相关主体之间的利益分配,特别是国家与国民的利益分配。例如,房产税改革试点,就曾经引起很大的关注。但在房产税之外,其实还有很多税种曾经或正在进行试点,分析这种"试点模式"的利弊得失,有助于从另一个侧面来认识我国分配制度存在的问题。

中国自改革开放以来,经济立法渐受重视,尽管缺漏尚存,但已蔚为大观。在经济立法中,税收立法甚为重要且极具代表性。① 毕竟,涉外领域的所得税立法,作为改革开放后最早的经济立法,为税收法治乃至整体的经济法治奠定了重要基础②;同时,每个周期的大规模经济立法,都是税收立法先行。尽管当前税收立法的基本框架已告形成,但税法体系不合理、结构不完善的问题依然存在③,因而对于税收立法的诸多问题仍有必要深入探析。

纵观改革开放以来的立法进程,不难发现,高度重视立法"试点",始终是我国税收立法的一个重要特点。例如,早在改革开放之初,国务院就公布了一系列税收条例(草案)予以"试行"④;随着改革开放的深入,许多税收立法虽已不再"试行",但至今仍在"暂行"。⑤ 近几年来,在增值税、房产税、资源税等领域,都进行过"税改试点",而其中涉及的课税要素调整或税收征管改革,最终都要在立法层面落实,因此,上述"税改试点"实质上都是"立法试点"。长期、大量、频繁的立法试点,作为我国税收立法领域普遍

---

① 我国的改革开放与经济立法几乎是同步展开的,两者存在良性的互动关系。其中,税收立法作为改革开放以来最早的经济立法,可谓作用甚巨。每次深化改革或宏观调控的展开,大抵也与税收立法直接相关。

② 改革开放以来,我国在经济立法领域最早制定的法律,就是所得税方面的《个人所得税法》(1980 年)和《外国企业所得税法》(1981 年),作为由国家立法机关通过的法律,其位阶高于后来普遍制定的税收暂行条例。

③ 尽管我国于 2011 年宣布有中国特色的社会主义法律体系已经形成,但在税收领域许多重要的立法尚未出台,且整体的税法结构仍在改进之中。

④ 国务院于 1984 年 9 月 18 日在批转了财政部《国营企业第二步利改税试行办法》的同时,依据全国人大常委会 1984 年的授权立法决定,发布了有关税收条例(草案),其中包括《产品税条例(草案)》《增值税条例(草案)》《营业税条例(草案)》《盐税条例(草案)》《资源税条例(草案)》《国营企业所得税条例(草案)》等。

⑤ 依据全国人大 1985 年的授权立法决定,国务院制定和实施了一系列税收暂行条例,从而结束了税收"条例(草案)"试行的历史,目前我国大部分税种领域的立法都是由国务院制定的税收"暂行条例"。

而重要的现象，非常值得关注和研究。

事实上，"先试点"或"先行先试"，作为立法者的一种思维定式，被广泛运用于诸多立法领域，且已形成一种"试点模式"，人们对此已习见习闻。立法机关看重"试点"固然有诸多考虑，如在某些领域通过"试点"来积累立法经验，有助于发现原来制度设计存在的缺失，从而可以进一步改进制度，降低实施成本，等等。应当说，上述考虑无疑有一定道理，而且还可能被认为与著名哲学家波普尔（Karl Popper）的"试错法"较为相合，并由此显得更为"科学"。因此，"先试点再推广"已成为我国许多制度的重要形成路径。

但是，要进行立法"试点"，就要事先明确哪些方面需要"试"或能够"试"，以及"试点"能否解决立法者考虑的上述诸多问题，从而真正改进制度设计的缺失，降低法治的成本。如果推出一种立法"试点"反而会加大成本，带来新的混乱，无益于推动制度的完善，则该"试点"就是不可取的。

不仅如此，"试点"尚须考虑法律依据、可行性、必要性和合理性，关注公平与效率的价值目标。如果"试点"没有足够的法律依据，或者可能影响相关主体之间的公平以及制度运行的效率，那就不应进行。据此，具体的税收立法"试点"必须符合法定原则、公平原则和效率原则，这是检验其合法性、合理性和必要性的重要标准；同时，上述原则或标准也是研究税收立法"试点模式"的重要维度。

考虑到增值税是我国第一大税种，对各类主体的利益分配影响巨大，具有重要的典型意义，下面拟以增值税的立法试点为例，讨论税收立法"试点模式"的合法性和合理性等问题，从而揭示其利弊得失，以期促进整体的税收立法乃至经济立法的完善，增进对分配制度的统一与差异及相关法治问题的理解。

（一）长期处于"试点"状态的增值税制度

作为诸税之首，增值税征收范围广阔，不仅涵盖货物销售、提供应税劳务和进出口等领域，而且还在通过"试点"进行"扩围"。由于增值税收入一直占整个税收收入的三分之一到二分之一，对国家与国民的税收利益和财富分配影响巨大，因而其立法的合理完备、相对稳定无疑非常重要，但我国的增值税制度却几乎一直处于"试点中"。下面拟透过增值税立法试点的历程，观察和解析其背后的法律问题，以通过典型剖析来发现税收立法"试点模式"存在的共通问题。

从增值税制度的发展历程看，我国在改革开放初期，产品经济的色彩非常浓厚，工商税或产品税曾一度占据要位，增值税作为后来替代产品税的税种，彼时刚刚萌芽。为了解决征收产品税导致的重复征税问题，当时的财税部门在相关行业进行开征增值税的"试点"①，考虑到国务院并无税收立法权，全国人大常委会于1984年9月18日专门通过决定，授权国务院"在实施国营企业利改税和改革工商税制的过程中，拟定有关税收条例，以草案形式发布试行，再根据试行的经验加以修订，提请全国人民代表大会常务委员会审议。"② 据此，国务院在获取授权的当日便发布《增值税条例（草案）》③，共"试行"了十年，直到1994年国务院制定的《增值税暂行条例》出台。尽管后来的"暂行条例"不再以草案形式"试行"，但增值税制度事实上一直变化频仍——财政部、税务总局制定的大量用以补漏的规范性文件，使《增值税暂行条例》"面目全非"，许多规定名存实亡。降至21世纪初，增值税制度虽相对成熟趋稳，但旨在探索增值税从"生产型"转为"消费型"的"转型试点"又于2004年自东北开始，逐步推至中部地区，并最终在金融危机的压力下，于2009年推向了全国，此时将《增值税暂行条例》升格为"法律"的呼声亦不断高涨。只是提升增值税立法级次的努力尚未实现，新的试点又开始了：从2012年开始，我国先在上海，继而又在北京等多个省市，推行营业税改征增值税的试点（简称"营改增"试点），该试点已成为新时期整个税制改革的重点。

---

① 1980年3月，财政部税务总局在柳州市进行增值税的调查测算和方案设计，其后在柳州、上海等地的机器机械行业进行征收试点。1981—1982年，财政部先后选择机器机械、农业机具两个行业和缝纫机、自行车、电风扇三项产品试行增值税，并发布了《增值税暂行办法》。参见《中国增值税制度的建立与发展》，载《中国税务报》2012年2月15日。

② 参见1984年9月18日全国人民代表大会常务委员会《关于授权国务院改革工商税制发布有关税收条例草案试行的决定》。

③ 该条例（草案）规定：增值税的纳税人为在中国境内生产和进口应税产品的单位和个人，税目分为甲、乙两个类别，共设12个税目，包括机器机械、汽车、农业机具、钢材、自行车、缝纫机、电风扇等，税率从6%至16%不等。后在试行过程中，财政部陆续发布了一系列关于扩大增值税征税范围的文件，逐步增加了化学纤维，纺织品，服装等税目共计31个，税率从8%到45%不等。

通过上述对增值税立法"试点"历程的简要回顾，不难发现，增值税制度实际上一直处于变动不居的"试点中"。这种局面的形成固然有诸多客观原因，如社会经济关系的多样化、复杂化，经济体制从计划经济到有计划的商品经济，再到市场经济的不断变化，都要求税法制度随经济体制的变化而相应调整；与此同时，也包括许多主观原因，如立法者对增值税及其制度的原理认识不够，对国家经济社会发展的趋势和速度认识不清，立法的技术和能力不足，等等。但不管怎样，从应然的角度说，增值税要求"链条完整"的特性，需要增值税制度在全国普遍适用，因而一直处于"试点中"的增值税制度必须相对稳定下来，成为通行全国的直接影响整体经济发展的重要制度。

增值税制度的变动不居，从法律应有的稳定性，以及税法应有的普适性来看，都有一定的问题。[①] 如何在稳定性与变易性之间作出适度的平衡和协调，对于税收法治尤为重要。

如前所述，我国在房产税、资源税等领域都进行过制度改革的试点[②]，"先试点再推广"是我国在经济改革和经济立法领域惯用的做法，这种"试点模式"的合理性缘于人类理性的有限性，特别是政府对经济管理经验的缺乏，以及立法者对经济立法的原理、技术、效果的认识不足。在改革初期，由于对经济转型、体制变革以及上层建筑或顶层设计的把握不够，经济理论、法治理论相对欠缺，因而强调"先试点"确有必要。但是，在市场经济和法制建设已取得长足发展，有成熟市场经济国家以及新兴市场经济国家大量可资借鉴的经验，且本国业已积累大量经验的今天，是否还应推行"试点模式"，持续、大量地进行立法"试点"？"试点模式"是否具有合法性，其对公平与效率的影响如何？这些问题都非常值得研究。对此，下面将以增值税的立法"试点"为例着重进行探讨。

（二）立法"试点"的合法性观察

无论哪个领域的立法"试点"，都必须"立法有据"，这直接关乎立法

[①] 对于包括增值税制度在内的各类税法应有的稳定性或普适性的探讨，可参见张守文：《论税法的普适性及其局限》，载《中外法学》2001年第5期，第554—566页。

[②] 近些年来，我国税收立法越来越频繁地采取"试点模式"，除了京沪等地的增值税"扩围试点"外，还有沪渝的房产税试点，新疆的资源税试点，等等。

"试点"的合法性,以及立法是否有效的问题;在授权立法的情况下,则涉及授权的合法性以及授权立法的有效性问题;同时,还与立法的稳定性与变易性直接相关。[①]

如前所述,我国的增值税立法一直处于频繁的"试点"状态。在改革开放之初,刚刚认识到工商税存在重复征税弊端的国家财税部门,就开始考虑引进法国的增值税制度,并在少数城市的少数行业进行试点。为了解决国务院进行工商税制改革的合法性问题,全国人大常委会于1984年9月18日通过了国务院可以进行相关立法的"授权决定",批准了国务院提出的工商税制改革方案,国务院据此发布了包括《增值税条例(草案)》在内的6个"条例(草案)"予以试行,从而使增值税立法至少在形式上具有了合法性。

在《增值税条例(草案)》试行期间,国务院曾不断扩大增值税的征税范围,将原来规定的12个税目扩大为31个税目。对于如此"扩围",国务院既未依据1984年的授权决定修改"条例(草案)",也未依据1985年全国人大对国务院的授权决定制定"暂行条例",因而其"扩围"的合法性令人存疑。

作为对《增值税条例(草案)》的替代、完善和补充,国务院制定的《增值税暂行条例》于1994年开始实施,而该《暂行条例》的立法依据,则通常被认为是1985年的"授权决定",其核心内容是全国人大"授权国务院对于有关经济体制改革和对外开放方面的问题,必要时可以根据宪法,在同有关法律和全国人民代表大会及其常务委员会的有关决定的基本原则不相抵触的前提下,制定暂行的规定或者条例"[②],因为唯有以此为依据,才能使其合法性问题在一定程度上得到解决。

但是,如果以1985年的"授权决定"作为《增值税暂行条例》的立法依据,就必须符合全国人大对立法领域、必要性、合法性等方面作出的限定,否则其立法依据或合法性仍然存在问题。针对上述限定,需要考虑的是:增值税立法是否属于经济体制改革和对外开放方面的问题?由国务院立法是否

[①] 由于税法具有分配收入、宏观调控等多种功能,因而其变易性亦值得关注,相关研讨可参见张守文:《宏观调控法的周期变易》,载《中外法学》2002年第6期,第695—705页。

[②] 参见1985年4月10日六届全国人大三次会议通过的《关于授权国务院在经济体制改革和对外开放方面可以制定暂行的规定或者条例的决定》。

必要？国务院的增值税立法与法律或国家立法机关有关决定的基本原则是否相抵触？

如果对"经济体制改革和对外开放"作宽泛解释，将税制改革和相关的税收立法归入国务院按"授权决定"进行立法的领域，似乎亦无可厚非，这也是人们对此未予深究的重要原因。但严格说来，全国人大的"授权决定"应当是明确、具体、有期限的，而非模糊、过于宽泛、无限期的，否则就可能近乎"空白授权"。事实上，在全国人大的"授权决定"中，"有关经济体制改革和对外开放方面的问题"、"必要时"等用语都比较宽泛模糊[①]，由此使国务院获得了极大的立法空间，导致各领域的"暂行条例"大量涌现，虽然在较短时间内的确实现了法制建设的提速，但"授权决定"本身是否合适，尚值得深思。

此外，"授权决定"还要求"根据宪法"，且与法律不相抵触，但对于国务院的税收立法是否违反法律及其基本原则，则关注甚少。根据《立法法》第8条的规定，依据税收法定原则，凡涉及税收的基本制度或基本课税要素的内容，都应坚持"法律保留"原则，制定税收法律。尤其在增值税制度试点多年，且有国外大量经验可借鉴的情况下，更应当提升其立法级次。

基于上述诸多因素，在增值税领域应尽快由国家立法机关制定法律，而不宜长期固守1985年的"授权决定"，由国家行政机关担当税收立法的主要主体。无论增值税的"转型试点"抑或"扩围试点"，都不应成为不断延宕全国人大直接立法的理由，这样才更符合《立法法》和税收法定原则的要求，才有助于更好地解决增值税立法的合法性问题。

按照税收法定原则的要求，课税要素必须法定，因此，每次增值税立法"试点"所涉及的重要课税要素的调整也必须严格法定。其实，无论是改革开放之初增值税的"开征试点"还是《增值税条例（草案）》的"试行"，以及增值税"扩围试点"等，都涉及税目、税率的变化；而增值税"转型试

---

① 与此类似，美国《宪法》第1条第8款授予国会在征税、开支、调节国际贸易和州际贸易等权力，并授权国会"为执行上述权力，制定所有必要与合适的法律"，但"必要与合适"的用语一直因存在模糊性而备受争议，经由马歇尔大法官等不断作出宪法解释，联邦的权力得以不断扩张。参见张千帆：《美国联邦宪法》，法律出版社2011年版，第95—103页。可见，无论是宪法授权还是立法机关授权，都可能存在模糊的问题，但中美两国接受授权的主体明显不同。

点",则涉及纳税人抵扣权的行使,直接影响税基的调整。上述课税要素的变动或调整,唯有严格遵循税收法定原则,才能保障"试点"的合法性。

例如,"扩围试点"扩大了增值税的征税范围,直接影响以"商品与劳务"的二元划分为基础的税制结构;同时,作为跨税种的系统调整,它不仅影响营业税,也影响城建税等附加税,不仅关系到增值税的理念,更关系到增值税制度的实效。因此,对于"扩围试点"的合法性必须高度重视。

当然,增值税的"扩围"还涉及税基、税率的调整,对于纳税人的实体权益影响甚巨;同时,由于营业税的部分税目被纳入增值税会产生税负下降的效应,因而"扩围"一直被视为"结构性减税"的要举。但无论是所谓的"结构性减税",还是其他税收调控措施,其合法性往往被忽视,这是我国税法领域长期存在且饱受批评的突出问题。对此,须从法治政府建设或宪政的高度来认真加以解决。

总之,从产品经济到商品经济以至市场经济时期,我国的增值税制度一直处于频繁的"试点中",与法定原则的要求相去甚远,严重影响了制度的稳定性。尽管经济体制和制度的变迁,使大量新型交易行为得以生成并日益复杂,为增值税的征收提供了重要基础,但同时也使增值税制度变动不居并呈现突出的"变易性"[①],因此,在税法制度的稳定性和变易性之间加强平衡协调至为重要。即使不能要求税法像某些传统法那样具有更高程度的"安定性",但至少要强调其必须有相对的稳定性。尤其增值税作为最大税种,其制度变革直接关涉企业的经营自由和国民的财产权,影响诸多主体的收益分配,因而更需确保其基本的稳定性和可预见性,并且,基于稳定性而产生的"确定性"更为重要。[②]

另外,还有一个值得重视的问题,全国人大 1985 年的"授权决定"曾要求,已颁布实施的条例"经过实践检验,条件成熟时由全国人民代表大会或者全国人民代表大会常务委员会制定法律",即仍然要强调和坚持"法律保

[①] 例如,在确立实行市场经济体制以后,虽然《增值税暂行条例》及其《实施细则》已有许多具体规定,但财税部门仍要出台大量规范性文件,以补充其不足,这与经济活动的复杂性直接相关,同时,也凸显了增值税制度的变易性。

[②] 在今天,增加税法的确定性非常重要。当然,"尽管增加确定性(certainty)是法律的目的,但是法律能够根除的只是不确定性的某些根源"。参见〔英〕哈耶克:《法律、立法与自由》(第二、三卷),中国大百科全书出版社 2000 年版,第 213 页。

留"原则。但在既往的实践中,往往只关注"授权",而没有关注立法机关所享有的最终立法权和所担负的最终责任。因此,必须纠正以往对"授权决定"有失偏颇的理解,从确保合法性的角度,全国人大及其常委会必须担负起"制定法律"的职责,推进增值税立法级次的提升。

(三)立法"试点"中的公平问题

增值税的立法"试点"不仅涉及合法性问题,还涉及相对更易被感知的公平问题。事实上,各类立法"试点"大都是针对某种不公平问题而进行的制度变革。如增值税的"转型试点"是为了解决抵扣上的不公平问题,"扩围试点"是为了解决重复征税或税负不公平问题[1];而房产税改革试点的一个重要目标,则被认为是解决收入分配或房地产资源分配上的不公平问题[2],等等。正由于各类立法"试点"都涉及公平价值,且旨在解决某种分配上的不公平问题,因而立法"试点"也由此获得了一定的合理性。

各国推行增值税制度的重要目标,是解决因重复征税而带来的不公平问题;增值税作为典型的"中性"税种,不应给纳税人带来额外损益。但由于种种原因,上述原理并未充分体现于制度中,由此形成了制度上的不公平。为此,无论是一步到位的全面修法,还是逐步渐进的立法"试点",都应注意公平原则的贯彻。此外,立法"试点"可能导致的不公平,以及在解决公平问题方面的局限性,往往易被忽视,为此,在增值税的立法试点方面尤其应注意以下问题:

首先,立法"试点"可能会导致新的不公平。各类"试点"都是在某个局部的"点"上来"试",从而会与"普适性"原则发生抵牾。仅在个别地区或行业进行的"试点",因其法律适用较为特殊,有时会形成所谓的"洼地效应",直接影响不同地区、行业的不同主体的利益分配,以及公平价值的实现。例如,从实质公平的角度看,尽管 2004 年在东北地区进行的增值税

---

[1] 参见财政部、国家税务总局于 2011 年 11 月 16 日发布的《营业税改征增值税试点方案》,该方案强调要"规范税制,合理负担",以及"基本消除重复征税"。
[2] 在 2011 年 1 月 28 日同时实施的《上海市开展对部分个人住房征收房产税试点的暂行办法》和《重庆市人民政府关于进行对部分个人住房征收房产税改革试点的暂行办法》都规定,对部分个人住房征收房产税试点的目的是"调节收入分配、引导住房消费、有效配置房地产资源"。

"转型试点"确有必要,且所涉行业和数额甚少,但毕竟形成了与其他地区和行业的差异,从而使其他地区或行业感到有些"不公平",这也是国家后来将制度的适用扩展至中部地区乃至全国的重要原因之一。此外,增值税制度越"普适",解决重复征税的效果就越好,越有助于保障公平,而仅在个别行业或地区"试点",则不仅无助于解决重复征税问题,甚至还可能引发新的不公平。例如,增值税的"扩围试点"过程中就发生过因相关行业税收链条不连续而影响税负公平的问题,对此应予特别关注。

其次,立法"试点"不能解决不同类型纳税人的税负公平问题。增值税征税范围非常广,纳税人千差万别,但作为"对物税",它并不像"对人税"那样更关注主体之间的差异和公平,因此,无论立法"试点"如何推行,都不能解决因内部主体多样化所带来的差异,以及由此造成的制度设计和实施方面的不公平。[①] 例如,在增值税专用发票的使用以及具体的抵扣标准和实际税负方面,一般纳税人和小规模纳税人的税法待遇各异,对此虽然持续有立法上的"帕累托改进"(Pareto improvement),但仍未能实现纳税主体在税法待遇和地位上的统一。无论是增值税的"转型试点"抑或"扩围试点",都未能解决因纳税人身份、地位不同而导致的税负不公平问题。尽管增值税更强调"中性"或"无差异",但纳税主体自身的差异以及制度设计的问题,会使各类主体的权利行使或税负有所不同,并带来纵向不公平。

最后,立法"试点"难以解决税收收入的公平分配问题。一方面,增值税作为商品税,与商品的销售地关联密切[②],更强调属地管辖,因而与地方税收利益直接相关;但另一方面,增值税又是典型的共享税,因而还涉及中央的税收利益,其收益的公平分配甚为重要。其实,"营改增"的设想早已提出,只因涉及地方核心利益而久未实施。因此,国家在推行"扩围试点"时

[①] 在"营改增"试点过程中,一个较为普遍的问题是资本有机构成相对较低的纳税人,税负可能会增加,物流企业的税负增加就是一例。

[②] 费肯杰认为,某一课税事实是否可以被征税,取决于税法上的连接点。参见〔德〕费肯杰:《经济法》,张世明等译,中国民主法制出版社2010年版,第32页。其实,销售地就是对增值税以及其他各类销售税行使税收管辖权的重要连接点。

才特别强调不能影响地方税收利益。① 只要中央与地方的利益差异存在，两套税务机构所代表的利益就会存在难以弥合的"永久性差异"。

可见，增值税的立法"试点"会涉及诸多公平问题，有时甚至可能带来新的不公平问题。其中，存在于试点与未试点的区域或行业之间的不公平，与市场经济所要求的"法治统一"、"税制统一"存在背离，会影响企业之间的公平竞争和公平分配，是必须着力解决的问题。

（四）立法"试点"的效率考量

各类税收立法"试点"除涉及上述的合法性和公平问题以外，还都涉及效率问题。如沪渝两地的房产税立法"试点"，就试图推进房地产市场健康发展，以防经济过热和泡沫破裂影响整体经济效率；海南离岛免税的立法"试点"则试图探索拉动内需的途径②，以促进经济效率的提升，等等。从效率的维度看，无论哪类立法"试点"，都要符合经济效率原则和行政效率原则的要求。

依据经济效率原则，增值税的立法"试点"应有助于促进经济的发展。事实上，无论是旨在防止或减少重复征税的"扩围试点"，还是旨在扩大抵扣范围的"转型试点"，其重要目标都是激发企业活力，提高经济运行的效率，促进经济的发展。从这个意义上说，上述两类"试点"都符合经济效率原则。

此外，增值税作为典型的间接税，其"扩围试点"会使原来缴纳营业税的某些主体的税负下降，由此对物价以及最终承担税负的主体会产生一定的影响，从而在总体上有助于减轻企业和居民的压力，促进经济的发展，这也是其符合经济效率原则的重要体现。

从行政效率原则的要求看，立法"试点"应当尽量降低征税机关的征收成本或纳税人的服从成本，因为这些成本最终都是由纳税人承担的。征税成本的提高，不仅是征税机关行政效率低下的体现，也会因加大纳税人负担而

---

① 根据《营业税改征增值税试点方案》，试点期间保持现行财政体制基本稳定，原归属试点地区的营业税收入，改征增值税后收入仍归属试点地区，税款分别入库；因试点产生的财政减收，按现行财政体制由中央和地方分别负担。这样，就不会对地方的税收利益产生额外影响。

② 参见财政部 2011 年 3 月发布的《关于开展海南离岛旅客免税购物政策试点的公告》（2011 年第 14 号），以及 2012 年 10 月发布的《关于调整海南离岛旅客免税购物政策的公告》（2012 年第 73 号）。

进一步影响经济效率。此外，还有必要重视整个税务系统的征税成本，尤其是税务机关之间的协调成本。①

例如，"扩围试点"直接涉及两套税务机构之间的协调（全国仅有上海是一套税务机构），对此应依据效率原则，从成本—收益分析的角度，全面考量协调成本或改制成本的问题，尤其应进一步思考国税与地税两套机构分设的合理性问题。众所周知，如果没有两套机构的分设，则无论征税机关的征税成本还是纳税人的奉行成本，无论是协调成本还是改制成本，都会相应降低。如果将两套机构合二为一，只要制度安排合理，真正做到税权、税种、税收收益的有效界分，同样可以解决好中央与地方的收益分配问题。否则，即使分设两套机构，但如果对税收收入分配没有稳定的制度安排，则同样会存在突出的央地关系问题。如果地方政府所获取的税收收益不足以支撑其事权行使或职能履行，则无疑会增加地方的财政压力，"土地财政"、"收费财政"或其他"非税收入财政"的问题必然难以遏制。② 因此，关键还是税收收益的分配要合理，政府的职能要真正转变，而这些问题并非单靠税务机构的设置所能解决，必须优化税权配置，真正从根本上理顺各类"体制"。

（五）对税收立法"试点模式"的进一步思考

上述增值税立法"试点"所涉及的合法性、公平、效率等问题，在各类税收立法中都普遍存在，由此会对相关主体的收入分配产生重要影响。要解决上述问题，就必须坚持税法的三大基本原则。由于增值税的立法"试点"非常具有典型性，因而其涉及的问题对于研究整体的税收立法的"试点"模式问题亦具有典型意义。结合前面的探讨，在国家推行税收立法"试点模式"的过程中，需进一步思考和关注如下问题：

1. 立法"试点"应关注多个层面的合法性

无论是常规的税收立法，还是作为改革探索的立法"试点"，都应当强调

---

① 有关服从成本和协调成本的具体探讨，可参见〔德〕柯武刚、史漫飞：《制度经济学：社会秩序与公共政策》，韩朝华译，商务印书馆2000年版，第152—156页。

② 其实，在税收收入不足的情况下，地方政府即使不依赖土地收入，也会靠其他收费或非税收入，整体的收入分配秩序就会比较混乱。因此，切实转变政府职能，使政府真正从"经营活动"中摆脱出来，对于中国的未来发展非常重要。

合法性。前面对增值税立法"试点"合法性的探讨,其实已折射出税收立法乃至整个经济立法的共通问题。长期以来,我国一直处于改革、转型的进程中,如果持续以1985年的"授权决定"为依据,则只要实质上或形式上"经国务院批准",就可能较为容易地在绝大多数税种领域进行"试点"或"修法",此类做法的合法性已遭到诸多批评。与此相关,继续将1985年的"授权决定"作为"试点"依据的合法性也会受到质疑。上述问题的存在,对于税法的严肃性和遵从度,以及税收法治的发展,都会产生深远影响。

鉴于《立法法》对于税收立法的权限、层级等实质上已有规定,是否应废止改革开放初期作出的"授权决定",是否应设置结束授权立法状态的过渡期,已非常值得探讨。① 从总体发展趋势看,无论从当时授权模糊、失之过宽,抑或从强化法定原则或"法律保留"原则的角度,都应当考虑适时废止早期的"授权决定"。②

遍及多个税种的立法"试点",无不以改革现行制度为主要目标,有时可能重视税收调控和税款征收,而忽视经营自由和财产权保护。上述两个方面如何有效平衡,始终是税收法治建设方面的重要任务。为此,针对实践中屡见不鲜的课税要素法定原则未能严格遵守的问题,必须强调全面遵循税收法定原则,以更好地实现税收法治目标。

强调税收立法"试点"的合法性,不仅需关注上述在立法依据、制度调整方面对法定原则的遵循,还应重申立法"试点"必须符合宪政的要求,切实保障国民的根本利益。从更高层面的合法性要求来看,税收立法"试点"决不能侵害国民的整体利益,损害国民的长远利益,否则就会失去其正当性或合法性。据此,房产税的改革试点不仅要符合基本的法定原则,也要符合国民的整体利益和长远利益,当然也要保障纳税人的个体利益,这对于确保税法的实效非常重要。③

---

① 在各方的不断推动下,全国人大常委会对此已经较为关注。特别在"落实税收法定原则"的呼声不断高涨的情况下,"适时废止"授权立法的决定应当是指日可待的。

② 有关授权立法的问题及其违反税收法定原则的具体研讨,可参见张守文:《论税收法定主义》,载《法学研究》1996年第6期,第59—67页。此外,近年来许多学者对强化人大的立法权已有更多呼吁。

③ 参见张守文:《关于房产税立法的三个基本问题》,载《税务研究》2012年第11期,第50—55页。

2. 立法"试点"应兼顾公平与效率

由于税收立法"试点"会影响国民的财产权、经营权，可能给纳税人带来额外负担，影响税负公平；同时，不公平的税制会产生扭曲效应，从而对效率产生负面影响，因此，好的税收立法必须关注公平与效率价值之间的密切关联，在制度设计上切实兼顾效率与公平，严格遵循税法上的公平原则和效率原则，进而使相关的秩序、正义等价值得到保障。在税法实现其规范功能和分配功能的过程中，既要防止立法"试点"可能带来新的不公平，又要努力在效率上实现"帕累托改进"。

其实，无论是公平问题还是效率问题，都与相关财政体制、税收体制等直接相关，因此，税权的合理划分、体制的改革与完善，对于税收立法"试点"更为重要。

3. "试点模式"的未来走向

基于在立法"试点"过程中存在的合法性、公平与效率等问题，还应当进一步思考如下问题：广泛推行的税收立法的"试点"模式是否应当持续？应如何看待"试点"带来的负面效应？可否通过其他办法来替代"试点"？等等。

如前所述，在改革开放之初推行"试点模式"确有其必要性和合理性，但在我国已有多年立法和征管经验，且有国外大量可借鉴经验的今天，是否要频繁、普遍地"试点"，是应当反思的。① 其实，如果对立法实效能够作出较为准确的预判，就未必要通过立法"试点"来验证，更何况如果"试点"方案选择失当，还会影响立法的全局。

随着法治建设的发展，在原理和制度较为清晰的情况下，应当强调构建稳定的制度框架，而不能也无需一切都"试"。从现实问题看，也许有人认为"结构性减税"是应对危机的临时性措施，因而"试点"也无妨；但从法律的角度看，无论减税被冠以何种名目，都是严肃的法律问题，事关国民的财产权等基本权利，不可不慎。因此，即使"营改增"是"结构性减税"的重

---

① 对于立法"试点"可能带来的各类问题，各方面已有充分认识，因此，国家特别强调"顶层设计"，而不是任何情况下都要"摸着石头过河"。

要内容,也不应将其"试点"常态化。①

(六)小结

税收立法牵扯复杂的利益分配,调整范围广,实施环境千差万别,使"先试点再推开"的合理性得以显现并被广泛运用,从而形成了税收立法的"试点模式"。尽管"试点"的目的往往是力图解决现行制度的问题,但也必须注意在"试点"过程中可能存在的合法性缺失,以及对公平和效率等产生的负面影响。因此,对于试点方案或制度设计的缺漏,以及"试点模式"存在的不足,必须正视并深入研究。

基于增值税立法"试点"的重要性和典型性,前面着重对其中存在的问题进行解析,提出了各类税收立法"试点"都可能涉及的共通问题,包括合法性问题,以及在公平、效率方面所体现的合理性问题。第一,在合法性方面,税收立法"试点"在立法依据、课税要素调整或具体制度设计,以及纳税人权利保障方面的合法性问题尤其值得关注;在税收立法领域,授权立法问题体现的最为突出,必须适时取消全国人大的"授权决定",真正按照《立法法》的规定进行相关的税收立法;同时,各类课税要素的调整或具体的制度设计,应严格遵循税收法定原则,在此基础上,还须考虑社会公共利益和国民的长远利益,保障纳税人的基本权利。第二,在合理性方面,税收立法"试点"的合理性不仅要体现在通过经验的积累来推进制度的完善方面,还要体现在公平、效率等重要价值的融入方面。在满足合法性要求的基础上,税收立法"试点"必须尽可能解决原来存在的不公平问题,并尽量避免带来新的不公平;同时,还要真正增进经济效率和行政效率,为此,在财税体制等方面的体制问题都要进一步解决。

在看到"试点模式"存在的必要性和合理性的同时,尤其应关注其可能存在的诸多不足,并要考虑"试点"的条件和代价。从总体上说,在经济和社会有了长足发展,立法经验和经济管理经验不断丰富的背景下,基于法治精神,除非特别必要,还是应当尽量减少"试点",以努力消除可能存在的制

---

① 国家希望在"十二五"期间完成"营改增",因而该"试点"应当在 2015 年结束。《增值税法》已列入全国人大立法规划,应加紧制定。这对于避免"试点"所带来的诸多弊端甚为重要。

度差别，实现基本法制的统一，不断提升法治水平，推进国家治理体系的现代化。

二、差异化分配的统一规制

为了实现分配正义，分配制度需要体现差异性，形成差异化分配。尽管如此，由于这种分配的差异性掌握不好，可能会进一步加大分配差距，影响分配公平，因此，涉及分配的权力必须有合法的依据，且统一行使。例如，"结构性减税"体现了分配制度中的差异性，即通过在特定的税种制度中作出减税安排，来对特定的而非全部的主体依法予以减税。尽管"结构性减税"是一种差异化安排，但其自身却需要各类相关税法制度的协调，尤其在减税权的依据和行使方面，更要求统一。为此，下面着重以"结构性减税"所涉及的减税权为例，来探讨分配制度中的"差异化与统一规制"的问题。

（一）对减税权的多重界定

实施"结构性减税"，必须以法定的减税权为依据，这是"统一规制"的基础；如果没有减税权，则无论哪种类型的减税，都不具有合法性。依据税收法定原则，以及我国《税收征收管理法》等相关法律的规定，任何主体都不得违法擅自作出减税的决定。[①] 考虑到"结构性减税"的路径具有多样性，其权力依据应以"广义上的减税权"为宜。

所谓"广义上的减税权"，即税收减征权，包括减少税种和税目、降低税率和税基、停征税种和减征税额等旨在降低纳税人税收负担的权力。作为税权的重要组成部分，"广义上的减税权"是与"增税权"或"加税权"相对应的，它与"狭义上的减税权"的不同之处在于，后者是税收特别措施中的"减税措施"的基础。税收特别措施是与税目、税基等基本课税要素相并列的，其包含的"减税措施"只是减税的一种路径，而本章着重探讨的"广义上的减税权"，则对应于减税的多种路径，它不仅可能涉及多个课税要素，甚

---

① 我国的《税收征收管理法》第3条规定，任何机关、单位和个人不得违反法律、行政法规的规定，擅自作出税收开征、停征以及减税、免税、退税、补税和其他同税收法律、行政法规相抵触的决定。该规定已体现了广义上的减税权。

至还可能超越课税要素，并与税种存废以及整体的税法结构变动发生关联。

基于上述对减税权的广义理解，本章探讨的减税权，包括了减税的立法权和执法权，因而也不能将其等同于征税机关在执法层面的"减税审批权"。依据税收法定原则，减税立法权是行使减税执法权以及更为具体的减税审批权的基础。在实施"结构性减税"的过程中，减税权的行使目标可能是多重的，如公平分配、宏观调控、改善民生、保障稳定，等等。这些目标需要通过减税立法权的行使体现在相关的税法规范中，并通过减税的执法活动来加以落实。

从整体的税权理论看，国家的税权（或称征税权），既包括加税权，也包括减税权。[①] 但以往人们往往容易把征税权单一地理解为加税权，而忽视其中包含的减税权。事实上，无论加税还是减税，都是国家行使税权的常态。通过税负的调整来实现"积极的鼓励、促进"与"消极的限制、禁止"，正是税法功用的重要体现。

此外，从宪法或宪政的意义上说，上述的减税权实为国家的"减税决定权"，与此相关的还有国民的"减税请求权"。基于国民的减税请求权，国家应考虑是否决定实施减税。当然，一国国民减税请求权的行使，要通过人大或议会等机构的立法活动，与国家减税决定权发生关联。减税请求权与减税决定权虽然性质、层次不同，但在法治的框架下却密切相关，并同为影响法治系统的重要因素。

在宪法层面，基于国家与国民的"主体二元结构"，基于"一切权力属于人民"的理想和现实规定[②]，国民的减税请求权是更为基本的，国家必须充分考虑国民的诉求与经济社会发展的实际，关注政府征税的合法性。在这个意义上，国家行使减税决定权必须受到约束和限制。另外，如果认同国家与国民之间的"契约假设"，则国民的减税请求权还对应于国家的征税请求权，两类请求权的行使体现为公共物品定价上的博弈。无论认同上述的哪种

[①] 如前所述，税法学者主要将税权分为税收立法权、税收征管权与税收收益权三类，当然也有学者将税收征管权称为税收行政权，参见陈清秀：《税法总论》，台湾元照出版公司2010年版，第108、109页。但如果从增加或减少税收负担的角度，则税权还可以分为加税权与减税权，它们主要与上述的税收立法权相关，并会对税收征管权和税收收益权产生直接影响。

[②] 我国《宪法》第2条规定"一切权力属于人民"，许多国家的宪法也有类似的规定。基于此，国家的减税决定权应当主要由全国人大或议会行使。

理论，都应当关注国民的减税请求权，同时，还应当对国家的减税权依法作出限定，即强调"减税权法定"。

（二）减税权法定及其问题

"结构性减税"的基础是法定的减税权。依据税收法定原则，涉及税收的一切权力和权利都必须法定，减税权也不例外。基于对国民财产权的保护，通常人们更强调"加税权的行使"必须遵循法定原则，但对于"减税权的行使"也要坚持法定原则却鲜有提及。事实上，无论是加税权还是减税权，其行使都会影响国家和国民的利益；对于影响各类主体合法权益的各类税权，都必须严格法定。其中，国家减税权的行使不仅关乎国家税收利益或财政利益的保护，还会直接影响相关国民的财产利益，并可能导致纳税人之间的税负不公。由于减税权的行使直接关涉相关税种、税目、税率、税基、税收优惠措施的调整，而税种的开征与停征、课税要素的变动，都要严格执行税收法定原则，因此，减税权的行使亦须严格遵循法定原则。

依据严格的税收法定原则，减税权的行使须严守宪法和法律，这样才能使各类主体的法益得到有效保障。我国《宪法》第56条专门规定，"公民有依照法律纳税的义务"，据此，公民履行纳税义务的基础和依据只能是法律，减轻或免除纳税义务的依据也只能是法律。此外，法律是通过对税种和课税要素的规定，来直接影响纳税人的纳税义务的确定；与此相关联，要通过相关税种及课税要素的变动来行使减税权，以减免纳税人的纳税义务，也必须符合法律的规定。另外，征税机关能否减少纳税人的纳税义务，只能取决于法律的规定，这既是税收法定原则的要求和体现，也是对减税权行使的重要限定。

在我国，"减税权法定"的精神不仅体现在宪法层面，而且，相关的税收法律对减税权还有更为明确的规定。① 例如，我国《税收征收管理法》第3条第1款规定："税收的开征、停征以及减税、免税、退税、补税，依照法律的规定执行；法律授权国务院规定的，依照国务院制定的行政法规的规定执

---

① 我国目前尚未制定《税法典》或《税法通则》，有关税权分配的税收体制法的基本规定，以及对减税权的具体规定，主要在《税收征收管理法》中体现，这也印证了立法的缺失。

行."上述规定所涉及的税收的停征、减税、免税、退税,都与"广义上的减税权"的行使直接相关;而要求其"依照法律的规定执行",正是税收法定原则的体现;并且,该条规定强调的是严格的税收法定原则,因为它规定:只有"法律授权国务院规定的",才"依照国务院制定的行政法规的规定执行"。

上述规定,同时也是前述《宪法》第 56 条规定的具体落实和精神体现。依据《宪法》规定的精神[1],税收法定原则必须严格执行,因而《税收征收管理法》第 3 条才将"广义上的减税权"只规定到法律层面,以及在法律授权情况下的行政法规层面。对于国务院涉税的职能部门(如财政部、国家税务总局、海关总署等)发布的部门规章,以及地方性法规,在该条规定中都没有体现。因此,如果严格依据该条规定,部门规章和地方性法规,都不能作为行使减税权的依据或法律渊源,相应的,国务院的部委等也不能担当减税立法权的主体。当然,现实情况与上述规定的要求还相距甚远。

此外,在《税收征收管理法》以及配套的实施条例、《税收减免管理办法(试行)》《海关进出口货物减免税管理办法》等法律、法规、规章[2]中,还对"减税申请权"作出了规定。与该申请权相对应,国家征税机关享有"减税审批权"。根据《税收减免管理办法(试行)》等规定,对于不同类型的减税,征税机关的减税审批权是不同的。上述有关减税申请权和减税审批权的规定,主要是限于"执法"层面,无论纳税人的减税申请,还是征税机关的减税审批,都要基于税法的既有规定,不能对税法规定的课税要素作出改变。

事实上,不仅在上述减税申请或减税审批过程中不能改变课税要素,而且,在"减税权法定"的要求之下,未经法定程序,也不能调整各类"减税要素",这样才能确保减税的规范有序,保障整体上的分配秩序。

上述的"减税要素"是指与减税直接相关联的各类重要因素,如税种的

---

[1] 有的国家已经把税收法定原则规定在宪法之中,因而已不只是宪法精神的体现。例如,《委内瑞拉玻利瓦尔共和国宪法》(1999 年 12 月 30 生效)的第 317 条就专门规定了税收法定原则,即"税收法定。没有法律依据,不得纳税,亦不得征收任何捐款。没有法律规定,不得免税、减税或使用其他税收优惠"。

[2] 参见国家税务总局于 2005 年 10 月 1 日起施行的《税收减免管理办法》(国税发〔2005〕129 号)、海关总署于 2009 年 2 月 1 日起施行的《海关进出口货物减免税管理办法》。

停征、税目和税率的调整、税基确定方法的调整、税收减免范围的调整等，都可能会带来减税的效果，它们既是影响税负的因素，也是减税的具体路径。上述"减税要素"的调整，对于国家与国民的税权、税收行为和税收利益[①]，以及税收的公平、收益的分配均影响重大，因而必须特别慎重。

正由于上述"减税要素"特别重要，因而有的国家甚至在宪法上直接对某个税种的开征作出限制性规定。例如，美国宪法规定，"未经国会同意，不得征收船舶吨税"。[②] 船舶吨税是一个相对较小的税种，许多国民也许不知其存在，但它对于国际国内贸易或贸易自由却具有重要影响。我国船舶吨税的征收曾长期沿用20世纪50年代的规定，直到2012年才真正全面启用新规[③]，但至今在法律层级上仍无立法，确与税收法定原则的严格要求不符。

对于哪些税种可以开征或停征，我国尚无明确规定，因为合理的税收体系应包含哪些税种至今仍未明确，税收体系和税法体系都处于变化和发展之中。但随着市场经济的发展，以及税法制度的日渐成熟，我国的税法体系亦应相对稳定，在税法体系中应包含的主要税种制度，以及各税种制度的基本课税要素都应合理明晰，这尤其有助于对各类"减税要素"的调整作出有效的法律限定。

强调减税权法定和"减税要素"的依法调整，不仅对税法理论乃至公法理论的发展有重要价值，对相关分配制度的实践亦意义重大。透视减税的制度实践，有助于进一步揭示在减税权法定方面存在的问题，从而明确为什么减税权要依法正当行使。

（三）减税权的依法正当行使

基于前面对"结构性减税"基本路径的梳理，基于对作为"结构性减税"基础的减税权的界定，以及"减税权法定"的重要性的认识，反观我国

[①] 税权、税收行为和税收利益，是税法领域的三个基本范畴，体现了税法领域的核心问题。相关研讨可参见张守文：《税收行为范畴的提炼及其价值》，载《税务研究》2003年第7期，第43—49页。

[②] 美国《宪法》第1条第10款规定："任何一州，未经国会同意，不得征收任何船舶吨税"，这对减轻企业负担，促进国内的自由贸易和公平竞争都是非常重要的。

[③] 我国过去曾经长期适用1952年9月16日政务院财政经济委员会批准、1952年9月29日海关总署发布的《海关船舶吨税暂行办法》来征收船舶吨税，直到2012年1月1日开始实施新的《船舶吨税暂行条例》，才明确废止上述的《暂行办法》。

"结构性减税"的制度实践,不难发现在行使减税权的主体、范围、程序等方面存在的诸多法律问题,唯有确保减税权的依法行使和正当行使,才能更好地解决上述问题,实现对分配的有效规制。

从立法的角度看,一国税法的结构会直接影响"结构性减税"。在税法体系中哪些税种应当废止,哪些税种可以停征,哪些税种需要归并,都直接影响相关主体的利益分配,因而不能率性而为,而须充分考虑各类因素,依法正当行使减税权。为此,尤其应特别注意行使减税权的主体、范围、程序和原则。

首先,在行权主体方面,必须依据宪法和相关法律的规定,明确减税权的来源及合法的行权主体。我国曾屡次强调税收立法权(其中包括减税立法权)要高度上收中央,地方仅在法律授权范围内方可行使减税权;同时,即使在中央层面亦须明晰各类主体的减税权,尤其应防止相关主体越权,这对于保障规制的统一非常重要。基于我国《立法法》的规定[①],对于涉及税收基本制度的税收立法必须贯彻"法律保留"原则,据此,全国人大及其常委会应成为行使减税立法权的主要主体,国务院不能超越职权行使减税立法权。明晰减税立法权的行权主体非常具有现实意义。例如,我国的《农业税条例》是由全国人大常委会通过的,其废止决定亦应由全国人大常委会作出,国务院不能超越职权先行废止;即使确需废止,亦须遵循立法程序,而不应在法律仍然有效的情况下,由各地政府自行停止其实施。应当说,明晰行权主体,对于防止减税立法权的越权行使,保障减税权的依法正当行使,保障公平分配,都至为重要。

纵观我国"结构性减税"的历程,可以发现一个重要特点:在多数情况下,税收立法权实际上主要由国务院来行使,相应地,国务院也是行使减税立法权的重要主体。这一特点的形成,与1984年和1985年由全国人大常委会、全国人大分别对国务院作出的授权立法决定直接相关。在1994年税法变革之前,上述的授权立法对于中国税法基本框架的构建起到了积极作用,但在中国确立实行市场经济体制以后,在不断完善现代税法体系的进程中,继续沿用上述两个授权立法决定,确有相当大的问题。对此,全国人大常委会

[①] 根据我国《立法法》第8条第8项的规定,涉及税收基本制度的事项,只能制定法律。

已有清晰认识，专门于2009年废止了1984年的授权立法决定①，但1985年的授权立法决定却依然有效，其在期限和范围上近乎空白的授权带来了诸多问题，确需"适时废止"。② 由于减税关乎各类主体的基本财产权及其他相关权利，主要由全国人大及其常委会来行使减税权，既能体现税收法定原则的要求，也更合乎现行法律的规定，因此，应当将主要行使减税立法权的主体由国务院逐步变为全国人大及其常委会。

其次，在行权范围方面，与"结构性减税"的具体路径相对应，行使减税权的范围既涉及税种的存废、并转，也涉及各类重要"减税要素"的调整，特别是税目、税率、税基以及税收优惠措施的调整等。目前，在行权范围方面的第一要务，就是"全面落实法定原则"。③ 为此，应更加重视通过法律上的授权来赋予相关主体以减税权，这有助于更好地解决法律依据不足的问题，从而有助于保障减税权的依法正当行使。例如，2007年我国专门修改了《个人所得税法》第12条，规定"对储蓄存款利息所得开征、减征、停征个人所得税及其具体办法，由国务院规定"。根据上述的法律授权，国务院行使储蓄存款利息所得的减税权便有了合法依据。

鉴于税法及其调整的社会关系甚为复杂，在减税权的行使范围上尤其应强调政策性与法定性的结合、稳定性与变易性的统一，以更好地体现"区别对待"或"差异化分配"的精神，实现税法的制度功能。通常，在涉及个体财产权保护的领域，人们对减税行为的合法性要求往往更高，对于减税权的行使或减税路径的变化，公众的关注也更多，因而更要强调减税权的依法正当行使。

再次，在行权程序方面，无论减税立法权抑或减税执法权的行使，都要注意程序问题。但在"结构性减税"的实践中，有些程序仍然不够透明。例如，燃油税费改革涉及的消费税税目的调整，个人所得税的工薪所得扣除额

---

① 该授权决定已于2009年6月27日被全国人民代表大会常务委员会《关于废止部分法律的决定》废止。

② 对于授权立法决定存在的相关问题的具体探讨，可参见张守文：《论税收法定主义》，载《法学研究》1996年第6期，第59—67页；《关于房产税立法的三大基本问题》，载《税务研究》2012年第11期，第50—55页。

③ 尽管在2013年的"改革决定"中，要求全国人大在立法方面"落实税收法定原则"，但该原则在执法中的落实同样非常重要，这应当是我国在税收立法相对完备后的努力方向。

的调整,证券交易印花税的税率调整过程中广受争议的"半夜鸡叫"事件①,等等,都不同程度地存在着程序不透明的问题。对于上述情况,尽管社会公众通常并未从越权或滥用权力的角度提出质疑,但至少会认为权力的行使不当,并因而质疑相关分配的公平性和合理性。因此,应特别强调各类减税权必须严格按照法定程序行使,进一步加强税收程序法的制度建设,以更好地推进税收法治,有效地解决相关的分配问题。

最后,在行权原则方面,行使减税权不仅要坚持前述的法定原则,还要贯彻公平原则和效率原则。其中,公平原则具体体现为适度原则或比例原则②,它要求行使减税权必须适度,在减税的范围、力度等方面都要适当,同时,要协调好政策性与法定性的关系,以更好地实现"结构性减税"的功能和目标。依据体现公平精神的适度原则,征税权的行使要体现出"谦抑性"或"收敛性",并且,减税权的行使尤其要体现征税权的"收敛性",这样才能通过适度行使征税权,保障各类主体的合法权益,实现经济与社会的稳定发展和国家的长治久安。由于"结构性减税"会使特定领域的特定主体获得税收利益,如果减税的立法权或执法权行使不当,就会有悖于公平原则所蕴含的公平价值,因此,"结构性减税"尤其应当重视实质公平,有效解决分配问题,否则,仅从形式公平的角度,就很难解释为什么国家要实施或推进"结构性减税"。

除了要符合上述公平原则的要求,减税权的行使还要有利于经济发展,真正减轻纳税人的负担,有助于取得更好的征收效益,而这些方面正是效率原则的要求。例如,我国企业所得税制度的统一,实现了两个企业所得税的税种合并,在整体上降低了企业的负担,促进了公平竞争和经济增长,这样的"结构性减税"就是符合效率原则的;如果某个时期国家名义上仍在推进

---

① 2007年5月下旬,财政部官员对外坚称证券交易印花税税率不会上调,但在4个工作日后的5月30日凌晨,财政部却突然宣布税率上调,导致股市大跌。民众将财政部凌晨突然调整税率的做法称为"半夜鸡叫",并普遍对税率的调整程序、财政部是否有权调整等提出了质疑。可参见袁明圣:《疯狂股市、印花税与政府法治——证券交易印花税调整的法理思考》,载《法学》2008年第8期,第25页。

② 比例原则有助于避免国家权力对国民法益造成过度侵害,在减税方面强调比例原则更为重要。如果相关的减税措施违反比例原则,则是违法的;如果整部法律违反比例原则,则是违宪的。参见〔德〕施利斯基:《经济公法》,喻文光译,法律出版社2006年版,第103页。

"结构性减税",但却在废除一些税种的同时再新增一些税种,并由此加重了纳税人的整体负担,制约了经济的发展,这种做法当然不符合效率原则的要求。

落实税法的上述原则,需要重视征税权行使的"收敛性"。从"收敛性"的角度看,国家征税只是为了满足社会公众对公共物品的需求,因而不应由此带来苛政,恰恰应尽量减轻纳税人的负担,与民休息。① 强调征税权的"收敛性",不仅有助于最大限度地保护国民的利益,也有助于更好地促进市场经济的发展,提升资源配置的效率,并在整体上促进经济的运行,还有助于更好地保障国家的财政收入,实现国家财政与国民收益的"双赢",从而构建国家与国民之间的良性"取予关系"。

在国家行使征税权的过程中,"扩张性"与"收敛性"往往并存。其中,征税权的"扩张性"对应于加税权,其"收敛性"则对应于减税权。加税权和减税权的行使都是国家行使征税权的常态,体现了税法的"规制性",即把"积极的鼓励、促进"与"消极的限制、禁止"相结合的特性。只不过在征税权的行使过程中往往是"扩张性有余而收敛性不足",因而才需要从法定原则、公平原则和效率原则的角度,对其"扩张性"加以限制。

近些年来,尽管我国一直在进行"结构性减税",但市场主体的税负依然居高不下,这与减税权未能依法正当行使、税法原则贯彻不力等有关,同时,也与我国对减税缺少系统思考和整体设计有关。严格说来,我国的"结构性减税"是在不断解决各税种领域诸多问题的过程中"不自觉"地展开的。为此,必须加强顶层设计,全面优化税法结构,构建科学合理的税法体系,为"结构性减税"奠定更坚实的制度基础,这样才不会像增值税制度改革那样,在不断的试点中持续暴露出减税权问题。

(四)增值税制度改革中的减税权问题

我们当前正在进行的最重要的结构性减税,就是"营改增"。由于我国的

---

① 通过减负,与民休息,有助于涵养税源,从而实现取之不尽,用之不竭。许多思想家都提出过减税思想,例如,司马光在其《论财利疏》中就强调要"养其本源而徐取之"。参见王军主编:《中国财政制度变迁与思想演进》(第一卷下),中国财政经济出版社2009年版,第822—823页。司马光的思想与供给学派代表人物拉弗(Laffer)提出的减税思想是内在一致的,只不过比后者要早得多。

增值税制度一直处于改革或"试点"的过程中,其改进的重要方向是通过更好地体现增值税的原理来不断降低纳税人税负,因此,很有必要结合以往的增值税制度改革,以及"营改增"实践所涉及的减税权问题,展开更为具体的专题性探讨。

从我国的增值税制度改革来看,既有"增值税转型"带来的税种内部课税要素的调整,又有"营改增"带来的不同税种之间的整体调整,因此,前述"结构性减税"的两种路径在增值税领域都有体现,并且,两种紧密关联的路径都涉及减税权问题,下面分别略作探讨。

1. 以往增值税制度改革中的减税权问题

增值税作为我国的第一大税种,不仅覆盖范围广,而且其收入曾占整体税收收入一半左右,即使近些年通过税基和税率调整不断进行减税,增值税收入也一直占整体税收收入40%以上。但是,如此重要的税种,其制度改革却一直没有停歇,其中所涉及的减税权问题尤其具有典型性和普遍性。

如前所述,我国从2004年开始,即已着手"结构性减税",增值税制度改革恰是其中的重要一环。当时,在东北地区进行的旨在"扩大抵扣范围"的"增值税转型"试点[1],既是1994年税制改革后重启税改的重要标志,也是"结构性减税"的重要步骤[2],它不仅有利于推动东北地区的产业结构调整,对税法自身的结构优化亦有助益。尽管新制最初所涉减税行业和地域受限,但因其毕竟具有减税效应而在中部地区被推广[3],并最终在2009年成为通行全国的重要制度。

---

[1] 根据中共中央、国务院《关于实施东北地区等老工业基地振兴战略的若干意见》(中发〔2003〕11号)的精神,经国务院批准,财政部、国家税务总局制定了《东北地区扩大增值税抵扣范围若干问题的规定》(财税〔2004〕156号),这个《规定》就是在东北地区行使增值税领域的减税权的直接依据。

[2] 在东北地区开始的增值税转型试点,以及在黑、吉两省免征农业税的试点,都是"结构性减税"的重要举措,只是当时各界还没有从这个视角加以关注,尚未发现它们对于重启税制改革的重要地位和意义。

[3] 根据中共中央、国务院《关于促进中部地区崛起的若干意见》(中发〔2006〕10号)在中部地区实行增值税转型的精神,以及国务院办公厅《关于中部六省比照实施振兴东北地区等老工业基地和西部大开发有关政策范围的通知》(国办函〔2007〕2号)确定的范围,财政部、国家税务总局制定了《中部地区扩大增值税抵扣范围暂行办法》(财税〔2007〕75号),这个《暂行办法》是当时在中部地区行使增值税领域的减税权的直接依据,它与东北地区行使减税权的依据不同,体现了减税权行使依据的不统一。

"增值税转型"在全国推开的直接动因,是金融危机发生后产生的对"结构性减税"的迫切需要。由于制度转型使抵扣范围进一步扩大,直接降低了增值税的税基;同时,对小规模纳税人征收率的调减,又进一步降低了增值税的整体税负,因而通过在增值税制度内部的课税要素调整,就能够产生明显的"减税效应"。

上述"增值税转型"属于前述"结构性减税"的第二种路径,对于其所涉减税权问题,学界在整体上并未充分重视。考察"增值税转型"从局部试点到推向全国的直接依据,不难发现它们大都是财政部和税务总局制定的有关扩大增值税抵扣范围的"规定"或"暂行办法"。尽管这些规范性文件体现了中央和国务院的精神,但其效力级次还是太低,毕竟无论是抵扣范围的扩大,还是征收率的调整,都涉及对课税要素的实质规定,严格说来,这些内容都应规定于法律之中①,但在"增值税转型"的直接依据显然不符合法定原则的要求。

此外,在"增值税转型"试点的推进过程中,有关扩大抵扣范围的规定虽有减税效应,但只是在某些行业或区域"试行",并非畅行天下,这与增值税应在全国统一征收②,并保持其链条完整的内在要求相左,不仅有悖于税收原理和税法原理,未能全面体现法治的精神,亦未能贯彻税收法定、公平和效率原则。

可见,虽然"增值税转型"改革很重要,也能够产生"结构性减税"的效果,但其所涉减税权的行使依据和方式却存在突出问题。而这些问题不仅在以往的"增值税转型"改革中存在,在当前正在进行的"营改增"实践中同样存在,这就需要特别关注。

---

① 对于减税权的行使应由法律规定,有的国家甚至在宪法上作出严格限定。例如,海地共和国《宪法》第219条规定:"任何例外、增税、减税或任何取消税种,只能由法律规定。"据此,减税权的行使必须实行严格的法律保留原则。

② 增值税是典型的中性税种,为了不扭曲商品在统一市场上的销售,它应当在全国统一适用。不仅如此,从保障商品自由流通和公平竞争的角度,包括增值税在内的各类间接税,也都应当在全国统一适用。因此,美国虽然没有联邦层面的增值税,但仍强调间接税的统一适用,甚至在宪法上亦对此作出规定。例如,美利坚合众国《宪法》第1条第8款规定,国会有权力"规定和征收直接税、间接税、进口税与货物税,但所有间接税、进口税与货物税应全国统一"。

2. 当前"营改增"实践中的减税权问题

"营改增"作为"结构性减税"最重要的步骤，作为中国当前完善整体税法体系的主攻方向，从国家到地方无不特别关注，因为它涉及中央与地方的关系和重大利益，关系到产业结构调整、纳税人权益保护，以及中国税法未来的走向。

如此重要的改制，必须加强整体框架设计，必须有坚实的依据。从整体设计来看，由于增值税和营业税以商品税的二元客体（货物和劳务）为征税对象，因而"营改增"涉及的领域非常广阔；随着改革的逐步到位，原来的"两税并收"将变成"一税覆盖"。[①] 由于改征增值税，在抵扣链条完整的情况下，既能避免营业税领域存在的重复征税，又能使纳税人的实际税负下降，因而"结构性减税"的效果将非常突出，从而有助于原来征收营业税的许多行业的发展，也有利于国家调整经济结构目标的实现。

"营改增"是通过整体的税种调整来实现"结构性减税"的，属于前述"结构性减税"的第一种路径。由于开征历史悠久的营业税将被增值税"吸收合并"，使增值税无论在征收范围，还是具体的税基、税率结构的确定等方面，都会发生制度巨变，并由此涉及众多纳税人实体权益的重大调整，直接影响市场主体的财产权、经营自由、职业选择等，因而必须考虑其合法性。

在"营改增"的实践中，行使减税权的直接依据，是财政部与税务总局印发的"已经国务院同意"或"经国务院批准"的《试点方案》《通知》等[②]，这些规范性文件与前述"增值税转型"方面的规范性文件在效力级次上是一样的，因而面临着同样的合法性问题。从增值税制度改革，以及其他税法制度实践看，行使减税权的依据欠缺合法性，已成为我国长期以来未能根治的痼疾，是我国完善税收法治需着力解决的突出问题。

尽管从实质上看，通过"营改增"来推进"结构性减税"，增强企业竞争力，进而促进结构调整和产业升级，都是由国务院来主导的，并且，国务

[①] 按照国家的"十二五"规划纲要以及具体的实施步骤，我国的"营改增"将分三步走，最快在2015年完成。当然，某些营业税税目（如金融业）能否完全并入增值税，从而实现"一税覆盖"，仍然存在一些难题。

[②] 参见财政部、国家税务总局印发的《营业税改征增值税试点方案》《关于在全国开展交通运输业和部分现代服务业营业税改征增值税试点税收政策的通知》《交通运输业和部分现代服务业营业税改征增值税试点实施办法》等。

院行使减税权的依据似可推定为全国人大 1985 年的"授权立法决定",但如前所述,该"决定"已受到广泛质疑①,它不仅违反税收法定原则,也与《立法法》和《税收征收管理法》等具体法律规定相冲突,因而其合法性存在明显缺陷,已经"不足为据"。

如果说前述的"增值税转型"还只涉及单一税种内部的调整,而"营改增"则涉及两个非常重要的税种的制度变易,对于纳税人的基本权利影响更大。由于"营改增"牵涉纳税主体、税目、税率、税基等方方面面的重大调整,且相关税目(如交通运输业)的试点已经或渐次适用于全国,因而会导致现行的《增值税暂行条例》和《营业税暂行条例》的许多规定面目全非,甚至名存实亡。对于这些事关纳税人基本权利的涉税基本事项的调整,确应按《立法法》规定,严格贯彻"法律保留"原则,由全国人大进行相关立法,以尽快完成增值税立法级次的提升,彻底解决增值税制度改革长期以来存在的合法性问题。

近年来,增值税制度改革所暴露出的法律依据不足问题日显,提升增值税立法级次的呼声亦随之渐涨。其实,在推进税收法治的过程中,形式和程序同样不应忽视。在"营改增"的立法方面,如果全国人大立法的条件暂不具备,可以至少以全国人大常委会之名先作出相关"决定",待条件进一步成熟,再制定统一的《增值税法》,这也许是一个具有可操作性的基本路径。

总之,针对包括"营改增"在内的各类税制改革,必须关注其中涉及的减税权行使的法律依据问题,不应再以全国人大的"授权立法决定"为依据,无限制地推行各类"试点"②;不能仅考虑经济改革的经济增益,而不考虑改革的法律依据。许多国家的理论和实践表明,税法制度的变革历来与"经济宪法"密切相关。在我国,"加强经济立法,完善宏观调控",保持国家经济

---

① 不仅学界已有大量探讨,而且在 2013 年的全国人大会议上,"关于终止授权国务院制定税收暂行规定或条例的议案"获得了 32 名全国人大代表的联署。目前,全国人大能否尽快废止 1985 年的"授权决定",已成为普遍关注的问题。

② 对于增值税试点的相关法律问题的具体探讨,可参见张守文:《我国税收立法的"试点模式"——以增值税立法"试点"为例》,载《法学》2013 年第 4 期,第 61—68 页。

的稳定增长,既是宪法的基本要求①,也是国家理性和国家职能的重要体现。因此,为了落实宪法的要求,必须加强税收领域的经济立法,这尤其有助于实现"营改增"的促进经济结构调整、保障经济稳定增长等目标,进一步落实税收的公平原则和效率原则,从而更好地保障国民的基本权利。

(五) 小结

"结构性减税"是我国正在进行的重要制度实践,对于经济、政治、法律、社会发展均有重要影响。为了更好地解决相关的分配问题,我国至少在2004年以来就在客观上对税法制度进行结构性调整,相应的"结构性减税"也体现为多种形式,与广义上的减税几乎并无差异。

在广义上讨论"结构性减税",有助于在更广阔的时空背景下,发现其中蕴含的法律问题,特别是至为重要的减税权问题。在我国普遍把"结构性减税"作为一种与经济结构调整相关的"政策问题"或"经济问题"而不是"法律问题"的情况下②,减税权问题并未受到重视,"结构性减税"的合法性问题也往往被忽视,并由此带来了诸多方面的问题。

有鉴于此,应强调法定的减税权是"结构性减税"的基础,即没有减税权,"结构性减税"就不具有合法性;同时,无论是减税的立法权还是执法权,都必须法定,这对于各类"减税要素"的依法调整非常重要。此外,法定的减税权必须依法正当行使,在行权的主体、范围、程序、原则等各个方面,都要体现依法正当行使的要求,这样的"结构性减税"才能更好地体现法定原则、公平原则和效率原则等税法基本原则的要求。

此外,近些年的增值税制度改革一直是"结构性减税"的重中之重,且"增值税转型"和"营改增"恰好体现了"结构性减税"的两种主要路径,为此,本章专门分析了其中涉及的减税权问题,进一步揭示了长期以来存在

---

① "国家加强经济立法,完善宏观调控"是我国《宪法》第15条的明确规定,这一规定对于保障国家经济的稳定增长是非常重要的,而经济的稳定增长是与总体经济平衡的目标直接相关的。为此,德国《基本法》第109条规定了"总体经济平衡",这被认为是一个国家的核心目标。参见〔德〕施托贝尔:《经济宪法与经济行政法》,谢立斌译,商务印书馆2008年版,第333页。

② 我国在经济结构调整过程中涉及的许多问题都是法律问题,而不应仅视为政策问题,这在分析"结构性减税"问题方面亦非常重要。相关分析可参见张守文:《"双重调整"的经济法思考》,载《法学杂志》2011年第1期,第30—34页。

的行使减税权的依据欠缺合法性的问题,并提出应严格遵循税收法定原则,真正贯彻法律保留原则,提升增值税的立法级次。上述问题及其解决对策对于增值税制度以外的税法制度的完善也同样具有普适性。

透过上述研讨不难发现,"结构性减税"与税法结构的调整和完善,与各类具体税法制度之间的协调直接相关。各类制度协调的直接基础是税法上的减税权,而不是某个减税"政策",不能用政策来代替税法的规定,这是需要特别明确的重要问题。从法律的视角看,"结构性减税"始终与税法自身结构的调整直接相关,它本身就是一个"法律"问题,而不只是一个"政策"问题,更不只是一个"经济"问题。

"结构性减税"作为重要的制度实践,在未来还将长期持续。上述对减税权问题的探讨表明:必须正视和有效解决实践中可能存在的违法行使减税权的问题,强调对减税权的法定和限制,重申法律的不可替代性。虽然前面着重探讨的是"结构性减税"中的减税权问题,但这些问题其实也是所有的税法领域,甚至是经济法乃至整个公法领域都要特别关注的。只要在法治和宪政的框架下,真正有效界定和依法行使减税权,切实保障相关主体的权益分配,就一定会有助于推动税收法治的全面发展,促进整体的减税权理论、税权理论和税法理论的完善。

三、同类分配制度的内部差异

在统一分配制度内,由于主体、客体等诸多因素的差异,表面上统一的分配制度,其实暗含诸多差异。其中,有些差异的存在具有合理性,有些差异则需要在分配制度的完善过程中不断加以解决。由于不合理的差异正是导致突出的分配问题和分配危机的重要原因,因此,在各类分配制度中,还要关注制度内部存在的差异,并要研究其合理性。

企业所得税法对于企业及相关主体的收益分配非常重要,但我国却长期针对不同类型的企业,实行不同的所得税制度,对公平竞争、公平分配等都产生了很大的负面影响。为此,我国于2008年开始实施统一的企业所得税法。尽管如此,在这个统一的法律中,仍存在诸多制度差异,需要认真研究。为此,下面以统一、整合后的企业所得税法为例,分析其中存在的差异问题,并说明分配制度内部差异的存在及应关注的问题。

(一) 问题的提出

企业所得税法的统一和整合，是中国财税立法乃至整个经济立法的长期理想和重要界碑。作为举世瞩目的重要立法，统合后的《企业所得税法》的出台，无疑具有很强的象征意义，它在很大程度上彰显着国家力图构建与市场经济体制相适应的法律体系的决心，体现了法治精神，由此使企业所得税法的研究往往可以超乎微观的税法技术本身，并辐射到其他更广阔的经济、社会和法律等诸多领域。

企业所得税法的统合，与多年来日渐被接受的"统一的市场、统一的法律、平等的主体、公平的竞争"等观念密不可分。正是这些观念的不断扩展，夯实了许多重要经济立法的认识基础，催生了市场经济所必需的一系列重要法律，从而为整体的法制统一奠定了厚重的基石。

在诸多的基石之中，直接影响着国家与国民权益的财税立法，无疑具有重要地位。特别是在经济迅猛发展的时代，所得税之类的直接税，直接影响着市场主体的生产经营活动，直接影响着各类主体的公平竞争和切身利益，所得税法是否统一，具体规范能否统一适用，与各方利益攸关。在这种情势下，终结以往企业所得税领域的多元立法或二元立法[①]，便成为各界最基本的共识，由此使企业所得税法的统合得以水到渠成。

可见，企业所得税法的统合，体现了经济、社会和法律发展的需要，其认识基础亦较为坚实。正因如此，统一的企业所得税法甫出，各界便盛赞其统一性，特别是对于"四个统一"，即主体适用税法的统一、税前扣除制度的统一、税率的统一和税收优惠制度的统一，更是有诸多的论述和素描。[②] 但与此同时，若能细察入微，看到企业所得税法统合的局限，则对于完善立法和执法，更好地解决分配问题，会更有裨益。

---

① 多元立法时期是指过去以企业所有制性质为标准的立法阶段；而二元立法时期是指内外有别的内资企业所得税制度与涉外企业所得税制度并存的时期。

② 我国《企业所得税法》经过十几年的酝酿，终于在 2007 年 3 月获得通过，且得票率高达 97.8%，因而当时有许多论文或报道。如毛磊：《企业所得税法统一税制公平税负》，载《人民日报》2007 年 3 月 20 日。又如，仅是《税务研究》2007 年第 9 期，就有 9 篇论文集中探讨企业所得税法的相关问题。

有鉴于此，下面拟分析统合的内在局限及其制度表现，探究上述内在局限的成因与相关原理支撑，强调在经济法的"差异性原理"的基础上，应客观认识法律统合的"外和内分"与"和而不同"，从而更好地理解分配制度的内部差异。

（二）统合的内在局限及其制度表现

如同税法的普适性会有多重局限一样①，企业所得税法的统合，同样会受到多重局限，如现实的经济和社会发展水平、国家的经济和政治体制，法治的状况和人们的认识水平，等等。上述多重局限，同样是影响企业所得税法统合的重要因素，它们作为外在的立法环境的构成要素，决定着统一、整合的企业所得税法的基本样貌和规范构成，决定着整体的立法水平，这些局限可称之为影响企业所得税法统合的外部约束或外在局限，需要在研究法律的运行系统方面予以关注。与此同时，还应关注企业所得税法统合的内在局限，即由于企业所得税课税要素的特殊性和差异性所导致的影响制度统合的约束因素。事实上，无论上述的外在局限是否存在，内在局限都可能起作用。因此，企业所得税法的统合，在很大程度上会受到内在局限的深刻影响。

在一些人看来，企业所得税法的统合，就是要实现企业所得税法对主体的统一适用。但事实上，由于主体、客体、义务量化标准等多方面内在制约因素的影响，企业所得税法的统合程度还很有限，远未达到人们所想象或希冀的全面的统一和整合。为此，下面拟从主体差异、客体与义务的量化方面，探讨各类内在局限的具体制度表现。

1. 主体差异的内在局限

主体方面的内在局限，是由于纳税主体的现实差异而导致的。所得税的分类之所以会以纳税主体为重要标准，就是因为它直接关涉相关主体的税收利益，是典型的直接税。我国历史上的企业所得税制度，曾按照所有制的不同，或是否具有涉外因素来进行划分，这些都是考虑了主体的差别。虽然在立法追求上力求各类不同的企业，尤其是内资企业和外资企业要适用统一的

---

① 对于税法的普适性及其多重局限的简略讨论，可参见张守文：《税法的普适性及其局限》，载《中外法学》2001年第5期，第554页。

税法，但只要主体的差异客观存在，在某些领域就必须具体问题具体分析，就只能根据主体的不同而适用不同的规则，而不可统一地适用同一规则。

从现行制度表现上看，目前《企业所得税法》在主体适用上的统一性在很多方面是名实不符的。首先，《企业所得税法》有限缩适用的一面，它不能适用于各类企业，因而绝不能望文生义地认为它统一适用于各类企业。例如，它不能适用于合伙企业和个人独资企业，这种限制使其统一适用之"实"小于其立法之"名"。其次，《企业所得税法》也有扩张适用的一面，它并非仅适用于"企业"，而是同样适用于"取得收入的其他组织"，如国家机关、事业单位和社会团体等，这又使其适用范围之"实"大于其立法之"名"。再次，即使是适用《企业所得税法》的企业，实际上也存在着很大的差异性，有时无法统一适用同一税法规范。例如，尽管目前在宏观层面实现了企业所得税法的制度统合，但居民企业和非居民企业的差异仍然客观存在，两者在法律的适用上，并不总是统一的。又如，税收优惠制度的存在，主要是以主体的差异性为前提的，在纳税主体存在诸多现实差异的情况下，国家基于经济、社会、政治等多重目标的考虑，不可避免地会区别对待，由此形成了纷繁复杂的税收优惠制度。而只要有税收优惠制度，就不可能对所有的主体都统一地给予优惠，因而必然影响其收入分配。

可见，纳税主体方面差异性的存在，是影响企业所得税法统合的重要内在局限。它使企业所得税法很难实现完全统合，因而不可能完全用统一的、相同的规范适用于各类企业；并且，只要主体之间的差异存在，在税法规范上的差异性就可能长期存在。

2. 客体量化的内在局限

依据可税性理论，收益性和营利性对于确定是否可以课税是非常重要的条件。[①] 在各个税种领域，有收益才能征税，实际是税收公平原则的体现。在所得税领域，尤其强调要有收益。没有应税所得，就不能征收所得税，这是量能课税原则的基本要求。正因如此，如何判断相关主体是否具有应税所得，如何确定应税所得，如何对征税客体进行量化，始终是企业所得税制度设计上要考虑的重要问题。

---

① 参见张守文：《论税法上的可税性》，载《法学家》2000年第5期，第12页。

在企业所得税法领域，由于主体的差异性较为突出，因而虽然征税客体在理论上和形式上都是应税所得，但在客体的具体量化上却存在着相当大的差别。这主要是因为所得税不同于其他税种，影响应税所得确定的因素十分繁杂，且与主体的身份联系十分紧密，各类纳税主体实际上适用于不尽相同的税法规则，享受着不同的税法待遇，由于这些规则和待遇难以完全统一，从而使客体的量化也成为影响企业所得税法统合的内在局限。

例如，在企业所得税法统合的过程中，立法者力图把各类"取得收入的组织"全部纳入税网和法网[①]，因此，国家机关、事业单位、社会团体、军队等，只要取得收入，都应依法缴纳企业所得税，都可能成为企业所得税的纳税主体。但是，由于各类组织的性质毕竟不同，企业与非营利性组织的差别毕竟很大，因此，各类纳税主体进行客体量化所适用的规范其实并不相同。其中，不经常从事经营性活动的组织，或者依其宗旨不以营利为目的的组织，在征税客体的量化时，首先要减除的是各类不征税收入，如财政拨款、各类依法收取的行政事业性收费、政府性基金等，这些收入与上述组织履行或代行政府职能（即向社会公众提供公共物品或准公共物品的职能）是密切相关的。[②] 可见，非企业主体的征税客体的量化，不可能与纯企业的应税所得的量化完全统一。

此外，即使各类企业之间相比，不同区域、不同行业、不同法律性质的企业仍存在诸多差别（尽管国家的许多法律试图不断消除这些差别），这些差别的客观存在，在其应税所得的量化上也会有不同。例如，与居民企业相比，非居民企业的股息、利息、红利、特许权使用费等所得，是以收入的全额为应税所得额的，即不许做任何扣除。又如，在不同的征管模式之下，对于不同规模的企业所适用的征收方式不同，其应税所得的量化规则也不同。国家新近调整了适用核定征收的几个行业的小规模企业的应税所得率，这与查账征收的实际应税所得的量化规范，就有很多不同。[③] 这些都属于征税客体量化

---

① 我国《企业所得税法》第 1 条第 2 款规定，个人独资企业、合伙企业不适用该法。
② 这样的制度安排也是可税性原理的重要体现。参见施正文等：《对于企业所得税法中"不征税收入"问题的探讨》，载《税务研究》2007 年第 9 期，第 44 页。
③ 参见国家税务总局 2007 年 8 月 30 日发布的《关于调整核定征收企业所得税应税所得率的通知》（国税发〔2007〕104 号），对农业、制造业、建筑业、交通运输业等行业的应税所得率作出了调整，并溯及适用于 2007 年 1 月 1 日。

方面影响法律统合的限制性因素。

应当看到,客体量化上的差异,在很大程度上导因于主体的差异。在研究客体量化的问题时,应与具体的纳税主体相结合。这样,才能更好地完善客体量化制度,更好地确定征税依据,界定税基,从而为正确衡量纳税主体的纳税义务,更好地保护征纳双方的合法权益奠定基础。

3. 义务量化的内在局限

纳税主体的差异不仅与客体量化直接相关,也与义务的量化密切相连。事实上,义务量化的前提是客体的量化,没有客体的量化,就不可能有义务的量化,因为义务的最终量化,是通过对量化的客体适用相关的税率,或者适用相关的优惠或重课措施来实现的。因此,客体量化是义务量化的基础,甚至在一定的意义上,它也可能被归属于义务的量化。从一般的原理上说,抽象的纳税义务的形成,通常依赖于税率在具体税基上的适用;同时,在存在税收特别措施的情况下,也进一步依赖于税收优惠或税收重课措施的适用。

如前所述,在统一、合并企业所得税法的强大宣传声势之下,《企业所得税法》被认为实现了税率上的统一、税收优惠措施的统一。但与其他领域的制度统合类似,税率制度与税收优惠制度上的统合,同样是不完全的。[①] 例如,虽然名义税率被定为25%,但实际上却也存在着多重税率。如对非居民企业征收的预提所得税税率为20%(中外税收协定多规定为10%)、优惠税率20%或15%[②],等等。而这些税率的差异,恰恰说明国家的税法调整在哪些方面要考虑"一般",在哪些方面要考虑"特殊",在哪些领域要进行调控、引导,在哪些领域要关注收益分配,等等。在不同情况下,对不同主体要分别适用不同的税率,恰恰说明在税率上不可能完全统一。

此外,税收优惠制度对义务的量化影响更大。因为不同主体所享有的税收优惠更不统一,主体实际纳税义务的差异性也都更为突出。从制度表现来看,国家对重点扶持和鼓励发展的产业和项目,如大农业、高新技术领域、公共基础设施建设项目、环保节能项目等,会直接规定减征、免征、优惠税

---

① 这种统一,实际上只是在税率、税收优惠制度上不再区分内外资企业,但各种类型企业差异依然存在,仍然不可能对所有的企业统一地适用同一具体规范或制度。

② 我国《企业所得税法》第28条规定,符合条件的小型微利企业,减按20%的税率征收企业所得税。国家需要重点扶持的高新技术企业,减按15%的税率征收企业所得税。

率、加计扣除、减计收入等诸多优惠措施，来降低甚至免除企业的所得税税负，这与国家结合国情而确立的长期的经济政策和社会政策是直接相关的。而对于不能体现上述政策要求的千差万别的企业，则无论其所有制性质如何，都被排除在上述给予优惠的范围之外。为了更好地发挥税收优惠的功用，法律不可能对各类主体不加区分地统一适用同一优惠制度；统一的普惠，恰恰违背了优惠制度的设置初衷。

综上，主体以及主体行为方面的差异，直接影响着客体量化与义务量化，它们都会影响到法律规范的统一适用，使得企业所得税法很难做到完全统合，从而构成了税法统合的内在局限。

（三）内在局限的成因与相关原理

各类内在局限的成因，在前面的探讨中其实已有涉及。从总体上说，各类内在局限之所以存在，是因为企业所得税法的调整对象具有特殊性，特别是其纳税主体具有突出的复杂性和差异性，而所得税作为直接税，又是与主体及其利益分配直接相关的，主体的复杂性和差异性必然会导致调整主体利益的所得税法律规范的复杂性和差异性，从而使得所得税规范在各类主体之间很难完全统合。

对于法制或法律的统一，必须看到其"相对"的一面。企业所得税法的统一，只是在总体上、在某些大的方面，实现了原来内外有别的两套所得税制度的相对统一，但在局部、在许多具体的制度或规范方面，却仍然存在着诸多的裂分。外在的统一与内在的裂分，是由企业所得税法内在的矛盾所导致的。只要企业所得税法的纳税主体及其具体行为的差异性存在，则"外合内分"的局势就不可避免。

事实上，在企业所得税法中，存在着许多"原则与例外并存"的情况，体现的就是"合中有分"、"分中有合"。例如，就主体而言，许多人都认为此次企业所得税法实行的是所谓法人税制，因而纳税主体的独立性非常重要。因为法人要自己负责，同样要自己承担纳税的义务。这是独立性的应有之义。在这个意义上，在税法领域可以确立独立纳税原理。但是，该原理也有例外，即在某些情况下，还存在着合并纳税或汇总纳税的情况。它是独立纳税原理的例外，但同样有其合理性。① 此外，现实的非独立性（或关联性）与法律上所要求的独立性，有时也会存在冲突，因此，针对关联企业存在的客观情况，基于对独立性的强调，企业所得税法都要作出特别的规定，并由此形成了关联企业制度或反避税制度。

与反避税制度直接相关，在关注主体独立性的同时，还要关注主体行为的目的。企业行为究竟以商业目的为主，还是以税收目的为主，会直接影响行为的合法性，由此可能涉及"实质高于形式"原理的运用。② 因此，持有不同目的的企业，在税法上同样要加以区分，税法上要有相关的规范对此加以甄别或者予以应对，以使其享有不同的税法待遇，实现各得其所的分配正义。

总之，企业所得税法的"外合内分"，表现为在统一的一部法律中对不同类别的主体及其不同行为分别规定不同的税法规范和税法制度，其主要原因是纳税主体及其行为的差异性的存在，以及由此产生的在客体量化以及义务量化等内在制约因素的存在。只有依据现实存在的各类差异来区别对待，才能更好地体现量能课税和依法征税，实现分配正义，才能在税收法定原则和税收公平原则的基础上，更好地实现税收效率原则。同时，只有保持对各类主体的相关规范的非统一性，才能更有效地进行宏观调控，并由此更好地实现税收与税法的各项职能，达致企业所得税法的多元宗旨或多元调整目标。

此外，基于主体的差异性而形成的制度差异，体现了重要的经济法原理——差异性原理。经济法的调整与传统民商法的一个很大的不同，就是基于主体以及其他诸多方面的差异性、非均衡性，其调整正是为了解决那些必须解决的差异性问题，以实现实质正义，确保整体效益。因此，在经济法上恰恰要大量融入体现经济政策和社会政策等诸多政策的规范，以对不同主体及其不同行为予以区别调整，从而形成了"和而不同"的各类具体制度。企业所得税法统合的诸多内在局限，其实就是差异性原理的重要体现，同时，它也使企业所得税法成为"和而不同"的重要制度，即虽然各类内部制度存在差异，但却可以构成一个和谐的整体，并且，更能够反映社会真实，从而也

---

① 参见张守文：《企业集团汇总纳税的法律解析》，载《法学》2007年第5期，第41—49页。
② 无论是英美法系，还是大陆法系，在税法理论和实践中都高度重视这一重要原理。事实上，在整个经济法领域，为了实现实质正义，也需要确立这一重要原理。

更能实现其制度绩效。

（四）小结

中国《企业所得税法》的出台，在形式上实现了企业所得税法的统合[①]，但由于外在局限和内在局限的约束，这种统合并不彻底，其统一适用仅具有相对意义，不宜过于强调。事实上，由于主体差异、客体量化、义务量化等相互关联的多重内在局限的存在，各类纳税主体所适用的具体税法规范并不一致，在不同地区、不同行业、不同领域，虽同为企业所得税法规定的纳税主体，但所适用的具体规范却可能大异其趣；同时，在制度的统一与裂分、主体的独立性与关联性、行为的商业目的性与税收目的性方面，有许多具体问题值得关注，它们集中地体现了经济法上的差异性原理。若能全面认识上述问题，并有效解决与其相关的分配问题，则对于该法的有效实施和未来完善，对于协调税法领域的相关制度，无疑甚有裨益。

四、分配制度差异中的国家因素

在相关分配制度中，基于国家利益的考虑，或者基于国家利益的名义，存在着一些差异化的制度安排。例如，同样是企业，同样是上述企业所得税法的纳税主体，在某些情况下，却可能因出于所谓国家因素的考虑而在税法上被区别对待，其中，企业集团的汇总纳税制度，就体现了分配上的厚此薄彼，会直接影响相关企业的税收利益分配。为此，下面以此为例，来揭示分配制度差异中的国家因素。

（一）问题的提出与界定

在纷繁复杂的税收法律制度中，企业集团汇总纳税制度是一类潜滋暗长

[①] 形式上的统一性，是否带来了实体上的统一性，是否导致了作为税法基本需要的确定性（certainty）、可预见性（predictability）以及稳定性（stability），是很重要的问题。参见〔美〕克劳斯、沃特：《公司法和商法的法理基础》，金海军译，北京大学出版社2005年版，第193页。

的新兴制度。对于此类重要制度的研究，目前主要侧重于税收管理方面。[①] 但该制度其实不仅涉及税收征管，也涉及会计、产业政策等经济问题，同时也关乎政治、法律等诸多方面[②]，影响甚广，若对其中蕴含的诸多重要法律问题长期失察，则对于该制度的完善及相关法学理论的深化均不利，故应从税法等相关部门法的角度展开法学研究。

缘于税法的复杂性，特别是税法制度形成过程的复杂性，税法上的诸多概念往往需经具体界定方能免于混淆，"汇总纳税"一词也不例外。事实上，过去在所得税、增值税等制度中，都曾用过"汇总纳税"一词，且在所得税领域用得更为集中和普遍。[③] 在所得税领域，"汇总纳税"一词主要用于两个领域，体现为两类意义：一类是与所得税的税基确定直接相关的汇总纳税；另一类是与税收抵免中的税额抵扣相关的汇总纳税。由于后者可以通过国际税法或国内税法上的税收抵免概念来予以说明，因此，人们通常主要在第一类意义上使用汇总纳税的概念。

上述对汇总纳税概念使用范围的界定，也源自现实的制度规定。我国1994年实施的《企业所得税暂行条例》第14条规定："除国家另有规定外，企业所得税由纳税人向其所在地主管税务机关缴纳"，对于其中需要由"国家另作规定"的部分，《企业所得税暂行条例实施细则》第43条进一步明确规定："铁路运营、民航运输、邮电通信企业等，由其负责经营管理与控制的机构缴纳（企业所得税）。"正是依据上述规定，国家税务总局从1994年开始，制定了一系列规范性文件，其中既包括有关企业集团汇总纳税的综合性规定，又包括针对相关具体行业的某类企业集团的汇总纳税规定，相关行业涉及金融业（特别是四大国有商业银行、政策性银行、保险公司、证券公司等）、电

---

① 例如，有的学者在探讨区域税收与税源背离的问题时曾把汇总纳税作为"背离"的一种原因。参见靳万军：《关于区域税收与税源背离问题的初步思考》，载《税务研究》2007年第1期，第28—34页。

② 汇总纳税制度作为一类特殊的制度，改变了税收征管的属地原则，不仅影响了相关企业的利益以及企业之间的竞争，还直接影响了税源地政府的税收利益，从而会影响到中央和地方的关系，以及由此产生的其他关系，相应地会带来政治、法律等方面的一些问题，需要从多个部门法的角度展开研究。

③ 在其他税种领域里，亦会用到类似于"汇总纳税"的"汇总缴纳"一词。例如，在印花税方面，早在1989年，国家税务总局和铁道部就曾下发过《关于铁路货运凭证汇总缴纳印花税问题的联合通知》，规定铁路货运凭证承运方应缴纳的印花税由铁路部门汇总缴纳，以简化纳税手续，加强税收征管。但这种"汇总缴纳"与这里集中讨论的"汇总纳税"的制度内涵并不相同。

信业（包括中国移动、中国联通、中国电信等大型企业）、运输业（包括铁道、民航）等，从而形成了我国企业集团的汇总纳税制度。

从制度建设的情况看，企业集团汇总纳税制度的核心，是强调符合法定条件的集团公司及其所属关联企业，可以作为"一个整体"来汇总合并缴纳企业所得税。具体言之，汇总纳税是指相关企业"按照有关规定计算出应纳税所得额（或亏损额），由其总机构或规定的纳税人汇总缴纳所得税的办法"。[①] 由于汇总纳税制度允许对相关主体的收支盈亏予以汇合、加总，它在整体上会影响相关企业的税基确定，从而影响其最终的所得税税负，与通常的独立纳税原则、属地纳税原则的基本要求相去甚远，因而它是一类例外的、特殊的制度。

尽管汇总纳税制度有其特殊性，但因适用于该制度的主体（目前是几类特殊行业的大型企业集团）在国计民生方面举足轻重，其经营网络遍及全国，对现实生活影响深刻而广泛，使得该制度的实际适用范围并不狭窄，其中存在的诸多法律问题不仅涉及税法，还涉及公司法或企业法、会计法、竞争法、产业法，以及宪法、行政法等诸多领域，因而确应对其从不同角度展开深入研究。

目前，对于企业集团汇总纳税制度本身的特殊性或与其他相关制度的差异性，对于其制度目标及税权配置等基本问题，学界还缺少基本的研究，但这些问题非常重要。此外，企业集团的汇总纳税制度与独立纳税制度的冲突、对税法基本原则要求的体现，以及与转让定价制度、亏损结转制度等相关制度的关联等问题，亦尚待进一步辨析研讨，这有助于揭示汇总纳税制度的特异性及其制度价值，促进现行制度的完善。

（二）汇总纳税制度的特异性

企业集团汇总纳税制度的特异性，是该制度与其他纳税制度相比所体现出的"特殊性"和"差异性"。如前所述，该制度作为企业所得税领域的一项特殊制度，是通常实行的"独立—属地"纳税制度的例外。本来，按照"独立—属地"纳税原则的要求，总公司的分支机构，特别是母公司控股的子

---

① 参见国家税务总局 1995 年 10 月 25 日发布的《加强汇总纳税企业所得税征收管理暂行办法》。

公司，可以依法作为独立的纳税主体直接向机构所在地的税务机关纳税，而不应与其他分支机构或子公司等一起，同总公司或母公司汇总纳税。因为若分支机构或子公司有亏损，则在汇总纳税时会在总体上降低税基，从而减少企业的总体纳税支出和国家的税收收入。

汇总纳税制度作为一类特殊的税法制度，因其在主体等方面有特殊的限定，故在适用范围上并不具有一般税法制度的普适性，这也可视为税法普适性的一个局限。① 而这种局限是同整个经济法上的"差异性原理"联系在一起的。在税法领域，由于纳税主体的地位、实力或纳税能力不同，国家在经济政策、社会政策方面会有许多特殊考虑，可能对不同主体实施税法上的差别待遇，从而形成了税法上的诸多例外制度。汇总纳税制度强调的就是不同主体在税基确定上的差异性，或者说是某些主体在税法待遇上的特殊性。

汇总纳税制度的特异性，与该制度所适用主体的特殊性直接相关。按照现行规定，享有汇总纳税申请权的，必须是符合规定的企业集团（都属于"大企业"），这同以往税法制度中强调的对"中小企业"的税收优惠安排是不同的。目前，已经过批准实行汇总纳税制度的，主要是金融业、电信业、运输业等产业的大型企业集团，如各大银行、证券、保险公司，各大电信企业，等等②，都是社会公众耳熟能详的，它们都直接关乎国之大计、民生根本。从自然状态上说，各大企业集团都具有地理上的跨地域性、分支机构的复杂性等特点，同时，各类主体一般在实际上都具有突出的垄断性（体现为经济垄断、行政垄断、自然垄断或其结合）；有些主体（如政策性银行等）在理论上还具有一定的公益性，而这些特殊性对于汇总纳税制度的形成和发

---

① 关于这个方面的探讨，可参见张守文：《税法的普适性及其局限》，载《中外法学》2001 年第 5 期，第 554 页。

② 参见财政部、国家税务总局《关于国有商业银行所得税计缴及有关问题的复函》（财税〔1996〕106 号）；国家税务总局《关于中国联合通信有限公司及所属企业缴纳所得税问题的通知》（国税函〔1999〕648 号）、《关于中国邮电电信总局缴纳企业所得税问题的通知》（国税函〔1999〕704 号）、《关于中国移动通信集团公司缴纳企业所得税问题的通知》（国税函〔1999〕705 号）、《关于国家开发银行、中国农业发展银行缴纳企业所得税问题的通知》（国税函〔2001〕324 号）、《关于民航总局所属企业事业单位缴纳企业所得税问题的通知》（国税函〔2001〕502 号）、《关于太平洋财产保险股份有限公司等 3 家保险公司缴纳企业所得税问题的通知》（国税函〔2004〕1017 号）、《关于铁道部及所属企业 2004 年度汇总缴纳企业所得税问题的通知》（国税函〔2005〕161 号），等等。

展是很重要的。

地理上的跨地域性和分支机构的复杂性，是上述各类企业都具有的特点。但具有这些特点的并不只是上述企业集团，其他许多行业的企业集团也都具有这些特点。① 为什么同样具有上述特点，其他行业的企业集团尚未适用此类特殊的汇总纳税制度？为什么各类企业集团在税法上的待遇并不相同？对于这些问题的认识，同样莫衷一是，见仁见智，其中，自然也包含着对现行制度的批评和完善建言。例如，有人认为，对不同企业集团实行税收上的差别待遇是显失公平的，将汇总纳税制度适用于各类企业集团，恰恰是未来税法修改的方向②，这是不无道理的。从以往的制度实践和相关原理来看，某个行业或企业集团对国计民生影响的重要性，以及与之相关的垄断性、公益性，会影响制度的政策性；而制度的政策性，也就是制度的特殊性或差异性，因为"没有区别，就没有政策"。事实上，上述金融业、电信业、运输业等行业的企业集团所具有的垄断性或公益性，以及对国计民生、经济和社会稳定的重要性，是其适用此类特殊的汇总纳税制度的重要基础；国家基于经济、政治和社会等方面的考虑，对国有企业以及国有控股企业的特殊关照，是确立此类特殊的汇总纳税制度的重要动因。可见，此类具有特异性的分配制度的形成，实际上融入了国家的利益和因素。③

（三）汇总纳税的制度目标

在上述有关汇总纳税的特异性的探讨过程中，其实已经涉及其制度目标问题。为什么要在基本的独立纳税制度、属地纳税制度之外，再设立一个特殊的汇总纳税制度？其制度目标或制度价值何在？这同样是一个需要深思的问题。由于在汇总纳税的情况下，总体上的盈亏相抵会减小整个企业集团的税基，进而降低整体上的税负，因而对于企业集团整体是非常有利的。从这

---

① 对于其他企业，国家税务总局制定了《跨地区经营汇总纳税企业所得税征收管理办法》，自 2013 年 1 月 1 日起施行。但是，该《办法》所说的汇总纳税的范围，仅限于汇总纳税企业所属不具有法人资格的分支机构的应纳税所得额。因此，"汇总纳税"的含义是不同的。

② 参见刘磊：《论现代企业组织形式与所得课税》，载《中国经济问题》2006 年第 2 期，第 56 页。

③ 一个非常重要的原因是，这些企业集团所缴纳的所得税收入全部属于中央收入，要全额上缴中央国库，直接关乎国家利益，因此，其所适用的制度与普通跨区域的企业的制度要有所不同。

个意义上说，汇总纳税制度的重要制度目标，就是鼓励和促进相关行业的企业集团的发展，增强其竞争力，提高其规模效益。由于汇总纳税制度所适用的企业集团，都是国有或国有控股企业的典范，大都具有突出的垄断性，对社会公益影响巨大，关系到国家的经济命脉，因而汇总纳税制度的实施，客观上是国家试图通过税收利益的让渡来促进相关行业和企业的发展，在许多方面都体现了"国家因素"。进而言之，汇总纳税制度的重要目标，就是通过税收制度直接影响产业政策，特别是通过影响产业组织政策和产业结构政策，进一步优化产业结构，提升企业的抗风险能力和市场竞争力，从而提高国家控制力，促进宏观经济的发展，保障国计民生，维护社会公益。而上述制度目标，其实也是税法宗旨的具体体现。

从制度目标上看，汇总纳税并不只是一个技术性的问题，而是包含了诸多政策性考虑；同时，汇总纳税也并不只是税务上的一种应然处理，它还体现了一定的税收优惠的考虑。由此使汇总纳税制度具有突出的经济性和规制性。[①] 从经济性的角度说，汇总纳税对于相关纳税主体来说，在总体上是更经济的，能够减少其税收成本或税收负担；从规制性的角度说，汇总纳税制度能够把积极的鼓励促进和消极的限制禁止相结合，体现了国家对一批重要企业集团发展的支持和促进，这对于相关领域企业竞争力的提升和国家的经济安全等，都是很重要的。

与我国的情况类似，在许多国家，企业集团汇总纳税的制度目标，都可归结为影响产业政策，优化资源配置，提高经济效率，促进经济发展，保障公共利益。从历史上看，各国企业集团的发展往往都与税法的影响直接相关，以至于有人认为"西方国家关于企业集团的法律政策，几乎总是可以最先在税法中找到踪影"[②]。正由于各国都试图通过税法的调整，来促进企业集团的发展，因此，在汇总纳税方面，无论是以美国、德国为代表的汇总纳税模式，

[①] 经济性与规制性是包括税法在内的经济法各部门法的基本特征，其具体界定可参见张守文：《经济法理论的重构》，人民出版社2004年版，第221—226页。

[②] 王长斌：《企业集团法律比较研究》，北京大学出版社2004年版，第155页。

还是以澳大利亚、荷兰等为代表的汇总纳税模式等①，都有着类似的制度目标。只不过因其所有制的色彩并不突出，更强调市场主体的公平竞争，因而对于各类企业集团，一般并不作具体区分，其汇总纳税制度的核心，就是规范企业集团内部相关主体之间的"合并纳税"行为。

在此需要进一步说明的是，对于"汇总纳税"与"合并纳税"的用语，目前有的学者认为应当加以区分。②在我国有关汇总纳税的规范性文件中，大量使用的是"汇总纳税"一词，但也有一些文件的用词是"合并纳税"，或者"汇总（合并）纳税"③、"合并（汇总）纳税"④，足见税法上基本概念使用之混乱，以及相关规范性文件在用语使用上的不协调。从制度发展来看，一般在规定汇总纳税的问题时，都包含了合并纳税的内容⑤，并且，合并纳税行为已经成了汇总纳税制度着重规范的对象。因此，人们通常谈及的汇总纳税概念，在外延上已经包括了合并纳税。

此外，汇总纳税的制度目标，与该制度的依据直接相关，也应当体现在相关的立法之中。我国 2007 年 3 月 16 日通过的《企业所得税法》第 52 条规定，"除国务院另有规定外，企业之间不得合并缴纳企业所得税除国务院另有规定外"，该规定既强调了独立纳税原则（即不合并纳税是原则），同时，也为特殊的、例外的汇总纳税制度（即针对特殊主体的合并纳税制度）作出了预留。但是，相关立法并没有对汇总纳税制度的目标等内容作出具体规定。有鉴于此，从制度的有效实施的角度看，应当对汇总纳税制度作出较为系统

---

① 对于各类模式的概括，并不统一。例如，有人认为美国、德国等国家普遍实行的是共同分担制度，即按照企业集团所属各实体的实际情况分别计算应税所得额，然后加总作为上级公司的应税所得额；而澳大利亚等国家的模式，则是一种完全合并制度，即以企业集团本身作为独立的纳税主体来纳税。参见夏文川：《对企业所得税汇总（合并）纳税的思考》，载《税务研究》2007 年第 1 期，第 44 页。

② 即总公司与分公司统一缴纳企业所得税应称为汇总纳税，母公司与子公司统一缴纳企业所得税应称为合并纳税，这是有一定道理的。

③ 关于"汇总（合并）纳税"的称谓，可参见国家税务总局《关于汇总（合并）纳税企业所得税若干具体问题的通知》（国税发〔1998〕127 号），以及国家税务总局《关于汇总（合并）纳税企业实行统一计算、分级管理、就地预缴、集中清算所得税问题的通知》（国税发〔2001〕13 号）。

④ 关于"合并（汇总）纳税"的称谓，可参见国家税务总局《关于合并（汇总）纳税企业总机构有关费用税前扣除标准的通知》国税发〔2005〕136 号

⑤ 例如，在国家税务总局《关于进一步加强汇总纳税企业所得税管理的通知》（国税发〔2000〕185 号）以及《关于规范汇总合并缴纳企业所得税范围的通知》（国税函〔2006〕48 号）中，在行文上开始将"汇总"、"合并"相并列，继而将两者统称为"汇总"。

的规定,其中,也包括对制度目标等基本的价值层面的问题作出具体规定。这样,也有助于防止相关主体滥用汇总纳税制度。

(四)汇总纳税制度中的税权配置

任何税法制度都是以税权配置为其核心内容。在企业集团汇总纳税制度方面,其税权配置同样体现为重要的"征纳二元结构"。从征税主体的角度来看,由于汇总纳税制度所针对的企业集团都是全国性的、跨地域的,因而汇总纳税制度的立法权也应保留在中央级次,即主要应由全国人大、国务院来立法;在征管权方面,由于汇总纳税制度是一类特殊的、重要的制度,政策性极强,且可能涉及国家的"税式支出",需要慎重对待,因此,国家明定实行审批制度,即由国家税务总局享有汇总纳税的审批权,具体确定哪些行业的哪些企业集团可以适用汇总纳税制度。而税总的看似形式或程序上的审批权,其实对纳税主体有着非常重要的实体影响。

为了强化审批权的专属性,自2000年以来,国家税务总局曾多次下发文件,强调汇总缴纳企业所得税必须经国家税务总局审批,地方各级税务机关不得越权审批;凡越权自行审批汇总纳税或扩大汇总纳税范围的,必须予以纠正。应当说,汇总纳税的审批,同国家的税收利益,同企业集团所属企业所在地方政府的税收利益,同企业集团以及各类相关企业的税收利益等都有密切关联,确实应当总揽全局,综合考虑。从这个意义上说,强调税权的集中并无不当。但如果对汇总纳税制度所适用的企业集团不加限定,则无需强调汇总纳税审批权的高度集中和专属。

与上述征税主体的税权相对应的,是广大纳税主体的纳税义务。本来,只要企业的行为或事实符合法定的课税要素,就应当按照独立纳税原则依法纳税。但是,由于基于经济、社会、政治等诸多方面的考虑,国家为促进相关领域企业集团的发展专门设立了汇总纳税制度,使得这些企业集团能够在整体上或总体上节税,从而使汇总纳税具有了一定的税收优惠的属性,因此,许多企业乐于申请适用汇总纳税制度,由此使相关企业集团的汇总纳税申请权成了一类重要的程序性权利。

汇总纳税制度一直处于不断地变化之中。按照当时的制度安排,享有汇总纳税申请权的主体,必须是符合规定的企业集团,即汇总纳税制度中的纳税主体具有突出的企业性和集团性，它必须是企业，且必须是集团性企业，但这些只是必要条件。当时，具备汇总纳税申请权的企业集团主要包括：（1）国务院确定的120家大型试点企业集团；（2）国务院批准执行试点企业集团政策和汇总纳税政策的企业集团；（3）税法规定的铁路运营、民航运输、邮政、电信企业和金融企业（含证券、保险等非银行金融机构）；（4）文化体制改革的试点企业集团；（5）汇总纳税企业重组改制后具有集团性质的存续企业。上述各类企业集团若经批准可以实行汇总纳税，则其报批范围内的各类成员企业，包括所属分支机构，以及全资子公司，可以按照汇总纳税办法来纳税。如果所属企业情况发生变化，需要调整成员企业范围，则还应在规定时间内提出申请，由国家税务总局批准确定。如果在企业改组、改造或资产重组过程中，某个全资控股企业因股权发生变化而变成非全资控股的企业[①]，则从股权发生变化的年度起，该企业就不得汇总纳税，而必须按照独立纳税原则和属地纳税原则，就地缴纳企业所得税，而不再享有汇总纳税权。[②]

可见，在纳税主体方面，哪些企业集团可以汇总纳税，在一定意义上已经可以归结为是否享有汇总纳税权的问题；同时，在企业集团内部，哪些类型的企业可以被纳入适用汇总纳税的范围，则与企业的独立性或独立的程度直接相关。这些方面在进行税权配置时均应予以关注。

以上是汇总纳税制度中有关税权配置的基本问题和特色问题。但事实上，在该制度中还涉及其他方面的税权配置问题，例如，按照规定，股权发生变化的企业，应及时将有关情况报告所在地税务机关，并办理相关税务事项。未向税务机关报告的，税务机关有权调整补税，并根据我国《税收征收管理法》的规定予以相应处罚。由于上述规定确立了税务机关的税额调整权、税务处罚权，且对相关企业的权益有重要影响，因而在研究税权配置问题时同样需要关注。

---

① 许多发达国家并不要求享受合并纳税待遇的企业一定是全资子公司，如美国曾规定母公司拥有子公司80%或以上的表决权股份，是适用合并纳税制度的条件之一。

② 参见国家税务总局《关于规范汇总合并缴纳企业所得税范围的通知》（国税函〔2006〕48号）以及《关于汇总合并纳税企业实行统一计算、分级管理、就地预交、集中清算所得税问题的补充通知》（国税函〔2002〕226号）。目前，这两个《通知》都已经失效，这从一个侧面也体现了汇总纳税制度的变化历程。

（五）需要进一步研究的几个问题

以上简要探讨了汇总纳税制度的特异性、制度目标及税权配置等基本问题，其中涉及的一系列重要问题尚需进一步展开，如汇总纳税与独立纳税原则的关系应如何看待，汇总纳税是否具有税收优惠的性质，是否影响税收公平，在税权配置方面与其他相关制度有何区别，等等。为此，下面拟集中简要探讨如下几个问题：

1. 汇总纳税：独立纳税原则的例外

如前所述，汇总纳税制度只是一种具有特异性的普遍规则的例外。从纳税主体理论以及征管理论的角度说，应当以独立纳税、属地纳税为基本原则。依据独立纳税原则，只要是税法上的独立纳税主体（尽管其未必有民商法上的独立主体资格），就应当独立纳税，而不应当与其他主体合并汇总纳税，这涉及纳税义务的归属以及义务的独立承担问题。但从汇总纳税制度来看，许多母公司的子公司在税法上完全可以构成独立的纳税主体，只是因其与母公司的特殊关联关系，只是由于符合国家的相关鼓励和促进企业集团发展的相关规定，它们才可以按照汇总纳税的办法纳税。但是，这种例外并非对基本的独立纳税原则的完全否定：一方面，当相关主体不合股权等方面的要求时，仍然要回归为"独立纳税"；另一方面，即使在汇总纳税的情况下，相关的税收信息也必须报告所在地税务机关以接受监督，从而与独立纳税具有形式上的一致性。因此，汇总纳税制度与独立纳税原则的冲突是相对的，独立纳税原则及其原理仍然具有基础性的地位。

从原理上说，企业或公司的非独立性，可能带来税收缴纳上的非独立性，即在相关企业存在非独立性，且国家设有汇总纳税制度的情况下，就可能排除独立纳税原则的适用。但关键性的前提是：国家必须有专门的汇总纳税制度，否则即使存在着许多不具有独立性的情况，也难以适用汇总纳税制度。

独立纳税原则与汇总纳税制度之间的关系，还可以从企业所得税中的古典制与整体制两类模式的区别上得到一定的启发。在解决经济性重复征税的问题上，以美国为代表的古典制模式，以"法人实在说"为理论基础，强调公司与其股东都是独立的主体，应当依法分别独立承担纳税义务，这与独立纳税原则是大体对应的；而以欧盟的一些国家为代表的整体制模式，则以

"法人虚拟说"为理论基础,强调公司可以与其股东视为一个整体,因而可以对公司与个人的纳税义务予以合并考虑,"一体化"解决。① 这种合并考虑、整体综合的思想,又与汇总纳税制度的基本精神相似。因此,如果把整体制模式的思想推而广之,考虑到公司与其股东(在此指母公司,也可进一步推广为总公司)之间的内在关联,可以把它们之间的纳税问题予以合并考虑,这也是一种整体化的汇总纳税的思路。

相对说来,虽然汇总纳税制度不能与上述两种模式简单等同(它有时甚至类似于二者的折中),但从总体上说,汇总纳税制度强调的是整体利益的最大化,因而更偏向于整体制模式,体现的是一种整体主义思维。这与企业集团的整体战略,与国家的整体考虑,与税法调整追求的整体效果,都有内在的关联。

此外,从与独立纳税原则直接相关的属地纳税原则来看,纳税主体在哪里纳税直接关系到税收管辖权与税收收益权的问题。而汇总纳税则改变了一般的属地管辖,改变了税源地政府的税收收益状况,因而会影响中央和地方的税收分配关系,并可能在更大范围内影响中央与地方的关系。这是与经济和政治都密切相关的重要问题,必须予以重视。

2. 从税法基本原则的要求看汇总纳税

如上所述,汇总纳税是独立纳税原则的例外,而例外是否就是一种优惠?毕竟,国家征税的原初动因,是获取近期的和长远的税收利益,但在汇总纳税的情况下,却往往要以国家税收收益的让渡为前提。从国家"让利"、企业减负的角度说,汇总纳税是符合税收优惠的一般含义的,一些经济学者也由此将其视为一种税收优惠。当然,这种优惠是税基上的,而不是税率上的,其效应有些类似于亏损结转。

如果把汇总纳税看作税收优惠,就会涉及税收公平等问题,从而涉及汇总纳税是否符合税法基本原则及其制度目标的合法性等问题。因为依据税法原理,税收优惠就是作为一般课税要素的例外而存在的,属于税收特别措施,它同样要符合和体现税法的三大基本原则,即税收法定原则、税收公平原则

---

① 也有学者将这两种模式分别称为美国式的独立税制和欧洲式的统合税制。参见〔日〕金子宏:《日本税法》,战宪斌等译,法律出版社 2004 年版,第 198 页。

和税收效率原则。据此,可以从税法基本原则的要求的角度来研究汇总纳税的相关问题。

依据税收法定原则,汇总纳税制度也必须法定,包括制度的适用主体、适用领域、汇总条件和方式等,都必须有明确的法律规定。从我国目前的相关规定来看,汇总纳税制度虽然在国家立法中有其依据和体现,但其核心内容是通过征税机关发布的一系列规范性文件来确立和体现的,立法层次太低,适用条件也并不明确,导致行政裁量权过大,因而与税收法定原则的要求还相去甚远。

正由于没能很好地体现税收法定原则的要求,在贯彻税收公平原则方面,现行的汇总纳税制度也有许多问题。例如,从横向公平的角度看,为什么同样是企业集团,却只有某些企业集团才能适用汇总纳税?为什么同样是在规定范围内的企业集团,却只有少数的几类才能获批适用汇总纳税?诸如此类的问题必然会引起人们的关注。尽管对此可以从政策因素等角度作出解释,但有时政策本身的合理性也会受到质疑,因此,还需要从形式公平与实质公平等方面作出令人满意的回答。此外,从纵向公平的角度看,相对于弱势的中小企业来说,企业集团本来经济实力就强,享受的公共物品也更多,应该在税收上为国家作出更大的贡献,给予其实质上的税收优惠是否合适?特别是给那些具有明显垄断地位的企业集团以税收优惠,是否会进一步加剧垄断,是否会更加影响经济效率和消费者利益?这些问题都还需要做进一步的研究。

同样,与上述两大原则密切相关,从税收效率原则的角度看,汇总纳税是否会扭曲市场的资源配置并进一步在总体上降低经济效率?是否真正降低了征税机关的征收成本和相关企业的纳税成本?这些还都还需要仔细测算,不能仅从制度规定上作出简单的推断。

上述与税法基本原则相关的各类问题都可能会有人提出,与之相关的还有一些深层次的问题,需要从理论上作出解释和回答。例如,企业集团自身的发展,或者国家对企业集团发展的促进,是否就代表了公共利益?对公共利益应当如何界定,如何看待?其中所涉及的公平与效率应如何界定,两者关系应如何摆正?等等。这些问题对于回答汇总纳税与税法基本原则关系问题是很重要的。此外,如何提高集团化的规模效益,如何提升企业集团的竞争力?企业集团的成本应当由谁来承担?汇总纳税的结果是否构成纳税人集体买单？这些都需要进一步深思。随着企业的日益独立及市场竞争的日益加剧，随着对公共利益理解的进一步深入，人们对上述问题的认识也会有越来越多的共识。

3. 汇总纳税与转移定价、亏损结转制度的关联

与企业集团密切相关的税法制度，不仅有汇总纳税制度，还有转移定价制度和亏损结转制度等。这些制度既有其共通性，又有其差异性，需要进一步辨析研讨，以增进对税权配置和利益保护等问题的认识。

众所周知，在企业所得税领域，有一类专门的转移定价制度，尤其适用于企业集团内部的各类关联企业，其核心是解决关联企业的转移定价问题。事实上，各类企业集团所涉及的分支机构及子公司，都是典型的关联企业，按照税法的规定，它们在从事交易活动时，必须按照独立交易原则，来收取或支付价款、费用，否则，如果通过关联企业之间的内部交易来转移定价（从而转移利润）的话，则其交易结果在税法上不予承认，税务机关由此享有对其应纳税额的调整权。① 可见，转移定价制度强调关联企业之间的交易必须公平，要像不存在关联关系的市场主体那样从事交易，即更强调各个关联企业的独立性。

而汇总纳税制度则与之不同，它所关注的不是企业集团内部的各个关联企业之间的关联交易，而是在关联企业的经营成果实现以后，其收益或亏损的汇总纳税问题，在这个阶段，它不强调各个关联企业的独立，而恰恰强调它们之间的关联，强调它们的盈亏的整合。

可见，两类制度分别适用于后先相继的两个阶段。转移定价制度是在税前的盈亏形成阶段，强调独立交易原则（或称独立竞争原则、公平交易原则），它直接影响个体税基的形成；而汇总纳税制度则强调的是在企业个体的经营效果已发生，收益或亏损客观实现以后，通过汇总来使总体税基发生变更。两者的制度目标、所适用阶段等都是不同的。此外，从经济学的意义上说，转移定价有其合理性，它有助于企业降低交易成本，实现多方目标，但从法律的意义上说，则可能造成很多负面影响，因而在税法上要通过转移定

---

① 我国《企业所得税法》第 41 条规定："企业与其关联方之间的业务往来，不符合独立交易原则而减少企业或者其关联方应纳税收入或者所得额的，税务机关有权按照合理方法调整。"

价制度来予以规制，体现的是外部市场上主体独立竞争的要求，强调的是个体本位；而汇总纳税制度则强调整体本位，强调的是企业的非独立竞争性，体现的是内部市场通过整合盈亏来降低税收成本的要求。

此外，汇总纳税与亏损结转制度的关联也值得研究。从制度设计上看，亏损结转主要从时间维度，通过对企业不同年度的盈亏纵向相抵，来实现税基的跨年度调整，从而在更长的时间范围内确定企业的应税所得额，使企业得到递延纳税和降低税负的优惠[①]；而汇总纳税则主要从主体和空间的维度，来实现多个关联企业的盈亏相抵，以通过盈亏整合实现税基调整，从而在总体上降低相关主体的税负。此外，亏损结转同样强调个体的意义，即作为独立个体的企业，可以进行亏损结转；而汇总纳税则强调整体的意义，它使整体福利最大化。两者在这个方面的区别，类似于汇总纳税制度与转移定价制度的区别。

(六) 小结

企业集团汇总纳税问题是一类需要学界深入研究的复杂问题，对于汇总纳税的用语、适用范围以及与相关制度的关联等问题，都需要作出梳理，才能进一步研究其中的相关法律问题。前面在对汇总纳税问题作出基本界定的基础上，着重探讨了汇总纳税制度的特异性及其制度目标，以及该制度中的税权配置等问题，强调汇总纳税制度的特异性，在于它是通常的独立纳税制度、属地纳税制度的例外；而它之所以会有特异性，同其制度目标直接相关。事实上，如果不是为了实现特定的制度目标，也就不需要可能受到质疑的汇总纳税制度。而正是为了实现特殊的制度目标，才需要在该制度中作出特殊的税权配置，才需要强调国家税务总局在汇总纳税方面的专属的审批权，才会在汇总纳税方面体现出突出的政策性或差异性。

作为上述问题探讨的进一步延伸，在前面的探讨中还关注了汇总纳税制度与相关制度或法律原则的关联，透过这些制度或原则之间的关联甚至冲突，可以更进一步地解析汇总纳税制度的特异性，从而更好地理解该制度的目标。

[①] 例如，我国《企业所得税法》第18条规定："企业纳税年度发生的亏损，准予向以后年度结转，用以后年度的所得弥补，但结转年限最长不得超过5年。"

事实上，前面有关汇总纳税制度与独立纳税制度、属地纳税制度的相对冲突的分析，意在进一步说明汇总纳税制度的特异性或差异性，强调它只是一种附条件的例外；有关汇总纳税与税法基本原则关系的分析，试图说明的是汇总纳税制度目标的实现可能与税法基本原则存在的冲突，以及实践中可能产生的诸多质疑或诸多问题，这就要求在制度的确立和完善方面要更加慎重地考虑该制度存在的不足；而前面有关汇总纳税制度与转移定价、亏损结转制度的关联的探讨，则隐含着对税权分配或税收利益从个体本位到整体本位的关注，隐含着传统制度中所强调的个体主义思想到现代制度中所强调的整体主义思想的关注。而这些方面则有助于深化对汇总纳税制度的认识，推进该制度的完善和发展。

第七章

分配权益的法律保障

分配风险和分配危机的发生与扩展,与分配制度对相关权益的保障不足直接相关。例如,经济发展权关系到各类主体的生存和发展,作为非常重要的经济权利,其中包含着参与分配的权利,如果不能有效保障经济发展权,则分配风险就会加大,增加发生分配危机的可能性。因此,必须特别强调在发展中解决分配问题,必须高度重视各类主体的经济发展权。

与经济发展权直接相关,为了保障和促进相关主体的发展,更好地解决相关的分配问题,还需要降低市场主体的税收负担,于是,我国推出了多项"结构性减税"措施,其中,增值税的"转型"、"扩围"等非常引人关注,都是应对分配危机的重要制度调整,为此,本章将主要结合增值税"转型"所涉及的抵扣权保障等问题,揭示其中所涉及的分配问题,以及对相关纳税人或国家的分配权的影响。

此外,房产作为非常重要的财产,对于居民个人基本人权的实现影响巨大,同时,是否拥有以及拥有多少房产,也直接影响着居民的收入分配,而对于个人的房产是否要征税、如何征税,如何改进现有的房产税立法,则不仅影响着房地产市场的发展或相关经济结构的调整,还涉及相关分配风险的防范,对于其中牵涉的多种相关权利的保障问题,亦应深入研究。为此,本章还将讨论房产税立法的改进问题,并揭示不同的改进路径对于相关主体利益分配所产生的重要影响。

在大的分配格局中,除了要关注企业、个人的分配权益外,还要关注政府的利益分配,特别是地方政府的利益分配,这是当前在整体分配系统中非常突出的问题,并可能引发诸如地方债务风险之类的分配风险和分配危机。为此,本章将结合我国分税制发展所带来的突出问题,以及分税制自身的突出特点,研究地方政府的收益分配及其法律保障问题。

一、分配问题与经济发展权的保障

分配问题之所以突出,与经济发展权的保障不够直接相关。分配权寓于经济发展权之中,在分配权不能得到有效保障的情况下,分配问题自然会凸显。从经济发展权的视角展开分析,有助于进一步理解为什么要保障相关主体的分配权益,以及为什么解决分配问题需要加强经济法规制。

(一)与分配直接相关的经济发展权

发展是当代各国的主题。如何发展,或者采取何种方式发展,对于发展中国家尤其重要。对此,发展经济学、发展社会学以及发展政治学等领域已有许多研究①,但新兴的发展法学对此研究尚显不足。② 由于经济法是促进发展之法,因此,对于与发展相关的法律问题尤其需要加强经济法研究。

纵观历史和现实,在各国实现工业化、现代化、城市化、信息化等多重目标的过程中,普遍面临着极为复杂的"发展中的问题",需要在法律上明晰国家和国民在发展方面的权力或权利,由此形成了复杂的"发展权"体系。

发展权通常被理解为个体(如个人)或集体(如国家或民族)享有的参与和促进经济、社会、文化和政治全面发展并享受发展成果的权利。③ 对于发展权的研究和探讨,以往主要集中于国际法领域,特别是人权领域。在《联

---

① 有关分配问题的探讨,在发展经济学、发展社会学、发展政治学领域都是重要内容。可参见张培刚、张建华主编:《发展经济学》,北京大学出版社 2009 年版,第 63—93 页;燕继荣:《发展政治学》(第二版),北京大学出版社 2010 年版,第 47—49 页,等等。

② 随着各国对发展过程中存在的法律问题的高度重视,以及法学研究观念的转变,"发展法学"将会成为新兴的重要领域,相应地,发展权也会成为"发展法学"的一个重要范畴。事实上,在法理学领域,发展权、法律与经济发展之类的问题,已经成为"法律与发展研究"的基本主题。参见姚建宗:《法律与发展研究导论》,吉林大学出版社 1998 年版,第 138—144 页。

③ 这一界定有助于理解从主体、行为、结果等角度对发展权所进行的分类,尤其有助于理解为什么在经济法研究中要区分国家与国民的发展权、个体与集体的发展权,以及促进发展权与自我发展权等。

合国宪章》等早期重要文件中，发展权的理念即已有所体现。① 自从姆巴耶（Keba M'Baye）提出"发展权"的概念以来，在《发展权利宣言》等文件中，发展权更是被反复强调②，并成为国际法学的重要研究对象。尽管如此，许多学者已经认识到：各类主体发展权的实现，离不开各国内法的保障，其中，经济法的保障尤为重要。

依据既有的发展权理论，各国（传统上主要指发展中国家）都可以根据世情、国情选择经济发展的道路，这是其发展权中非常重要的"经济发展权"。经济发展权的行使，对于保障相关国家和民族的经济发展利益，构建国际经济新秩序至关重要。为了实现经济发展权，各国有权采取促进和保障经济发展的各类手段，包括诸多法律手段，其中，经济法手段备受倚重。

在以往的经济法研究中，曾有学者在价值论等领域将"发展"融入经济法的理念、价值、原则的讨论，取得了不少成果③，但从学界的整体情况看，对发展权（特别是经济发展权）的研究还相当欠缺。自2008年金融危机发生以来，基于分配对于危机的重大影响，"究竟应当如何发展"，如何解决由于分配问题而导致的危机，已成为各国思考的重大课题。我国基于复杂的国际环境和国内情势，作出了转变经济发展方式的重大战略抉择。而这一重要转变，实与国际法和国内法都有关联。例如，在国际法层面，基于发展权，我国完全有权决定如何发展，以及如何转变发展的方式，其他国家不能干预；同时，在国内法层面，为了实现转变发展方式的各类目标，需要进一步明晰和界定各类主体的发展权，并通过经济法等国内法来提供有力支撑。考虑到转变发展方式是国家的长期战略，各类主体的经济发展权均需经济法加以保障，因此，很有必要从经济法的角度，来关注和研究经济发展权问题。

事实上，一国的经济发展方式与经济发展权直接相关，经济发展权特别

---

① 无论是1945年的《联合国宪章》，还是1948年联大通过的《世界人权宣言》等，都体现了发展权的理念；1969年联大通过的《社会进步与发展宣言》还提出了发展的原则、目标、方法和手段等，从而为发展权的提炼奠定了重要基础。

② 20世纪70年代初，曾任塞内加尔最高法院院长的姆巴耶在《作为一项人权的发展权》的演讲中，首次提出了"发展权"的概念。1986年，联大通过了《发展权利宣言》等重要文件，多次重申发展权是一项重要的人权。

③ 如程信和等：《可持续发展——中国经济法的理念更新和制度创新》，载《学术研究》2001年第2期，第67页；刘大洪等：《论经济法的发展理念——基于系统论的研究范式》，载《法学论坛》2005年第1期，第53页，等等。

是其中的分配权的实现尤其需要经济法的保障；经济法是"促进发展之法"，具有突出的规制性①，其调整会直接影响相关主体的经济发展权和发展利益。从经济法的视角思考经济发展权问题，也许更有助于解决国际法领域久已提出但未能有效解决的加强发展权的国内法保护问题，把发展权问题进一步真正转化为国内法问题；有助于在人类新的历史时期，构建国际经济新秩序和国内经济新格局；有助于推进经济法学乃至整个发展法学的理论发展和完善。

有鉴于此，下面将着重从经济法的视角，对经济发展权进行经济法定位，从而揭示经济法主体的权利谱系及其复杂的层级性，探索经济法主体的基础性权力与权利同各类经济发展权之间的关联；在此基础上，探讨经济发展权的经济法保护问题，并提出应着重解决的影响经济发展权的突出问题，以期推动经济法理论的发展和制度的完善，进而推动"发展法学"和国际法学的发展。

（二）经济发展权的经济法定位

一般认为，发展权包括经济发展权、社会发展权、政治发展权等诸多类型，其中，经济发展权被公认为是发展权的核心，是其他发展权有效实现的基础。对此，有学者认为，经济发展权是法律与社会发展动力系统中最活跃的因素，是国家、民族要求建立公正合理的经济秩序，决定并调整经济结构和发展政策的权利。② 由于经济发展权直接关涉一国国内的经济结构调整和经济发展，因而对其类型和具体位阶，还需要在经济法等国内法上加以界定。

从经济法的角度看，经济发展权是经济法主体享有的一类重要的综合性权利，其实现要以经济法主体各类基本权力和权利为基础，因而其位阶更高。这一定位，使经济发展权既与学界以往研究的经济法主体的各类具体权力或权利存在密切关联，但又存在明显的差别。

对于经济发展权的上述定位，有必要通过考察经济发展权的内容和类型

---

① 经济法对于发展的促进集中体现为一系列重要的规范，并形成了"促进型"经济法，对于这个方面的论述，可参见张守文：《论促进型经济法》，载《重庆大学学报》（哲社版）2008 年第 5 期，第 97 页；焦海涛：《论"促进型"经济法的功能与结构》，载《政治与法律》2009 年第 8 期，第 77 页，等等。

② 参见汪习根：《发展权全球法治机制研究》，中国社会科学出版社 2008 年版，第 123 页。

来进一步加以明晰。事实上，经济发展权的内容非常丰富，寓于多种多样的类型之中，在经济法研究中，至少应当关注如下重要类型：

第一，基于国家与国民的二元结构，经济发展权可以分为国家发展权和国民发展权。其中，国民发展权可以包括企业发展权、个人发展权、第三部门发展权，等等。在国际层面，如果对发展权作广义理解，则无论是发达国家抑或发展中国家，都可以享有至为重要的经济发展权[①]；而在国内层面，企业以及其他个体的经济发展权更引人注目，尤其需要经济法加以保障。

上述的国家发展权涉及国家利益和社会公益，而国民发展权则涉及私人利益。这两类经济发展权与经济发展方式和相关利益的分配直接相关。其中，国家的经济发展权的行使状况如何，直接影响着经济发展方式的优劣；而不同的经济发展方式，又会对国民的经济发展权产生较大影响。从总体上说，有效保障各类主体的经济发展权，公平分配各类利益，应当是经济法调整的重要目标。

第二，基于整体与个体的二元结构，经济发展权也可以分为整体（或集体）发展权与个体发展权。[②] 其中，整体发展权关乎整体利益、集体利益，个体发展权则涉及个体利益。要实现经济的良性发展，必须有效协调和保护各类主体的经济发展权和发展利益。基于我国改革开放以来的发展经验和教训，在保障个体发展权的同时，还必须关注整体发展权，不断解决个体营利性和社会公益性的矛盾，兼顾效率与公平，保障分配公平，从而实现均衡、可持续的发展，并在整体上推进经济与社会的良性运行和协调发展，而这也正是经济法调整的最高目标。

第三，基于政府与市场的二元结构，经济发展权还可以分为促进发展权和自我发展权。其中，促进发展权，是政府通过促进其他主体的发展来实现国家整体发展的权利，如国家通过宏观调控、市场规制等手段，来促进市场

[①] 以往人们往往更多地关注"发展中国家的经济发展权"，2008年经济危机发生后，欧洲、美国的经济低迷和债务危机提醒人们：经济发展权其实对于发达国家也很重要。在新的历史时期，对于经济发展权是否需要扩展，同样很值得研究。

[②] 类似的分类在以往发展权的研究中已经存在，主要是着重于从人权的角度，分为个人发展权和集体发展权。有的学者认为，经济发展权的主体如果是集体主体，主要是指国家和民族；如果是个人主体，则主要指每一个社会成员。参见汪习根：《法治社会的基本人权——发展权法律制度研究》，中国人民公安大学出版社2002年版，第88—89页。

主体的经济发展,从而推动宏观经济的整体发展的权利,就属于促进发展权。而自我发展权,则是市场主体通过自己的行为,来实现个体的自我完善和自我发展的权利。以中小企业为例,国家通过《中小企业促进法》的实施来促进中小企业的发展,是国家的促进发展权的体现;而中小企业通过行使该法规定的相关权利,来实现自我发展,则是其自我发展权的体现。此外,国家通过大量的财税制度、金融制度等来促进企业的发展,以及企业通过这些制度来实现自我发展,也都是上述两类经济发展权的体现。不难发现,这种分类更具有突出的经济法特色。

在经济法领域,上述各类经济发展权都是经济法主体享有的高位阶的综合性权力或权利,其有效保障直接关系到经济法调整目标的实现。明晰经济发展权在经济法领域的定位,对不同的经济发展权展开类型化研究,尤其有助于推进经济法理论的发展和制度的完善。

例如,基于经济法主体的二元结构,以往更强调调制主体的经济调制权与市场主体的市场对策权之间的差异,并由此构建了经济法主体的职权与权利的二元结构。从经济发展权的角度看,上述的调制权体现了国家的促进发展权,而对策权则体现了国民的自我发展权,它们都从属于更高位阶的经济发展权。这样,就可以为调制权和对策权找到共同的上位概念,形成可以统一适用于各类经济法主体的、包含了权力和权利内容的重要范畴——经济发展权。这至少可以从一个侧面解决经济法权义结构理论中不同主体的权力和权利缺少共同的上位概念的难题,从而有助于进一步推进经济法规范论的研究,增进经济法理论的自足性。当然,不同主体的经济发展权的具体内涵是有区别的,这在前述经济发展权的不同类型中已有体现。

又如,在 2008 年金融危机发生后,世界各主要国家都认识到调整经济结构的重要性。著名经济学家斯蒂格利茨认为:2008 年以来的危机"不仅仅是一次金融危机",各国对经济结构进行调整是很有必要的;但经济结构不会自发调整,政府必须在转变经济结构中发挥核心作用。[①] 我国政府近年来积极推进发展方式的转变,并将经济结构的调整作为重中之重,同时,也开始注意

[①] 参见〔美〕斯蒂格利茨:《自由市场的坠落》,李俊青等译,机械工业出版社 2011 年版,第 164—166 页。

为经济结构调整提供法律支撑。经济结构的调整涉及产业结构、分配结构、消费结构等多种结构的优化,为有效实现结构优化的目标,必须在法律上确立产业结构调整权、分配结构调整权、消费结构调整权等。① 尽管上述各类结构调整权的综合性较强,但仍属于具有更高位阶的经济发展权的组成部分,且与经济法主体的各类基础权力或权利直接相关。

与上述的经济发展权、结构调整权密切相关的各类基础权力或权利,主要是指经济法主体的经济调制权和市场对策权,它们分别包含若干不同层级的权力或权利,从而形成了经济法主体权利结构的非常复杂的"层级性"。各类经济法主体所享有的基础性的调制权和对策权,是其实现综合的经济发展权的重要保障。

其实,经济法主体的基础权力或权利,无论是调制主体的调制权,抑或调制受体的对策权,其行使都是为了保障体现发展理念的经济发展权。在经济法的实施过程中,各类调制主体都力图通过宏观调控权和市场规制权的行使,来促进市场经济的整体发展,保障符合国家发展导向的市场主体的发展,这与国家的促进发展权是一致的。同时,市场主体也力图通过对策权的行使,来实现自我完善和自我发展,并实现自身利益的最大化,这与市场主体的自身发展权也是一致的。可见,经济发展权与其主体的目标和根本利益更直接相关,从一定的意义上说,与更上位、更综合的经济发展权相比,经济调制权与市场对策权更具有工具性的意义;其中所蕴含的权利或权力的目的性与工具性的关联问题,非常值得深入研究。

(三)经济发展权的法律保护

依据国家的经济发展权,一国有权决定采取何种发展方式、是否转变发展方式,以及如何进行各类结构的调整;同时,也有权为推进经济发展而进行宏观调控和市场规制。一国经济法规定的宏观调控权和市场规制权,作为调制主体的基础性权力,尤其需要依法限定、依法行使。此外,依据国民的经济发展权,一国的企业、居民以及其他主体,也有权依法参与发展和得到

---

① 对于此类结构调整权的具体探讨,可参见张守文:《"双重调整"的经济法思考》,载《法学杂志》2011年第1期,第22页。

发展，分享国家和社会的发展成果，并且，有权依法排除影响其发展的各类阻碍。

从理论上说，无论是哪类主体的经济发展权，都应当依法加以保护。即使是国家的经济发展权，也需要经济法的保护，因为仅有国际公法或国际经济法的保护是不够的，对于国家的经济发展权的侵害有些就是来自国内的市场主体。当然，从现实情况看，人们一般会认为，相对于国家，国民处于更弱势的地位，其经济发展权更易受到侵害，因而国民的经济发展权也更受关注，是经济法应当重点保护的对象。

基于经济发展权的多样性和多层级性，其相关的法律保护也体现在多个层面。例如，在宏观调控领域，与金融调控和税收调控相关联的货币发行权和税款征收权，对国家和国民的经济发展权以及相关主体的收入分配都有直接的影响。一国能否独立发行货币，能否独立行使完整的征税权，关乎国家的核心利益和长远发展，直接影响国家的经济发展权，因而需要在宪法或重要法律中加以规定。如果一国的法律保护不力，货币发行权或税款征收权的行使受到其他国家或私人的干扰或侵害，则国家的经济发展必然会受到不利影响。

与此同时，上述货币发行权的行使，在国际层面有时可能会对其他国家的经济发展产生重要影响（如由于美元的特殊地位，美国货币发行权的行使就会影响相关国家）；在国内层面则会直接影响国民的经济发展权，因为货币发行权的行使状况，直接关系到货币供应量的大小或通货膨胀的有无，影响币值或物价的稳定，牵涉整体的经济稳定，从而影响企业和个人的收益分配。① 由于企业和个人的经济发展，需要稳定的货币环境，以及由此形成的相对稳定的财产状态，而货币发行权的滥用，则是导致通货膨胀、恶化国民财富状况的重要诱因，因此，要有效保护企业和个人的经济发展权，国家就必须坚持依法行使货币发行权，并对滥用货币发行权的行为进行严格的法律规制。

此外，要保障国民的经济发展权，也需要对征税权加以限制。目前，尽

---

① 国际货币基金组织强调维持经济稳定的最重要的要素就是控制通货膨胀，此外，削减政府的赤字也很重要，而这两个方面都与经济发展权直接相关。参见〔美〕斯蒂格利茨：《发展与发展政策》，纪沫等译，中国金融出版社2009年版，第111—112页。

管对我国的税负高低问题有很多争论①,但较为理性的共识是:我国并非税负较低的国家。为了使税负更加公平合理,国家也在考虑如何减少各种类型的重复征税,其中,过去长期被忽视的商品税领域,已成为改革的重点。例如,为了扩大增值税的征税范围,解决营业税领域的重复征税问题,国家专门推动了"营改增"试点。② 此外,国家的《"十二五"规划纲要》还专章规定要"合理调整分配关系",强调加快形成合理有序的收入分配格局,努力提高居民收入在国民收入分配中的比重,提高劳动报酬在初次分配中的比重,尽快扭转收入差距扩大趋势。③ 为此,必须进行"结构性减税",真正降低相关主体的税负,从而更好地完善再分配调节机制,推进收入分配结构的调整。税收作为现代企业发展的重要约束条件,如何通过税收杠杆来促进企业发展,是各个国家都必须解决好的问题。这尤其需要税法的不断完善和有效规制。

上述的货币发行权和征税权,关系到国家的金融利益和税收利益;同时,它们作为国家对内的"垄断权",会直接影响相关利益分配,影响企业的竞争环境和个人的生存状态。要促进企业的经济发展,就必须保障企业的经营自由权和公平竞争权,为企业营造公平竞争的外部环境。毕竟,与货币发行权和征税权相对应的货币供应状况和税负状况,会影响企业公平、有效的竞争,这是单靠竞争法规制所不能有效解决的。因此,需要整体的经济法调整形成保障经济发展权的合力。

(四)应着重解决影响经济发展权的突出问题

依据 1986 年 12 月联大通过的《发展权利宣言》,"国家有权利和义务制定适当的国家发展政策,其目的是在全体人民和所有个人积极、自由和有意义地参与发展及其带来的利益的公平分配的基础上,不断改善全体人民和所有个人的福利"④。据此,一国之内的各类主体有权参与发展并公平分配发展利益,以不断改善整体和个体福利,这也是经济发展权的应有之义。与此相

---

① 我国对于税负高低的认识一直存在分歧和争论。例如,2011 年 9 月 19 日的《人民日报》曾专门发文,指出福布斯评价"我国税负痛苦指数全球第二"之不当,对此,福布斯方面也作出了回应和说明。此外,国家税务总局认为我国的宏观税负并不高,但社会公众则普遍认为税负过重。
② 参见财政部、国家税务总局《营业税改征增值税试点方案》(财税〔2011〕110 号)。
③ 参见《中华人民共和国国民经济和社会发展第十二个五年计划纲要》第三十二章。
④ 参见联合国大会 1986 年 12 月 4 日第 41/128 号决议通过的《发展权利宣言》第 2 条第 3 款。

关联，应当特别关注市场主体公平参与发展的权利，以及公平参与分配的权利。从现实情况看，恰恰在公平参与发展和公平参与分配方面，还存在着许多突出的问题，直接影响了整体的经济发展权的实现，因此，需要通过经济法的调整来着重加以解决。

其实，早在1979年3月，联合国人权委员会就以决议的形式重申发展权是一项人权，并强调"发展机会均等，既是国家的权利，也是国家内个人的权利"。而要保障包括个人在内的各类市场主体要获得均等的发展机会，就必须使其能够公平地参与竞争，因此，对一国之内的个体的竞争参与权加以保障尤其重要。如果市场主体不能公平地参与竞争，则其经济发展权的实现是很难想象的。

从公平参与竞争的角度看，在现代市场经济条件下，所有的市场主体都应当有权依法参与公平、正当的竞争，而不能从事违法的垄断和不正当竞争行为，否则就会受到反垄断法和反不正当竞争法的惩罚。从这个意义上说，依据竞争法所进行的市场规制，是对公平参与竞争的重要保障。

但是，我国的现实情况却不尽如人意，竞争法的规制尚不完善，还存在着多方面的局限。仅从市场准入角度看，不同类型企业参与公平竞争的权利有时尚不能得到平等保障。例如，民营企业与国有企业在市场准入方面曾长期存在着事实上的不平等待遇，为了促进民营经济的发展，国务院继2005年出台《关于鼓励支持和引导个体私营等非公有制经济发展的若干意见》（国发〔2005〕3号，俗称"老36条"）之后，又于2010年出台了《关于鼓励和引导民间投资健康发展的若干意见》（国发〔2010〕13号，俗称"新36条"），尽管这些规定的总体精神和具体内容都很好，试图通过其有效实施来保障民营企业公平参与某些领域的市场竞争，但由于多种因素，民企同国企真正全面进行公平竞争并非易事，上述规定真正落实到位还存在很大空间。我国近些年存在的民间高利贷问题、企业融资难问题等，都说明非常有必要加强对民营企业的公平参与竞争权的保障，这样才能更好地实现其经济发展权。

从现实情况看，在某些具体的财政制度、税收制度、金融制度、产业制度、投资制度、外贸制度中，针对不同所有制、不同区域、不同规模、不同类型的企业，国家往往有不同的规定，各类市场主体的实质待遇可能会有很大差别。这既是经济法上的差异性原理的体现，又恰恰需要经济法充分发挥其调整功能。在市场主体公平参与竞争方面，仅有竞争政策或竞争制度是不够的，还需要加强竞争法与其他各类法律制度的配合，以及经济法与经济政策的协调，因为财税制度、金融制度等都是影响市场主体公平参与竞争和实现自身有效发展的重要约束。

在全面实现经济发展权方面，公平地参与竞争、参与发展，仍只是手段，能够公平地参与分配，并提高整体与个体的福利，才是重要目的。对此，《发展权利宣言》曾强调，"各国应在国家一级采取一切必要措施实现发展权利，并确保除其他事项外所有人在获得基本资源、教育、保健服务、粮食、住房、就业、收入公平分配等方面机会均等"。[①] 由此可见，国家在保障基本资源、公平分配等领域的机会均等方面，负有重要义务。为此，在研究公平参与竞争的同时，还应当特别关注公平参与分配。

目前，我国恰恰在公平参与分配方面，存在着突出的"分配问题"。尽管我国自改革开放以来，始终关注着"两类分配"——国民个体利益的分配以及国家的财政分配，并且，"两类分配"一直是推动改革开放的重要动因[②]，但是，由于诸多原因，我国的分配问题却日益凸显，尤其是分配结构失衡、分配差距过大、分配不公等，已影响经济增长、社会发展和政治安定等方方面面。针对上述情况，经济法作为典型的"分配法"，必须有效发挥功用，对相关主体的收益分配权进行有效配置，推进各类分配问题的解决。[③]

例如，在分配结构失衡方面，国家、企业、居民收入分配的比例失衡问题很突出，其中，居民收入在国民收入中的占比，以及劳动报酬在初次分配中的占比都相对偏低，而这"两个比重"过低的问题，会严重影响居民个体的经济发展权，尤其需要通过经济法等法律对收益分配权的调整来加以解决。自改革开放以来，我国财政收入占 GDP 的比重呈现出明显的 U 形曲线，前些年增幅大大超过 GDP 的增速，居民收入占 GDP 的比重则明显呈相对下降趋势，这对于市场主体的经济发展权会产生较大的负面影响。因此，必须运用

---

① 参见《发展权利宣言》第 8 条第 1 款。
② 参见张守文：《贯穿中国经济法学研究的经脉——以分配为视角》，载《政法论坛》2009 年第 6 期。
③ 参见张守文：《分配结构的财税法调整》，载《中国法学》2011 年第 5 期。

经济法中的财政法、税法、金融法等来进行综合调整，全面解决居民收入相对下降的问题。

此外，在分配差距和分配不公方面，我国的基尼系数多年接近0.5，无论是收入分配上的城乡差距或地区差距，还是不同收入群体之间的分配差距，都可谓过大，并影响了相关主体的经济发展权。在分配差距过大与分配不公伴生的情况下，分配公平与分配正义的问题引起了社会各界的广泛关注，已不仅影响相关主体的经济发展权，也影响其社会发展权和政治发展权，需要运用经济法以及其他各类法律制度、政策等进行综合调整。

总之，无论是与民营企业经济发展相关联的公平竞争，还是与地区差别、分配差距等相关联的公平分配，都涉及经济发展权的问题，都是影响经济失衡或发展失衡的重要因素。为此，必须加大经济法的调整力度，不断解决影响经济发展权实现的突出问题。

（五）小结

学界对于经济发展权的研究还较为薄弱，但这一领域值得思考的问题非常多，是研究分配问题的重要视角。从总体上说，发展权或经济发展权不仅是国际法或国际人权法的研究对象，同样也应当是经济法研究的重要领域。

经济发展权作为一个重要的上位概念，既包含诸如结构调整权等综合性的权力和权利，又依赖于经济法主体的调制权和对策权等基础性的权力和权利；它为考察经济法主体的权利谱系提供了一个新的路径。循此新径展开研究，有助于丰富经济法权义结构理论并推进相应的制度建设。

与此相关联，发展权还可能成为"发展法学"的重要范畴。尽管学者对发展权的概念可能有不同理解，但其基本含义已经得到越来越多的认可；如果仅在国际法领域研究，而不将其引入国内法领域，则发展权的研究与保障，将会受到相当大的限制。发展权不仅应成为发展中国家争取合法权益的工具，而且应该真正成为在国内法上可实现的权利。如何保障发展权，是"发展法学"研究的重要任务；而如何保障经济发展权，则尤其是经济法学研究的重要使命。

在经济法研究中，需要关注经济发展权的多种类型。其中，国家的经济发展权是我国转变经济发展方式的重要依据；而在转变发展方式的过程中，尤其需要加强对各类国民的经济发展权的保障，兼顾"整体发展权"与"个体发展权"的保护，使"促进发展权"与"自我发展权"能够有机统一起来。为此，需要对结构调整权以及更为基础的宏观调控权和市场规制权作出法律限定，尤其对于直接影响各类主体经济发展权的货币发行权和税款征收权，必须限定其在法治轨道上行使，这样才能真正依法保护各类主体的经济发展权和发展利益。

影响经济发展权的突出问题，如公平参与发展（或公平参与竞争）、公平参与分配受阻问题在我国的突出存在，会在很大程度上影响经济效率和经济公平，同时，也影响社会效益和社会正义，影响国家和民族的未来发展。由于公平竞争和公平分配都是经济法领域的重大问题，因此，必须综合运用经济法的各类制度乃至其他领域的法律制度来逐步解决，并由此强化经济发展权的制度保障，促进相关主体的分配权得到有效实现，从而更好地实现"发展"的目标。

二、从增值税"转型"看分配权保护

我国推进增值税转型的直接动因，是应对金融危机给企业带来的不利影响，因而与分配问题直接相关。在增值税制度转型之前，纳税人的抵扣权作为非常重要的分配权，始终没有能够得到全面保障。事实上，抵扣权的大小，直接影响着纳税人最终的纳税负担和经济收益的分配，通过增值税的"转型"使纳税人的抵扣权得到更有效的保障，对于提高纳税人的分配能力，进一步解决分配问题，都很重要。

从制度实践看，增值税转型，先是在学界和实务界提出，后在局部地区试点，但直到 2008 年金融危机爆发，企业税负加重，分配压力增大，较为全面的"转型"才通过《增值税暂行条例》的修改而得以实现。[①] 增值税从"生产型"转为"消费型"，不仅具有重要的经济意义，而且实质上也是一次"变法"、一次立法上的改进。增值税的"转型"及与其相关的立法改进，直

---

① 为了明确增值税由生产型转为消费型，国务院于 2008 年 11 月 5 日修订了《增值税暂行条例》，自 2009 年 1 月 1 日起在全国范围内施行。

接影响相关主体的利益分配,很有深入研讨之必要。

增值税作为我国的第一大税种,其制度变革无论对纳税人权益和国家利益的分配,抑或对微观经济活动和宏观经济运行等诸多方面,都影响甚巨。修订《增值税暂行条例》,实现增值税"转型",虽能解决以往制度实践中暴露出的一些问题,但尚存许多缺憾:一方面,有些较为重要的问题仍悬而未决,如立法级次问题等;另一方面,还有不少问题未能引起广泛关注,如立法理念问题等。事实上,增值税的转型立法只解决了一部分较为重要的问题,但远非全部;增值税立法是一个持续的过程,在"转型"之后仍需进一步改进。

有鉴于此,有必要结合增值税的"转型",以及由此影响的权义分配和利益调整,进一步探讨增值税的立法改进和相应的分配权保护问题。下面将基于问题的重要性和相关性,着重探讨增值税立法的理念与价值取向、立法级次与立法技术等问题,以及征纳主体的抵扣权和征管权等重要税权在立法上的配置问题,以期有助于更好地保护相关主体的分配权。

(一)增值税的立法理念与价值取向

1. 立法理念问题

所谓立法理念,通常包含了人们关于立法的认识、理想、信念等诸多方面,并通过立法精神、立法原则等予以表现。[①] 尽管人们对于立法理念有多种具体的表述,但从总体上说,都非常强调法治的理念。

作为整个税收法制建设的重要组成部分,增值税立法也必须符合和体现法治理念,这对于保护相关主体的分配权非常重要。基于一般的法治理念,要实现依法治国,真正达到"治"的状态,就必须先有"良法"、"善法",为此,首先应加强立法,不断改进立法,提高立法质量,这样才可能有"善治",才能确保法律的普适性、稳定性和合理性,才能实现在法律适用上的连续性、一致性和可预见性。上述法治理念,对于增值税的立法同样是适用的。

结合增值税的转型,从增值税的立法改进来看,贯彻法治的理念,尤其应当提高增值税立法的普适性、稳定性和可预见性。为此,增值税的立法必

---

① 参见高其才:《现代立法理念论》,载《南京社会科学》2006年第1期,第85—90页。

须体现增值税的基本原理,以及相关的经济规律;必须符合立法的一般规律,不仅应当在原理上强调增值税的"中性"特征,也要强调增值税法律制度的相对"超然"地位,即税收立法必须体现税收原理和税收规律,尤其不应为了解决一时的经济或社会问题而任意变动。这样的具有独立品格的增值税制度才可能持续、普遍地适用,才能因体现基本原理和相关规律而更加稳定,从而更好地保障税收正义,保护各类税法主体的税收权益。

原理非常重要。自 20 世纪 80 年代中国税法开始整体变革以来,增值税的立法权实际上归属于国务院及其职能部门,这虽然有立法效率较高的优势,但也存在立法权分散、立法较为凌乱等诸多弊端。[①] 基于经济、社会、法律等诸多原因,在 1994 年国务院颁布实施《增值税暂行条例》以后,财政部、国家税务总局等部门不得不出台难以计数的规章或规范性文件,来具体解释和落实该《条例》的相关规定,这不仅大大增加了立法和执法的成本,也加重了纳税人的奉行负担。上述情况的存在,固然有增值税较为复杂,以及本土的实践经验较为欠缺等原因,同时,也与缺少对增值税原理的系统把握、法治理念缺失等有关。

事实上,法治理念的缺失,会直接影响立法的统一性、科学性和合理性,"头痛医头"、疲于应付的问题会屡见不鲜。从多年的实践来看,伴随着经济转轨和社会转型所带来的诸多变化,许多具体的增值税制度一直变动不居,不仅严重影响了增值税制度的稳定性,而且也影响其在时间、空间和主体等多个维度上的普适性。而上述制度适用上的不一致性,又会直接影响公正性,影响纳税主体的制度预期和分配权保护。

众所周知,1994 年立法者没有选择采行消费型增值税制度,并非立法者不懂增值税的基本原理;当时之所以选择生产型增值税制度,是因为实际行使立法权的政府部门试图以此来解决当时的"经济过热"问题。但在 15 年后的 2009 年全面实施的增值税转型,其直接动因不是解决"经济过热"问题,而恰恰是要解决因全球经济危机而带来的"经济过冷"的问题。作为立法主体的中央政府,实际上仍是将增值税转型作为宏观调控、拉动内需的一个重

---

① 关于增值税的规范性文件,可达数百件之多,不仅影响了增值税制度的统一性,也增加了制度的复杂性,影响了税法的遵从度。

要工具，只不过此次变法客观上体现了增值税的"税不重征"的基本原理而已。从法治理念的要求来看，增值税立法不应仅随经济周期的波动而频繁地修改，不应仅是作为应对经济冷热变化的重要工具，而恰恰应当把增值税的基本原理作为最基本、最重要的内容来体现，这样的立法才更具有合理性和科学性，才能更好地保护纳税人的分配权。当然，强调法治理念，并非不重视税收立法的保障调控功能，因为调控是税收内涵的功能，增值税由"生产型"转为"消费型"，对企业无疑具有激励作用，对于拉动内需是有利的。但由于增值税的中性特点相对突出，且作为间接税在税负转嫁方面更为便利，因而不宜高估增值税本身的调控功能。①

根据上述分析，在增值税的立法方面，应当充分体现增值税的基本原理，提高增值税立法的科学性和合理性，以更好地发挥其内在的配置资源的功能。此外，由于每个税种立法的目标、宗旨等不尽相同，因而也应当注意不能把诸多不同目标都集中于某个税种立法之上。②

由此推而广之，基于法治理念，在各类税收立法中，都应更侧重于该领域的基本原理，在此基础上，发挥税收内在的配置资源或宏观调控等功能；同时，考虑在某些领域发生经济波动的可能性，可通过"立法授权"（而非"授权立法"）等方式预留调整空间，以便应对时势变化。这对于保持税法的严肃性和公正性，促进经济的稳定增长等，都甚有裨益。

2. 立法的价值取向问题

与上述的立法理念直接相关，增值税立法的价值取向，特别是公平、效率、秩序、安全等外部评判价值，对于相关主体分配权的保护同样非常重要。从经济的角度看，一般认为，增值税作为一种间接税，与所得税等直接税相比，更强调效率；从法律的角度看，增值税制度作为一种"法律制度"，需要同时兼顾多种价值。因此，在增值税立法中，在考虑效率价值的同时，也要关注公平、秩序等价值。事实上，增值税的各类具体制度的价值取向并不完

---

① 尽管调控部门会关注因增值税转型而带来的巨额减税效应，以及由此带来的调控效果，但这并非源于增值税本身所固有的调控功能。可参见赵芳春：《强化流转税宏观调控职能初探》，载《现代财经》2006年第11期。

② 我国近些年常常希望把分配目标、调控目标，甚至环保目标等都集中于某个税种立法上，如车船税、房产税的立法，都有类似的问题。

全相同；有时，同一制度也可能同时兼具多种价值，此类情形在其他税法制度中也普遍存在。

例如，从税法主体的角度看，依据增值税制度的规定，在经济链条上的各类主体，尤其是存在购销关系的各类主体，只要从事"销售"或者"视同销售"的活动，就应当是增值税的纳税主体，这体现了对所有市场主体的相同对待，因而强调的是公平价值，体现了"分配正义"；此外，将增值税纳税人区分为一般纳税人和小规模纳税人，则着重是基于征收效率的考虑，同时，在一定程度上也有公平税负的想法；而在增值税专用发票管理，以及出口退税管理等方面，则要关注秩序，等等。可见，公平、效率、秩序等价值取向，在增值税的具体制度中都有其体现。

自 2004 年起，我国的增值税转型先主要在东北地区试点，继而又推广到中部等地区。在转型推行于全国之前，实际上是通过试点的方式，在一定期限内给上述地区的一种"准税收优惠"。由于具有一定的"优惠"性质[①]，因而转型试点在地域、行业等条件上作出了许多限制，而并非"普惠制"，这主要是基于协调区域均衡发展的实质公平的考虑。而将增值税转型推向全国，则体现了对形式公平的关注，同时，也有助于在整体上提高管理效率。

（二）增值税的立法级次与立法技术

1. 立法级次问题

增值税的立法级次问题是理论界和实务界呼吁多年的问题。增值税作为我国的第一大税种，对国家和国民的税收利益分配都有很大影响，国家应主动推进立法，真正按照《立法法》的要求，依据严格的税收法定原则，提高增值税制度的立法级次，这已越来越成为普遍的共识。

尽管并非立法级次高，法律实效就一定好，但增值税毕竟是极其重要的税种，内容复杂，波及甚广，对国民的财产权益和国家的税收利益影响十分巨大。"良法是善治之前提"，提高立法级次，不仅对于完善税收法制建设非常重要，而且对于解决增值税领域的合法性问题，有效保护相关主体的分配

---

① 参见安体富：《增值税转型改革在全国推行的几点思考》，载《财政监督》2008 年第 10 期，第 3 页。

权,都甚有裨益。强调提高增值税的立法级次,并非基于机械的、狭隘的理论偏好和制度偏好,而是从法制建设的系统化或税收法治体系的高度,综合多方面因素所作出的判断。无论是国务院的职能部门,还是专门的立法机关,都应当继续推进增值税的立法升级,力争制定一部高水平的《增值税法》。[①]

从广义上说,增值税的立法应当是多层次的。除了高层次的《增值税法》以外,还应当包括具体的条例、细则等。这是因为增值税太复杂,高层次的立法应当规定相对原则的、稳定的规则,体现基本的原理和规律,包括增值税制度的体制和运行机制方面的基本问题。而层次相对较低的《条例》和《细则》,则要将《增值税法》的相关规定予以具体化,规定与实际结合密切的具体规则。这样,既能维护增值税制度的整体稳定,又能够使其适时而变,因势而化。

2. 立法技术问题

上述的立法理念、价值取向和立法级次等问题,都关涉相关主体的分配权益。此外,从广义的立法技术上看,要更好地保护相关主体的分配权,尤其要结合前述的立法理念和价值取向,在具体的制度设计上关注立法的协调性、合理性、合法性、普适性等问题。

首先,像所有的现代立法一样,增值税立法也需要在具体的制度设计上协调经济、社会、法律等多个方面的目标,并通过具体的条款表达出来。例如,从经济的角度看,要关注增值税立法的效率和效益,关注增值税立法对经济运行的影响,特别是对国家财政收入和国民个体收入的影响;从社会的角度看,应关注增值税立法对社会发展的影响,包括对社会公平、社会福利的影响,以及对社会心理的影响,对社会弱势群体的保护,等等;从法律的角度看,应关注各类主体的权力、权利、义务的配置,以及违反义务的法律责任,以有效保护相关主体的税法权益,等等。而上述各个方面的价值、目标等,都需要通过一定的立法技术,在增值税的具体制度中加以体现,为此,需要注意具体立法上的协调性。

其次,不仅应注意立法的协调性或体系化,还要注意立法的合理性,这

[①] 2014年,根据十一届全国人大常委会立法规划,制定增值税等若干单行税法已被列入第一类立法项目。因此,我国《增值税法》的立法已步入正轨,这对于提升增值税的立法级次非常重要。

主要体现在两个方面：一方面是经济、社会层面的合理性，如增值税纳税主体的抵扣权应如何保护，是否应强化增值税专用发票的特殊性，如何保持增值税链条的连续，如何保障税收中性，如何兼顾税收效率与税收公平，等等；另一方面，是法律层面的合理性，即如何实现立法上的适当、有效、协调。由于增值税非常复杂，在1994年实施《增值税暂行条例》后的15年时间里，我国陆续通过大量后续的制度修补，使该《条例》的许多规定名存实亡，这种名实不符的状况，既是立法改进的重要动因，也是立法技术不足的重要体现。而大量的部门规章、规范性文件虽然实际作用巨大，但相互之间的不协调问题也非常突出，因此，应当努力使各类制度规定更加协调互补。

此外，为了有效保障相关主体的分配权，还要强调增值税立法的合法性，即要合乎宪法的规定和精神，合乎《立法法》等相关法律的要求；同时，还应当真正合乎经济规律和相关原理。因此，增值税法应当是体现经济规律和科学原理的、能够兼顾国家和国民利益的"良法"，这样才可能得到税法主体的普遍遵从。

为此，应通过有效的制度安排，解决纳税主体中的一般纳税人和小规模纳税人的主体地位、税法待遇差异过大的问题[①]；同时，还应注意解决名义税率与实际税率差异过大的问题、可能存在的重复征税问题、税收优惠过多问题，以及在出口退税制度、专用发票制度等方面存在的特殊问题。

以上主要探讨了广义上的宏观层面的立法技术问题，从狭义上的微观层面的立法技术上看，尤其应当注意对相关概念、术语等规定的科学性。例如，"应税行为"是增值税法中的一个重要术语，从各国立法的情况看，应税行为具体体现为销售、提供行为，或者交易、给付、供应行为等[②]，与之密切相关的还有视同销售行为、混合销售行为等。对于复杂的应税行为的科学界定和

[①] 我国的小规模纳税人在增值税纳税人总量中占比很高，其主体地位、税负水平等方面与一般纳税人的差异，会影响到方方面面，因而在立法改进方面需要特别关注，对此，在"营改增"的过程中已有所体现。此外，纳税人实际适用税率的频繁调整，带来了名义税率与实际税率的差异，会直接影响到税法的普适性。

[②] 各国增值税法对于作为应税行为"supply"的具体称谓不尽相同，有人将其译为给付，可参见杨小强：《中国税法：原理、实务与整体化》，山东人民出版社2008年版，第155页；此外，也有人将其译为供给、提供等，可参见〔美〕维克多·瑟仁伊：《比较税法》，丁一译，北京大学出版社2006年版，第321页。我国目前将增值税的"应税行为"主要分为销售货物和提供劳务两类。

准确表述，尤其有助于相关主体分配权的保护。

(三) 纳税人抵扣权的配置问题

在增值税领域，各类实体权利的配置非常重要，直接影响相关主体的收入分配。其中，纳税主体的抵扣权因直接关涉征纳双方的实体权益分配而备受瞩目。从整个税法的布局来看，有关纳税人抵扣权的条款占有很大比重，但法学界对此尚缺少深入研究。其实，所谓增值税转型，从经济的角度看，是从"生产型"转为"消费型"，而从法律的角度看，则体现了纳税人抵扣权的进一步扩大。从理论上说，在实行消费型增值税以后，纳税人便有权对固定资产已含的增值税税款进行抵扣。[①]

事实上，抵扣权直接影响着纳税主体的纳税义务的大小。如果增值税制度不能体现增值税的"中性"特征，不能体现"税不重征"的要求，则纳税人的抵扣权就会受到影响，从而会影响交易的实现和整体经济的发展。因此，从体现税收原理的角度看，更应强调在立法上赋予增值税纳税人以应有的抵扣权，即应当通过完善立法来扩大其抵扣权。

抵扣权的扩大，可能直接导致某些纳税人的纳税义务的相对降低，体现为市场主体的增值税整体税负的降低，从而影响其利益分配。尽管增值税是间接税，税负较易转嫁，但纳税义务的减轻，更有利于纳税人提升其资金使用效益，从而更有助于促进交易和整体经济的发展。

抵扣权作为纳税人的重要权利，其配置与前述的立法理念、价值取向等直接相关，在增值税立法完善方面应着重关注。经由增值税转型立法，纳税人的抵扣权已有所扩大，但如何依据增值税的基本原理，使纳税人的抵扣权得到充分的、应有的保障，仍然是未来立法改进的重要目标。

需要注意的是，增值税纳税人的抵扣权及其行使具有复杂性[②]，主要体现为以下几方面：首先，纳税主体的不平等性会带来抵扣权的差异性。其中，一般纳税人享有"直接抵扣权"，而小规模纳税人仅能在一定条件下享有

---

① 也有人认为此次增值税转型仍然不够彻底，因此，还不是彻底的消费型增值税。参见高培勇：《增值税转型改革：分析与前瞻》，载《税务研究》2009年第8期，第36—39页。

② 对于复杂的抵扣权问题，学界尚未深入研究，但从与分配的重要关联，以及纳税人权利的角度，非常有深入探讨的必要。

"间接抵扣权"。① 其次，增值税链条的人为中断所导致的非连续性，也会带来抵扣权的不完整性，并在一定程度上影响相关主体的纳税义务。② 再次，增值税专用发票的有效性，也会影响抵扣权行使的合法性，特别是在虚开、代开增值税专用发票，以及善意取得增值税专用发票等情况下，对于相关主体的抵扣权会产生不同程度的影响。最后，作为抵扣权的一种特殊形式，出口退税权是纳税主体依法享有的在特定环节的抵扣权，其形式会受到出口退税制度的调整的影响。上述各个方面，都使得纳税主体的抵扣权行使变得非常复杂。因此，在增值税立法中，需要对抵扣权的类型、主体、范围、适用条件等作出基本规定。

在抵扣权的配置方面，有关增值税销项税额和进项税额的确定，以及纳税主体有权扣除的项目等规定，是相对较为稳定的，而出口退税权等方面的规定，则是动态的、易变的，要随着出口退税率的调整而变化。此外，对于抵扣权配置的变动的合理性与合法性，也有不同看法，其中存在着效率与公平的价值取向冲突，以及税法的稳定秩序与整体经济安全等诸多因素的考虑。在现实的税法实践中，纳税主体在不同的环节、不同的领域，其抵扣权的具体行使和实际享有是存在差别的。这些都要求在增值税立法方面必须全面考量，更充分地体现相关原理，对复杂的抵扣权作出更为周密合理的配置，以更好地保障相关主体的分配权益，发挥增值税法律制度的整体功效。

（四）征税机关征管权的配置问题

与上述抵扣权的配置密切相关，对征税机关的征管权的有效配置同样非常重要。抵扣权直接关涉纳税人的税法权益，影响其收入分配，而征管权则直接涉及国家的税收利益分配，牵涉相关级次政权的税收收益权的实现，并由此影响中央与地方的关系。

通常，在增值税领域与征税主体的征管权相关的制度，主要包括管辖权制度、核定权制度，以及退税权制度，等等。从以往的增值税立法来看，对

---

① 小规模纳税人不能直接抵扣，只能在法定条件下，经由税务机关协助实现抵扣，因此，其有限的抵扣权是一种"间接抵扣权"。

② 如果某个环节免税，会影响下一环节进项税额的抵扣，因此，在增值税领域保持抵扣链条的完整更为重要。

征管权的规定和强调相对较多，限定相对较少。尽管从公法的角度看，对征税机关的征管权作更多的规定有其合理性，但如果配置不当，未能与纳税主体的权利形成有机的组合，或者征税主体征管权体系的内部结构不合理，则仍会影响增值税制度的绩效。

在增值税的立法完善方面，尤其需要进一步细化和规范征税机关的管辖权、核定权、退税权等，更好地解决经济实质与法律判断等问题。限于篇幅，现仅对管辖权和核定权的配置问题进行简要探讨。

1. 管辖权的配置

管辖权不仅关涉纳税主体的纳税地点，也影响征税机关征管权的具体行使，从而关系到不同级次政权和不同地方政府的利益分配。现行制度规定的管辖权配置的要点是：总体上强调属地管辖原则，而究竟属于何地管辖，则因主体差异而定。为此，在制度设计上，主要将纳税人分成两类，即境内交易纳税人和出口贸易纳税人。其中，出口贸易纳税人统一都向报关地海关纳税，即由海关享有直接的管辖权。此外，境内交易纳税人又分为固定业户和非固定业户，对于固定业户强调由机构所在地主管税务机关管辖，而对于非固定业户则强调由经济活动发生地（即销售地或劳务发生地）的主管税务机关管辖。可见，机构所在地和经济活动发生地对于确定征税机关的税收管辖权是非常重要的，并且，由于机构所在地在法律上具有更为重要的意义，相对说来更为稳定，因而对于确定管辖权也最为重要，并且具有终决的意义。

随着增值税立法的进一步完善，如何统一增值税、消费税和营业税的管辖权问题，亦应充分考虑。对于属地原则的强调，特别是对机构所在地的强调，是否存在对征管效率的过度关注，是否因此会牺牲相关地区获取税收收益的公平性，等等，都值得深思。由于增值税是共享税，其收益的公平分配，涉及纵向和横向上的中央与地方、发达地区与欠发达地区等多方面的关系，涉及经济发展、政治安定等诸多问题，因此，在立法上不仅要考虑征管效率，还要考虑相关的公平以及其他深层次的问题。

在管辖权的问题上，对某些特殊交易的管辖权的配置，如对电子商务如何征收增值税等，也是未来立法上的难题。对此国内外都已有很多探讨，需要在未来的立法改进中逐渐解决。

2. 核定权的配置

核定权是征税机关在征管环节享有的重要权力，在我国的相关法律、法规中已有不少规定。① 例如，依据现行的《增值税暂行条例》及其《实施细则》的规定，纳税人销售货物或者应税劳务的价格明显偏低并无正当理由的，抑或纳税人兼营非增值税应税项目未分别核算的，以及纳税人从事混合销售行为未分别核算的，均由主管税务机关核定销售额，税务机关的核定权亦由此确立。

税务机关的核定权对于防止税收流失、保障国家税收利益是很重要的，但同时也要对核定权的行使作出必要的限定，以免因核定权的滥用而侵害纳税人的利益。但目前，我国的相关立法尚需作出细化的规定。

从现行规定来看，税务机关在核定权的行使方面，自由裁量空间颇大，同时，可能行使核定权的经济活动的范围甚广，倘若核定权不能依法有效行使，便会带来很多问题。为此，对于直接影响纳税人税负的销售额的核定权，税务机关应如何"核"，如何"定"，如何行权，在相关的标准、程序等方面，都应当作出具体的、可操作的规定。

（五）小结

综上所述，为了有效保障相关主体的分配权，在增值税立法的改进方面，需要进一步关注立法的理念与价值取向，尤其应当强调法治的理念，以及对公平、效率和秩序等诸多价值的兼顾；同时，应重视立法级次和立法技术的提升，形成增值税的多层次的制度体系，并在宏观与微观层面、不断改进广义上的和狭义上的立法技术，不断提高立法质量，增进增值税立法的协调性、合理性、合法性和普适性，提高具体规定的科学性。此外，应当注意征纳双方基本税权的配置，完善对纳税人的抵扣权以及征税机关的征管权的规定，并在相关税权配置方面充分体现上述的立法理念、价值取向和立法技术，这对于解决增值税领域的分配问题非常重要。

以上只是简要探讨了增值税立法完善过程中应关注的几类重要问题，如

---

① 例如，在我国的《税收征收管理法》及其《实施细则》，以及《增值税暂行条例》及其《实施细则》等各个层级的立法中，均有核定权的规定。

能对上述问题进一步深入研究，则不仅有助于增值税立法的改进以及其他各类税法的不断完善，而且有助于充分保障相关主体的分配权利，从而更好地解决相关分配问题。

三、房产税立法中的分配权衡

房产税立法的完善或改进，是近年来社会各界高度关注点重要问题。之所以如此，是因为房产税不仅与房价的调整、房地产市场的发展有关，而且也与公平分配直接相关。可以说，房产税立法中普遍涉及分配问题。由于房产和房产税已成为影响社会分配的重要因素，因此，从防范分配风险和分配危机的角度，加强房产税的立法改进非常重要。

值得注意的是，尽管房产是重要的财产，房产税是重要的财产税，但在整个税收体系中，房产税并非主体税种，其立法长期未受重视，只是近年来随着与房地产相关的经济和社会问题的凸显，房产税被赋予多种重要使命，承载着社会各界的期待，有关房产税征收与否或如何征收的讨论才十分热烈。

上述的热烈讨论其实都与房产税的立法直接相关。房产税虽然在税收收入方面贡献不大①，但其牵涉甚广，立法也甚为复杂，又直接关系相关主体的利益分配，因而许多研讨众说纷纭，见仁见智，唯有回归基本问题，认真梳理源流，才能明晰立法的方向和思路，作出合理的分配权衡，推进房产税立法的完善。

有鉴于此，下面拟结合房产税的理论研讨、制度实践和试点经验，着重探讨在房产税立法方面需先予明晰的具有前提意义的三大基本问题，即房产税的立法目的、立法依据和立法模式问题，这些问题与分配权利的保护以及利益分配的权衡直接相关。

（一）房产税的立法目的

进行房产税立法，首先应明确立法目的或称立法宗旨。受我国各类"税

---

① 仅从财政收入的角度看，房产税的收入在整个税收收入中的占比并不高，但如果扩展到个人自住房领域征税，则对个人的收入分配会产生较大影响。

收暂行条例"的立法技术的影响,现行的《房产税暂行条例》并未规定立法宗旨,但在房产税制度的立、改、废、释各个环节,明确立法的方向和目标,对于系统地加强房产税的制度建设无疑至为重要。

基于税收的多元职能和税法的多重功用,房产税的立法目的尤其需要明确:国家制定和实施房产税制度,究竟是旨在获取税收收入,还是为了加强宏观调控?是意在调节社会分配,还是为了保障经济稳定?[1] 无论主张选取上述的单一目标,还是强调综合的组合目标,都需要结合税法的现实功用作具体分析。

首先,如果将房产税的立法目的定位为获取财政收入,那么,是为了获取中央岁入,还是为了获取地方收入?如果与地方收入挂钩,则是否将房产税作为地方的主体税种?它在当前能否成为主体税种,从而解决"土地财政"问题,填补地方财政收入的不足?对此需要先达成基本共识。

基于税权理论以及现行分税制的制度规定,房产税作为财产税,其收益分配权归属于地方。但在"房地分离"的制度框架下,政府的房产税收入远不及土地收益,在现行体制和制度约束不变的条件下,房产税很难成为主体税种[2];同时,排除土地因素的单一房产税制度,也难以弥补地方财政收入的不足,无法从根本上解决"土地财政"问题。对此,我国曾经进行的房产税改革试点,已从一个侧面提供了佐证。[3]

其次,如果将房产税的立法目的定位为加强宏观调控,那么,房产税是否可以成为调控整体经济运行的重要工具,能否有效地发挥调控功能?本来,"财产是静态的财富",通过对财产征税来影响经济运行,其调控功能是较为间接的。基于财产税的调控局限,我国长期以来并未将房产税作为调控的重要工具,只是前些年随着房地产业以及相关产业的飞速发展与扩张,随着房

---

[1] 由于房地产业被视为支柱产业,对各方的利益影响较大,因而其相关税制变化往往会涉及多重目标考量。可参见马国强等:《房产税改革的目标与阶段性》,载《改革》2011年第2期,第130—132页。

[2] 已有多位学者从不同角度论证了房产税为什么不能成为主体税种,为什么不能成为地方收入的主要来源。参见杨志勇:《公共视角下的房产税改革目标》,载《税务研究》2012年第3期,第3—8页,等等。

[3] 我国在上海、重庆两地进行的房产税制度改革试点表明,两种不同模式所获取的税收收入都非常有限,因此,这样的房产税很难成为地方税的主体税种。

地产市场的过热，房产税以及营业税、土地增值税等税种才担负起调控的使命①，才被作为调控房地产市场的重要工具。

但是，宏观调控并非单一向度，它不仅适用于市场过热时压抑房价，也适用于市场过冷时激活市场，这样才能体现把积极的鼓励、促进与消极的限制、禁止相结合的"规制性"，才符合宏观调控的应有之义。此外，房产税调控只能在一定程度上间接地起作用，对其效果也不能高估，毕竟它不同于"限购"等作用更为直接的行政措施。因此，无论是房产税对房价的影响、还是其对房地产市场的调控功能，都不能过高地看重或依赖。②

再次，如果把房产税的立法目的定位为调节社会分配，或者保障经济稳定，那么，必须看到，上述经济目标或社会目标的实现，是以上述的收入目标、调控目标的实现为前提的。如果房产税不能有效调节不同主体的收入分配，不能在制度设计上缓解不同类型的房产产权拥有者之间的差距，则调节社会分配的目标就很难实现；同时，如果调控目标不能有效实现，则经济的稳定目标也难以实现。毕竟在宏观经济的四大目标中，稳定物价（特别是房价）是直接影响宏观经济稳定的重要目标。

综上不难发现，虽然房产税的立法目的可能（也可以）是多元的，但房产税的征收对于实现这些目的作用有限，不可过于倚重。房产税只是财产税中的一个税种，加强房产税立法，最直接的意义是促进税法体系的合理和完善。房产税立法只是地方税立法的一部分，要全面解决地方税的问题，实现上述的分配、调控等经济目标和社会目标，仅靠房产税制度是远远不够的，需要各类税法制度之间、税法制度与其他法律制度之间的紧密配合，唯此才可能促进上述多元目标的有效实现。

（二）房产税的立法依据

房产税的立法依据，直接涉及立法的基础和制度的合法性，与立法主体、立法权、授权立法、税收法定原则等直接相关，它与上述的立法目的一样，

---

① 我国曾分别通过调整营业税、土地增值税的制度安排和征收管理，来影响房地产市场，从而使以往在宏观调控方面不被看重的营业税、土地增值税等也担负起了影响产业发展和市场稳定的使命。

② 有学者认为，房产税难以有效调节收入分配，也难以有效调控房价。参见李升：《房产税的功能定位》，载《税务研究》2012年第3期，第13—16页。

也需要在进行具体立法之前加以明晰。

不同的立法主体进行立法的依据各不相同，房产税的立法依据与立法主体及立法权（如开征权、立法修改权等）的分配直接相关。我国现行的《房产税暂行条例》在其第 1 条中既未规定立法目的，也未明确立法依据，这虽然是各类"税收暂行条例"的通例，但主要与全国人大及其常委会在 20 世纪 80 年代的立法授权有关。

1984 年 9 月 7 日，国务院曾向全国人大常委会提出《关于提请授权国务院改革工商税制和发布试行有关税收条例（草案）的议案》〔(84) 国函字 126 号〕，同年 9 月 18 日，全国人民代表大会常务委员会通过了《关于授权国务院改革工商税制发布有关税收条例草案试行的决定》，主要内容是"决定授权国务院在实施国营企业利改税和改革工商税制的过程中，拟定有关税收条例，以草案形式发布试行，再根据试行的经验加以修订，提请全国人民代表大会常务委员会审议"。这就是著名的"1984 年的授权决定"，它是专门针对税收立法作出的，旨在解决经济体制改革初期国营企业利改税和改革工商税制的问题。① 由于当时国务院在议案中已提出将房产税作为地方税的税种②，因此，1984 年的授权决定往往被认为就是 1986 年国务院通过的《房产税暂行条例》的立法依据。但上述决定作为"法律"，已于 2009 年被废止。③ 在此情况下，《房产税暂行条例》是否已成"无本之木"，其立法依据是否已不复存在？与此同时，下一步推进房产税立法的立法依据又是什么？这些问题都需要作出回答。

值得注意的是，在作出上述授权决定后不到一年，1985 年 4 月 10 日，全国人大通过了《关于授权国务院在经济体制改革和对外开放方面可以制定暂行的规定或者条例的决定》，这个由"全国人大"直接作出的授权立法决定，其适用范围已不限于"税收"方面，而是扩大到整个改革开放领域；同时，

---

① 根据该决定，国务院发布了产品税、增值税、盐税、营业税、资源税、国营企业所得税等 6 个税收条例草案试行，到 1993 年，国务院发布增值税等税收暂行条例已明确将上述 6 个税收条例草案废止。

② 其中提到财政部已经拟定了"城市维护建设税、房产税、土地使用税、车船使用税等四个地方税条例（草案）"，"四个地方税拟暂保留税种，将来开征"。

③ 该授权决定已于 2009 年 6 月 27 日被全国人民代表大会常务委员会《关于废止部分法律的决定》废止。

在立法形式和立法技术上已开始强调制定"暂行条例",而不是"以草案形式发布试行",比 1984 年的授权决定有一定进步。

考虑到 1984 年的授权决定已被 1985 年的授权决定"覆盖",且相关的税收立法已经完成,全国人大常委会于 2009 年废止了 1984 年的授权决定。在 1985 年的授权决定至今有效的情况下,可以认为,现行的国务院层面的税收立法,应以 1985 年的授权决定为立法依据,因为该授权立法的范围更广,包括了税法修改或税制改革的领域;并且,《房产税暂行条例》没有加"草案"和"试行"字样,似乎也说明是以此为立法依据的。

但是,由于在改革开放过程中所涉及的问题非常繁多,领域十分广阔,因而 1985 年的授权其实近乎"空白授权"。依据 1985 年的授权决定,如果认为房产税立法或房产税制度修改也属于改革的事项,如果强调与改革相关的各类事项都应当算作或定性为"改革",那么,国务院就可以随着改革的不断深入,持续地享有相关事项的立法权。

房产事关民生,关涉国民的基本权利,对房产征税,直接影响国民的财产权,对于此类税收立法,一般不应长期、普遍地、宽泛地进行授权立法,而应当实行"法律保留",这是严格的税收法定原则的要求。对此,《立法法》不仅在第 8 条规定了"法律保留"的事项,还在第 11 条规定"制定法律的条件成熟时,由全国人民代表大会及其常务委员会及时制定法律。"此时,行政机关应当"还立法权于立法机关"。

因此,我国不仅应关注大量存在的授权立法的合理性问题,更要关注违反授权立法要求的"空白授权"、"转授权"等问题,因其不仅违反《立法法》第 10 条的规定[1],也会导致税收立法的基础不固、依据不足,这在地方税收立法领域体现更为突出。尽管《房产税暂行条例》在税基确定方面为地方行使税收立法权留有一定空间[2],但是否应当允许地方政府进行房产税改革试点,是否可以在试点过程中对课税要素作出规定,涉及地方政府是否有权调整纳税主体和征税范围(如对非营利性自用房产的所有人能否征税),以及

---

[1] 我国《立法法》第 10 条规定"授权决定应当明确授权的目的、范围",即不得进行空白授权;同时要求"被授权机关不得将该项权力转授给其他机关",即不得转授权。

[2] 我国《房产税暂行条例》第 3 条规定省级人民政府有权确定房产余值的减除幅度,从而使地方政府在确定具体税基方面享有了实质上的立法权。

是否有权调整税基、税率（这已构成"转授权"）等问题。如果严格遵循税收法定原则，在没有授权的情况下，即使中央政府也不宜或不能对课税要素作出规定，更遑论地方政府。可见，房产税的立法依据非常重要，直接关系到立法的合法性。在我国，尤其要关注房产税领域的授权立法以及地方试点的合法性问题。

为了探索房产税立法的变革，我国在沪、渝两地进行了房产税制度改革试点，对两地的立法依据问题，已有许多学者予以关注。事实上，在不同区域进行房产税立法的不同试点，在试点地区与非试点地区之间、试点内容不同的地区之间，已经影响了原本统一的法律适用，在实施方面有悖于税收公平原则；同时，从税收法定原则的角度，已有学者对房产税试点的合法性提出质疑，认为试点的立法依据不足，国务院不能在房产税立法上进行转授权。应当说，上述观点是值得重视的，房产涉及国民的基本权利，对房产征税进行试点应特别慎重，至少不应一直或经常试点，保持基本规则的稳定和统一非常重要。①

（三）房产税的立法模式

房产税牵涉甚广，对课税要素和立法权归属的不同安排，会形成不同的立法模式；而对立法模式的研究和选择，则直接影响房产税的理论发展和制度优化。为此，下面将着重从纳税主体、征税客体、计税依据的角度，以及相关的立法主体的角度，探讨房产税的立法模式问题。

1. 纳税主体的模式选择：营利性与非营利性

房产税的征收，究竟应当针对营利性主体还是非营利性主体，是立法模式上的一个重要选择。从我国现行的《房产税暂行条例》规定来看，虽然把营利性主体和非营利性主体都作为纳税主体，但实质上是通过免税制度，实现了对营利性主体的单独征收。

依据"可税性理论"，征税的前提是收益性和营利性，只有营利性或经营性的收益，才适合征税，因此，对房产征税也应从营利性的角度，区分经营

---

① 相关分析可参见张守文：《我国税收立法的"试点模式"》，载《法学》2013年第4期，第61—68页。

性房产和非经营性房产。对经营性房产征税，一般是没有异议的，这也是我国长期实行的制度。而国家机关、第三部门、居民个人自用或非营业用的房产因其没有直接的经济收益，我国规定对其予以免税，这也符合"没有收益就不征税"的"可税性理论"。① 此外，对房产收益的理解也是一个问题。例如，房产收益是指因拥有房产而获得的经济收益（如经营收益、租金收益等），还是指因拥有房产而获得的其他收益，如居住收益、声望收益？是已实现的收益，还是潜在的收益？② 等等，这些都会影响房产税立法。尽管不少国家对自用房产已征税，但在理论基础或征税依据上可能并不一致。

我国的《房产税暂行条例》总体上是对拥有经营性房产的主体征税，对拥有自用房产的个人免税。在经营性或营利性的界定方面，对于房产出租等经营行为的营利性容易判断，但对于将房产长期放置不用的行为是否具有营利性，则可能会有不同的认识。其实，对于后一类存在不同认识的行为，如果不考虑调控等目标，则在其收益实现时征税也许更为合适。此外，与对营利性收益的征税相反，在房产税制度中之所以会存在多种税收优惠制度，往往是基于"非营利性"的考虑。

主体的营利性会影响房产税征收的合理性，但从更为根本的或原初的意义上说，国家征收房产税，是因为国家对国民房产的产权提供了保护，对国民的生存权提供了保障；同时，房产作为"不动产"，可以成为国家稳定的税源，因而各国才对其普遍征收，且历史悠久。

然而，由于个人非营利性的自用房产是基本的生活资料，居民个人可以对房产进行占有、使用和收益（或受益），但在房产自用的情况下，其收益（即受益）的实现与"所得"的实现不同，因此，房产税的税率不能定得很高，它不能成为国家财政收入的重要来源，只能在一定程度上，成为地方财政收入的来源。

2. 征税客体的模式选择：单一性与复合性

从征税客体来看，房产税的立法可分为单一客体模式和复合客体模式，

---

① 相关分析可参见张守文：《论税法上的"可税性"》，载《法学家》2000年第5期，第12—19页。

② 对于类似的收益及其是否应当征税的探讨，可参见〔美〕波斯纳：《法律的经济分析》，中国大百科全书出版社1997年版，第635—641页。

其中，前者是指仅对"房产"征税的立法模式，后者是指对"房产"、"土地"等综合征税的立法模式。与这两种模式相关联，我国究竟应通过完善现行制度建立单一的"房产税"制度，还是应整合其他制度，建立统一的"房地产税"制度？对此尚存不同看法。① 基于我国特殊的土地制度，在土地所有制不变的情况下，房产税制度和土地税制度能否整合以及如何整合，尚待深入研究。

征税客体的不同模式选择，直接影响税基，关涉纳税人的权利、义务以及国家的利益。如果选择复合客体模式，可能需要考虑不同时期、不同区域的房产在价值构成上的差别，因为一旦包含土地价值（特别是几十年的土地价值），则税基与单一客体模式会存在很大不同。等等。如果选择单一客体模式，对房产和土地单独征税，而在征收房产税时，却又将土地因素摄入其中，则有可能被认为存在严重的重复征税。目前，我国在房产领域所涉及的税种非常多，从营业税等商品税到所得税、财产税，不一而足，在"房地分离"的体制下，单纯征收房产税而不是房地产税会更为简单。

此外，从时间的维度上，还涉及另一种单一模式，即仅仅只对立法后新购置的增量房产征税，也称为增量模式、非溯及既往模式；与之相对应的是另一种复合模式，即对立法前既有的存量房产同时征税，也称总量模式、溯及既往模式。② 对于上述的单一模式和复合模式如何选择，同样对纳税主体的利益以及整体的房产税立法影响巨大。

可见，采取单一模式还是复合模式，在房产税立法上不仅涉及税种的合并，也涉及税基的调整，因为客体的合并或分立，会直接影响税基。既然客体不仅与纳税主体直接相关，也与税基密切相连，因而还需从计税依据的角度关注立法模式问题。

3. 计税依据上的模式选择：从量与从价

从计税依据的角度看，选取从量计征的模式还是从价计征的模式，直接

---

① 在 2013 年的"改革决定"中，已明确提出要"加快房地产税立法并适时推进改革，加快资源税改革，推动环境保护费改税"。可见，国家下一步的税制建设目标，已不再是"房产税"，而是"房地产税"。这是一个非常大的变化。

② 增量模式、非溯及既往模式比总量模式、溯及既往模式，在法理上和社会心理上会得到更多认同，支持率也更高。这在房产税改革试点方面也有体现。

影响房产税的立法和具体征收。计税依据上的两种模式虽然与上述的客体模式相关,但仍然具有其独立的分类价值,因为即使采行单一客体模式,也会涉及计税依据上的两种不同模式的选择问题。

一般说来,从量模式强调要依据房产的数量、面积等来征收;从价模式强调依据房产的价值来征收。由于房产的量是比较稳定的,而价值则在变化,因而未来的房产税立法究竟应当采行哪种模式,抑或兼而用之,都会影响税基的确定,以及公众的市场预期。

相对说来,单纯地从量(如依据面积大小)计征,不用进行复杂的价值评估[1],无需经常进行动态调整,会更加简便易行,征收成本也更低。在从量计征的模式下,为了保障公平或其他价值目标的实现,各地可以根据本地情况,对税率或税额进行调整,而不必对税基、税率两个方面都调整,从而更便于征管和纳税人的遵从。此外,在从价计征的模式下,更注重课税对象的经济价值,更能体现"量能课税"的思想,似乎更公平;但如果业主没有"实现"其房产价值,或者房产"被升值",而业主又不能或者不想转让其房产,则在一定的时期,业主承受的税负可能更重。事实上,这些税负由业主在其转让房产时承担也许更为合理,因为与其"实现"的收益是相匹配的。

从房产税制度改革的试点情况看,重庆模式更侧重于价值,更强调对房产的奢侈消费征税,属于从价模式;上海模式则侧重于数量和面积,更强调对房产的过量消费征税,属于从量模式。此外,与前述的时间维度相关,重庆的从价模式,对过去的既存房产也征税,征税范围包括过去的和现在的新购房产;而上海模式,则仅对新购的、超标的房产征税。由于上海模式不溯及既往,制度的实施难度会相对小一些,同时,也符合基本的不溯及课税的法理和税法适用原则。

4. 立法主体上的模式选择:议会保留与政府主导

房产税立法究竟应贯彻"议会保留"原则,由全国人大进行立法,还是应强调"政府主导",由国务院进行立法?这直接涉及立法权归属、立法依据等问题。如前所述,从以往情况看,国务院是我国税收立法的主要主体,而

---

[1] 计税依据的评估是公认的难点。参见倪红日:《房地产税制改革的进程与建议》,载《中国税务》2012年第6期,第56—57页。

全国人大则主要进行立法授权，从而形成了实际上的"政府主导"的立法模式。由于政府往往更看重行政目标，地方政府更关注地方利益，同时，公共选择理论所关注的政府被利益集团"俘获"的问题亦客观存在，因而社会公共利益有时难以得到保障，在各级政府利益各异的情况下尤其如此。其实，我国房地产宏观调控存在的目标不能有效实现，即与此直接相关。

为此，实行"议会保留"模式可能更为可取。但"议会保留"是否就能够避免"政府主导"模式存在的问题，仍有待考察。此外，如果对"不动产适用不动产所在地的法"这一原则做广义的理解，则可以认为，房产等不动产的所在地对于确定相关规则确有其重要意义，尤其在房屋、土地的估价方面，由于各地的经济发展水平不同，房价的地方差异更为突出，因此，有必要在确定税额或计税依据方面为地方行使税收立法权留出适度空间，从而更好地保障实质公平。

5. 模式选择与立法时机、立法成本

对于上述主要的房产税立法模式，无论如何选择，都必须注意立法时机和立法成本的问题。

在房产税的立法时机方面，由于税收立法关涉各类主体的切身利益，居民个人对此感受尤其强烈，因此，在立法上不仅要体现税收法定原则，还要考虑税收公平原则或税负适度原则的要求。在市场主体税负相对较重、生活成本偏高，民生压力较大的情况下，不宜增加纳税人的税负。因此，在房产税的立法模式选择上，要考虑居民个人非营利性自用房产的税负不宜加重，与居民个人相关联的单一客体模式、从量模式可能更为可取，甚至从"结构性减税"、拉动内需的角度，对此类房产的免税制度应当保留。由于我国与房产相关的税收已很多，因此，对涉及房产的税收种类和负担都应当加以限制和收敛，而不应当盲目扩张。

上述立法时机的考虑，其实与立法成本直接相关。房产税立法不应只关注狭义的立法成本，还应关注立法通过后所带来的成本，包括经济、社会、政治等各方面的成本。因此，对于房产税立法，应进行整体上的成本—收益分析，并应当同前述的立法目的结合起来。要明晰通过房产税立法，究竟能够达至何种目标。从实际情况看，我国房产税收入总量并不高，占比很小，尚不足以支撑地方财政；同时，平抑房价、抑制投机等所谓宏观调控的目标在多大程度、多长时间能够实现,也需要评估。此外,房产税的征收还会影响对政府合法性的评价,还可能涉及政治成本、社会成本等问题,都需要特别关注。毕竟,"一个健全的税收制度是以管理和实施的低廉成本为特征的"。①

(四) 小结

前面集中讨论了房产税立法的三大基本问题,这些问题直接关系到立法的目标、方向、基础和制度架构,关系到整体立法的合法性和合理性,更关系到相关主体的利益分配,因而在进行房产税立法过程中有必要先对此达成基本共识。

在三大基本问题中,房产税的立法目的与房产税的制度功能、价值、原则等存在内在关联,需要在房产税立法中开宗明义,以引领整体的立法。同时,也必须看到,房产税仅是财产税中的一个税种,房产税制度在解决各类社会经济问题的功用是有限的,不可过于高估。房产税立法虽然是整体财产税立法的重要组成部分,但要解决复杂的现实问题,包括公平分配问题或缩小分配差距问题,单靠房产税制度乃至整个税法制度,都是远远不够的。

房产税的立法依据作为立法的基础,直接影响立法的合法性。对于授权立法领域存在的问题必须有充分认识。由于房产税等财产税的立法关系到国民的财产权,因而还是应当贯彻议会保留原则或法律保留原则,而不宜长期实行普遍的授权立法,更不宜进行空白授权或转授权,这样才能使整个税收立法的基础更坚实,依据更充分。

房产税的立法模式直接影响立法的主体架构,关系到立法的合理性。对于涉及主体、客体、税基等课税要素的相关模式选择,尤其会影响立法的科学性和纳税人的遵从度;而对于立法主体的模式选择,则会影响立法级次以及对相关主体利益的保护。而无论如何选择立法模式,都必须注意立法时机和立法成本,从而更好地推动整体的房产税制度建设。

总之,房产税作为一种重要的财产税,直接影响国民的财产权和相关主体的收入分配,其立法必须严格贯彻法定、公平和效率三大基本原则。对于

---

① 〔美〕奥茨:《财政联邦主义》,陆符嘉译,译林出版社2012年版,第118页。

前面讨论的房产税立法最为重要的三大基本问题中的每个问题，都还需要进一步拓展和挖掘，这些拓掘对于房产税立法乃至整体的税收立法，甚至对于系统的法治建设，都会有重要的参考意义和普适价值。

四、分税制的问题与地方收入保障

分税制是在中央和地方之间进行收入分配的最重要的制度，但是，我国目前的分税制普遍被认为存在突出的问题，即虽然扭转了过去的"弱干强枝"问题[1]，却严重影响了地方的收入，并导致土地财政、地方债务等突出问题。因此，解决现行分税制的突出问题，有效保证地方的财政收入，是解决中央与地方关系问题中的核心问题。

（一）背景与问题

在国家整体改革的深化和突破方面，财税改革历来具有关键意义。目前，"营改增"作为税收领域的重大改革，已受到各界的高度关注，其制度变迁的相关问题和重要影响亦被充分解读。但与此同时，对于至为重要的分税制改革的研讨似乎相对沉寂，尚待学界从诸多视角进一步解析和推进。

分税制事关我国税制改革乃至整体财政体制改革的成败，学界对其利弊得失已有诸多研讨和共识[2]，从而为分税制问题的持续研究奠定了重要基础。近年来，基于各界对"土地财政"、地方债务风险等问题的强烈关注，改进分税制的呼声日益高涨。[3] 但由于分税制毕竟波及甚广，牵连枝蔓纷繁，因而其改制远不及"营改增"推进之迅速。

尽管如此，仍需大处着眼。分税制作为整体分配系统的重要一环，关联

---

[1] "弱干强枝"是学界的一个比喻，它是指中央政府的财政汲取能力较弱，而地方的财政获取能力较强的情况。在这种分配格局下，国家的宏观调控能力、强制执行能力、合法化能力等诸多国家能力的实现，都会受到影响。

[2] 如刘尚希：《分税制的是与非》，载《经济研究参考》2012 年第 7 期，第 20—28 页；周飞舟：《分税制十年：制度及其影响》，载《中国社会科学》2006 年第 5 期，第 100—115 页；贾康、闫坤：《完善省以下财政体制改革的中长期思考》，载《管理世界》2005 年第 8 期，第 33—37 页，等等。

[3] 如孙秀林、周飞舟：《土地财政与分税制：一个实证解释》，载《中国社会科学》2013 年第 4 期，第 40—59 页；韩增华：《刍议分税制改革与中国地方政府债务风险之关系》，载《现代财经》2011 年第 4 期，第 23—29 页。

各级政权的财权和税权分配,涉及政府系统的"一次分配"和"二次分配",其对公共经济作用直接,对私人经济亦影响甚巨,因而其改制需在宏观层面加紧设计,否则,"营改增"等各类税改的推进定会受到影响。此外。分税制的改进,还与国家积极推动的市场化改革及政府职能转变、加强立法机关监督、推进司法体制改革等密切相关,如不能高效有序推进,则其他诸多重要改革便会不同程度受到影响,改革的增益亦难以实现。

有鉴于此,学界还需知难而上,针对分税制改革过程中涉及的突出问题,从不同视角来研究其制度改进的路径。基于分税制的"制度"属性,有必要选取法律视角展开探讨;同时,考虑到分税制所涉法律问题甚多,有必要结合我国共享税地位凸显的重要现象,提出"共享型分税制"这一特殊类型,并针对其存在的问题探讨法律改进的路径。

为此,下面将探讨"共享型分税制"的形成及其现实表现,并通过相关税权结构的分析,揭示其法律成因及相关法律问题;在此基础上,将分析"共享型分税制"在不同层面存在的突出问题及相应的法律改进路径,并进一步探讨地方税制度建设与分税制完善的内在关联。

(二)制度类型的形成及其税权结构

1. "共享型分税制"的形成

众所周知,在分税制的框架下,诸多税种通常被归类为中央税、地方税以及中央与地方共享税。我国在推行分税制之初,中央税和地方税在税种数量上相对较多,共享税的税种至少在形式上相对较少。但随着分税制实践的发展,有多个税种从单纯的地方税变成了共享税,导致在税种数量方面,以及所涉税收收入的数量或占比方面,共享税都处于更加突出的地位,这样的分税制,可称之为"共享型分税制"。

从税种数量上看,在商品税领域,增值税、营业税早已是共享税(分税制推行之初曾规定营业税由各银行总行、各保险总公司等集中缴纳的部分归中央,其余归地方),近年来,随着"营改增"的推进,营业税的更多税目将因改征增值税而变为共享税;在所得税领域,企业所得税和个人所得税都已变为共享税(主要制度安排为除相关银行总行等集中缴纳的企业所得税归中央外,其余部分的企业所得税和个人所得税实行"央地分成");此外,资源税、证券交易印花税、城市维护建设税等都已成共享税。由此可见，我国税收体系中较为重要的多个主要税种或主体税种都已被归入共享税。

从税收收入上看，上述共享税诸税种在整体税收收入中的"占比"也较大，多个税种都是税源丰沛的大税种，其中，仅增值税、两类所得税占整体税收收入的比重即可达60%以上。无论税种的重要性抑或涉税收入的数量，中央与地方共享税都已超过单纯的中央税（如消费税、关税等）和地方税（如土地税、房产税、契税、车船税等），从而使共享税在分税制框架内成为主要形式，并由此使分税制呈现出突出的"共享型"特点。

我国的"共享型分税制"并非"共享均分"，中央的分成比例往往更高。例如，除了某些税种直接缴纳中央的收入以外[1]，增值税的分成比例是中央75%，地方25%；所得税的分成比例是中央60%，地方40%；而证券交易印花税则是中央97%，地方3%，等等。上述的分成比例表明，我国"共享型分税制"的突出特点，是中央收入在共享收入中的占比更高，或者说，总体上是更多地向中央倾斜。可见，所谓"共享"并非无差别的"共同共有"，而是自上而下的"按份分享"或"分成分享"。因此，严格说来，"共享税"应当称为"分享税"。

与此同时，我国的"共享型分税制"名为强调中央与地方共享，其实并未"上下贯通"，而是仅着重于中央与省级政权之间的"分成"；更为基层的地方，并未被纳入其间，因而其收入更缺少制度保障。对于分税制的上述突出缺失，经济学界已有诸多关注和讨论[2]，但法学界的研究还相对不足，因此，非常有必要从税权结构的视角进一步展开研讨。

2."共享型分税制"的税权结构

对于上述"共享型分税制"的法律成因和突出特点，可以从税权结构或税权配置的角度予以解释。毕竟，税收的立法权、征管权和收益权的分配，历来是分税制的核心问题；透视各项税权的现实分配，有助于进一步明晰我国分税制渐变为倾斜性"共享型"制度的成因。

从具有基础意义的税收立法权的配置来看，我国采行集权模式，中央税

---

[1] 如进口环节增值税属中央收入，各银行总行等缴纳的企业所得税亦属中央收入。
[2] 对相关解决对策的探讨可参见贾康、白景明：《县乡财政解困与财政体制创新》，载《经济研究》2002年第2期，第3—9页，等等。

和地方税的立法权,都至少在形式上集中于国家层面;各类共享税在整体税收收入中占比较大,其税收立法权更是从未下放。税收立法上的高度集权,固然有助于在宏观调控、保障稳定方面体现国家理性和国家目标,提升中央财政的汲取能力,但也会使地方的税权保障受到影响。为此,我国在立法上也通过少量相对隐蔽的授权,赋予地方某些课税要素的有限立法权①,这在客观上有助于保障地方的权益和积极性。

与税收立法权的集中配置直接相关,在税收征管权方面,我国虽分设国地两套税务机构,但除中央税外,增值税等共享税也被侧重于由国家税务机关征管,从而使征管权配置也体现出一定的倾斜性。这种安排虽然有助于保障重要税收的及时入库,防止地方保护主义,以及有效处理央地关系,但随着共享税税种的不断增加,原属地方税的税种在变为共享税后如何确定征收机关,确实更为复杂,既要考虑过往,又要着眼发展。② 此外,如若共享税变得越来越多,且多由国家税务机关征管,而地方税种越来越少,收入占比也越来越低,那么,是否还要单设地税机关,至少从法律经济学的角度,需要进行成本收益分析。

上述的税收立法权和征管权会直接影响税收收益权,而现行分税制最易为人关注的,首先是其对税收收益权的分配。如前所述,由于地方的收益权相对较小,中央往往在分成比例上拥有更多的权力,因而共享税的倾斜性、主从性较为突出,这既是我国分税制的重要特点,也映射了现行制度的突出问题。

上述税权配置所带来的突出问题是权义不对称或权责失衡,尤其具体表现为地方的税收收益权与其支出义务不对称,使其难以承担支出责任,并且,地方政权级次越低,失衡问题就越突出。对此,本来按最初的制度设计,应通过规范的转移支付制度加以弥补,但现实的转移支付制度的不健全,进一步加剧了地方权责的失衡,迫使其不得不"另辟财源",致使"土地财政"或地方债务问题突出,财政风险、法律风险和政治风险加剧。事实上,只要

---

① 如我国在营业税、契税、城镇土地使用税等制度中,就有省级政府可在法定幅度内确定本地区适用税率的相关规定。

② 例如,国务院《关于印发所得税收入分享改革方案的通知》在相关征收机构的调整方面就有上述考虑。

政府的职能不转变，政府的非必要职能不削减，这一问题还会愈演愈烈。为此，在完善或改进分税制时，对于事关主体权益、影响央地关系的各类税权分配必须予以合理调整。

（三）现行制度的突出问题与改进路径

我国"共享型分税制"的形成，与特定历史时期的政治、经济因素，以及法治发展水平等均密切关联；即使仅从法律视角看，其影响因素也是多方面的，其中，来自规范、理念、原则层面的影响非常突出。从上述三个相互关联的层面展开分析，不仅有助于发现和归纳现行制度的突出问题，而且有助于明晰相应的改进路径。

1. 规范层面的观察

分税制作为国家在公共经济领域的重要制度安排，其制度建设和规范功能非常重要。为此，对于税种分类及其收入在中央与地方的归属，许多国家不仅有专门的法律规定，甚至还在宪法中明定相应的财政规范，从而将其提升至"经济宪法"的层面。[①]

目前，我国还大都未从"经济宪法"的高度来认识分税制。尽管分税制关乎整体的收入分配，以及国家与国民的关系，尤其直接关涉中央与地方的关系，但我国宪法对分税制尚无任何规定。自1993年以来我国曾多次修宪，但有关财税体制方面的任何内容都未能入宪，这固然与我国宪法规范的简明、成文的审慎等有关，但也与分税制自身的不成熟、不稳定等密不可分。

遥想1982年《宪法》颁行之际，我国的税收体系还远未形成，只是经由1984年的税制改革，我国的工商税收体系才告初成；降至1994年的税法变革，整体的税收体系才得以进一步完善。由于多个税种在分税制中的央地归属均有调整，相关税权的配置亦变动不居，致使整体税收体制难以明晰和稳定，同时，政治、经济层面的决策，也在客观上阻碍了税收体制的立法，从而导致我国的税收体制法极不发达。目前，在税收体制法领域不仅没有一部法律，甚至没有一部像样的行政法规。1993年国务院发布的《关于实行分税

---

① 例如，巴西联邦共和国《宪法》第六编"税收和预算"不仅对联邦、州和联邦特区、市的征税权有非常详尽的规定，而且还在第六节"税收分配"中，专门对各类税收收入的分配作出了具体规定。

制财政体制改革的决定》距今已二十多年，但仍是分税制方面最重要、最高层次的规范性文件。由于现行分税制的发展已对该《决定》有诸多突破，并由此带来了法律依据上的冲突，因此，对"共享型分税制"的合法性要特别关注。

考虑到我国宪法规范的生成特点以及分税制立法的滞后和不足，当前要求将分税制的规定"入宪"还不太现实。由于我国在分税制方面缺少相关立法，仅有的规定不仅立法级次较低，而且在实践中并未完全落实，因而"规范冲突"或制度调整的"不规范"等问题亦时有发生。例如，依据国务院《关于印发所得税收入分享改革方案的通知》（国发〔2001〕37号），企业所得税、个人所得税完全变成共享税，该《通知》与上述的《决定》就存在"规范冲突"——虽然《通知》是新规，但早期的《决定》更具有基础意义。又如，证券交易印花税变成共享税及其在分享比例上的不断调整，就存在着制度调整的"不规范"问题。[①] 在缺少正式立法的情况下，有些制度调整往往通过"国务院决定"或"经国务院批准"之类的句式来体现其合法性[②]，但严格说来，这种做法本身就欠缺合法性。

针对上述诸多规范层面的问题，改进现行分税制的重要路径之一，就是加强立法，真正做到有法可依，确保分权框架具有形式上的合法性；同时，要对现行的各类规定进行梳理、整合，确保其协调性或一致性；在立法级次上，对于涉及府际关系的分税制，应当结合应然和实然的需要，从科学性、系统性出发，制定更高层次的规则，即至少应由全国人大及其常委会进行相关立法[③]，这也是经济宪法的内在要求。

2. 理念层面的审视

上述规范层面的立法不足是较易察觉的，如果进一步从理念层面审视，就会发现上述问题的存在与整体法治理念的欠缺直接相关。事实上，我国从最初的分税制框架确立，到制度实践的具体展开，都缺乏整体的法治

[①] 有的学者认为，证券交易印花税已是"证券交易税"而不是传统的"印花税"。但如果它是一个新税种，则国务院无权开征，就涉及开征无据的问题；如果它是传统的印花税，则又涉及如何认识印花税的税目调整，以及能否要把作为地方税的印花税变成共享税的问题。

[②] 如我国2002年1月1日开始执行的《所得税收入分享改革方案》就规定："国务院决定，改革现行按企业隶属关系划分所得税收入的办法，对企业所得税和个人所得税收入实行中央和地方按比例分享。"

[③] 参见叶必丰：《经济宪法学研究的尝试：分税制决定权的宪法解释》，载《上海交通大学学报（哲学社会科学版）》2007年第6期，第5—14页。

理念。

众所周知,分税制最初是通过国务院与各地的分别谈判逐步推开的,对于当时的做法,我们当然不能用今天的标准来苛求。但随着国家法治的整体推进,特别是依法治国方略的确立,分税制实践应更多地体现法治理念和法治思维,否则,分税制的实施就会缺少制度应有的稳定性和可预见性,相关主体的机会主义行为也会日益频仍。近些年来,共享税税种的数量变化,中央与地方分成比例的动态调整,都体现了我国分税制较为突出的不确定性,这与法治理念是相悖的。此外,我国分税制的推进(特别是共享税数量、比例的变化)似乎也是一个不断摸索、不断"试点"的过程,但此类"试点"也在一定程度上体现了法治理念的欠缺。事实上,在财税领域并非都要"试点",从法治统一的角度看,恰恰要尽量避免不必要的"试点",否则,可能会严重影响税法的严肃性和遵从度。[①]

由于法治理念欠缺,对于我国的"共享型分税制"如何发展,至今仍缺少系统的思考和设计,致使制度的不确定性或不可预见性凸显。事实上,在中央与地方的主从博弈中,公众往往不确知哪些税种还将转化为共享税,分成比例将如何调整,地方政府也难以依法保障其税收收益权。这些都明显有悖于法治精神。

针对上述诸多问题,在完善和改进"共享型分税制"的过程中,必须真正贯穿和融入法治理念,强调法治思维。为此,必须提升整体分税制的法治化水平,通过明晰制度规则,提升立法质量和水平,来实现有效分税权、分税种、分税收;在实质的权责分配方面,要正视中央与地方在财权或税权分配方面的"非对称结构",解决地方主体税权的"模糊性"问题;对省级以下的地方政府,要明晰其地位与权责,使其真正成为分税制的主体,从而增强分税制的整体稳定性和可预见性。

依循法治理念,应当特别关注"共享型分税制"的合理性与合法性,明确国家税收的可征量应取决于法律规定和经济发展水平,各级政权的分成比例应与其提供公共物品的需要相适应,其税收收益权应与其支出义务相匹配。

---

① 相关分析可参见张守文:《我国税收立法的"试点模式"》,载《法学》2013年第3期,第59—66页。

前些年国家曾强调"加快改革财税体制,健全中央和地方财力与事权相匹配的体制"①,但仅强调财力与事权的匹配未必妥当,因为财力与事权并非同一层次的概念,并且,没有法律上的税权或财权的独立配置,地方提供公共物品的财力就难以有效保障。

此外,还应在法治理念的指导下,关注国家整体的收入结构及相关的数量比例关系,分析整体的分配系统、政府收入系统之间的关联,以及分税制各类配套制度之间的关联,并以此作为制度改进的重要基础,不断增进分税制的合理性,更好地保障宏观调控和地方发展。与此同时,针对分税制的制度变化频仍,以及具体的转移支付制度缺少立法等问题②,应当强调通过专门的立法程序,来解决制度调整的"不规范"和制度缺失问题,从而在形式和实质上增进现行分税制的合法性。

3. 原则层面的探究

上述的法治理念,会具体地体现为各国分税制都应遵循的基本原则,如法定原则、公平原则、效率原则等。但从我国分税制的实践来看,对上述三大原则的体现还很不够。③

依据法定原则,分税制所涉及的各类主体的权义责任及其改变,都应有明确的法律规定,但我国分税制从最初确立,到"共享型分税制"的形成,历次制度调整,特别是相关地方税税种被改为共享税,以及央地分享比例的变化,都未曾经历完整的立法程序,更无正式的法律或行政法规为依据,其合理性和合法性都存在问题,违反了基本的法定原则。从广义的税收法定原则来看,不仅国家与国民之间的税收权义应当法定,各级政府之间的税权分配亦应严格法定。据此,中央与地方的税款征收或税收分享的依据都应当法定,这尤其有助于解决我国"共享型分税制"突出存在的行政主导、法治欠

---

① 2013 年的"改革决定"已经不再提财力与事权相匹配,而是要"建立事权和支出责任相适应的制度",即适度加强中央事权和支出责任,国防、外交、国家安全等作为中央事权;部分社会保障、跨区域重大项目建设维护等作为中央和地方共同事权,逐步理顺事权关系;区域性公共服务作为地方事权。中央和地方按照事权划分相应承担和分担支出责任。

② 为了解决转移支付制度缺少法律层次的规范的问题,在我国 2014 年修订的《预算法》中,增加了有关转移支付制度的条款,但这些规定仍然比较原则,因而还需要制定专门的转移支付法。

③ 有的学者从财政联邦主义理论的要求的角度,认为我国"税收分享"型的税权分配有悖于公平原则和效率原则。参见卢洪友、龚峰:《中国政府间税权分配的规范分析》,载《经济评论》2007 年第 3 期,第 56—60 页。

缺的问题,从而有助于更好地实现"依法治国"。

依据公平原则,分税制的相关制度安排应当具有合理性,尤其在税权分配方面要体现适度原则或比例原则,使中央和地方各得其所;同时,各级政权为实现其职能或履行其职责所需支出,应与其收入相匹配,并在法律上做到权责相应。但在我国"共享型分税制"的框架下,不同级次政权的分享比例与其所承担之事项往往不够匹配或不合比例,且在基层政权尤为突出,其合理性与公平性自然会受到质疑,并由此会影响地方的积极性和公共物品的提供,以及社会公平的实现。

依据效率原则,分税制的实施应当有助于提高公共经济的效率,促进私人经济的发展。从财政联邦主义的角度说,各级政权都有其存在价值,通过税权、税种和税收的有效分配,来调动央地积极性,有助于提高公共物品的供给效率。但是,如果分权不当,分成不妥,偏利中央,就可能严重影响地方的积极性和施政能力,降低其治理效率和服务效率。

我国现行分税制的不足及其产生的诸多负面影响,与未能严格遵循上述三大原则直接相关,因此,需依循三大原则对现行分税制加以改进。例如,"共享型分税制"虽然解决了国家财力"弱干强枝"的问题,却使某些地方收入难以为继,导致"土地财政"、地方债务问题突出,加大了地方财政风险,为此,须全面贯彻法定原则、公平原则,在分税制的完善过程中切实保障地方税收收益权等各类税权,同时,还应结合预算制度、国债制度、转移支付制度的修改和完善,统筹考虑分税制问题,切实按照法定原则和效率原则,确保转移支付和国债发行的效率和效益。

(四)现行分税制与地方税制度建设

在"共享型分税制"的框架下,由于税种和分成比例的制度调整对地方收入影响巨大,为了确保地方政府职能的实现,迫切需要通过加强地方税制度建设,完善地方税体系,其中也涉及对现行分税制如何加以法律改进的问题。

对于哪些税种适宜作为中央税或地方税,学界早有诸多研究,且大都更强调应根据各类税种自身的性质来确定其税权归属。但与上述的理论探讨不同,我国的分税制实践,更重视按照税源丰沛程度、主体所在行业、主体隶属关系等并不统一的多项标准,将相关税种进行归类,由此使多个税种被归入共享税。随着纯粹的地方税税种及其收入占比的减少,"构建地方税体系"、"寻找地方税的主体税种"等探讨备受关注,而这些探讨都离不开地方税制度建设。①

加强地方税制度建设的重要目标,是增加地方收入,以保障地方性公共物品的有效提供。为此,我国的共享税制度在铁路行业税收、资源税收等领域已有一定调整②,但相对于地方的巨大需求还相距甚远。于是,寻找和强化地方税的主体税种,便成了构建地方税体系的重要思路。但从目前的制度实践来看,房产税之类的某个单一税种还很难担此重任,地方税收收入的增加不仅仍需靠多个税种支撑,而且提高共享税的分成比例也许更为现实。因此,地方税的制度建设不仅要考虑纯粹的地方税税种,还要考虑共享税税种;不仅要考虑房产税、土地税等某个税种的立法,还要考虑各个税种立法之间的协调,尤其是税种立法与分税制改进之间的协调,以在共享税中合理确定地方的分成比例。

与此相关,在"营改增"的过程中,确保地方收入的问题也一直受到高度关注。随着增值税的不断"扩围",增值税在中央与地方的分成比例不应仍为三比一,毕竟营业税收入原来主要归属于地方。此外,虽然各类土地税、房产税、契税等短期内难以单独成为地方税的主体税种,但从长远来看,如果随着地方政府职能的转变,地方政府可以不再承担更多的主导经济发展的任务,不再作为主要的"经济主体";如果随着廉洁政府、公共政府、法治政府的打造,地方政府支出可以相应减少,那么,地方政府的财政压力就会大幅降低。到那时,地方通过各类不动产税的综合征收,以及相关共享税分成比例的提高,或者适时运用法律赋予的地方税立法权,就有可能使收入问题得到有效解决,整体的地方税制度建设也会相应地达到一个新的高度。

---

① 相关研究可参见匡小平、刘颖:《制度变迁、税权配置与地方税体系改革》,载《财经问题研究》2013年第3期,第77—81页;贾康:《中国财政体制改革之后的分权问题》,载《改革》2013年第2期,第5—10页,等等。

② 例如,财政部等2012年9月下发的《关于调整铁路运输企业税收收入划分办法的通知》规定,铁道部集中缴纳的铁路运输企业营业税、城市维护建设税、教育费附加由中央收入调整为地方收入;铁道部集中缴纳的铁路运输企业所得税由中央与地方按照60:40的比例实行分享。

(五) 小结

在我国分税制的实践中，随着共享税范围的不断扩张，纯粹的中央税或地方税税种及其收入占比日益减少，形成了目前以共享税为主要形式的"共享型分税制"；但所谓"共享"并非"共同共有"，而是"分成分享"，且分成比例总体上向中央倾斜，由此导致各级政权在税权分配与支出义务上的诸多不匹配，也在一定程度上加剧了现实的"土地财政"、地方债务过多等突出问题。针对上述诸多问题，必须对"共享型分税制"加以法律改进。

应当承认，"共享型分税制"有助于解决曾经困扰我国财政的"两个比重"过低问题，对于增强中央政权的宏观调控能力作用甚巨，但要全面保障中央和地方各得其所、各司其职、各尽所能，确保相关分权具有合理性和合法性，实现分配正义，尚需对现行分税制加以完善。

通过对"共享型分税制"进行税权结构的分析，有助于发现其法律成因；同时，也有助于进一步揭示其在规范层面、理念层面和原则层面存在的诸多问题，如法治理念欠缺导致的立法不足，以及法定原则、公平原则和效率原则未得到严格遵循，等等。针对上述问题，必须在法治理念的指导下，对"共享型分税制"加以法律改进，尤其应当加强立法，提升立法级次，做到"分税有制"，"分税有序"，真正有法可依。此外，相关的税权分配既要遵循法定原则，以增强其可预见性和稳定性；也要遵循公平原则，以体现各级政权的权责相应，使分税更加适度、公平、合理；还要遵循效率原则，以更好地发挥中央和地方的积极性，提高财政资金的使用效益，促进经济和社会的全面发展。

加强地方税制度建设，与现行分税制的法律改进密切相关。中央税、地方税和共享税应如何划分，不仅事关分税制的完善，也直接影响地方税体系的构建和地方税收收入。目前，地方税的各类税种还难以独自确保地方收入，提高地方在共享税中的分成比例是较为现实可行的选择。但从长远看，必须从根本上转变政府职能，降低各级政府的收支比重，同时，应对整体的分税制和地方税制度进行系统设计，依法调整央地财税分权关系，推进经济、社会与财税法治的协调发展。

第八章

分配危机的法律应对

经济法等各类法律制度所内含的诸多分配制度，对于防范分配风险作用甚巨，只有加强各类分配制度的规制，才能更好地防范和化解分配风险，否则，就可能酿成分配危机；而一旦发生分配危机，则仍然需要强调"依法"应对。事实上，在分配危机的法律应对方面所存在的诸多问题，都非常值得研究。下面拟着重以经济法为例，来说明在危机应对方面存在的突出问题，以及加强理论研究和制度建设的重要性；在此基础上，再以经济法领域的税收调控为例，说明在"二元结构"的框架下，应如何通过有效的税收调控，来化解分配风险和分配危机。

一、分配危机的经济法应对

（一）问题的提出

发展是当代各国最重要的主题。一国的发展必须遵循规律，在整体上关注发展的协调性和可持续性，不断地防范和化解包括分配危机在内的各类危机[1]，以实现经济与社会的良性运行和有效发展；同时，一国的发展需要大量的公共物品的供给，因而离不开国家公共经济的支撑，离不开相应的经济法

---

[1] 哈贝马斯认为，今天的社会科学提供了一种系统论的危机概念，危机就是系统整合（System-integration）的持续失调。参见〔德〕哈贝马斯：《合法化危机》，刘北成、曹卫东译，上海人民出版社2000年版，第4页。

规制。而经济法规制的法治化水平,则直接关涉经济与社会的全面、协调发展,影响人民的福祉和人权的实现。由此可见,对于一国的发展不仅应关注其协调性、有效性,还应关注其与经济法治、人民福祉等方面的关联性。

从发展的协调性和有效性来看,如何防范和化解经济危机、社会危机等各类危机,无疑是持续性的重要问题。2008年以来的国际金融危机或经济危机,作为一种分配危机,体现为经济运行过程中积聚的诸多问题的集中爆发,不仅严重影响经济的有效发展,还可能引发政治、社会、法律等诸多领域的危机。面对危机,只有临危不惧,相机而动,辨证施治,才可能化险为夷,转危为安。

为了应对经济危机,各国普遍采行多种经济政策,其中,财政政策和货币政策尤为重要。例如,预算支出、税收减免、国债增发、政府采购等财政政策工具的具体运用,使财政政策在危机应对方面居功至伟。而上述各类手段的施行,则离不开经济法的有效保障。由此便产生了危机应对与经济法治、人民福祉等方面的内在关联。

事实上,基于法定原则,在预算、税收、国债等诸多领域,都需要严格依法行事,即使危机时分亦不得例外。正因如此,在各国应对危机的过程中,经济法的调整备受重视,经济立法得到了进一步的健全和完善。但与此同时,基于危机应对的应急性等诸多因素,背离法治精神的各类问题亦可能发生,从而使经济法制建设潜伏隐忧,如不及时调整,便可能形成经济法发展中的危机,影响经济法的有效发展。

有鉴于此,下面将着重分析我国在应对危机过程中所运用的各类经济政策和经济手段,探讨其中存在的法律问题,并提出经济法的有效发展问题,强调在危机应对方面不仅要关注经济的有效发展[①],还应重视化解危机的各类制度安排的合理性与合法性,尤其是作为应对危机的重要手段的经济政策和相关立法,更应符合法治精神,这样才能更好地实现经济法的宗旨。此外,需要强调的是,危机的应对会促进经济法的有效发展,并推进经济法研究的深化;而经济法研究的进一步深入,则有助于促进经济法的有效发展,也有

[①] 危机毕竟只是一个阶段性的问题,因此,危机应对必须立足长远,不能仅为了解决危机的问题,而忽视经济的长期的、协调的、持续的、有效的发展;应当以危机为契机,进一步转变经济增长方式,优化结构,这已成为人们的普遍共识。

利于防范和化解分配危机。

(二)应对危机的主要经济手段解析

在应对金融危机、财政危机等分配危机的过程中,各国广泛运用了财税手段、金融手段,特别是预算支出和税收减免的手段。从我国的情况看,应对 2008 年发生的经济危机所运用的主要财税手段,包括预算手段、税收手段、国债手段、政府采购手段、转移支付手段等。对此,可进一步作如下解析:

(1)预算手段。危机发生后,我国重启积极的财政政策,扩大预算支出,以通过政府公共资金的投入,来解决有效需求不足的问题。国家推出的在两年内投资四万亿元的计划,曾引起了国内外的广泛关注,它同美国提出的七千亿美元的经济刺激计划一样,都是应对危机的直接而重要的手段。

(2)税收手段。我国为应对危机而实施的税收手段非常丰富,择要枚举如下:第一,在税率调整方面,国家为了促进资本市场的发展,调低证券交易印花税税率为 0.1%[①];为了增加税收收入,实现引导消费的目标,调高白酒、香烟的消费税税率,等等。此外,国家还调整了一系列的"准税率",如在增值税领域,将小规模纳税人的征收率调低为 3%,同时,调高出口退税率,以鼓励出口。[②] 第二,在税基调整方面,如实行消费型增值税,调整企业所得税的扣除项目或扣除范围,同时,实施成品油的"费改税"[③],等等;第三,在税收优惠方面,实施了大量的减免税,如对个人所得税中的储蓄存款利息免税[④],等等。

---

① 2008 年 9 月 18 日,财政部、国家税务总局宣布,决定从次日起,调整证券(股票)交易印花税征收方式,将现行的对买卖、继承、赠与所书立的 A 股、B 股股权转让书据按千分之一的税率对双方当事人征收证券(股票)交易印花税,调整为单边征税,对受让方不再征税。

② 2008 年 10 月 21 日,财政部、国家税务总局联合发出《关于提高部分商品出口退税率的通知》,适当提高纺织品、服装、玩具等 3486 项商品的出口退税率,约占海关税则中全部商品总数的 25.8%。

③ 2008 年 12 月 5 日,国家发改委、财政部、交通运输部和国家税务总局联合发布《成品油价税费改革方案(征求意见稿)》。该方案明确,原来征收的公路养路费等六项收费改为征收成品油消费税。成品油价税费改革已自 2009 年 1 月 1 日起实施。2014 年 11 月,国家提高了成品油消费税税额,并相应取消了对汽车轮胎等税目征收的消费税。

④ 国务院公布,自 2008 年 10 月 9 日起,对储蓄存款利息所得暂免征收个人所得税。

(3) 国债手段。国债手段早已成为应对经济波动的重要措施①，我国在 2007 年就决定分期发行 1.55 万亿特别国债。此外，在我国实施的 4 万亿元投资计划中，有相当部分资金来自国债的发行。在应对经济危机的过程中，无论是赤字的弥补②，还是对内需的拉动，国债手段都具有重要的作用。

(4) 政府采购手段。政府的公共采购，直接影响到广大市场主体的利益，以及市场整体的繁荣和复苏。采购手段的运用，不仅关系到微观主体的权益，也关系到国家利益和本国经济的发展，它能够在一定程度上起到宏观调控的作用。是否可以优先采购国货，采购的规模、比例、数量如何，等等，不仅是国内法上的重要问题，甚至还涉及国际经济和法律的协调。③

(5) 转移支付手段。政府采购和转移支付，虽然同为预算支出的重要形式，但其性质、领域等毕竟不同。在危机应对方面，既要有直接影响市场主体的生产经营的政府采购，也要有最终对广大居民的生存和消费产生重要影响的转移支付。因此，国家在社会保障和相关补贴等方面的转移支付，是应对危机、拉动消费的一个重要举措。我国政府已在社会保障方面有大量投入，仅在医疗保障方面，国家就提出了拟投入 8500 亿元的计划。此外，养老保险统筹层次的提高，以及保障覆盖面的进一步扩大，都需要国家的大量投入。

上述几类手段，都是非常直接的财税手段。其实，经济法领域的许多政策工具也都直接或间接地与财税手段有关。例如，为了应对危机，我国提出了十大产业的调整和振兴规划④，这些规划的出台，看似产业政策或规划手段，但其中大量涉及财税手段的支持。即使是货币政策，也需要与财政手段相协调。可见，财税手段对于应对危机确实非常重要。

---

① 特别是在 1998 年因金融危机和洪涝灾害而使赤字大增的情况下，我国开始大量增发国债，用以应对经济波动，拉动内需。

② 为了应对 2008 年突发的经济危机，我国在 2009 财年安排的赤字达到空前的 9500 亿元，其中中央财政赤字为 7500 亿元。如此庞大的赤字规模，构成了国债发行方面的巨大压力；同时，国债的合理规模、地方债的发行等问题，又引起了各界的广泛关注。

③ 政府采购涉及许多行业和领域，因而政府采购法与许多行业法密切相关，涉及与《铁路法》《公路法》《建筑法》《国防法》等许多法律的协调。同时，在经济全球化的背景下，WTO 成员方之间有关政府采购的国际协调亦非常重要。

④ 钢铁、汽车、电子、纺织、物流、有色金属、装备制造、石化、轻工、船舶等十大产业的"调整和振兴规划"的实施，都直接或间接地与财税政策相关。财税政策对于上述十大产业以及相关产业结构调整起到了重要作用。

从上述简要列举的各类手段来看，我国应对危机所采行的经济手段是丰富多彩的，其中既涉及预算、税收等基本手段，也涉及其他辅助性手段；既涉及直接的经济手段，也涉及融入其他经济政策中的间接的经济手段。因此，对于各类经济手段的具体运用及其化解危机的重要作用，还需全面、客观地分析和评价。

在强调法定原则的情况下，上述各类经济手段的采行，都离不开法律的确认和保障；上述各类手段的运用过程，同时也是经济法实施的过程。因此，透过上述各类措施的确定和实施，不仅可以看到经济法制建设取得的成就，更能看到在经济法规制方面存在的问题，从而有助于探寻其未来完善的基本路径。

（三）从危机应对看我国经济法制建设存在的问题

考察上述为应对危机而采行的各类经济手段，可以发现我国经济法制建设方面存在的突出问题。尽管对此已有人予以关注，但学界和实务界仍需进一步予以梳理和深化。目前，我国经济法制建设领域存在的问题很多，但下列问题尤其值得关注：

1. 立法体制问题

经济立法体制问题是人们探讨多年的老问题，但也是历久弥新的重要论题，其核心是立法权的配置问题。依据严格的法定原则，按照"法律保留"和"议会保留"的要求，立法权应主要由立法机关行使，政府经由法律或立法机关的授权，方可行使部分立法权，且不应成为立法权最重要的享有者。即使考虑现实的调控需要或危机的应对等问题，并提倡"动态"的法定原则，也须注意对政府立法权的限定①，这样才能使经济法上的法定原则既能保持其合理内核，又能与时俱进；既能够解决经济生活中亟待处理的问题，又能够符合法治精神的基本要求。

从危机应对所采取的各类手段来看，政府在经济立法权方面的强势地位

---

① 如前所述，2009 年 6 月 27 日，全国人大常委会通过了《关于废止部分法律的决定》，废除了 1984 年 9 月 18 日通过的《关于授权国务院改革工商税制发布有关税收条例草案试行的决定》，但 1985 年的《授权国务院在经济体制改革和对外开放方面可以制定暂行规定或者条例的决定》仍然有效，它使国务院的税收立法权进一步扩大，缺乏对财税立法权的必要限定。

非常突出，这与历史上政府立法权过大，以及现实中应对危机的需求急迫均有关联。例如，无论是税收减免的安排，还是税基、税率调整等，各类课税要素的变动，本来都应实行"法律保留"，但由于历史和现实的双重因素影响，实践中往往由国务院甚至其职能部门直接操作。

因此，尽管为应对危机而采行的手段具有一定的经济上的合理性，但有些措施不符合法治精神和法律规定，不能将其长期化、固定化。只有从根本上解决立法体制的问题，明确界定和配置相关主体的立法权，并确保依法行使，才能更好地推进经济法自身的发展。

2. 权力行使问题

在应对危机过程中所采行的各种经济手段，涉及多种权力的行使，其中较为重要的有预算支出权、预算调整权、税基税率调整权、税收优惠决定权、国债发行权、采购调控权、转移支付权、货币发行权、产业调整权，等等。上述权力的配置，在立法上已有基本规定，但在具体行使时，却可能存在越权、滥用权力等问题，导致某些主体的权力行使不充分、不完整、不及时，并因而产生许多负面影响。

例如，在上述的4万亿投资计划中，中央政府要增加支出1.18万亿，由此使原来收支较为平衡的预算失衡，导致中央预算的赤字大增，从而涉及巨额预算调整。由于4万亿的投资计划如此巨大，且涉及两年共计1.18万亿的预算调整，因而无论是从重大投资计划的角度，还是从预算调整的角度，都应由全国人大常委会依据其预算调整审批权进行审批。但实际情况却是此次投资计划的出台和预算调整，仅由国务院常务会议作出决定，并未经过全国人大常委会审批，其在权力行使上的问题上显见的。这也是4万亿投资计划推出不久即广受诟病的重要原因。其实，如果全国人大常委会能够及时、充分地行使预算调整的审批权，则可使如此重要的危机应对措施在形式上具有合法性，并由此得到更好的遵从。

4万亿的投资计划，同国债发行权的行使也有密切关联，毕竟在因扩大预算支出而使赤字大增的情况下，国债必然会成为弥补赤字的至为重要的手段。如前所述，早在2007年，我国就决定发行1.55万亿特别国债，因发行规模大且跨越数年,当时全国人大常委会曾专门予以审批①,从而至少在形式上符合国债发行审批权的行使要求。通常,依据国债法定原则,为了更好地体现监督,所有的国债发行,无论是否是用于应对危机,都应由国家立法机关行使其国债发行的审批权,政府部门不得越权自行批准,否则即违背宪政的基本精神。

4万亿的投资计划,与采购调控权也密切相关。国家制定巨额投资计划,就是为了拉动内需,调整结构,恢复经济,而投资计划的重要实现形式则是政府采购。由于政府采购向哪些领域倾斜,以及国货是否享有优先购买权等,会影响不同行业、不同地区、不同国家的产品销售以及经济复苏,因此,采购调控权同样非常重要。

4万亿的投资计划,只是我国应对危机的一种手段,其中涉及的诸多经济法问题,特别是权力行使问题,确实值得深思。例如,对于上述的预算调整审批权,我国《宪法》和《预算法》的规定非常明确,但却存在权力主体行权落空或行权不到位的问题。又如,国债的发行审批权同样应由立法机关来行使,并且在历史上已由其行使,但在应对危机时似乎行权不畅。至于上述的采购调控权,则在总体上尚未完全将其作为相对独立的权力来对待,因而还缺少宏观或整体上的行权机制。而这些不足,对于整体的危机应对或经济的有效发展,最终都会产生负面影响。

此外,我国为应对危机而采取的诸多税收措施,包括所谓的结构性减税、增值税转型、消费税调整、产业调整与振兴规划中的税收安排等,涉及税收优惠决定权、税基确定权、税目税率调整权等经济法上的重要权力。对于上述权力的行使,相关税法已有基本规定,但在具体行使上仍存在一些问题。如前所述,目前这些权力主要由国务院及其职能部门行使,尽管便于及时应对经济领域出现的问题,但与法治精神的要求则相距甚远。此外,由于经济危机使税收减收因素增加,而税收增收需求加大,因此,依法征管的问题会日益突出,对税收征管权的行使必须作出应有的限定。

上述各类经济法上的权力,作为法定职权,各类有权主体必须积极行使,

---

① 根据全国人民代表大会常务委员会《关于批准财政部发行特别国债购买外汇及调整2007年末国债余额限额的决议》,财政部发行1.55万亿元人民币特别国债,这是新中国成立以来我国发行数额最大的一笔特别国债,主要用于配合解决金融领域存在的流动性过剩等问题。

既不能放弃，也不能超越，或滥用。只有各司其职，各依其轨，既有监督，又有协调，依法行权，才能实现经济法治的基本目标。

3. 透明度问题

透明度直接影响相关主体的信息权。例如，财政透明度直接关涉公民权利、纳税人权利。经济立法与执法的透明度，因其与相关主体的基本权利直接相关，历来备受瞩目。无论是正常状态，还是危机时分，都必须保持经济领域基本的透明度。[①]

从现实情况看，我国经济立法的透明度迫切需要进一步提高。其中，财税立法毕竟事关国民的基本财产权，直接影响国家利益、社会公益和私人利益，因而不可不慎。从一定的意义上说，财税立法要体现国家与国民之间的利益协调与平衡，如果把财税立法视为国家与国民之间的一种广义上的"协议"，则由于此类"协议"影响至为深远，因而必须透明，尤其应让公众知道某种财税立法为什么要出台，立法背景是什么；同时，财税立法的基本内容要通过广泛征求意见，充分协调各方利益诉求，这样，才能使财税立法更好地体现民众的意志和国家的意志，才更加具有执行力和可操作性。

在应对危机的过程中，我国对经济立法的透明度亦时有关注。例如，在进行成品油"费改税"的过程中，曾广泛征求社会各界的意见，至少在形式上注意了透明度，只不过当时征求意见的时间较短，以至于有人认为过于"形式主义"。但类似的"形式主义"的立法参与却并不普遍。例如，非常重要的增值税、消费税、营业税三大税收暂行条例的修订，就没有广泛征求意见。其他税收立法领域的"神秘主义"，亦屡见不鲜。[②]

上述经济立法透明度较弱的问题，会在很大程度上影响经济执法，使执法的依据和效果令人质疑。与此同时，经济执法方面的透明度问题，也非常值得关注。如转移支付的数额、方向、绩效等执行中的不透明问题，因危机而在税收征管领域征收"过头税"的问题，等等，都曾引起关注。至于各级

---

① OECD 国家和 IMF 等国际组织对财政透明度非常关注，并注重以多种立法形式加以规范。可参见国际货币基金组织编著：《财政透明度》，人民出版社 2001 年版，第 6—10 页。

② 与此相关联，2014 年的中共中央《关于全面推进依法治国若干重大问题的决定》（简称"法治决定"）特别强调公众参与、专家论证等环节。这更有助于推进科学立法、民主立法，使立法更能够体现实际的要求。

预算支出的透明度不够等"老问题",经过多年努力,已在很大程度上得到解决。① 如果能够增强经济执法的透明度,加大各个方面的监督力度,则经济执法方面的许多问题,将会得到更好的解决。

我国目前已实施《政府信息公开条例》,对于增进立法和执法的透明度有一定的促进。依据该《条例》,许多信息都应依法公开②,并且,应当"以公开为常态,以不公开为例外",这无疑有助于法治水平的进一步提升。

4. 程序保障问题

无论是立法分权还是权力行使,无论是调制透明度的提高还是公众参与域的扩大,都离不开程序保障。经济法的重要性和现代性,要求把实体法规范与程序法规范"熔于一炉",因此,在经济立法中会涉及大量的程序法规范。尽管如此,程序保障问题仍然较为突出。

例如,在发生经济危机等紧急状态下,应该有政府进行调控的应急程序,包括在什么情况下,由哪个主体启动应急程序,由哪个主体提出应急预算支出方案,由哪个主体审批,由哪个主体执行,由哪个主体监督,等等;具体的应急委员会如何组成,如何讨论,如何决策,等等,都需要有程序保障。上述 4 万亿投资计划的出台,也涉及程序保障问题。③ 如果投资程序持续不清不明,就会导致"跑部钱进"之风愈演愈烈,从而严重影响资金的使用效益。

此外,各类主体调控权的行使,也都需要程序保障。无论是上述国债的发行调控,还是税基、税率的调整;无论是税收优惠的确定,还是转移支付的施行,等等,须臾也离不开程序保障。但上述宏观调控行为的实施,尚缺少公开、细致的程序安排,因而不可能做到全面的依法调控。在人治因素较多的情况下,经济法治自然难以全面实现。

---

① 我国近些年持续推进"三公经费"公开,取得了较好的效果。此外,2014 年修订的《预算法》特别强调预算的公开透明;2014 年的"法治决定"对于公开透明也提出了更多的要求,这些方面,都为经济法规制的公开透明奠定了重要基础。

② 2009 年 1 月 7 日,上海律师严义明分别向国家财政部和发改委提交了信息公开的申请,其内容包括财政预算和决算的信息的公开和 4 万亿元经济刺激计划进展情况的公开。这体现了对财税透明度的关注。

③ 我国近年来一直在酝酿制定《政府投资管理条例》,其中,明晰投资决策程序是应予关注的重要内容。

上述的程序保障，直接影响经济立法和执法，影响各类调控权的行使，并进而影响调制透明度。如果经济法制建设的各个环节都能够按照公开、细致的程序展开，则自然会提高财税透明度；同时，由于调制透明度直接关涉公众的知情权、参与权、监督权等重要权利，因此，为了保障公众的各类宪法性权利，以及财税法上的权利，必须在程序保障上作出相应安排。

可见，程序保障对于更好地进行经济立法和执法，对于各类主体有效行使各类调控权和规制权，对于提高调制透明度，对于保障公众的各类相关权利，都至为重要。唯有切实提高程序保障水平，才能更好地推进经济法的有效发展。

5. 法律意识与法治观念问题

随着国家法治体系的日益完善，社会公众的法律意识和法治观念也在不断提高和增强，这无疑是重要进步。但与此同时，还要结合应对危机过程中存在的问题，审视在法律意识和法治观念方面存在的不足。

例如，在各类调控权的行使过程中，不仅社会公众应有较强的法律意识，行使调控权的国家机关的工作人员尤其应有较强的法律意识。正确的法律意识对于形成法治观念非常重要。能否真正依法办事，把一切调控行为纳入法治的轨道，对于实现调控目标无疑非常重要。如果能够把部门利益、地区利益与国家全局的整体利益统一起来，如果能够在行使各类调控权的时候，注意均衡保护各类主体的权益，则经济法规制的整体效果会更好。

总之，上述经济法制建设方面的诸多问题，在未发生危机时也存在，只不过有些问题在危机应对的过程中体现得更为突出。只要针对上述问题的成因，不断完善经济立法体制，解决好各类调控权的配置和行使问题，不断增强调控透明度，并加强程序保障，提高法律意识和增强法治观念，就会大大有助于避免发生分配危机和法律危机，就能够通过加强经济法规制，促进分配危机的有效化解。

二、危机应对与经济法的发展

(一) 危机应对需要推进经济法的"有效发展"

经济法的"有效发展",是一个值得关注的重要命题。[①] 经济法作为一国法律体系中的重要法律部门,如何发展,如何有效地发展,对于整体的法治建设,对于分配问题的解决和分配危机的应对,都有重要意义。为此,前面已结合应对危机所采取的经济手段,探讨了影响经济法有效发展的具体问题,下面,有必要在此基础上,进一步明确经济法"有效发展"的内在要求和重要价值,从而更好地推进经济法规制,更有效地解决分配问题,防范和化解分配危机。

在"有效发展"方面,所谓"有效",一方面强调经济法必须符合规律、符合民意、符合法治精神,从而使其合法有效;另一方面,也强调经济法的发展必须关注经济法的整体,考虑经济法系统内部的协调,重视经济法自身的可持续,从而使其发展更有效率,也更有效益。

在"有效发展"方面,所谓"发展",强调的不仅是数量的增长,更是质量的提高。因此,经济法的立法并非越多越好,而是应着力解决前述各类问题,包括:第一,立法体制要协调。立法权的分配要协调好,各级各类立法主体依法行使各自的立法权,有助于经济法体系的内在和谐统一。第二,各类权力配置要和谐、得当。只有各类权力,尤其是各类宏观调控权配置得当,相关主体充分、及时、完整地行使权力,才能有效地实现经济法的目标。第三,要增强经济法的透明度。透明度体现的是相关主体之间的沟通,经济法系统只有能够有效地输出、反馈,并加强系统输入,才能可持续地运转。第四,要加强程序保障。没有程序保障,经济法的制定和实施就会出现失序和失范;同时,在程序保障之下,经济法的运行会更有效率,也更有效益。第五,要提高法律意识,增强法治观念。法律意识和法治观念对上述各类问

[①] 经济法的有效发展,与经济法对分配领域的有效规制直接相关;而经济法制度的有效发展,也需要经济法理论的有效发展。对此类问题的相关讨论,可参见张守文:《论经济法理论的"有效发展"》,载《法商研究》2005年第1期,第10—14页。

题的解决都非常重要，直接影响着经济法的有效发展。

依据"有效发展"的上述内在要求，可以分析经济法治建设诸多方面的得失。例如，近些年来，国务院及其职能部门制定了大量的经济法规、规章，同时，在其他法律中亦隐含大量的经济法规范，经济立法的总体数量不可谓不多。但是，单纯的立法数量并不必然意味着经济法的发展，更不意味着经济法的有效发展。因为这些立法的系统性还不够，经济法系统应有的结构、层级、功能、协调性等方面还存在很多不足，高层次的立法还不多，有些重要的立法甚至尚付阙如；不同层级以及相同层级立法之间的协调性还不够，立法上的交叉、重叠、抵牾、冲突等还时有发生，经济法系统整体功能的发挥尚存很大空间。上述问题的存在，表明经济法的有效发展尚需进一步推进。

推进经济法的有效发展，在经济、法律等各个领域都具有重要价值。一方面，经济法的有效发展，有助于促进经济的有效发展，特别是大量宏观调控措施的依法推出。各类宏观调控权的有效行使，都有助于防范和化解经济危机，并且，在应对经济危机（特别是金融危机和财政危机）的过程中，经济法自身也能够得到进一步的发展。另一方面，经济法自身的有效发展，推动了经济法制度的健全和完善，使经济法的运行更加符合法治的基本精神，从而有助于解决经济法发展中可能产生的各类突出问题，化解可能产生的各类危机，进而对于有效实现法治，同样具有重要价值。

要推进经济法的有效发展，应解决好量与质、形与神等诸多方面的关系问题。在量与质的关系方面，不能单纯重视立法数量，尤其应注意提高立法质量；在形与神的关系方面，不仅要使许多经济立法具备一般的法律外观，还尤其要使其在实质上体现宪政的精神、法治的精神，确保经济法是合法有效的。因为违反宪政精神、法治精神的恶法，数量越多，危害越大。

要推进经济法的有效发展，不断提高经济法的立法质量和执法水平，还应当注意"全面、协调、可持续"[①]，从经济法整体的角度考虑其发展。只有基于经济法系统的整体，才能更好地考虑协调的问题，做到主要法律齐备，各类立法配套，相互之间互补而不冲突，且能形成整体合力。同时，只有体

[①] 从系统分析的角度看，"有效发展"与"科学发展"是内在一致的，"全面、协调、可持续"对于各个领域的科学发展都非常重要；只有科学发展，才能有效发展，这也是未来构建经济法治体系的基本要求。

现法治精神，反映民众诉求，体现经济规律，经济法才是可持续的，才能得到有效发展。

（二）危机应对需要经济法理论的深化

如前所述，只有不断地防范和化解分配危机，才能更好地促进经济与社会的协调发展与有效发展，而在应对危机过程中所采取的各类经济手段，都需要经济法的保障。事实上，经济法的有效发展，经济法治水平的提高，非常有助于防范和化解经济危机，也有助于经济法理论研究的进一步深化。同时，经济法理论研究的深化，会进一步促进经济法的有效发展，提升经济法治水平，从而更好地防范和化解经济危机。

与危机应对相关联，有必要深化以下理论研究：

1. 风险防控理论

从风险防控的角度说，经济法是重要的风险防控法。经济法之所以能够防范和控制经济社会运行过程中的风险，是因其具有特定的功能，并且，经济法的各类部门法，都具有风险防控的功能。

例如，在经济法的体系中，财税法能够通过保障收入的有效分配，使国家、企业、个人等各类主体各得其所，来保障经济公平和社会公平；通过保障资源的有效配置以及有效的宏观调控，来促进经济和社会的良性运行；通过兼顾公平与效率，保障基本人权，促进企业等各类主体的发展，来增进经济与社会的协调和稳定发展，从而在一定程度上防范和化解经济风险和社会风险等诸多风险。

此外，不仅整体上的财税法对于经济运行过程中的相关风险具有防控功能，而且，具体的财税法制度也能够防控财税风险，包括预算风险、税收风险、国债风险、采购风险、转支风险等。

其实，如同私人经济主体一样，国家作为公共经济的主体，也需要防范风险和危机。国家的财政风险，与预算支出过大、债务负担过重、税负过重或税收不足等有直接关联，因此，有效地解决赤字规模过大、债务依存度过高的问题，有效解决税负不公以及由此产生的征收不可持续等问题，是非常重要的。在制度建设上，尤其应当关注转移支付和政府采购规模，以及征税和发债规模等问题，通过优化税法、国债法、收费法等制度设计，确保形成良性的"取予关系"或"取用关系"。

基于上述理论认识和现实需要，结合我国《预算法》的修订和《国债法》的制定，结合多部税收法律的出台，需要进一步强化预算平衡与预算调整、赤字与债务规模控制等制度，使预算的编审与执行，以及国债的发行与回收等制度安排更加规范；此外，由于课税努力与税负公平影响着国家的征收和国民的遵从及其引致的税收风险，因而需要进一步强调税法制度的合理性与合法性，关注税法上的可税性理论。

2. 信息披露理论

众所周知，当今的风险社会在很大程度上与信息的不充分、不确定直接相关。为了解决信息的不确定所带来的风险，在许多法律领域都需要确立信息披露制度或信息公开制度，以保护各类主体的知情权，如纳税人的知情权、投资者的知情权、消费者的知情权，以及管理者的知情权，等等。加强信息披露，对于防范、化解各类风险和危机具有重要作用。因此，无论是研究危机的应对，还是研究经济法的规制问题，都应关注信息披露理论。[①]

经济法上的信息披露，包括国家向国民的信息公开，也包括国民向国家的信息报告，其核心是国家或国民的知情权问题。通常，人们更加重视的是国民的知情权。例如，在预算法领域的预算知情权问题，一直引人注目，对此前已述及；此外，在纳税人权利方面，通常也把纳税人的知情权作为一项重要权利。[②] 至于在国债的发行、使用，以及转移支付、政府采购、政府收费等方面的知情权，同样非常值得重视。

除上述国民的知情权以外，为了加强管理，国家也需要获取相关信息，因此，在许多制度中，对国家的知情权也有大量规定，尤其要求企业、个人等主体应当对其经济活动、收益情况以及其他相关情况进行申报、报告，从而使国家可以在征税、收费、发债等方面作出判断，同时，也可以在财政支出方面作出安排。

[①] 从这个意义上说，信息维度同样是经济法研究的重要维度，同时，加强经济法领域的信息理论与制度的研究，还有助于推进信息法学的发展。事实上，在信息法学理论中，有许多方面与经济法学理论存在着相通之处。可参见张守文、周庆山：《信息法学》，法律出版社1995年版，第56—70页。

[②] 无论是我国还是其他一些国家，都比较重视纳税人的知情权，这是纳税人行使其相关权利的重要基础。为此，在国家税务总局于2009年11月6日发布的《关于纳税人权利与义务的公告》中，也将纳税人知情权作为第一项重要的权利加以明确。

需要注意的是，对国民的知情权一般是从权利的角度加以规定的，而对国家的知情权，在许多情况下是从国民信息义务的角度来加以规定的。例如，我国现行税法规定的纳税人的知情权，主要是了解国家税收法律、行政法规的规定以及与纳税程序有关的情况的权利，具体包括办理税收事项的时间、方式、步骤以及需要提交的资料，应纳税额核定及其他税务行政处理决定的法律依据、事实依据和计算方法，发生争议时可以采取的法律救济途径及需要满足的条件，等等。

与上述知情权相对应，现行税法制度还规定了纳税人的信息义务，包括及时提供信息的义务，即纳税人除了通过税务登记和纳税申报提供与纳税有关的信息外，还应及时提供其他信息，如经营情况变化、遭受各种灾害等特殊信息。此外，纳税人还有报告其他涉税信息的义务，包括转移定价信息的报告义务，对抵押权人、质权人欠税情况的说明义务，企业合并、分立的报告义务，全部账号的报告义务，处分大额财产的报告义务，等等。

其实，无论是哪类主体的知情权，都需经由充分的信息披露才能实现。为此，需要对经济法上的信息披露实体制度和程序制度加强研究，并提炼出较为系统的信息披露理论。

3. 情势变更理论

金融危机或经济危机带来了重大的情势变更，它不仅严重影响私人契约的履行，也会使原来形式上收支平衡的预算发生失衡，从而影响国家预算的实施。因此，不仅要关注情势变更的法理在私法领域的运用，也要考虑其在经济法等公法领域的运用，并提炼经济法领域的情势变更理论。

情势变更所带来的经济法问题是多方面的，如预算调整问题、预算支出优先权的变化问题、税收制度的微调问题、特别国债的发行问题、调控程序法的完善问题，等等。这些问题涉及经济法的许多重要领域，是经济法制度建设的重要内容，需要进行深入研究。

研究经济法领域的情势变更理论和制度问题，要考虑情势的重大性、变更的不可预见性、整体情势变更的广泛性等诸多因素，并基于经济法所具有的实体法和程序法紧密相关的自足性，提出情势变更的构成要件，分析相关事项变更的程序、权义调整、责任分担等问题，以进一步丰富经济法理论。

（三）小结

在危机应对的过程中，经济手段确实具有特别重要的作用，但其作用的发挥，离不开经济法的有力保障。为此，必须解决好立法体制问题、权力行使问题、透明度问题、程序保障问题，以及法律意识和法治观念问题，不断提升经济法制度的合理性与合法性，这样，才能推进经济法的有效发展，解决好经济、社会、政治、法律等领域的相关问题，防范和化解可能发生或已经发生的各类危机。

危机应对与经济法的有效发展之间存在着密切关联：一方面，危机应对为经济法的有效发展提供了重要契机；另一方面，经济法的有效发展，有助于为经济、社会的有效发展提供重要的法律保障，有助于防范和化解分配危机等各类危机。

无论是危机应对，还是经济法的有效发展，都需要推动经济法理论的深化；同时，经济法理论研究的深化，又会进一步推动经济法治水平的提升，促进经济法的有效发展，并进一步推进分配问题的解决，从而有助于防范和化解分配风险和分配危机。从危机应对、经济法有效发展及其与经济法理论研究的关联来看，在经济法理论研究方面，应当进一步加强风险防控理论、信息披露理论、情事变更理论的研究，这对于推进经济法理论的整体发展意义甚巨。

总之，通过应对经济危机的经济手段及其法律问题的解析，有助于更加清晰地认识加强经济法治、推进经济法的有效发展，对于更好地解决分配问题、促进经济与社会良性运行之必要；同时，危机应对与经济法的有效发展，也对经济法理论研究的深化提出了要求，有助于提升经济法理论的指导力，从而更好地通过经济法规制解决分配危机问题。

三、"二元分化"的分配调控

如前所述，在应对分配危机方面，我国和其他国家都大量采用宏观调控手段，来防范和化解分配危机，从而形成了分配领域的调控，简称分配调控。从理论上说，调控同样具有规制性，因而调控也是一种广义的规制。从分配危机的成因来看，其发生和扩展与"二元分化"问题的普遍存在直接相关。因此，特别需要加强分配调控，来有效解决"二元分化"的问题，这样才能更好地防范和化解分配危机。

从相关国家的既往经验来看，我国的经济和社会发展已经到了一个重要而关键的历史时期，经济和社会生活中的诸多矛盾已经日益突现，宏观调控和市场规制日显重要。在这种形势下，如何发现并通过分配调控来解决经济社会领域突出存在的分配问题，防范和化解分配风险和分配危机，在分配调控方面需要着重注意哪些问题，等等，都非常值得探讨。

对于财政、税收、金融等各类调控，理论界和实务界已有过诸多探讨，其中的许多观点人们已经耳熟能详。但针对各类调控所欲解决的分配问题，需要从一些新的视角展开研讨，尤其应关注分配调控方面的一些新问题。① 为此，下面拟提出和探讨分配领域存在的"二元分化"问题，进一步揭示相关的分配差异，从而为解决分配调控问题奠定基础。

（一）"二元分化"是我国经济领域的突出问题

我国市场经济发展过程中的热点和难点问题是很多的，其中，"二元分化"无疑是非常突出的问题。"二元分化"导致了一系列二元结构的形成，并由此进一步加剧了中国经济的"非均衡"。

所谓"二元分化"，强调在经济和社会的发展过程中，某些经济领域存在着赫然对立的"二元"，它们日渐分离，渐行渐远。"二元分化"的极端表现，就是"两极分化"，这是非均衡格局中最引人注目的问题，它会带来更多的不和谐。

例如，在社会分配领域，就存在着高收入者与低收入者的"二元"，收入的两极分化是各界高度关注的问题，如果不能很好地解决两极分化的问题，就会产生很高的分配风险或分配危机。又如，在经济规模方面，存在着大企业和中小企业的"二元"，这两类企业的收入水平、分配能力差距非常

---

① 分配调控具有突出的政策性和法律性，只要同具体的调控领域或调控对象相结合，就会在调控定位、方向、力度等方面生成一些特殊问题，从而使其成为常论常新的重要问题。

大,等等。① 在诸多的"二元"中,概括地说,人们相对较为重视的"二元"是:经济主体上的强势主体和弱势主体、经济空间上的发达地区与落后地区、经济产业上的朝阳产业和夕阳产业,等等,这些"二元"所导致的问题,恰恰是中国市场经济发展过程中应当关注的一些热点和难点问题,同时,也正是影响中国经济和社会良性运行和协调发展的重要问题。

"二元分化"体现着相关经济主体的经济能力的差别,带来了分配差异。这种差别不仅是经济问题,在一定程度上也是社会问题,甚至是政治问题,直接影响到基本人权的实现和国家的长治久安。因此,对于在我国市场经济发展过程中产生的突出的二元分化问题,必须予以正视和重视。

经济领域的各类"二元分化",会形成多种多样的二元结构,如城市与乡村、发达地区与欠发达地区、公共部门与私人部门、高收入者与低收入者等各类二元结构,它们都与分配问题直接相关。其中,城乡二元结构,早在20世纪的60年代,就已经引起了发展经济学的代表人物刘易斯的重视。② 在今天,城乡二元结构及其所带来的分配问题已是人所共知,同时,也是国家正在着力解决的重要问题。

此外,类似于城乡二元结构,在空间层面还存在着发达地区与落后地区的二元结构,它是由地区经济发展的不平衡所导致的,并由此也带来了经济、社会和宪政等领域的一系列问题。

另外,在主体层面,穷人与富人或者低收入者与高收入者的二元结构所内含的贫富分化问题,以及相关的经济公平与社会公平问题,都是人们非常关注的热点问题,这些问题体现了中国市场经济发展的非均衡性和不协调性,其实也是分配失衡的直接体现。

总之,各类"二元分化"所形成的二元结构,都与分配问题有关,它们所带来的相关问题,体现了我国市场经济发展中的不和谐,以及经济运行和社会运行中的不协调,蕴含着分配风险和分配危机,影响经济和社会发展的

---

① 收入分配差距的扩大,是社会公众普遍关心的影响社会和谐稳定的重要问题。由收入分配差距过大引发的"二元分化"已经引起了广泛关注,要求通过相关政策或法律来缓解分配矛盾的声浪日益高涨。与此类似,为了解决大企业和中小企业的"二元分化"问题,我国先后制定了《中小企业促进法》和《反垄断法》等重要法律,这对于促进大企业与中小企业之间公平有效的竞争是很必要的。

② 与此相关联,分配问题不仅是"发展经济学"要关注的重要问题,同时,也是"发展法学"要研究的重要问题,对此在后面还将专门讨论。

可持续。因此，从防范和化解分配危机，促进经济稳定增长以及构建和谐社会的角度来看，必须解决"二元分化"问题，特别是分配差异或分配差距，以及相关的分配不公问题。

（二）解决"二元分化"问题离不开分配调控

经济领域的各类"二元分化"问题，是经济发展非均衡的集中体现。解决非均衡问题，离不开有效的分配调控。而在分配调控中，税收调控无疑非常重要。由于税收调控适用领域广泛，直接有效，因而税收调控往往被普遍采用，在解决各类二元分化的问题上，几乎都离不开被日益泛化的税收调控，从而使其在整体的分配调控中非常具有代表性[1]，下面略举几例来说明：

第一，在经济空间的二元结构方面，在解决城乡二元结构问题的过程中，如何通过税收手段，来促进农业发展，促进农民增收，促进农村建设，是税收调控的重要任务。正是考虑到这些因素，国家早在2006年，就在全国范围内废止农业税，这对于促进农民增收有一定的作用。但仅此还不够，影响农民增收的因素很多，有些方面的问题不是单靠税收所能够解决的，至少需要与其他制度的协调配合，因而需要把税收调控与其他调控措施结合起来，使各类分配调控制度综合发力，协调并用，这样才能更好地解决相关问题。

此外，在促进农业发展和农村建设方面，我国虽然已有一些相关法律、法规的规定，但就分配调控而言，在制度建设上还很不够。事实上，农业与工业等其他产业的发展如何协调，如何真正实现工业反哺农业，如何有效解决传统产业与新兴产业的"二元分化"问题，如何防止农业作为基础产业的地位被弱化，分配调控在这些方面能够起到哪些作用，等等，诸如此类的问题都很值得研究。只有进一步加强相关制度建设，才可能更好地解决城乡二元结构问题。[2]

第二，与城乡二元结构的问题一致，经济发达地区与落后地区的二元结

---

[1] 在公平分配的税收调控方面，还需要关注税收的累积性、税收负担等方面的特殊问题。参见郭庆旺：《有关税收公平收入分配的几个深层次问题》，载《财贸经济》2012年第8期，第20—27页。

[2] 诸如城乡二元结构、东西二元结构、内外二元结构等经济上的二元结构，会导致一系列制度上的二元结构的形成，而经济—制度层面上的二元结构，则是进行分配调控的重要基础和前提。相关探讨可参见张守文：《经济法理论的重构》，人民出版社2004年版，第37—47页。

构（或称"东西二元结构"）问题的解决，也离不开税收调控。我国一些地区之所以有今天的发达，在一定程度上曾得益于税收优惠，而一些地区之所以落后，除了相关的资源禀赋等条件等差异外，税收优惠不足也是一个重要的影响因素。因此，我国为了实现区域经济的协调发展，曾实施西部大开发、东北振兴和中部崛起等诸多战略，在每个战略的实施过程中，都离不开相应的税收调控，离不开税收优惠。

第三，在社会分配方面，经济发展带来的社会分配不公问题，主要是市场的初次分配造成的，人们普遍对税收调控所能实现的二次分配寄予了很高的期望，从而使《个人所得税法》的修改多次成为热点问题。尽管该法已多次修改，但距离人们所希冀的税法应有的调控力度和职能还相距甚远。因此，只要社会分配不公的问题存在，要求税法变革，要求增强税法调控能力的声浪就不会停歇。①

第四，在特定产业或特定市场的调控方面，更是离不开税收调控。诸如房地产、能源等产业，如果不能有效发展，则可能会导致突出的经济问题甚至引发经济危机；类似的证券市场、保险市场、土地市场等，也都是可能带来突出经济问题的重要领域。对于上述产业和市场，都应根据其发展的具体情况，进行适度有效的税收调控。

可见，无论是从经济主体、经济区域，还是从相关市场、相关产业的角度来看，税收调控都是很重要的，它是可以广泛应用的、能够产生直接效用的重要手段，因而国家在解决各类"二元分化"的问题时，特别在解决分配问题或应对分配危机时，基于各类调控手段的功用和本益分析，往往会直接选用税收调控。

（三）对税收调控的定位应当适度

近些年来，我国面对重大的经济生活中存在的突出问题，每次"出招"，往往是"税收先行"。无论在经济过热或过冷需要宏观调控之时，还是在西部开发、东北振兴战略的实施过程中；无论在资本市场、房地产市场，抑或其

---

① 从这个意义上说，相对于传统的规则性法律而言，具有突出的调控性的税法规范，会具有更强烈的变易性，从而使税收调控领域会不断生成新的问题。相关分析可参见张守文：《宏观调控法的周期变易》，载《中外法学》2002年第5期，第695—705页。

他的重要市场上，在每次重大的战略抉择时，国家都会不失时机地运用税收杠杆，去撬动那些露出水面的"问题之山"，以排除影响经济和社会航船前行的诸多障碍。

上述思路和做法不仅持续存在，有时还被强化。例如，针对我国经济和社会发展过程中出现的各类"二元分化"的问题，为了缓解社会分配不公，构建"和谐社会"，人们想到了《个人所得税法》的修改[①]；面对内外资企业的待遇不等，人们希望内外资企业所得税法统一[②]；面对区域经济发展的不平衡，人们还是希望通过"税改"来力促，于是有了东北的增值税转型试点及其推广。[③] 即使是对房地产市场的调控，人们也还是想到了税收手段。[④] 至于与财富分配直接相关联的资本市场，则更是少不了税收的调节。可以说，税收和税法，在今日中国的经济和社会发展中扮演着非常重要的角色，"动辄调税"已成通行上下的基本思想，"寓禁于征"、"减免励进"的税收措施已被普遍推行，在这种情况下，如何看待税收调控，如何对其进行适度定位，值得深思。

正是基于"动辄调税"的思想，政府和公众有时真可能"闻税则喜"[⑤]，税收和税法由此承受了非常厚重的期待和希冀：人们越来越认识到税收和税法对国家和国民的重要影响，认为它们能够普遍有效地解决现实生活中的诸多重大问题，包括难以解决的分配问题。但是，税收和税法能在多大程度上解决诸多复杂问题，能否总堪大任？仅从多年来我国为了促进资本市场的发展所进行的各类税法调整来看，对资本市场发展利好的税法调整不可谓不多，无论是多次的证券交易印花税的调整，还是对股权变易的各类税收减免等，

---

① 围绕我国《个人所得税法》的修改所展开的热烈讨论，体现了人们的厚重期待。但社会分配不公问题十分复杂，并非单靠税收手段即可毕其功于一役，必须认识到税法乃至整个法律的局限性。

② 内外有别的两套税制的统一曾不断被推延，足以说明多种利益主体的参入会使问题会更趋复杂。我国统一的《企业所得税法》实施后，人们更多地看到了统一的实效和新的问题。参见王海勇：《企业所得税法实施的效果、问题和建议》，载《税务研究》2009年第2期，第31页。

③ 在对东北税改试点的利弊得失的诸多探讨中不难发现，在区域经济发展方面，税收调控同样受到了诸多局限。

④ 从2005年至今，如何运用税收手段调控房地产市场，始终是各方关注的热点问题，它同对资本市场等相关市场的调控亦存在密切关联。

⑤ 多年前就有学者讨论过这个问题。参见周其仁：《闻税则喜的专家理由》，载《经济观察报》2005年8月1日。其实，社会公众有时也可能"闻税则喜"，从而形成了全社会对于税收调控的过高期待。

但似乎都没能从总体上把资本市场带出低迷的泥淖。

其实,与其他各种分配调控措施一样,税收调控只是一种外力,只是能够产生一定影响的一种外因,对其局限性应予正视。因此,对税收调控也必须作出适当的定位:一方面,对于税收调控的积极作用,应当予以肯定;另一方面,对于税收调控的作用也不宜夸大,应看到税收的调控和税法的调整,作为一种外因和外力,往往不能解决各个领域里的根本问题,其作用不应被不适当地放大。[①] 在目前税法作用可能被高估的形势下,对"二元分化"的税收调控亦应作出适当的定位,这有助于更有针对性地解决分配问题,更好地应对分配危机。

(四)分配调控的依据

任何一种分配调控措施,都必须有合法的依据,这样才能促进分配问题的解决。仍以具有代表性的税收调控为例,用以解决分配问题的具体税收调控措施是多种多样的,但其依据主要都是税收政策和税收法律。一般说来,税收政策更具有灵活性、差异性和变易性,而税收法律则更具有原则性、普适性和稳定性,因而通常只是那些长期稳定有效的税收政策及其政策工具,才会被规定于税收法律,并成为税法的重要组成部分。正是在这个意义上,税收政策与税收法律既存在着内在的一致性,又存在着诸多的差异性。

税收政策是税收立法的重要前提,而税收立法则是税收政策有效实施的重要保障。税收政策具有应急性,针对经济和社会生活中突出的"二元分化"问题,针对分配危机的应对,税收政策是可以采行的;而税收法律则具有长效性,它所确立的是一个长效的机制,对于持续地解决"二元分化"问题,防范分配危机的发生,都非常重要。依据税收法定原则的要求,许多税收政策,特别是涉及纳税人实体权利义务的政策,都应上升为法律。因此,税收调控必须有税收法律可依,无论是税收调控的实体内容,还是相关的程序内容,都必须有法律依据。明确上述依据及其相互之间的关系,对于确保税收调控的实效非常重要。

[①] 其实,无论是税收调控,还是税法调整,本身都有多个方面的局限,受制于多方面的主、客观条件。参见张守文:《财税法疏议》,北京大学出版社2005年版,第107—106页。

税收调控能否取得实效，当然取决于税收调控依据的合法性，以及税收政策和税收法律的合理性，因为具有合理性和合法性的税收调控才能确保其有效性，才能获得国民的拥护和支持，从而取得更高层次的合法性，得到人民的有效遵从。

但是，尽管如此，基于自身利益最大化的考虑，作为具体纳税人的市场主体，可能从事各类博弈行为，包括税收逃避行为，因此，在强调税收调控依据的合法性、有效性的同时，还必须考虑市场主体的非合作博弈。

从现实的情况来看，在某些领域，诸如分配差距扩大等"二元分化"问题还在加剧，有时即使进行了分配调控，相关问题似乎仍未得到明显改善。为此，需要审视上述问题能否经由分配调控直接解决，还有哪些阻碍因素或影响原因，并进而充分认识调控的局限性。

四、分配调控的实效与合法性

（一）影响分配调控实效的原因

分配调控本身的局限性，会影响其实效。影响分配调控实效的原因可分为内因和外因。其中，各类分配调控措施自身的局限性是影响其实效的内在原因；而国家分配法制的不完备、法律意识的淡薄、各类主体的博弈行为，同样会对分配调控的实效产生相当大的影响，这些是影响分配调控实效的外在原因。

对于上述两类原因，都应当深入研究。下面仍以税收调控为例来加以说明：对于税收调控措施自身的局限性，人们在既有的研究中已有越来越多的共识，如果把影响税收调控实效的外部原因融入其中，则影响税收调控实效的原因大体可提炼为以下几个方面：

第一，从税收的职能看，其分配收入的职能同宏观调控的职能有时会存在冲突。获取收入，毕竟是税收最基本、最原初的职能，政府为了实现自己的经济职能和社会职能，提高自己的合法化水平，总是力图尽可能多地获取收入。而在税收调控方面，税收优惠作为被惯用的手段，会使国家产生税式支出，客观上在一定的时空范围内减少税收收入。因此，当国家面临较大的财政压力时,当政府对于收入有更高的期望时,影响收入的某些税收调控措施,就会受到很大限制。

第二,从税收调控的范围来看,税收调控直接影响的主体,一般限于具体的纳税人,即在一定时期负有具体纳税义务的主体,对于不存在应税义务的主体,则因其属于未被纳入"税网"的"漏网之鱼",因而税收调控不会直接对其产生效果。这也会使税收调控受到局限。

第三,从税收调控的原则来看,税收公平原则同样非常重要。如何在确保横向公平的同时兼顾纵向公平,如何在关注形式正义的同时关注实质正义,真正做到量能课税,应当是在进行具体的税收调控时必须考虑的基本方向。税收调控要直接体现相关的税收政策,而"没有区别就没有政策",税收调控必然是通过区别对待,来使人们趋利避害,但在区别对待的过程中,能否正确地认知,能否尽量避免由此而产生的实质上的税负不公,确保市场主体之间的公平竞争,同样不易把握。因此,如果税收调控不当,就可能对经济运行产生不利影响。

第四,从税收博弈的角度来看,调控主体与调控受体、征税主体与纳税主体之间[①],存在着大量而复杂的博弈。一方面,调控受体可以基于自身利益的最大化,从事相关的博弈行为或称对策行为,其行为可能是合作的,也可能非合作的,对国家的税收调控可能遵从,也可能不遵从。在调控受体对国家的税收调控无动于衷、置若罔闻的情况下,特别是在其从事那些违法的税收逃避行为的情况下,税收调控的实效就会大打折扣。

第五,从调控主体的角度来看,调控主体本身也存在着很大的局限性。尤其在信息偏在问题日益严重的情况下,有关市场主体的大量信息,调控主体往往难以及时、全面地获取,政府的"有限理性"问题更加突出,在税收调控方面的认知能力由此会受到很大影响,并会由此影响税收调控的实效。因此,如何审时度势,如何选择时空维度和主体维度进行调控,以更好地促进经济的稳定增长,促进经济与社会的良性运行和协调发展,对调控主体来说,无疑是一个很大的考验。

---

① 在宏观调控活动中,涉及两类基本的主体,即调控主体与调控受体,构成了调控关系中的主体二元结构;在具体的税收征纳活动中,则形成了征税主体与纳税主体的主体二元结构,博弈活动和相关的法律规制,主要在这些二元主体之间展开。

由于税收调控具有局限性，其实效性会受到影响，因此，要对税收调控在解决分配问题方面的作用进行适当定位。在摒弃"税收无用论"的同时，也要警惕"税收万能论"的不断抬头。

(二) 分配调控的合法性

如前所述，在解决包括分配差距过大等各类"二元分化"问题的过程中，任何一种分配调控措施都不是万能的，其实效取决于多方面的因素。其中，分配调控的合法性，也是影响调控实效的重要因素，有必要对其作进一步探讨。

通常，分配调控的合法性（legitimacy）[①]，包括其在法律、经济、社会、政治等各个方面的合法性。其中，法律上的合法性是最直接、最受关注的。如果某项分配调控行为在法律上不具有合法性，则在盛倡法治的背景下，其效力就会受到质疑和削弱。因此，从合法性的角度看，可以将分配调控分为具有合法性的调控和不具有合法性的调控。

从法律上说，具有合法性的分配调控应当是由具有调控权的主体依法实施的。因此，如果一个主体本身不具有调控权，则其调控就不存在法律上的合法性。可见，调控权对于确保法律上的合法性非常重要。

从形式上看，由于分配涉及各类主体的基本权利，因而分配调控权来源于法律上的明确授权。在把法律仅理解为制定法的情况下，分配调控权的确立、配置和行使等内容，要通过国家制定的法来加以体现。

随着经济社会的发展，国家的经济职能和社会职能在日益扩大，权力也在不断膨胀[②]，这在很大程度上影响着相关分配调控权的产生和发展。分配调控作为现代国家的一项重要职能，是一种典型的公共物品，是私人主体所不能提供或无力提供的。从满足国民对公共物品的公共需要的角度来看，分配调控首先是国家的一项义务，其次才是国家的一种权力。

依据公共物品理论，分配调控权只能由国家而不能由其他主体来享有。尽管在特定的时空人事方面，人类的理性是有限的，并且，"政府失灵"的问题

---

① 合法性是一个有诸多复杂含义的概念，在此使用的合法性概念，主要限于符合法律规范或规律，以及得到社会公众的拥护和承认的意义。

② 对此，不仅"瓦格纳定律"和其他许多学者的研究都不断地证实了这一点，而且，各国政府财政支出占本国GDP比重的不断扩大，也有力地说明了这个问题。

同样不容忽视，但对于国家的作用，特别是其在解决分配问题，应对分配危机方面的作用，人们并非一概排斥。毕竟，分配问题的解决、分配危机的应对，本来就是市场失灵的领域，国家在经济、社会等层面实施分配调控，比其他主体有更多的合法性，同时，也与国家对分配调控立法权的垄断有直接的关系。

事实上，自改革开放以来，特别是确定实行市场经济体制以来，我国对于分配的调控及相关立法都非常重视。从立法上看，宏观调控已被提升到宪法的层次。[①] 同时，在一些重要的涉及分配的法律中，也加入宏观调控的目标或内容，从而使分配调控行为具有了法律上的合法性。

与合法性相关，分配调控还存在有效与无效之别。法律上无效的分配调控，可能在经济上是有效的，在两者发生冲突时，有时难以取舍。如果从强调法治的角度出发，则许多人会认为，无效的分配调控，即使在经济上有效，亦应弃之不惜。但如果从实用主义出发，也许有人会认为经济上有效的调控，即使在法律上无效，也是必要且有益的。由此又引出了经济上的合法性问题。

分配调控在经济上的合法性，取决于经济上的合理性，实际上就是经济上的"合规律性"。从一定的意义上说，分配调控的直接目标是解决分配领域出现的重大问题。如果国家的某项分配调控行为符合经济规律，取得了较好的绩效，在总体上缓解或解决了分配失衡问题，则该调控行为就具有合理性，从而就会得到市场主体或社会公众的支持和拥护，获得合法性。因此，即使一些调控行为不符合现实的法律规定，也会被认为是合理的，并能够得到理解和支持。例如，我国曾为应对金融危机而不断上调出口退税率，减轻了出口企业的负担，虽然本身缺少法律依据，但在经济上和公众信心上都取得了较好的效果，就是一个例证。[②]

之所以存在上述情况，是因为国家制定的法律总是相对滞后于现实的不断流变的经济活动，而是否符合现实的经济社会生活的要求，则是衡量法律的生命力和有效性的至为重要的标准。许多国家进行的经济改革或实施的分

---

① 例如，我国《宪法》第15条规定："国家实行社会主义市场经济。国家加强经济立法，完善宏观调控"，从而把宏观调控提到了宪法的高度，同时，也提出了市场经济、经济立法、宏观调控三者之间的关系问题。

② 出口退税率的调整作为一种税收调控行为，必须有法律依据，而不能在法律依据不足的情况下违法调控。出口退税率的频繁变动，同现行制定法的规定会存在一定的抵触，会对纳税人的退税请求权产生负面影响，影响税法的稳定性和可预测性。

配调控，大都突破了已有法律规定的框架，有些甚至是违反宪法的。但因其在经济上是合理的，因而这种违宪行为被一些学者称为"良性违宪"。对于"良性违宪"或"良性违法"问题，人们尚存在不同的认识，但不管怎样，在分配调控领域存在的"良性违宪"或"良性违法"问题应当越来越少，因为随着法治水平的提高和人们认识的深化，可以通过相关法律的完善来逐步解决这些问题。我国对宪法的几次修改，对相关法律规范的频繁变动，都体现了在这个方面的一些认识和努力。

在经济上具有合理性、合法性的分配调控，有助于解决分配问题，防范和化解分配危机，有助于促进国家和国民的总体福利的增长，从而得到国民的拥护和支持，并进而更好地促进经济与社会的良性运行和协调发展，在社会领域和政治领域获得合法性。因此，对于经济上具有合理性或合规律性的分配调控，必须考虑如何在制度上予以保障，使其同时获得法律上的合法性，从而提高其遵从度，实现分配调控的预期目标。

上述对分配调控的合法性问题的简要讨论表明，分配调控的合法性不仅体现在其形式依据上符合相关法律的规定，而且还在更深层次上体现为经济、社会等领域的合法性。分配调控仅具有法律上的合法性是不够的。它只有符合经济规律、符合国情民意，以保障社会公共利益和基本人权为目标，才是真正合法、有效的，才会具有更高层次的合法性。

（三）小结

在前面的讨论过程中，主要提出了以下几个方面的观点："二元分化"是我国经济领域的突出问题，也是导致分配问题突出的重要原因；解决"二元分化"问题离不开分配调控；虽然在分配调控中，税收调控很重要，但对其定位应当适度；各类分配调控的依据主要是政策和法律，其合法性会直接影响分配调控的实效；影响分配调控实效的原因包括内部原因和外部原因，其中，分配调控自身的局限性是影响调控实效的内部原因，它往往同外部原因紧密地交织在一起；分配调控的合法性，涉及法律、经济、社会等多个方面的合法性，是影响调控实效的重要因素；确保分配调控的合法性，同时也是分配法制建设的重要任务，它有助于在法治的框架下，推进经济与社会的良性运行和协调发展。

第九章

分配危机的理论拓展

针对分配问题或分配危机以及相应的经济法规制的理论与实践问题，前面各章已从多个维度展开探讨，在此基础上，有必要对分配危机的相关理论作出进一步拓展，即从经济法视角提出对分配危机的理论思考，进而提出危机应对理论，并对经济法理论作出不同维度的拓展。

首先，考虑到金融危机是典型的分配危机，对于金融危机的解析，不仅有助于更全面地认识分配问题本身，也有助于促进经济法理论的发展，为此，本章将从经济法理论的视角来分析分配危机自身的问题，从而形成融入经济法理论的分配危机理论。

其次，经济危机所带来的诸多问题及其应对，既为法治发展提供了重要的方向，也为法学研究提供了大量的素材，尤其为经济法的理论发展提供了重要支撑。为此，本章将探讨经济法领域的危机应对理论，并将该理论作为整体危机理论的重要组成部分。

再次，在经济法的危机应对理论中，风险理论具有特别重要的意义。考虑到分配风险与分配危机紧密相关，加强风险理论的研究，有助于防控分配风险和分配危机，为此，本章将单独探讨风险理论，且亦将其作为分配危机理论的重要组成部分。

最后，分配风险或分配危机，都是经济和社会发展过程中可能会发生的，所有的危机都是"发展中的危机"，都需要通过发展来加以解决；而加强经济法规制，提升经济法治水平，则有助于防范和化解发展中的分配风险和分配危机，因而有必要从法学的视角来系统研究分配、危机、法治与发展等方面的问题。为此,本章还将从"发展法学"的视角,进一步研究危机应对理论,探讨分配与发展的法治问题,从而对分配危机理论作出进一步拓展。

一、分配危机的经济法理论解析

2008年爆发的号称"百年一遇"的全球性金融危机,因其影响之深刻和广泛,曾举世瞩目。[①] 对于金融危机之类的"分配危机",要通过经济法规制加以应对,就需要从经济法的视角,对其发生、扩展、解决等问题进行解析。事实上,金融危机涉及经济法领域的金融法、财税法、竞争法等多个部门法中的问题,对此已有不少研究成果,但从经济法理论角度进行的整体解析还较为欠缺。为此,下面拟着重从经济法理论的角度,来解析金融危机的产生、扩展、应对等相关问题,从而说明经济法和经济法规制对于解决金融危机的重要价值。

(一)从经济法视角看分配危机的发生

金融危机之类的分配危机为什么会发生?发生的原因究竟是什么?为了防止此类危机发生,国家应采取哪些经济和法律措施?这些措施应当体现何种价值?对于上述问题,已有许多见仁见智的回答。[②] 从经济法理论的角度,可作如下解析:

1. 危机的发生源于"两个失灵"

持续解决市场失灵和政府失灵的现实需要,是经济法产生、存续和发展的重要动因。"两个失灵"作为经济法理论中的重要分析框架,恰恰源于对现实问题的归纳。分配问题和分配危机作为"两个失灵"的重要体现,是经济法必须着力解决的基本问题。[③]

[①] 对于此次危机,有人认为是"百年一遇",至少从1929年的大萧条算起也是"八十年一遇",而危机影响之广泛而深刻,在于此次危机同样也是多个经济周期谷底的叠加。但也有人认为危机并没有那么严重。参见易纲、张帆:《前景无需太悲观》,载《财经》杂志总第228期,2009年1月5日出版。但不管认识如何,各界对于危机及其影响都高度关注。

[②] 有关危机的反思,可参见陈德铭等:《经济危机与规则重构》,商务印书馆2014年版,第52—63页。

[③] 张守文:《经济法学》(第二版),中国人民大学出版社2012年版,第9页。

分配危机的发生，与市场失灵密不可分。仍以2008年金融危机为例，由于各类金融机构以及一般的市场主体，都以利益最大化为目标，其从事的大量金融创新、金融交易（特别是金融衍生品的交易），都是为了追求个体的营利性，因而它们不计社会成本，不计系统风险，在"无知之幕"的遮蔽下盲目行事，最后的结果是大厦轰然倒塌。而对于市场主体的市场行为的盲目性和危害性，人们绝非不知，只是人们在危机到来之前，更相信市场能够解决问题，更相信市场配置资源的效率，因而政府更强调放松管制，更放任金融大鳄们兴风作浪，于是，信息偏在、外部效应等导致的市场失灵，与政府监管缺位导致的政府失灵叠加，共同导致了金融危机的发生。[1]

可见，金融危机源于"两个失灵"。要解决"两个失灵"的问题，就必须关注在市场经济中普遍存在的个体营利性和社会公益性的矛盾。该矛盾作为经济法领域的基本矛盾，在金融危机的发生过程中体现得非常突出。如果在金融领域或整个经济领域只考虑个体营利性，只考虑市场机制的作用，则必然会产生市场失灵的问题，必然会加大金融风险，直至金融危机发生。为此，必须考虑社会公益性，必须从公共物品提供的角度，从社会成本的角度，从金融安全、金融稳定，以及经济安全、经济稳定的角度，来考虑金融问题以及相关的分配问题。

2. 危机的发生凸显经济法规制的重要性

金融危机的发生，体现了经济法规制的重要性。由于经济法规制的重要目标，就是通过不断地协调个体营利性和社会公益性的矛盾，来解决市场失灵和政府失灵的问题，因此，经济法规制在相当大的程度上有助于防止金融危机的发生。中国在实行市场经济体制以后，重视和加强经济法的规制，在金融法领域制定并实施了许多重要法律、法规，强化了金融监管法律的执行[2]，这些对于避免1997年亚洲金融危机在中国的发生，对于减轻全球性金融危机对中国金融系统的冲击，都产生了重要作用。此外，经济法的规制不

---

[1] 人们通常认为，金融机构的过度扩张、金融机构及评级机构缺乏自律、某些国家宏观经济政策失当、金融监管能力与金融创新不匹配等，是导致金融危机的重要原因。其中，前两个方面与市场失灵有关，而后两个方面则与政府失灵有关。

[2] 我国在1992年秋确立实行市场经济体制以后，1993年春修改宪法，规定"国家加强经济立法，完善宏观调控"；此后，为了推进市场经济的发展，于1994年进行了财税法律制度的大变革，1995年则大大加强了金融立法，建构了系统的中央银行法律制度、商业银行法律制度，等等。

仅有助于预防金融危机的发生，也有助于在一国发生了金融危机以后，有效应对和化解危机。在经济法的规制方面，通过金融调控法和金融监管法的调整，在相当大的程度上，有助于解决金融危机所产生的诸多问题；同时，通过财税调控法以及产业政策法、价格调控法、投资规划法等诸多方面的法律调整，有助于进一步解决金融危机及其所带来的诸多问题。

可见，无论是预防危机发生，还是解决危机问题，都需要加强经济法规制，都需要经济法上的调制主体依据经济法实施调制行为。全球性金融危机的发生，使人们再次清醒地认识到国家或政府在应对危机方面的重要作用[1]，使不同国家的人们再次看到经济法的重要规制目标和功能。

从经济法调整的角度看，无论是防止金融危机发生，还是解决危机带来的问题，都需要依法进行宏观调控和市场规制：一方面，要进行金融调控，同时，要进行整体上的各类宏观调控，包括财税调控、产业调控、价格调控，等等；另一方面，要加强市场规制，尤其应加强金融监管，协调好金融创新与金融监管的关系[2]，实现适度创新与适度监管，更好地体现适度原则，这就涉及经济法的价值问题。

3. 危机与经济法的重要价值

经济法的价值，包括内在的功用价值和外在的评判价值。金融危机的发生，从一个侧面进一步彰显了经济法的重要价值。

首先，金融危机的发生，表明经济法的内在的功用价值，即保障宏观调控和市场规制的功能，在一些国家没有充分得到体现。事实上，在金融危机较为严重的国家，正是金融调控、金融监管较为欠缺的国家，这些国家过于相信市场的力量而过于轻视政府的力量，没有适度地使两种力量形成有效的合力，因而在金融竞争、金融秩序等方面，更强调放松管制或不干预。[3] 金融

---

[1] 美国和欧盟的许多国家纷纷采取大规模的救市措施，一些措施（如国家直接向金融机构注资，购买某些金融机构的股份等）甚至被认为具有国有化的性质，据此，有人认为这是"大政府时代到来"的体现。

[2] 处理好金融创新与金融监管的关系，也就是要处理好市场与政府的关系。与此相关，防范和化解金融危机，还要处理好储蓄与消费的关系以及虚拟经济与实体经济的关系，这些都需要经济法的综合调整。

[3] 金融管制的放松，曾一度是世界范围内金融变革的潮流，与金融创新、技术进步彼此交错，相互作用，并与公共利益、私人利益、政治过程等都密切相关。参见〔美〕多德、刘易斯主编：《金融与货币经济学前沿问题》，陈雨露等译，中国税务出版社2000年版，第153—156页。

危机的发生，使人们更加清晰地认识到，各国都应重视其实质意义上的经济法的重要功用，必须体现经济法对于保障总体经济秩序稳定、促进经济稳定增长的重要价值。

其次，金融危机的发生，使人们进一步认识到传统部门法的局限性，认识到要保障一个国家经济的良性运行和协调发展，就必须使传统法与经济法密切配合，这种配合不仅有助于预防金融危机发生，而且也有助于在危机发生后拯救危机中的经济。在经济学界，已经有人反思如何重构经济学理论，强调重构宏观经济学理论；而在法学界，人们的反思似乎还很不够。事实上，同样应当重构原来不够完整的法学理论，因为以往的法学理论主要是融合了传统部门法的理论，而对于新兴的经济法理论则很少体现，这使得法学理论很难有效地指导新兴部门法的发展，也很难指导发展中的法治实践。只有肯定并强调经济法在当代法律体系中的重要价值，才能更好地推进法制体系建设，提高法治水平。

再次，金融危机的发生，使人们进一步认识到经济法的外在评判价值。通常，法律的外在评判价值，是人们希望法律调整所能够实现的目标，如公平、效率、安全、秩序、正义等。经济法的规制，同样也要追求这些价值目标。如果经济法的规制能够很好地解决个体营利性和社会公益性的问题，能够兼顾效率与公平，则市场失灵的问题就会在很大程度上得到解决，发生金融危机的概率也就因此会大大降低；如果经济法的规制能够解决好市场秩序和经济安全的问题，尤其是能够解决好金融秩序与金融安全的问题，则有助于防范和化解金融危机。[①]

可见，无论从防范金融危机发生的角度，还是从应对金融危机的角度，经济法的规制都具有重要价值，它有助于在保障金融机构和其他市场主体的利益的同时，保障社会公共利益，兼顾个体的效率与整体的公平，协调个体

[①] 为了保障金融安全，维护金融秩序，最高人民法院于2008年12月3日专门印发了《关于为维护国家金融安全和经济全面协调可持续发展提供司法保障和法律服务的若干意见》，强调依法保障国有金融债权，大力打击金融违法行为，整顿和规范金融秩序和经济秩序，依法保障企业发展，全力维护社会和谐稳定，促进经济全面协调持续发展。但是，在实践中，有些司法机关的具体做法已经脱离了"依法"、"平等保护"的法治轨道，因此，在经济危机时期，如何摆正司法机关的位置，正确履行法定职能，确实值得深思。参见季卫东：《经济危机中的司法责任》，载《财经》杂志总第229期，2009年1月19日出版。

营利性和社会公益性，因而有助于形成经济法秩序，确保国家的金融安全和整体的经济安全，从而更好地实现经济法促进经济和社会稳定发展的目标。因此，在经济法领域，在涉及金融危机的问题上，要求经济法同时兼顾公平、效率、秩序与安全等多种价值。金融危机的防范、应对和解决，都要体现经济法的价值，其中，秩序价值和安全价值尤其重要。

在一些国家，由于金融领域存在过度创新、过度竞争，加之国家的金融监管较为松弛，金融领域的秩序往往存在问题，从而形成了较高的金融风险，进而演变为金融危机。因此，从经济法的价值来看，应强调秩序价值和安全价值。在我国，应吸取亚洲金融危机和全球性金融危机的教训，规范金融秩序，尤其应依法规范非法集资、高息揽储等行为；同时，应当规范房地产市场、土地市场、证券市场等多个市场的交易行为，形成规范的市场秩序；另外，还应解决好金融衍生品、资产证券化等方面的问题，这样才能更好地保障金融秩序，降低金融风险和社会成本，确保国家的金融安全和整体的经济安全。当前，在开放经济条件下，世界各国的经济联系越紧密，金融秩序和金融安全就越重要，维护金融秩序和金融安全的难度也就越大，加强经济法规制也就越必要。

（二）从经济法视角看金融危机的扩展

金融危机的扩展，最主要体现为两个方面，一方面是地域上的扩展，即从一个国家或地区扩展到其他相关国家或地区；另一方面是经济类型或行业形态上的扩展，即从虚拟经济扩展到实体经济，从金融业扩展到其他各业。对于金融危机的扩展，可以借助于经济法上的二元结构理论来予以解析。

1. 从"二元结构"理论看金融危机的扩展

经济法上的"二元结构"理论强调，基于客观存在的差异性[①]，在现实中存在着大量的经济层面的二元结构，它们会直接导致制度层面的二元结构，对此应考虑制度上的一体化解决。从经济层面来看，存在着国内经济与国外经济、内部经济与外部经济、实体经济与虚拟经济等多个层次的二元结构。

---

① 差异性原理是经济法学的重要原理，也是二元结构理论的重要基础。正是因为存在差异性，才可能存在二元结构，从而才可能提炼出二元结构理论，并由此确立经济法理论的基本分析框架。

金融危机的扩展，与上述经济层面的二元结构直接相关。

例如，在"国内经济与国外经济"的二元结构中，金融危机从一国扩展到其他国家，体现了经济全球化的背景下，国内经济与国外经济的紧密关联，即一国的国内经济不可能脱离国外经济而发展，特别是在金融领域，国外的金融动荡会迅速波及一国的国内经济，为此，一国经济法的调整必须以国内经济与国外经济的关联为基础，结合经济全球化所带来的突出问题，运用法律化的宏观调控和市场规制的工具，来防范和化解相关的风险或危机。可见，原来对应于国内经济和国外经济的两套制度，必须加以整合，以一体化地解决国际金融危机，而这个方面的制度整合，既涉及国内经济法与国际经济法，也涉及所谓本国经济法与外国经济法。

又如，在"实体经济与虚拟经济"的二元结构中，金融危机已从虚拟经济向实体经济蔓延，这对中国经济尤其会产生重要影响。事实上，由于中国的经济法在实行市场经济体制后受到了高度重视，金融调控法律制度和金融监管法律制度日益健全，并得到了有效的应用，因此，中国的金融体系在总体上并没有受到很大的冲击，相对于许多发达国家的金融系统，可谓"风景这边独好"。但是，我国的实体经济却受到了国际金融危机的很大冲击，且影响渐深渐广，这与我国外向型经济比重过大、对外依存度过高直接相关。基于这样的现实情况，我国避免金融危机扩展的重点，就应当放在实体经济方面，即在确保金融秩序和金融安全的基础上，通过经济法以及其他相关法律的调整，着力解决好实体经济出现的问题，包括调整产业结构，促进经济结构优化，扶持小微企业发展，解决价格波动、通货不稳、国际收支失衡等问题。可见，把握二元结构中的主要矛盾和矛盾的主要方面，对于有效解决金融危机扩展中产生的各类问题非常重要。同时，要把解决实体经济问题的制度同解决虚拟经济问题的制度有机结合起来，以避免和防止顾此失彼，以及制度不协调等问题。

除了上述两类二元结构以外，"内部经济与外部经济"的二元结构也值得关注。通常，人们对于独立的市场主体之间的交易活动所构成的外部经济相对较为重视，但对于大量的关联企业之间所形成的内部经济则可能关注不够。事实上，跨国公司或企业集团等的内部经济活动，已构成令人侧目的经济力量，对于经济的稳定发展可谓利弊共存。金融危机的发生和扩展，往往与内部经济直接相关。例如,当某个关联企业的核心部分出现问题时,就会影响到经济链上的其他关联企业,产生连锁反应。美国的几大投资银行的破产以及由此产生的联动效应,恰恰说明了这一点。① 可见,对于关联企业所形成的内部经济,需要通过经济法规制来解决,特别是对于金融机构所形成的内部经济,更是要有经济法的专门规制。这样,把有关外部经济的经济法制度与有关内部经济的经济法制度加以整合,才能更好地解决金融危机的发生和扩展,以及由此产生的大量失业、物价上涨、国际收支不平衡等问题。

2. 对金融危机扩展的进一步思考

金融危机的扩展,体现了经济系统的复杂性和连带性。观察金融危机扩展的路径,不难发现,一个国家或地区的经济自由度越高,对外开放度越大,对外依存度越高,则受金融危机冲击的可能性就越大,金融危机的扩展可能就越快。因此,从经济法的角度看,如何处理好自由与管制,实现适度开放,更好地利用两个市场,解决多种二元结构所产生的复杂问题②,都需要通过有效的制度安排来加以保障。如果不能通过经济法及其他相关部门法进行有效的规制,则金融危机就会迅速扩展,不仅可能导致经济下滑、大量企业破产、社会动荡等问题,还可能带来政治和法律的危机。

从经济理论来看,金融危机的发生和扩展,与许多国家接受新自由主义经济学理论,普遍采取放松管制、过于重视市场机制的政策和制度直接相关。这在金融危机的发源国以及重要的受害国,都可以得到大略的验证。而从经济法的角度看,对经济运行的调控,对市场主体行为的规制,都应当强调"辨证施治"。经济法的重要特征之一就是规制性,即把积极的鼓励促进和消极的限制禁止相结合,把国家的宏观调控和市场规制,与市场对资源的配置相结合,主张"双手并用",以有效解决"两个失灵"的问题。③ 为了避免发

---

① 如雷曼兄弟、国际保险公司等的破产,都体现了这个特点。即都是在一个破产以后,相关的其他机构随之发生问题。有关金融危机的演变过程可参见彭兴韵等:《从次贷危机到全球金融危机的演变与扩散》,载《经济学动态》2009年第2期,第52页。

② 自由度与开放度是否适度,如何进行适度的调整,需要动态考察。这有助于更好地利用国内与国外两个市场,解决内部经济和涉外经济所产生的诸多问题。

③ 由于政府拥有全体社会成员和强制力,它拥有征税权、禁止权、处罚权等权力,因而在纠正市场失灵方面具有明显的优势。参见〔美〕斯蒂格利茨:《政府为什么干预经济——政府在市场经济中的角色》,郑秉文译,中国物资出版社1998年版,第74—77页。

生大的金融风险或金融危机,在经济法上不仅要通过中央银行法等进行金融调控,还要通过证券法等进行特别金融监管。

在"辨证施治"方面,经济法融入了中国的儒道两家的思想,它既关注把握矛盾的两个方面,强调辩证或者"一分为二"地看问题,又强调在分清主要矛盾和次要矛盾、矛盾的主要方面和次要方面的基础上,要中庸、适度、有效地实施治理。在治理的过程中,国家在公共物品的提供方面要强调"仁",在宏观调控和市场规制的措施采行方面,要强调"治大国若烹小鲜"、"不折腾"。可见,通过金融危机问题的研究,也有助于进一步增进人们对经济法哲学的认识。[①]

(三)从经济法视角看金融危机的应对

如何应对已经发生并在不断扩展的金融危机或经济危机,是世界各国都要思考的至为重大的现实问题。从经济法的角度看,除了人们关注较多的解决危机的具体经济法对策以外,尤其要明确应对危机应当遵循的基本原则,明确法律责任的承担,特别是政府的责任承担问题。

1. 应对危机应遵循的基本原则

经济法的基本原则,即法定原则、适度原则和绩效原则[②],对于各类经济危机的应对都是适用的,因此,在解决其他分配危机方面,对于上述三大基本原则亦应遵循。

首先,按照法定原则的要求,解决危机的各类问题,都必须依法办事。例如,在危机发生后,尽管情势紧急,但各个法治较为发达的国家,都很注意依法办事。美国政府最初提出 7000 亿美元的救市方案,就是经过了国会的反复审议,而不是由美国政府直接作出预算支出决定,这是强调法定原则的最简单的实例。此外,法定原则要求不仅在相关的实体权益上要法定,不仅在相关主体的职权与权利、职责与义务方面要法定,还要强调"程序法定"。

程序法定与实体法定一样,都是法定原则的应有之义。依据程序法定原

[①] 由于经济法的发展较为晚近,经济法哲学的研究明显不足。随着对经济法学的各个分支学科的认识的不断深入,经济法哲学的研究也会受到重视,并能够更好地指导经济法学的各个分支学科的研究。

[②] 参见张守文:《经济法学》,中国人民大学出版社 2008 年版,第 63—65 页。

则的要求,所有危机事项的解决,即使是应急性的,也要按照法定的应急程序办理;同时,非应急事项的处理,则应该按照法定的一般程序去办。只有各类事项的处理都按照法定程序办理,才能使危机处理具有基本的合法性基础,才不至于在金融危机之上产生"法治危机"。

同样,考虑到法定原则,我国在确定和采行各类救市方案时,也要确保合法性。例如,我国的4万亿的投资方案,至少有1.8万亿元是来自财政资金,这样的方案是否要经过全国人大常委会来审批?对此自始就令人存疑。① 此外,增值税的转型、消费税的调整(特别是成品油的税收制度的调整),等等,是否要进行听证,是否要广泛征求民众意见,甚至是否要由全国人大而不是国务院作出制度调整,都是需要认真研究的问题。② 事实上,涉及金融危机的每一项调控措施,都涉及公共利益和相关主体的利益分配,都要认真贯彻法定原则。

其次,金融危机的解决也要遵循适度原则。任何一项调控措施的出台,任何一类法律制度的出台或调整,都会涉及不同主体的利益,都会对市场主体的选择产生重要影响,从而也会影响危机中各类问题的解决。此外,金融危机本来就是"危"与"机"并存的,各项调控措施的采行不能矫枉过正,因此"适度"非常重要,要防止过犹不及。③

要遵循适度原则,尤其应找准问题,遵循规律,不要给各类主体带来额外负担。特别是调控措施的力度、向度、强度,都要适度。包括减税的数额、各类优惠的确定、国债的发行,以及进出口规模的调整等,都要适度;同时,出口退税率的调整,以及利率、汇率、存款准备金率的调整等,也都要

---

① 严格说来,扩大支出,实行积极的财政政策,是危机的应对之策,但从法律上说,涉及情势变更下产生的预算调整,而预算调整是需要经过立法机关审批的,而不是仅仅由国务院的常务会议来决定的。

② 增值税由生产型转为消费型,成品油的消费税调整,都在一定程度上有助于应对金融危机,但同时,这些调整又不只是解决危机的对策,它同时也关系到税法制度的变迁,按照严格的税收法定原则,也都是需要贯彻法律保留原则的。

③ 4万亿的投资计划不仅在法律上受到了批评,在其经济效果上也有不同看法。其经济效果的消化期与经济结构的调整期等"三期叠加",是中国经济进入"新常态"的重要体现。

适度。①

此外，即使在应对危机的过程中，也要兼顾经济和社会的可持续发展。不能因为眼前要解决危机，就一切全然不顾，还必须注意经济的良性运行，不能把 GDP 看得太重，应注重经济发展的质量和效益②，在化解危机的过程中优化和调整结构。

最后，在应对危机方面还要关注绩效原则。事实上，在上述两类原则中，已经隐含了对绩效的考虑。依据法定原则作出的调控和规制，是对绩效的重要保障；而依据适度原则进行的调控和规制，在强调对各类主体权益的均衡保护的同时，也隐含着对绩效的保障。从这个意义上说，三个原则是紧密相连的。

依据绩效原则，解决金融危机要看各类调控和规制的实绩和效果。金融危机首先是经济问题，但同时也涉及其他许多方面，因此，经济法上的各类调控或规制措施的采行，既要注意经济实绩和效果，也要注意社会乃至政治等方面的绩效，特别是法律的实效。只有这样，才能更有效地解决金融危机。

按照绩效原则，不仅注意眼前绩效，还要注意长远绩效；不仅要关注经济绩效，还要关注社会绩效等其他领域的绩效。但从现实情况看，在危机爆发等情势危急的情况下，人们容易只顾眼前，从而对长远的绩效考虑可能不够，这就需要在整体利益上作出综合判断，需要广开言路，集思广益，群策群力。此外，不仅要关注经济绩效，还要关注其他领域的绩效（如社会效益、环境效益等），并且，这些绩效也往往与长远绩效紧密相关。

2. 危机应对需注意的责任问题

金融危机的解决，涉及积极和消极两个方面。从积极的方面看，应通过促进发展来化解危机，减少危机带来的不利影响；从消极的方面看，则应解决好责任的承担问题。通过明晰相关主体的义务和责任，通过具体责任的落实，来起到惩戒和补偿等多方面的作用，并以此防止或减少金融危机所带来

---

① 在金融危机发生后，我国曾多次调整出口退税率，同时，也多次调整利率和存款准备金率，以应对进出口的平衡问题，同时，降低金融风险，拉动内需。其调整次数之多，也较为罕见。对于这些做法是否适度，也存在着不同的认识。

② 我国在后危机时代，更加注重经济结构的优化和经济发展的质量，GDP 崇拜和考核被大大淡化，这无疑是重要进步。其实，这种转变还有重要的伦理价值。可参见罗建文等：《从 GDP 崇拜到 GNH 关怀的伦理分析》，载《伦理学研究》2007 年第 2 期，第 52—58 页。

的负面影响。其实，上述的积极方面和消极方面，恰好体现了经济法能够把积极的鼓励促进和消极的限制禁止相结合的特性，因此，在解决危机问题时，应该两个方面都注意到。

通常，人们对于消极方面的责任追究往往更为关注。为此，应注意解决责任的归属问题。在各种可能承担的责任形式中，哪些责任是经济性责任，哪些是非经济性责任；哪些是政府的责任，哪些是市场主体的责任，都要加以明晰。

例如，在解决金融危机的过程中，需要分清某些金融机构及相关市场主体可能承担的经济性责任，包括惩罚性的责任和赔偿性的责任，并通过对上述责任的追究，来保障相关主体的权益和正常的金融秩序。

在解决金融危机的过程中，需关注一些重要的责任形式。如经济法上的信用减等、资格减免等。许多有问题的金融机构，在危机发生前的信用评级较高，在危机发生后，其信用评级问题已引起较多质疑。[①] 对于那些有问题的金融机构必须对其进行信用减等，这也是追究其法律责任的一种方式。此外，资格减免的责任行使也很重要。因为免去相关主体的金融从业资格，对于一些市场主体来讲，是很重的法律责任。

除了大量的惩罚性责任外，在解决金融危机的过程中，必然会涉及许多赔偿性责任。只不过由于危机的发生，不少市场主体的赔偿能力会相对下降，因而许多情况下的赔偿不能做到等额赔偿，而只能是按照一定规则的少额赔偿。在这种情况下，还会涉及优先受偿权、多种利益的兼顾或排序等问题，尤其会涉及国家利益、社会公益、私人利益的综合保护，等等。

与金融危机相关的责任，不仅包括私人主体的责任，也包括国家的责任。事实上，金融危机作为市场失灵的突出体现，是市场机制所不能解决的，恰恰需要政府运用多种手段来加以解决。为此，就需要解决好政府与市场的关系。由于金融危机会带来财政负担，往往需要由财政买单，其所具有的突出的公共危害性，以及对公共利益的较大负面影响，使得政府非但不能袖手，还必须勇于出手并成为救市的重要力量，由此又可能大大增加财政风险，并

[①] 金融机构及评级机构缺乏自律，导致风险信息和资产定价失真，是导致金融危机发生的重要原因，因此，信用评级机构也受到了很多质疑。可参见罗培新：《后金融危机时代信用评级机构法律责任之完善》，载《法学杂志》2009年第7期，第5页。

引发财政危机。金融危机之后冰岛最先濒于破产，就是政府财政危机的重要体现。[①] 这确实是一个值得深思的问题。政府用财政资金救市，涉及纳税人所缴纳的税款如何使用，以及是否应当让广大纳税人为个别市场主体的失当甚至违法行为买单的问题，同时，还涉及国家的调控责任或监管责任等问题，这些都使责任的承担更为复杂。

3. 金融危机与经济法的综合规制

从经济法的体系理论来看，经济法各个部门法的协调和综合规制，有助于更好地发挥系统的功能。要从根本上解决金融危机，同样应强调经济法各个部门法的综合规制，以推进经济与社会的协调发展。事实上，经济法的部门法都在从不同角度解决宏观调控和市场规制的诸多问题，都有助于金融危机的防范和化解。

金融危机所带来的问题是多方面的，如外需锐减，产能过剩，经营艰难，失业剧增，等等，这些问题的解决需采取多方面措施，尤其离不开经济法的规制。例如，在解决金融危机的过程中，要依法调整产业结构，就需要产业法；要依法规范投资行为，就需要投资法；要依法规制各类价格行为，就需要价格法；要依法加大预算投入，进行预算调整，就需要财政法；要依法实施税收优惠，就需要税法；要依法规制垄断行为，就需要反垄断法；要依法有效制止不正当竞争行为，就需要反不正当竞争法；要依法加强消费者保护，解决金融机构破产倒闭所引起的消费者保护问题，就需要进一步完善消费者保护法，等等。上述对产业结构的调整，对投资行为、价格行为、预算行为、税收行为、竞争行为等诸多行为的规范，都是解决金融危机的现实要求。要满足这些现实要求，就需要经济法的各个部门法的综合规制。

事实上，金融危机涉及多个方面的重大问题，并非某个部门法的调整就能够胜任。即使在经济法领域，也并非仅靠金融法一个部门法，而是需要经济法的各个部门法的综合规制。这样，才能对所采行的各类解决金融危机的措施起到规范和保障作用，同时，也才能更好地推进经济与社会的协调发展，从而在根本上解决金融危机问题。

[①] 在冰岛国家破产的危机中，IMF 扮演了重要的解救角色。但对于其中的成因，却有不同的看法。其中，有一种观点认为，危机是美元与欧元的对抗所导致的。诚如是，则国际金融竞争与法律协调是非常值得关注的。

当然，在经济法的诸多部门法中，就金融危机的解决而言，金融法的调整还是非常重要的。经济法意义上的金融法包括了金融调控法和金融监管法，包括在具体的中央银行法、商业银行法、银行监管法、证券法、保险法、信托法、担保法等各类法律中所涉及的调控法规范和监管法规范，它们对于金融危机的解决具有直接而重要的作用。① 除此以外，金融领域的国际协调，相关的国际组织、国际条约的重要作用也不可小视，这对于更好地解决金融危机扩展的"骨牌效应"，从根本上解决全球化背景下的国际金融问题，都具有重要的意义。

对国内、国际层面的经济法综合规制，需要有立法支撑，这也是前述法定原则等相关原则的基本要求。事实上，金融危机的防范和解决，需要在经济法上有效地配置权义，并据此加强调控和监管，依据法定的权利义务安排来定分止争。此外，要从根本上解决金融危机，尤其需要经济的稳定增长，其中包括稳定物价和国际收支平衡等，为此，需要加强产业法、投资法等方面的立法，完善价格法、竞争法等方面的立法，这些对于防范和化解金融危机，也都很有必要。

上述立法需要加强协调，才能构成真正的立法体系，并在经济法的综合规制上互相支持，共同实现立法的总体目标，从而更好地防范和应对金融危机以及其他类型的分配危机。

（四）小结

金融危机所带来的问题是多方面的，需要从不同的角度展开研究。前面着重从经济法理论的视角，对金融危机的发生、扩展和应对等问题进行了梳理和解析，从中不难发现：金融危机的发生，是源于"两个失灵"，透过金融危机的发生，可以看到经济法规制的重要性和经济法的重要价值；对于金融

---

① 其实，相关的金融调控和监管法律规范的作用是不应忽视的。例如，针对1929—1933年的大萧条，以及金融秩序特别是投资秩序的混乱，美国国会于1933年通过了《格拉斯—斯蒂格尔法》，即1933年《银行法》，强调对相关银行的业务的限制，形成了后来银行、证券和保险严格分业的格局。但1999年11月12日美国则通过了《金融服务现代化法》，废除了《格拉斯—斯蒂格尔法》，这实际上是弱化了金融监管。参见陈小敏等：《美国银行法》，法律出版社2000年版，第54—56页。2008年金融危机的爆发，使加强金融监管成为共识，于是美国国会于2010年6月通过了号称最严厉的《多德—弗兰克法案》。

危机的扩展,可以通过国内经济与国外经济、实体经济与虚拟经济、内部经济与外部经济等多重二元结构展开分析,从中可以发现运用经济法"辨证施治"的重要性;在金融危机的应对方面,同样应当遵循经济法上的法定原则、适度原则和绩效原则等基本原则,注意危机发生后的责任确定和分担,并强调要通过经济法各个部门法的综合规制,从根本上解决经济和社会的协调发展问题,以从根本上防范和化解金融危机。

在上述探讨过程中,始终强调的是经济法理论的视角,体现了经济法理论在重大现实问题方面的解释力。如果能够从经济法理论的角度,兼及法学与相关学科的理论,作进一步深入探讨,则对于防范金融危机等各类分配危机的发生、扩展,有效解决各类危机所带来的诸多方面的问题,定会大有裨益。

二、经济法视域的分配危机理论

随着经济危机阴霾的逐渐散去,各国经济开始进入了平缓发展且充满不确定性的"后危机时代"。针对危机的成因及其所带来的各类问题,深受其害的世界各国都在深思。危机过后,如何防范和化解新的经济危机的发生,如何推动经济的复苏,如何在新的起跑线上展开国家之间的有效竞争,如何加强相关的经济法制建设,更需要认真研讨。而上述各类重要问题,都与经济法的规制直接相关,因而非常有必要从经济法理论的角度,构建经济法视域的分配危机理论。[①]

事实上,经济法调整所涉的领域非常广阔,需要对经济法理论进行多维度的拓展与深掘,其中,分配危机理论可以成为经济法领域的分配理论的重要组成部分。要构建分配危机理论,需要从经济法的视角对国家竞争理论、风险理论、公共经济危机理论、情势变更理论等进行拓展研究,同时,还需要对既有的经济法的本体论、发生论、价值论等进行深入挖掘。而上述的拓展和深掘,对于经济法理论的丰富和发展,对于经济法的分配危机理论的形

---

① 对于与经济危机相关的经济法制度的研究相对较多,但对后危机时代的经济法理论的反思,则相对较为欠缺。而后者对于丰富和发展经济法理论是非常重要的。

成，均甚有裨益。

基于上述考虑，下面先探讨几类需拓展研究的理论，在此基础上，再提出应进一步挖掘的经济法理论。这些领域的探讨，不仅对经济法的分配危机理论的形成和制度建设有益，而且对于经济法学和经济法制的长期发展，亦非常重要。

（一）对"国家竞争理论"的拓展研究

经济法理论中的"博弈行为分析框架"，强调经济法的理论研究须注意分析各类主体之间存在的大量复杂的博弈。① 针对国家之间、国家与国民之间，以及国家与国民之间的博弈，以往的经济法理论更关注后两类，并形成了较为发达的竞争法理论，但对于国家与国家之间的博弈，则关注不够。

事实上，在经济全球化的时代，国家之间的博弈大多是通过国内法来实现的，因而国际博弈不仅是国际法学的研究对象，同样也是经济法理论要考虑的重要问题。鉴于国家之间的许多博弈都离不开国内经济法上的制度安排，因此，在经济法领域，不仅要关注企业之间的竞争以及相应的竞争法，还要关注国家之间的竞争，还要引入"国家竞争理论"。②

在后危机时代，为了解决危机所带来的诸多问题，尽快带动经济复苏，国家之间的竞争异常激烈。本来，国家竞争是国际法领域更为关注的问题，但由于国家竞争在很大程度上依赖于国内法的调整，尤其离不开经济法的制度支撑。因此，在经济全球化的背景下，经济法研究要关注国家竞争问题，并强化国家竞争的经济法规制。

为了尽快走出危机，重振经济，各国都分采各种手段，积极推动经济复苏，国家之间的竞争也日益加剧。其中，财政竞争、税收竞争、货币竞争、产业竞争十分激烈。而各国在竞争过程中所运用的主要手段，恰恰是法律化的经济手段。

---

① 对于经济法理论中的"博弈行为分析框架"的具体探讨，可参见张守文：《经济法理论的重构》，人民出版社2004年版，第154—162页；张守文：《经济法总论》，中国人民大学出版社2009年版，第10—11页。

② 对于"国家竞争理论"，目前在经济法学界还没有展开系统的研究。其实，国家竞争不仅是国际经济法学界需研究的重要问题，同样也是经济法学的重要研究对象。

例如，在财政竞争方面，为了应对经济危机，各国纷纷扩大财政支出，大量发行国债，增加政府采购数量，加大转移支付规模，以求提高消费能力，拉动内需，刺激经济增长，解决国际市场需求不足的问题。与此相应，扩张性的财政政策（或称"积极的财政政策"）以及由此形成的相关制度，便成为危机时期和后危机时代各国进行财政竞争时普遍采取的手段。当然，随着经济的逐步复苏，财政竞争所导致的负面影响也已有所显现，需要综合研判，审慎调控。

在税收竞争方面，各国往往会实施大规模的"减税"，至少是所谓的"结构性减税"，以求激活和复苏经济。其实，税收竞争本来就是国家竞争经常采取的重要手段，尤其在引进外资等方面，大量的税收优惠，以及调低税率的做法，都是国家竞争惯用的手法，而且有时还有一定效果。但是，一旦形成恶性的税收竞争，则对国家利益就会造成负面影响。[1] 因此，需要对税收竞争加以协调，以免各国为实现某些短期目标而纷纷通过降低公共物品的价格，来倾销公共物品。从根本上说，公共物品的倾销既可能损害纳税人利益，也会损害国家利益，严重影响国家之间的竞争秩序。

在金融竞争方面，包括汇率竞争（多国争相贬值本国货币）、货币竞争（如反对美元主导货币地位，争夺货币主导权）在内的各类金融竞争，在后危机时代非常引人注目。与此同时，各国纷纷反思在金融调控和金融监管方面的不足，强化利率、存款准备金率等方面的调控，力图使货币供应量更加适度。由于金融竞争以及相关的金融调控和金融监管直接影响实体经济的发展水平和质量，关涉一国能否从危机的泥淖中跋涉而出，因此，人们往往对金融竞争，特别是对"货币战争"关注更多[2]，足见金融竞争对经济发展的重要影响。

---

[1] 国际税收竞争（International Tax Competition）的问题早已引起了国际社会的广泛关注，为了避免恶性的税收竞争，欧盟和经合组织早在1997年和1998年就通过了关于恶性税收竞争的报告，强调制定恶性税收竞争的判定标准和消除措施，以求最大程度地减少其不利影响。

[2] 如宋鸿兵的《货币战争》及其后续的同一主题的作品之所以会引发关注，其实与人们对货币竞争认识的深入直接相关。

在产业竞争方面，为了加快经济复苏，各国纷纷加强产业结构调整[①]，以实现整体经济竞争目标。事实上，危机过后，往往是新兴产业形成和发展的重要时期，一国只要及时调整产业结构，就可能在产业发展过程中占据主动地位。因此，在结构调整特别是产业布局方面，各国的竞争始终非常激烈[②]，并且，在相应的立法或制度设计上，通常会协调并用财政、金融、计划等多个领域的法律手段。

上述各类竞争，都会带来很多问题。例如，以扩大预算支出为主要特点的财政竞争，可能会产生大量赤字；而赤字的增加，不仅会带来公共经济的突出问题，还会导致相关群体的收入紧缩，从而导致抗议、罢工，以及政府的强制执行能力的下降和合法性的危机[③]，并进一步加剧经济危机、社会危机和政治危机。

在国家竞争方面，值得研究的经济法问题颇多。例如，国家竞争与国家能力或国家竞争力直接相关。一国如何把自己的意志转化为现实，国家之间的哪些竞争属于正当竞争，哪些属于不正当竞争？一国对汇率的调低能否构成变相的补贴，与出口有何关联？与经济结构的调整是否存在互补性？此外，国家竞争的秩序也很重要，各国之间如何形成竞争规则，如何共同信守相关规则，如何防止其冲突甚至战争？等等，都是非常值得研究的重要问题。

国家竞争的重要目标之一，是促进或实现本国经济的稳定增长，这与一国经济法的调整目标是一致的。如何保持稳定，涉及就业、人口、环境、资源、能源、社保等许多问题，关乎经济法中的经济目标与社会目标的协调，都需要从经济法的角度深入研究。

总之，在经济法理论中，要构建分配危机理论，就需要对"国家竞争理论"进行拓展研究。考虑到各国都有其政治利益、经济利益等诸多利益，在

[①] 产业结构调整只是经济结构调整的一个非常重要的方面。其实，我国在后危机时代非常重视整体的经济结构的调整，尤其是对产业结构、投资结构、分配结构、消费结构、地区结构等诸多结构进行调整，以保持国家竞争的优势。

[②] 依据波特提出的著名的国家竞争优势理论，一国的价值观、文化、经济结构和历史都是竞争优势的来源，因此，在经济结构中具有重要地位的产业结构的调整，对国家整体竞争力的提升具有重要作用。可参见〔美〕迈克尔·波特：《国家竞争优势》，李明轩等译，华夏出版社2002年版，第9—14页。

[③] 类似的问题在欧洲多个国家出现。为履行《稳定与增长公约》所规定的控制赤字的国际法义务，多个国家出现了影响经济稳定和社会和谐的诸多问题，尤以希腊等国家最为突出。

一定程度上也被视为理性的"经济人",因此,企业竞争的某些理论和原理对于国家竞争理论研究同样可以适用。在"国家竞争理论"中,不仅要研究竞争的类型、手段等基本问题,还要从经济法的视角,研究国家竞争的目标、手段、秩序、责任、权义等诸多问题,特别是竞争的公平性问题(例如,单方面要求人民币升值是否公平),等等。在研究这些问题的过程中,既可以经济法体系为依托,旁及其他领域,也可以经济法理论为指导,来探讨每个具体阶段的问题。

(二)对经济法学"风险理论"的拓展研究

对于经济危机过后如何重振经济,加强法治,经济学界和法学界有许多颇为接近的思考,特别是如何防范和化解经济风险,已成为人们非常关注的问题。经济危机的发生与经济法的应对,不仅使经济运行风险及其法律防范备受瞩目,也使经济法的"风险理论"日显重要。①

基于经济风险对经济危机所产生的直接影响,以及防范和化解经济危机的必要,学界应当关注经济法上的风险问题,分析经济法领域特殊的风险类型,探究经济法上的风险防控制度,揭示风险、危机与安全之间的内在关联,并进一步提炼经济法学的"风险理论"。

由于风险理论对于分析分配风险、分配危机等问题具有特别重要的意义,因此,在后面将对风险理论单独进行专门探讨。

(三)对"公共经济危机"理论的拓展研究

由于经济可以分为私人经济和公共经济,因此,经济危机其实包括两个方面,一个是"私人经济危机",一个是"公共经济危机"。以往人们往往更关注"私人经济危机",而且经济危机通常也是从私人经济开始。2008年由金融危机引发的经济危机也是如此。但是,在解决"私人经济危机"的过程中,也可能引发"公共经济危机",并由此可能影响"私人经济危机"的进一步解决,或者导致新的"私人经济危机"的产生。

---

① 对于风险问题,在经济法的具体制度中的关注相对较多,但从整体的经济法理论层面展开的研究还非常不够,还缺少较为系统的风险理论。

例如，2008年经济危机发生以来，各国纷纷通过公共经济政策的调整，通过公共经济的手段，来化解私人经济危机。无论是预算支出的扩大、国债的增发，还是税收的减免、转移支付的扩大、社会保障支出的增加等，都属于公共经济手段的运用。但与此同时，财政赤字也大幅度增加，这是引发"公共经济危机"的最为直接的动因。

赤字的增加，或者由此产生的各类债务危机，是各国都必须认真面对的问题。[①] 为了减少赤字，防止"公共经济危机"的发生，欧盟成员国试图严守《稳定与增长公约》，紧缩政府开支，从而也影响其对私人经济的投入，导致希腊、西班牙等国家经济增长乏力，罢工、游行等各类群体不满的事件此伏彼起。欧洲多国的债务危机引起了世界各国的广泛关注。

其实，不只是欧洲，美国也同样受到了严重的债务危机的困扰，多个城市濒临破产边缘。[②] 随着"公共经济危机"在后危机时代的显现和加剧，各国都面临着是否要加税、是否要增发货币，以及能否有效应对通胀等突出问题，这些问题都会影响公共经济的安全，需要从法律的角度加以审视，尤其需要从经济法的角度提炼出相应的"公共经济危机"的理论。

以往经济法学界更多地关注私人经济对公共经济的影响，强调私人经济的基础性地位或公共经济对私人经济的依赖性。而事实上，公共经济同样会对私人经济产生重要影响，在公共经济规模足够巨大的今天，它已成为影响私人经济的不容忽视的重要力量，这也是国家进行宏观调控和市场规制的重要经济基础。

基于公共经济对私人经济的重要影响，对公共经济领域的法律规制非常必要，尤其应加强对政府预算支出的法律控制[③]，特别是对国家投资、政府采购支出的法律规制，此外，无论在实体法抑或程序法方面，法律的规定必须

---

① 我国在经济危机发生后，2009年和2010年的赤字规模比以往年度大幅剧增，甚至超过万亿元；随着危机应对措施的展开，以及对赤字问题认识的深化，我国从2011年起试图逐渐调低赤字规模，但至今仍然未能解决。

② 其中最为著名的是美国汽车城底特律在2013年7月18日正式申请破产保护，从而使其成为美国历史上最大的破产城市。2014年11月7日美国联邦法官史蒂文·罗德斯（Steven Rhodes）对其破产退出计划作出许可裁决。

③ 我国从2004年起就开始修订《预算法》，直至2014年8月31日全国人大常委会通过关于修订《预算法》的决定，其中的一个重要目标，就是加强对预算支出的法律控制。

明晰且可执行,这样才能更好地确保权利与权力的有效配置,实现各类主体法益的综合保护。

(四)对"情势变更理论"的拓展研究

经济危机的发生,无论对私人主体的经济活动,还是对国家或政府的经济安排,都会产生重要影响。由于在各类主体进行经济安排时难以预见经济危机的发生,因而危机的爆发属于较为重大的情势变更。

基于情势变更对私人主体经济活动的影响,在合同法等私法领域里确立了情势变更原则或制度;同样,由于情势变更会对国家或政府的经济安排产生重要影响,因而也需要在公法领域里作出制度安排。鉴于政府的经济安排与经济法的规制密切相关,在经济法领域应当对情势变更原则或制度作出拓展研究。

例如,在财税法领域,经济危机的发生作为一类重要的情势变更,可能带来许多法律问题,包括预算的调整、预算优先权的变化、税收制度的变动、特别国债的增发,等等。由于各国为应对经济危机,主要运用财税手段救市,广泛采取扩大预算支出、减税等手段,从而使赤字激增,并产生了影响经济持续增长的诸多不稳定因素,因此,围绕情势变更所带来的诸多财税法律问题,非常值得研究。

经济危机的发生,作为一种情势变更,最为直接的影响就是使原来形式上收支平衡的预算变得失衡,原有的资金分配计划需要重新调整。依据相关法理,情势变更应当发生在预算审批生效后、执行完毕前,如果在预算编审时已经发生,则在编审阶段就应考虑到,而不应事后再调整;同时,情势变更应当是重大的变化,凡涉及中央级次预算调整的,通常是涉及全国的比较大的经济危机。

情势变更的发生,使各类预算主体再执行原来的预算或者不公平,或者难以执行。一方面,经济危机使预算征收主体的义务不能有效履行,另一方面,由于灾害或危机等原因,相关的缴纳主体的困难会大为增加,其完成纳税或缴费任务的基础已经发生了变化。在经济不景气影响税基,从而直接影响预算征收任务的完成的情况下,调整预算的规模和结构,重新进行预算安排,无疑非常必要。这体现了"实质高于形式"的精神,即经济生活的实质高于最初预算平衡的形式。

总之，只要涉及经济活动，就可能存在情势变更的问题。财税活动作为一种重要的公共经济活动，同样会受到情势变更的影响。无论是私人契约的履行，还是国家预算计划的完成，都应考虑情势变更的发生。因此，应当对"情势变更理论"进行超越私法的扩展研究，更加关注情势变更的一般法理的广泛适用，以及情势变更对调控行为的影响。

在经济法领域对"情势变更理论"进行拓展研究，需要分析情势变更的法理，探究情势变更原理是否可以普遍适用于经济法的相关领域，以及适用上的特殊性，这更有助于推进经济法的理论发展，完善经济法的具体立法。

（五）对既有经济法理论应当深掘

经济周期的循环往复，已经成为经济运行的常态，对后危机时代共性问题的研究，同样具有普遍意义。危机过后，痛定思痛，对既有的经济法理论进行深入挖掘，不仅有助于推进经济法理论的完善，也有助于分配危机理论的形成。

经济法理论包括本体论、发生论、价值论、规范论、运行论等诸论，由于前述需要拓展研究的几类理论与经济法的规范论、运行论等密切相关，是对规范论、运行论的进一步深化，因此，下面仅以经济法理论中的本体论、发生论和价值论为例，简要探讨对既有经济法理论的挖掘，以及由此对分配危机理论形成的影响。

第一，从经济法的本体论来看，经济危机的发生和蔓延，使人们更加清晰地认识到市场调节的局限性和政府调控的必要性；同时，在解决危机的过程中，也使人们看到了政府作用的有限性。正是基于对市场失灵和政府失灵的认知，以及法律对于解决"两个失灵"的重要作用，人们才更加认识到经济法作为一个独立法律部门的重要性。

从经济史的角度看，市场失灵会引发经济风险，导致经济失衡，并由此可能酿成经济危机，因此，为了解决经济失衡问题，必须进行宏观调控和市场规制。这也正是在防范分配危机方面需要加强经济法规制的重要原因。从危机应对和后危机时代各国进行的调控和规制来看，"依法调制"非常重要。由于宏观调控和市场规制一旦脱离法律的轨道和法治的精神，就必定引发更多的法律问题，因而规范调控和规制行为，便是经济法的重要任务和使命。从这个意义上说，经济法不仅是规范市场主体的相关竞争行为的法，同时也是规范国家实施的各类调制行为的法。

从经济法的特征看，经济法的调整手段具有突出的经济性和规制性，而具有此类特征的调整手段，恰恰有助于经济危机的解决。不仅如此，无论是在后危机时代，还是经济发展的其他阶段，都需要有效促进经济发展，因而在经济法中会增加大量具有鼓励和促进功能的规范，从而形成了大量的"促进型经济法"。[1]

与上述的经济法特征相联系，在实践中有人常常把宏观调控片面地理解为"紧缩"、"压制"，特别是在房地产市场、资本市场的调控方面，加大调控力度往往都被理解为加大"压制"或"紧缩"的力度。事实上，且不说对某个行业和领域的调控是否属于本初意义上的"宏观调控"[2]，仅就调控本身所包含的两个向度来说，调控都应体现规制性，都应强调"区别对待"，这在任何时期都尤其重要，同时，也才是对经济法规制的较为全面的理解。

第二，从经济法的发生论来看，经济法真正作为一个独立部门法的全面、完整确立，是在经历了20世纪30年代的经济危机，从而使现代意义的宏观调控法产生以后。在应对大危机的时期，宏观调控法是作为"危机对策法"存在的。但由于经济周期不可避免，甚至会频繁发生，只是波幅大小不同而已，因此，宏观调控法已不再只是"非常时期"的危机对策法，而是变成"常态下"的经济稳定运行的重要保障法。

经济法产生和发展的重要前提和基础，是现代市场经济。如果市场经济中的经济风险不至于引发经济失衡，靠市场机制的自发作用可以自行解决经济运行的重大问题，则经济法就没有产生的必要，也没有发展的可能；恰恰是现代市场经济条件下纷繁复杂的经济生活，以及由此产生的周期性的经济危机（实际是分配不均衡所导致的各类危机），才需要有更高层次的宏观调控

---

[1] 有关促进型经济法的具体分析，可参见张守文：《论促进型经济法》，载《重庆大学学报》（社会科学版）2009年第6期，第103—106页

[2] 在2013年的"改革决定"中强调："宏观调控的主要任务是保持经济总量平衡，促进重大经济结构协调和生产力布局优化，减缓经济周期波动影响，防范区域性、系统性风险，稳定市场预期，实现经济持续健康发展。健全以国家发展战略和规划为导向、以财政政策和货币政策为主要手段的宏观调控体系。"可见，宏观调控有其特定的含义，而且，防范和化解经济风险和经济危机，正是其重要任务。

和市场规制，才需要有不同于传统部门法的经济法。

另外，经济风险通常与社会风险是紧密相连的。经济法旨在解决经济风险和经济危机所带来的诸多问题，在经济法全面产生和发展的同时，旨在解决社会风险和社会危机所带来的各类问题的社会法，也得到了全面的发展。①研究经济危机发生和后危机时代的诸多问题，有助于更好地理解为什么经济法与社会法产生的基础具有内在的一致性，以及为什么两者的产生和发展存在着密切的关联。

第三，从经济法的价值论来看，此次经济危机，更加凸显经济法宗旨的重要。经济法宗旨作为经济法价值的集中体现，其所强调的促进经济稳定增长的目标，与经济法防范和化解经济危机的功用是内在一致的。基于经济法调整目标与制度功用的内在统一，在危机过后，应更加注重通过经济法的制度设计和有效实施，发挥其预防、化解经济风险的作用，努力解决可能出现的各类经济失衡问题，尽量防止严重的经济危机的频繁发生。

为此应严格贯彻体现经济法价值的三大原则，即法定原则、适度原则和绩效原则。依据法定原则，各领域的调控和规制，都应当严格执行法定原则，但我国在危机应对的过程中，违反法定原则的事例已经发生，这是应全力避免的。②依据适度原则，宏观调控和市场规制都必须适度，尤其应处理好政府与市场的关系，尊重经济规律，强调合乎法度，否则，仍可能会引发新的经济危机。依据绩效原则，经济法规制必须有利于经济的稳定发展，防止经济危机所带来的经济运行的"不经济"问题，避免多年累积的经济增长成果因危机而毁于一旦；经济法规制的重要目标和功能，就是解决经济运行过程中发生的各类"不经济"的问题，增进整体的效率与效益。因此，无论是危机应对还是后危机时代诸多问题的解决，都应坚持绩效原则，运用经济法的诸多规制手段，依法调整经济结构，推进科学规划和发展，实现整体的经济效

---

① 经济法和社会法在产生时间、发展阶段、经济基础和社会基础等方面，具有很大的一致性或共同性，因此可以进行互联互通式的研究。

② 如4万亿元投资涉及预算调整，按照我国《预算法》的规定是应当经过全国人大常务会审批的，但这一巨额投资始终没有经过法定的审批程序，对此各界人士已经有过许多批评。

率和效益①,这其实也应当是分配危机理论应关注的核心内容。

在后危机时代,为了增强调控和规制的有效性,解决危机应对方面的具体问题,需要对法定原则作出整体的、动态的理解,才能综合体现三大原则的要求,这在分配危机理论研究中是值得关注的。此外,对与调控相关的法定程序的确定和维护,对于适度原则中的"度"的把握等,也需要在研究经济法的分配危机理论时进一步深入挖掘。

(六) 小结

在后危机时代,各国都非常注重采行经济法的多种手段,加强经济法规制,与此同时,应对危机的实践也要求对经济法理论作出拓展研究和深入挖掘。这对于经济法理论的丰富和发展,对于经济法领域的分配危机理论的构建,对于经济法制度的完善,都具有重要价值。

从拓展研究的角度,前面简要探讨了经济法研究中应予关注的几类重要的理论,包括国家竞争理论、风险理论、公共经济危机理论、情势变更理论等,对这些理论的拓展研究,非常有助于经济法的理论(特别是经济法的规范论和运行论)的深化;此外,结合既有的经济法理论,还简要探讨了经济法的本体论、发生论、价值论方面需要深入挖掘的一些问题。如将上述理论融入经济法领域的分配危机理论,则有助于提升经济法理论在应对危机方面的指导力。

从全球经济的发展来看,经济风险、经济失衡、经济周期已成为经济运行过程中的普遍现象和普遍问题,有关危机或后危机的相关理论研究,也必然成为经济法理论研究中的重要组成部分,并且,基于经济法自身的宗旨和原则,有关后危机时代的理论拓展和深掘,在整个经济法理论体系中的地位还将不断上升。为此,学界还应对经济法理论作进一步的拓掘,努力发现其中的原理和规律,构建系统的分配危机理论,从而更好地推进经济法理论的深化,促进经济法制度建设的发展。

---

① 哈贝马斯曾关注晚期资本主义危机在政治领域的表现,强调在政治领域存在合法性和合理性双重危机。参见〔德〕哈贝马斯:《合法化危机》,刘北成等译,上海人民出版社 2000 年版,第 63—68 页。在经济法规制方面,同样应当注意防止出现合理性和合法性问题。

三、风险理论与分配危机的防控

分配危机与分配风险直接相关,要防控相关的分配危机,需要加强风险理论的研究。为此,前面已多次提及经济法领域应当加强风险理论的研究。事实上,对经济法理论与制度的仰观俯察,涉及多个重要维度。经济危机的发生与经济法规制的应对,不仅使经济运行风险及其法律防范备受瞩目,也使观察经济法的风险维度得以凸显。其实,与前面的分配维度类似,风险维度亦为贯穿经济法理论研究和制度建设之重要经脉[①],并且对于研究分配危机的经济法规制问题非常重要。

基于风险维度,学界需要关注经济法上的风险问题,分析经济法领域特殊的风险类型,探究经济法上的风险防控制度,以及其中蕴涵的风险、危机与安全之间的内在关联,并提炼经济法上的"风险理论",这有助于深入思考分配风险问题,更好地防控分配危机。

(一)经济法上的风险问题

尽管对于风险的定义各不相同,但一般都强调风险是指某种不确定性或由此而产生损害的可能性,由此使风险与不确定性、损害性、可能性等密切相关,且主要涉及风险要素、风险事故和风险损害等重要问题。由于风险的存在具有普遍性,而趋利避害又是人们的普遍追求,因而风险问题是许多学科都关注的重要问题,并且,在经济学、社会学等许多领域都已有较为深入的研究[②],这对于法学领域的风险问题研究亦有促进。从制度经济学的角度看,制度的重要功用,就是解决由于各种不确定性所带来的风险。事实上,解决诸多领域的风险问题,防范和化解由于风险积聚而产生的各类危机,确

[①] 经济法是重要的"分配法",分配的维度是贯穿经济法理论研究和制度建设的重要经脉;同样,由于经济法也是重要的风险防控法,因而风险维度对于全面观察经济法的理论研究和制度建设亦非常重要。

[②] 风险经济学和风险社会学的研究已经取得了不少成果,有关风险研究的著作如美国学者奈特的《风险、不确定性与利润》(安佳译,商务印书馆2010年版)、德国学者贝克的《风险社会》(何博闻译,译林出版社2004年版)等都产生了很大影响。尽管许多研究者对风险的认识或存歧见,但对经济法领域的风险问题的研究都有一定的启发。

是法律制度的重要功用和目标。

考古察今，不难发现各类法律制度都有其所需面对和解决的风险问题，如民商法上的交易风险、行政法上的行政风险、诉讼法上的诉讼风险和审判风险，等等。正是这些风险问题，推动了许多重要制度的形成和发展。又如，犯罪的发生具有一定的不确定性，防范和化解犯罪的风险正是刑法调整的重要任务。与上述风险相关联，现代国家所面临的经济风险、社会风险日益增大，需要通过经济法、社会法的调整加以防范和化解。其实，针对经济运行过程中存在的大量"复杂性问题"和"不确定性问题"，努力做到防微杜渐，防危杜险，化险为夷，正是经济法的重要功用和目标。

在经济法的各个领域，都存在着大量值得关注的风险问题。如财政法上的财政风险、金融法上的金融风险、产业法上的产业风险、价格法上的价格风险、竞争法上的竞争风险、消费者保护法上的消费风险，都是应予关注的重要风险问题，它们直接关涉国家利益和社会公益，对于整体的经济运行和经济秩序，以及相关主体的合法权益影响甚巨。

对于上述各类风险问题，学界已程度不同地有所关注。例如，财政法上的财政风险，与预算支出过大、债务负担过重、税负过重或税收不足等有直接关联，对于如何有效地解决赤字规模过大、债务依存度过高的问题，如何解决税负不公以及由此产生的征收不可持续问题，等等，在预算法、国债法、税法等领域的研究中已有所探讨。此外，由于收费过多、过滥而产生的征收风险及由此产生的抵制风险等，尚需深入关注。

在风险研究方面，经济法领域以往研究最多的，莫过于金融风险问题。无论是银行法涉及的信用风险、流动性风险等，还是证券法、保险法涉及的各类风险问题，都已有大量研究成果。这对于整个经济法的风险理论研究有重要借鉴意义。

总之，风险问题是各类法律都要面对和解决的重要问题，从而使风险维度成为可以贯穿各类法律制度的一个重要维度。从广义上说，整个法律制度都是旨在解决风险问题的风险防控制度；但从狭义上说，各类法律制度中还有解决某类具体风险问题的专门制度。为此，有必要研究各类风险问题的具体类别，探寻各类风险防控制度的共通性和特殊性，从而为提炼经济法上的风险理论奠定基础。

（二）经济法领域的风险类型

从一般的风险理论来看，依据不同的标准，风险被分为多种类型，如自然风险和社会风险、政治风险和经济风险、道德风险和法律风险、财产风险和人身风险，等等，这些分类对于经济法上的风险问题研究都有一定价值。但还需结合经济法的特殊性，进一步探讨经济法上的风险类型，其中也包括分配风险。

由于风险非常普遍而多样，对于风险的划分标准也各异其趣。在风险的承担主体方面，基于经济法主体的二元结构[①]，可将风险分为调制受体的风险与调制主体的风险。例如，商业银行、证券公司、保险公司以及其他各类企业的风险，都属于调制受体的风险。对影响国计民生的重要市场主体加强风险防控，有助于防范更大的市场风险，确保整体的经济安全。

除上述调制受体的风险以外，调制主体的风险也需关注。国家作为公共经济的主体，要防范财政风险和财政危机，就需解决好收支平衡，特别是转移支付和政府采购规模，以及征税和发债规模等问题。要防范税收风险，确保税收持续和公共需要，就要优化税制设计。类似的，要防范金融风险，央行的货币发行亦须保持适度规模，并加强金融监管，等等。调制主体在调控和规制方面的大量风险的防控，离不开经济法的有效规制。

上述两类风险，是经济法领域的重要风险类型，同时，它们也隐含或对应着经济法领域需予关注的如下风险类型：宏观风险与微观风险、整体风险与个体风险、公共风险与私人风险。调制主体尤其要关注宏观风险、整体风险和公共风险；调制受体自然会关注微观风险、个体风险和私人风险。经济法的理论研究和制度建设，都要关注上述各类"二元风险"。事实上，经济法对整体主义的强调，与其对宏观的、整体的、公共的风险的关注相一致；同时，由于微观的、个体的、私人的风险达到一定程度，就可能演化成宏观的、整体的、公共的风险，因此，经济法具体制度设计要兼顾各类风险，在各类特别市场规制法所强调的监管中，尤其要重视关系国计民生的重要领域。

[①] 经济法的主体可以分为调制主体和调制受体，前者是从事宏观调控和市场规制的主体，后者是接受国家的宏观调控和市场规制的主体。主体的二元划分，直接影响经济法主体的行为、权利和义务以及责任，相应地，也影响风险的类型划分。

此外，与上述风险类型相关联，从行为的角度来看，调制主体从事调制行为的风险，以及调制受体从事对策行为的风险，可以构成调制风险与对策风险的类型划分。其中，调制风险往往涉及系统性风险，而对策风险往往属于非系统性风险，但也可能转化为系统性风险。它们都是经济法调整所需关注的风险类型，都需在风险防控制度中加以体现。

（三）经济法上的风险防控制度

由于上述各类风险可能在宏观和整体上给公共利益造成损害，影响经济与社会的良性运行，因此，在经济法的各个领域，都设有防控风险的重要制度，以预防风险的积聚，控制经济危机的发生和蔓延，确保经济安全。

我国的多部重要法律都在其立法宗旨中对风险有所关注。例如，在金融风险的防控方面，《中国人民银行法》（简称《人行法》）规定："中国人民银行在国务院领导下，制定和执行货币政策，防范和化解金融风险，维护金融稳定"。《银行业监督管理法》的立法宗旨是"为了加强对银行业的监督管理，规范监督管理行为，防范和化解银行业风险，保护存款人和其他客户的合法权益，促进银行业健康发展"[①]。

基于上述防控金融风险的宗旨，《人行法》规定："当银行业金融机构出现支付困难，可能引发金融风险时，为了维护金融稳定，中国人民银行经国务院批准，有权对银行业金融机构进行检查监督。"[②] 同时，《银行业监督管理法》规定了许多具体制度，包括对金融机构风险的监管、预警、处置等制度，以及加强风险管理和内部控制的制度。[③] 与上述制度类似，《商业银行法》规定，银行以安全性、流动性、效益性为经营原则，自担风险，要建立、健全本行的风险管理和内部控制制度。至于《证券法》、《保险法》等法律，更是规定了大量的风险防控制度。

除了上述各类直接而具体的风险防控制度以外[④]，在我国经济法的具体立

---

① 参见我国《中国人民银行法》第2条以及《银行业监督管理法》第1条。
② 参见我国《中国人民银行法》第34条。
③ 参见我国《银行业监督管理法》第13条、第21条、第23条、第24条、第27条至第29条、第38条，等等。
④ 参见我国《商业银行法》第4条、第59条、第64条，等等。

法中,还有许多实质意义上的风险防控制度。例如,《预算法》中的预备费等制度,《人行法》中的存款准备金制度,《价格法》中的重要商品储备制度、价格监测制度、价格干预制度,等等。① 类似的制度在各类现行立法中比比皆是。而国家设立上述风险防控制度的重要考虑,就是要"未雨绸缪",做到"居安思危,思则有备,有备无患"。

透过以上简要列举的立法例,不难发现风险防控制度在经济法立法中具有一定的普遍性。这些制度对于有效降低各个领域的风险,防范和化解因风险积聚而产生的分配危机,确保经济安全,发挥着重要作用。

(四) 经济法上的风险、危机与安全

在各类主体纷繁复杂的博弈中,充满了不确定性,导致各类主体的风险大增。市场失灵所导致的经济失衡和社会失衡,既是风险的体现,又会进一步加剧风险。在高风险的社会环境中,不断降低风险,防止由于风险过大而产生危机,确保经济安全和社会安全,已成为经济法调整的重要目标。

从风险、危机与安全及其关联的维度来看,经济法在宏观调控和市场规制方面的制度安排,就是为了防控经济运行过程中的各种风险,包括分配风险。此外,在风险积聚引发经济危机的情况下,经济法制度中内涵的或预留的危机解决对策,还有助于危机的化解。正因为经济法可以防控风险,化解危机,保障经济安全和社会安全,因而可以将经济法称为"风险防控法"、"危机对策法"和"安全保障法"。这是从风险、危机与安全的关联的维度所作出的解析。

经济法作为新兴的现代法,其防控风险和化解危机的功能,与其规制目标直接相关。事实上,追求经济的稳定增长,由此保障经济安全,进而促进经济与社会的良性运行和协调发展,是经济法宗旨的应有之义。在学界以往研讨经济法宗旨的过程中,曾提出过经济法调整所欲实现的诸多重要目标,但往往缺少从风险、危机与安全维度的进一步解析。如从风险维度深入思考,则对于全面理解经济法的宗旨、价值等问题无疑甚有裨益。

2008年以来的全球性经济危机,不仅为全面理解经济法的性质、功能、

---

① 参见我国《价格法》第27条至第32条。

宗旨、价值等诸多理论提供了很好的契机，同时，也提醒人们要从风险、危机与安全及其关联的维度对各个领域的具体制度加以解析。

从具体制度来看，财政法领域的财政风险、财政危机与财政安全，税法领域的税收风险、税收危机与税收安全，金融法领域的金融风险、金融危机与金融安全，产业法领域的产业风险、产业危机与产业安全，竞争法领域的竞争风险、竞争危机与竞争安全等，都是经济法规制要解决的极为重要的问题。上述风险无论是宏观的、整体层面的，还是微观的、个体层面的，都可能积聚演化为危机，并影响整体安全。现实的经济法制度，有些已经关注了上述的风险、危机与安全问题，但有些领域体现得还不够，因此应进一步明确制度完善的方向和具体领域。

例如，基于上述的风险、危机与安全的维度，在财政法领域，尚需强化预算平衡与预算调整、赤字规模与债务规模的控制等制度，使预算的编审与执行，以及国债的发行与回收等制度安排更加规范化；在税法领域，课税努力与税负公平，影响着国家征收方面的税收风险，以及国民因不遵从税法而导致的税收风险，需要进一步增强税法制度的合理性与合法性；在竞争法领域，企业的竞争风险，特别是违法竞争的风险（如不正当竞争的风险，以及垄断的风险）层出不穷，在规范市场秩序方面，仍需细化各类监管制度。此外，金融法领域尽管已有大量金融风险的防控制度，但金融危机的发生已表明，现行制度及其与其他制度的配合已存在诸多不足，完善金融风险防控制度仍任重而道远。

在上述各类具体的风险防控制度中，如何有效界定相关主体在风险防控方面的权力与职责，规定相关主体的协助义务或配合义务，建立有效的问责制以及相关的风险预警、监测、控制、化解的机制，是具有一定共通性的问题；同时，如何加强制度之间的配合，如加强财政制度与金融制度的有效配合，尽量避免金融危机总由财政来买单的问题[①]，真正降低系统性风险，等等，同样是制度完善的重要方向。结合上述的制度实践，应不断总结经济法上的风险防控原理，并进而提炼经济法上的风险理论。

---

① 参见刘尚希等：《宏观金融风险与政府财政责任》，中国财政经济出版社2006年版，第11页。

(五) 风险理论的提炼

经济法上的风险理论，是有关风险的存在及其经济法解决的一般理论。基于对经济法上的风险问题、风险类型、具体的风险防控制度及其中蕴含的风险、危机与安全的关联的认识，经济法学界提炼风险理论不仅是必要的，也是可能的。

风险理论不仅对于金融法等部门法至为重要，而且对于整个经济法亦甚有价值。它有助于从一个侧面，即从风险的维度，说明经济法的产生、宗旨、价值、手段等诸多问题，也有助于揭示经济法的具体制度结构，说明经济法为什么是风险防范法、危机对策法和安全保障法，并有助于拓展对危机对策法的理解。[①]

如前所述，金融危机或经济危机促使人们进一步思考风险、危机与安全等相关问题。如果在经济法上能够有效地提炼风险理论，用以指导具体的风险防控制度的构建，在具体制度设计上考虑可能存在的风险点、风险发生与扩展的路径，并有效运用制度提供的防控手段，则经济法上存在的各类风险问题应会在一定程度上得到解决。

从理论上看，客观存在的风险，会体现为各类风险问题，形成不同的风险类型；经济法主体及其行为涉及的各类风险，无论是宏观的、整体的、公共的风险，还是微观的、个体的、私人的风险，都可能或者导致、加剧市场失灵或导致政府失灵，影响经济的稳定和有效运行，甚至形成系统性危机，造成巨大的负面影响。为此，在经济法上需要构筑各类风险防控制度，防范经济法上的各类风险，化解各类风险积聚而可能产生的经济危机，以确保经济安全，实现经济法的总体调整目标。

经济法上的风险理论，应当有丰富的内容。其中，狭义的风险理论，至少应包括风险类型理论，它有助于在一般风险理论的基础上，提出经济法上特殊的风险类型，从而为具体的制度构建奠定基础；同时，也应包括风险防控机制理论，它有助于揭示经济法领域风险防控机制的特殊性；此外，还应

[①] "危机对策法"的提法，学界久已有之。但在解释上相对较窄。如果与风险、安全维度相结合，则对危机对策法的理解即可得到拓展。事实上，与风险防控相关联，经济法制度中一直内含着危机对策措施。

包括风险防控的规范理论,以涵盖从主体到行为、从权义结构到法律责任等多个方面的制度规范的理论,等等。广义的风险理论,则涉及从风险维度提炼的有关经济法的产生、性质、宗旨、功能、价值等诸多方面的理论。

此外,风险理论与信息理论具有内在关联。当今的信息社会同时也是风险社会。为了解决信息的不确定所带来的风险,在经济法上需要确立许多信息披露制度,以保护各类主体的知情权,包括纳税人的知情权、投资者的知情权、消费者的知情权,以及调制主体的知情权,等等。加强信息披露,对于防范和化解风险具有重要作用。这也是信息披露制度为什么会成为一类通用制度,并贯穿于各类经济法制度的重要原因。因此,在研究经济法上的风险理论的同时,还应当加强经济法上的信息理论的研究。①

(六)小结

无论是经济法的制度建设抑或法学研究,均可从风险维度来观察解析。由于风险直接影响主体的利益得失,因而风险维度既是研究经济法制度的基本维度,也是研究分配问题的基本维度。前面的探讨,提出了经济法上的风险问题和特殊的风险类型,考察了现实的风险防控制度,发掘了风险、危机与安全在制度层面的内在关联,这对于进一步提炼经济法上的风险理论,分析分配风险和分配危机的相关问题,都具有重要的基础性意义,都可适用于分配危机理论的研究。

四、"发展法学"的分配危机理论

分配危机不仅有助于推动经济法领域的风险理论等诸多理论研究,还有助于推动"发展法学"理论的构建。由于在经济社会发展过程中,分配始终至为重要,分配问题解决不好,就会严重影响发展,因此,分配问题不仅是发展经济学、发展社会学的重要研究对象,同样也应当是发展法学的重要研究对象。与此相关联,要防范和化解分配风险和分配危机,有效地解决分配

---

① 从这个意义上说,信息维度同样是观察经济法的重要维度,同时,加强经济法领域的信息理论与制度的研究,还有助于推进信息法学的研究。

问题,就要转变传统的法学观念,充分认识发展法学存在的价值,并加强发展法学的研究,同时,还应在发展法学领域,构建分配危机理论,即在经济法学的分配危机理论的基础上,将社会分配危机的问题融入其中,着重从经济与社会发展的角度,从解决经济失衡和社会失衡的角度来讨论分配危机问题。当然,由于分配危机首先是经济层面的危机,因而相对于社会法领域应有的分配危机理论,经济法领域的分配危机理论是更为基础和更为重要的。从发展法学的视角来看分配危机理论,会更多地关注危机与法治、危机与发展的关系。

为此,下面先着重讨论发展法学的相关问题,并在其中穿插有关分配危机理论的思考。

(一)为什么要加强发展法学研究

"发展才是硬道理","发展是第一要务",这些耳熟能详的命题,都强调了发展的重要性。① 从不同的层次上看,发展既是目标,也是手段。由于人类所面临的各类问题的产生与解决,往往都与发展直接相关,因而经济与社会发展历来备受重视,并在相关的研究领域,形成了发展经济学、发展社会学和发展政治学等学科。②

然而,既往的法学研究,对于发展问题却大多缺乏关注。即使是法学的学科分类,也基本上是按照法律部门的划分标准(尤其调整对象标准)作出的。而对于法律调整目标等标准,则较为忽视。事实上,如果从法律调整所要解决的问题来看,就像在经济学、社会学、政治学领域可以有发展经济学、发展社会学和发展政治学一样,在法学领域,也可以有"发展法学"。③

加强发展法学研究,有助于在法学领域围绕促进发展展开深入研究,包括影响经济社会发展的各类问题,如现代化问题、分配危机问题等,都可以成为发展法学的重要内容。传统的法学学科,往往更关注微观的权义配置和

---

① 2013年的"改革决定"特别强调:"全面深化改革,必须坚持发展仍是解决我国所有问题的关键这个重大战略判断",因此,无论全面改革,还是全面推进依法治国,都要围绕"发展"展开。
② 这些学科在理论著述和课程设置上都已初具规模,从而为发展法学的发展提供了可贵的借鉴。
③ 有关"发展法学"概念的提出,可参见张守文:《经济法学的基本假设》,载《现代法学》2001年第6期,第44—53页。

定分止争，但对于宏观层面的长远发展则关注不够。现代法学学科则往往更关注如何通过法律规制来促进发展，从而会影响经济与社会的未来走向。基于对发展的关注，以及法律规制的重要目标，在目前已有的部门法中，经济法和社会法涉及发展问题相对较多，并以解决经济和社会发展过程中存在的诸多问题为主要目标，因此，经济法学和社会法学大体上可以归属于"发展法学"。①

法学的发展，离不开"发展法学"。在"发展法学"中，经济法学是非常重要的。经济法学、社会法学等，是从部门法角度作出的一种学科划分，而发展法学则不是，因此，它同民商法学、行政法学、经济法学等并非处于同一层面。其实，在部门法标准之外，还可以有其他不同层面的、不同类型的学科划分标准。因为学术上的划分，仅是为了完成一定的研究任务，未必要把它永久固化。在经济法学之上，从更高的层面，对发展法学问题作进一步研究，更有利于增进对经济法的理解，也更有利于推进经济法的研究。

（二）发展观或分配观对发展法学的影响

发展法学，盖而言之，是以发展问题为研究对象，以促进发展为目标的法学分支学科。较为狭义的发展法学，主要侧重于研究经济和社会的发展；较为广义的发展法学，则还要研究政治和文化的发展等。虽然发展法学的研究范围尚处于发展变化之中，但由于世界各国的核心目标一般都是经济发展，以及与此密切相关的社会发展，因此，发展法学的核心，也主要是侧重于研究经济和社会的发展。

从经济法学和社会法学等学科的发展，以及推动发展的主体来看，发展法学在狭义上是以国家推动的发展为基本内容和研究对象的；在广义上，其研究对象还可以包括其他主体（如第三部门）推动的发展或者相关主体（如市场主体）的自我发展。但从狭义上进行限缩，从宏观、长远等角度来研究发展问题，则对于发展法学的现时研究更为重要。

---

① 经济法的调整对于经济发展，社会法的调整对于社会发展，以及两类法律规范的综合调整对于经济与社会协调发展，都具有重要的作用，因而非常值得重视。当今国家的经济职能和社会职能之所以被特别强调，就是因为经济与社会的发展至为重要。在这种情况下，如何通过更为宏观的发展法学的研究，去推动经济与社会的良性运行和协调发展，实为国家治理必须面对的重要问题。

发展法学与发展观（包括更为具体的分配观）直接相关。一个国家，一个民族，必须有自己的发展观。如果对发展的问题认识不清，或者重视不够，国家和民族就不可能有很大的发展。在发展观不清晰、不正确的情况下，就会存在许多问题，也不可能形成一套促进发展的合理制度，更不可能有一套公平、合理的分配制度。

在一些特殊的历史时段，我国对于发展问题也并不重视。在片面强调政治的时代，经济和社会的发展，自然会受到忽视，在制度建设上，对与发展直接相关的分配问题就不可能很重视，相应的，对于促进发展的分配制度也较为忽视。历史经验一再表明：当我们普遍不重视发展问题，漠视或者忽视发展问题、分配问题的时候，就会直接影响相关的分配制度建设，就可能产生分配风险和分配危机。在我国改革开放前夕，巨大的分配压力、突出的分配问题，已经严重影响了国家的发展，因此，必须从改革分配制度开始，全面推进国家经济社会的发展。

从历史上看，人类对于发展问题的认识是逐渐深入的。以往的法律主要关注的是生存问题，特别是最基本的人身权和财产权问题[①]，而这些基本权利的保障都与分配制度相关，因此，必须在分配制度中切实保障个人的基本权利。随着人类社会的进步，人们又逐渐关注发展问题，并认为发展权同样也是重要的人权（《发展权宣言》就是典型例证），因而分配制度的相关安排要与发展权的保护相一致。同时，对于一个国家而言，人们越来越认识到发展的重要性：没有发展，就没有出路，在国际竞争中就会落伍。因此，许多后发国家，特别是过去的殖民地半殖民地国家都纷纷奋起，在国际舞台上主张自己的经济发展权[②]，要求建立真正平等的国际经济新秩序，要求在国际层面的经济法的制定上，发出自己的声音。与此同时，许多国家开始倡行开放政策，通过各种手段（如"税收竞争"）去吸引外资，努力改变分配格局和分配秩序，促进本国经济和社会的发展。在此过程中，各国都形成了自己的发展观，而由于这些发展观的侧重点不同，就会对于分配法律制度和发展法学

[①] 如民法、刑法乃至宪法等，都要关注人身权和财产权等基本权利，而这些权利在一定意义上都是生存权。相应地，大略说来，以上述传统法为研究对象的法学，更主要的是"生存法学"，而不是"发展法学"。

[②] 对于经济发展权，以及相关的具体分配权的法律保障，前面已有专门讨论。

的确立与发展产生不同的影响。

事实上,各个国家在不同的历史时期,与分配直接相关的发展观是很不同的。从纵向上看,各国一般都是由不重视发展向重视发展转变;从横向上看,发达国家比发展中国家往往有更先进的发展观。相对而言,在一定的时空范围内,可以对不同的发展观进行比较,并大体上可以分为好的发展观与坏的发展观、正确的发展观与错误的发展观、先进的发展观与落后的发展观,等等。事实上,正是发展观的不同,以及在发展实践上的差别,才产生了国家与国家之间在发展水平和收入分配上的差别。因此,确立一个什么样的发展观是非常重要的。

发展观往往会直接影响制度建设,并由此影响人类的经济和社会实践。从制度经济学的角度看,一个国家的政策、法律等,都是人们行为的规则,都是一种制度。一个国家或一个民族的发展观,往往会直接影响其政策、法律、道德、习俗等内在制度和外在制度①,其中当然也包括分配制度,并进而影响人们的行为,影响人们的实践。各个国家在发展水平上的差别,在很大程度上是包括分配制度在内的制度差别造成的。

可见,发展观会渗透到相关的制度之中,对分配制度等产生直接影响,同时,也会对发展法学理论的产生和发展产生直接影响。其中,正确的、先进的发展观或分配观,会对制度建设和法学研究产生积极而巨大的影响,并会有效地体现在相关的制度和法学理论之中。由于不同国家或民族在发展观或分配观上有其共同之处,因而在发展法学理论上也会有相通之处;同时,由于各个国家的发展阶段、发展任务、发展目标、发展道路等各不相同,制度建设自然也会各异其趣,因而在具体的制度和发展法学理论上,又应当各有其特点。这在经济法学和社会法学理论中,都有突出的体现。

依据上述理解,发展观对经济法的产生和发展,分配观对相关分配制度的形成和变迁,都会产生直接的影响,并进而影响经济法理论研究。同样,发展观也会体现在其他相关的法学理论之中,只不过在不同类型的法学理论中,其体现可能会有所不同。研究这种差异有助于说明:为什么发展观会更

---

① 参见〔德〕柯武刚、史漫飞:《制度经济学》,韩朝华译,商务印书馆2000年版,第36—37页;〔日〕青木昌彦:《比较制度分析》,周黎安译,上海远东出版社2001年版,第6页。

多地体现在经济法理论中,为什么发展法学具有自己的疆域与特质,以及为什么经济法学、发展法学能够推动整个法学的发展。

(三) 不同类型法学理论对分配问题的关注

如前所述,发展观和具体的分配观对发展法学的产生和发展具有重要影响,其影响既可以通过有关发展的众多制度(包括分配制度)来实现,也可以通过研究者自身的发展观念和发展意识来实现。可以说,包括分配制度在内的大量有关发展的制度,是发展法学产生和发展的重要制度基础;而研究者对于发展问题的认识,则是发展法学产生和发展的认识基础。需要强调的是,研究者自身的发展观或分配观也不容忽视,它可能与一个国家在一定时期的发展观一致,也可能存在一定的差别,并会对具体的发展法学的研究产生直接影响。①

为了进行总体上的分析,有必要引入一种重要的分类,就是把法律分为传统法和现代法。从一般意义上说,随着现代经济和社会的发展,着重解决现代社会产生的突出现代问题的法相继问世,如20世纪以降普遍生成的经济法、社会法等,都可以归入现代法。而由于产生的经济基础、社会基础和法律基础的不同,在现代法之前就已经存在的一些法律部门,可以称之为传统法。从各类法学理论来看,真正直接关注分配问题或整体的发展问题的,是现代法理论而不是传统法理论;在现代法理论中,又以经济法理论为最。由此可以进一步理解为什么在经济法领域中应研究分配理论以及更为具体的分配危机理论,以及为什么在新兴的发展法学中应当深入研究分配危机理论。

从时空维度来看,以往的传统部门法,所关注的都是具体时空中的特定人和事,所关注的是局部问题或局部纠纷的解决、局部矛盾的化解,侧重于微观层面问题的个体化解决。但随着经济、社会的发展,不仅局部的问题要解决,整体的问题也要解决。这往往是传统法力所不及的。传统的法学,更加关注特定时点、具体地域上的主体生存问题,而现代法学或者发展法学,则更关注在广阔的时空维度上的众生发展问题。生存是基础,但还必须有发

---

① 例如,我国在历史上曾经一度片面追求经济增长,片面强调GDP,而对于社会发展,对于环境保护等则重视不够。在这种情况下,作为政府总体上的发展观,可能与某些研究者的发展观就很不一致。事实上,正是研究者的那些正确的发展观,推动着政府的发展观的发展。

展,必须有更高层次的发展,这样才能有进步。随着传统法和现代法所关注问题的变化,法的目标、结构、功能等也都发生了变化,并且这种变化还在持续。

因此,需要特别强调的是:法律已经发生变化,法律正在发生变化,法律的内涵和外延都在发生变化。尽管这种变化甚至连一些法律人也并未察觉,但却是一个客观的事实。上述变化所导致的直接结果,不仅是法律体系的更新,而且也带来了整个法学地图的重绘。

无论是法律的发展还是法学的发展,主要地都是通过问题带动的。事实上,随着经济和社会的迅猛发展,对于许多复杂的新兴问题,传统的法律理论在解释方面存在着一定的困难,因而需要经济法理论等现代法理论来作出相应的解释。由于这种解释存在着一定的难度,并且,同过去的法学理论有很多不尽一致之处,因此,对于分配问题等"复杂性问题"如何解释,如何解决,是经济法学方法论上的重要问题。[①] 如果说对于局部的、静态的问题,传统部门法理论比较有解释力的话,那么,对于整体性的、动态发展的问题,其解释力却较为欠缺。经济法所面对的是一系列"非均衡的二元结构",它要在现实差异性的基础上,解决发展中的不均衡问题,实现整体上的一般均衡,确保实质上的分配平等与分配公平。相应的,经济法理论,尤其是经济法领域的分配理论,对整体和动态的问题更有解释力。

可见,在不同类型的法学理论中,对于分配问题或发展问题的关注是不同的。从总体上说,传统法理论对于分配问题或发展问题的关注相对较少;而现代法理论则对于分配问题或发展问题关注更多,并且受到国家、民族乃至研究者个体的分配观或发展观的影响都很大。在宏观上作出上述的大略区分,不仅有助于更好地理解分配观或发展观对于发展法学的影响,也有助于更好地理解为什么现代法更加关注分配问题,以及为什么在发展法学领域要重视分配危机理论的研究。

(四)发展法学研究要关注分配与经济法理论的关联

在发展法学研究方面,核心问题是要思考如何运用经济法、社会法等法

[①] 参见张守文:《经济法理论的重构》,人民出版社2004年版,第23页。

律制度来促进经济和社会的发展，因此，对于可能影响发展的各类问题，就要特别关注，尤其是分配问题，直接影响经济和社会发展，因而是发展法学研究必须关注的重要问题；同时，由于分配危机对于经济和社会发展的阻滞作用最为突出，因此，非常有必要在发展法学中深入研究分配危机理论。考虑到在解决分配问题、防范分配危机方面，经济法的规制最为重要，因此，在构建发展法学领域的分配危机理论时，就应明晰分配与经济法理论之间的关联。

如前所述，早在几百年前，摩莱里和德萨米就提出了"经济法是分配法"的命题，尽管他们的理解还有一定的局限性，但已经揭示了经济法对于解决分配问题的重要性。与此相关，分配与经济法的各类理论都有着非常密切的关联，这在经济法理论中的发生论、本体论、价值论、规范论、运行论等各个领域，也都有具体的显现。

从经济法的发生论来看，经济法为什么会产生？其产生的经济基础、社会基础和法律基础是什么？这些问题一直是研究者们很关注的问题。在许多人看来，现代市场经济的发展，高度细密的社会化分工，以及由此带来的垄断、外部效应、公共物品、信息偏在、分配不公等市场失灵问题的存在，产生了政府弥补市场失灵的必要性，但与此同时，如何弥补政府失灵的问题又相伴而生，需要由新兴的经济法去弥补传统民商法的不足，以解决"两个失灵"的问题。事实上，无论是特殊时期的战时统制法、危机对策法，还是平时的宏观调控法和市场规制法，其中的许多规范都与分配直接相关。可以说，分配问题的解决是推动经济法产生和发展的重要动因。与此相关联，在构建发展法学领域的分配危机理论时，就需要充分考虑把"两个失灵"、"两个失衡"方面的理论作为其重要的理论基础。

从经济法的本体论来看，在调整对象理论中，大都认为经济法调整宏观调控关系和市场规制关系。而在调整上述关系的过程中，本身就是分配收入、财富、资源、权利的过程，因而与分配直接相关。经济法体系主要由宏观调控法和市场规制法构成，而宏观调控法和市场规制法的形成和发展，都离不开分配。事实上，无论是宏观调控，还是市场规制，无论是相关的关系调整还是法制建设，都是为了更好地解决分配、发展的问题。此外，即使从经济法的特征来看，经济法非常突出的经济性，与经济法对经济政策、经济杠杆的体现以及对经济效益的追求等直接相关。无论是经济政策的法律化，还是作为具体政策工具的经济杠杆的法律化，都是一个分配的过程，都与分配直接相关。其实，从经济法的经济性和规制性特征来看，要有效地促进经济和社会的发展，就需要把积极的鼓励促进措施和消极的限制禁止措施有机地结合起来，在相关主体之间实现收入、资源、财富等方面的公平分配和有效分配，在发展的过程中力争解决好分配或再分配的问题，以防止出现分配的危机。与此相关联，在构建发展法学领域的分配危机理论时，应当把经济法所提供的规制手段作为防范分配危机的重要手段。

从经济法的价值论来看，经济法所追求的效率、公平、秩序等价值，都与分配问题直接相关，尤其体现为分配效率、分配公平、分配秩序方面的价值判断，直接影响经济与社会的稳定发展。同时，经济法的宗旨包括了经济目标，涉及稳定物价、充分就业、国际收支平衡等经济稳定目标，而这些目标都与经济分配有关；同时，经济法宗旨还包括社会目标，涉及社会公益和基本人权，与社会分配直接相连；此外，经济法调整的最高目标，是经济与社会的良性运行和协调发展[1]，而如果不解决好分配问题，不能有效防范和化解分配风险和分配危机，就不可能实现上述目标。可见，从整个经济法的价值追求到具体的宗旨体现，都与分配问题直接相关。可以说，"没有好的分配，就难有好的发展"，这里的"好"与"不好"，都涉及价值判断，在构建发展法学领域的分配危机理论时，应当充分考虑相关的价值目标，明晰是哪些"不好"的分配导致了分配危机，如何在发展的过程中，始终保持分配向"好"的方向发展。

从经济法的规范论来看，从主体的行为，到主体的权义结构及其责任等各类制度，都与分配有关，并会形成许多具体的分配制度，如预算制度，国债制度，财政转移支付制度，税收优惠制度，等等，它们涉及分配主体、分配行为、分配权益、分配责任等。由于在经济法领域，对于经济分配和社会问题都会涉及，因此，经济法中的分配制度非常广泛而多样。其实，在经济法的具体制度中，无论是财税制度、金融制度还是计划制度，也无论是竞争制度还是消费者保护制度，都涉及财富的分配、收入的分配、权益的分配，

---

[1] 参见张守文：《略论经济法的宗旨》，载《中外法学》1994年第1期，第31—34页。

等等，因而在相关的规范论研究中也要关注分配问题。与此相关联，在构建发展法学领域的分配危机理论时，必须关注各类具体的分配制度存在的问题，这些问题是导致分配危机的制度根源，要有效地防范和应对分配危机，就必须不断完善上述各类分配制度，同时，应将主体的权义结构理论、责任结构理论，作为分配危机理论应当包含的重要内容。

从经济法的运行论来看，整个经济法系统的运行，都是为了更好地解决经济和社会发展中出现的突出问题，其中包括分配问题。广义的经济法运行，与经济法的法治体系相对应，包括了从经济法的立法到执法等各个环节，从经济法的立法阶段开始，就要大量地融入有关分配的内容。事实上，许多分配制度的改革，都要通过经济法的立法体现出来，而这些改革的目的，则是促进分配公平，化解分配风险和分配危机，促进经济与社会的发展，如公共财政体制的改革、预算制度的改革、国库收付制度的改革、转移支付制度的改革、政府采购制度的改革，以及税收制度的改革、金融监管制度的改革、产业法律制度的改革，等等，莫不如此。上述旨在推进发展的各项制度，在其制定和变革过程中，自然要体现立法者对于分配问题的理解，从而会直接渗透和显现一定的分配观。通常，国家应重点支持哪些领域，应向哪些领域倾斜，应限制哪些领域的扩张，等等，实际上都是一种"分配"，并且都会在相关立法中体现出来。这些涉及分配的立法，通过经济法的执法等环节，便可以发挥其调整分配关系，促进国民经济和社会发展的功用。与此相关联，在构建发展法学领域的分配危机理论时，需要充分关注分配制度运行过程中存在的问题，尤其是立法层面和执法层面存在的问题，分析其在多大程度上会引发分配危机，这尤其有助于提升理论对现实的指导力。

以上仅是对分配与经济法理论密切关联的简要说明，从中也揭示了在发展法学领域构建分配危机理论应当关注的问题。应当说，经济法领域有关分配理论的研究，为发展法学领域的分配危机理论的研究提供了重要的理论支持。如果能够把社会法领域所关注的社会失衡、社会风险和社会危机融入其中，从社会角度考量分配问题，则发展法学领域的分配理论以及分配危机理论就会得到进一步丰富和发展。

此外，由于分配、分配观与经济法理论的各个部分均有关联，并贯穿于整个经济法理论之中，因此，经济法领域的分配理论，对于发展法学领域的分配危机理论的构建，会有更多的参考价值。为此，有必要再强调以下几个方面：

第一，经济法理论涉及的多种二元结构，都与分配直接相关。例如，在经济法学的基本假设方面，就存在着一些共通性的二元结构和特殊性的二元结构，它们体现了经济法的调整所需要面对的矛盾，同时，也构成了经济法理论展开的具体框架。其中，"经济—制度"层面的共通性的二元结构，如城乡二元结构、东西二元结构等①，作为矛盾体中对立的两个方面，都需要加以统筹，而统筹的重点问题则是分配问题。从总体上说，不同区域、不同领域的经济和社会发展状况，都会通过分配体现出来，而如何分配则是一个"复杂性问题"，当然应当注意协调统筹。强调对城乡等各类二元结构进行"统筹"、"兼顾"，有效解决分配问题，防范和化解分配风险和分配危机，实现经济与社会的协调发展和可持续发展，其实一直是经济法理论中长期蕴涵的一种发展观。这种发展观特别有助于防范和化解分配危机，对于发展法学领域分配危机理论的构建非常重要。

第二，随着对市场经济认识的日益深入，人们已开始比较自觉地区分经济增长与经济发展，并认识到经济法的调整并非只重视效率和经济增长，它同时也应当非常关注经济发展，更加关注经济增长的质量，以及与社会、环境发展等方面的协调。与此相关联，也要解决好分配领域的效率与公平问题，这直接关系到经济的稳定增长，影响经济发展的质量。在发展法学领域的分配危机理论的构建方面，同样要特别关注效率与公平的问题，分配的公平和正义对于防范分配危机至为重要。

第三，经济法同所有的传统部门法相比，具有突出的现代性。经济法是解决现代市场经济运行过程中所产生的经济问题的法。现代市场经济的发展过程，是与各个国家（特别是发展中国家）的现代化过程相一致的。如何实现现代化，是经济法学等各类关注发展的学科都要研究的。在现代化的过程中，采取何种战略，如何发挥比较优势和后发优势，如何通过有效的调制，来实现资源的有效配置，如何协调经济、社会、环境等各个方面，都需要有制度上的体现和实践。同时，在许多国家的现代化过程中，如何有效解决分

---

① 参见张守文：《经济法学的基本假设》，载《现代法学》2000年第6期，第44—53页。

配领域的诸多问题，跨越或绕过"中等收入陷阱"，是至关重要的。这些都要通过具体的制度化的安排来体现。经济法具有突出的现代性，能够有效解决现代社会丰富而复杂的现代问题，其中包括分配问题和发展问题。在发展法学领域构建分配危机理论，需要充分认识经济法等重要部门法所具有的现代性，以及解决各类现代问题的重要功能，同时，也要关注现代社会的分配危机的特殊性，使分配危机理论更具有时代性。

现代经济社会发展过程中的各类问题，同样是发展经济学、发展社会学等都要关注的。[①] 如果说，这些学科更加关注发展中国家的问题的话，那么，发展法学所关注的问题要更宽泛一些。它不仅要关注发展中国家的问题，也要关注发达国家的问题，而且要关注发达国家与发展中国家的"协调"问题。其实，各个国家都在发展，在发展过程中都有各自的问题。不断出现的经济周期（这正是因为在分配方面出了问题），本身就体现了这一点。而经济法恰恰在"反周期"方面具有重要作用。经济法相关制度的周期变易，恰恰与经济周期、社会周期、政治周期等有一定的关联性。[②] 其基于经济发展的需要而在熨平经济周期方面发挥的重要作用，是其他法律无法替代的。

（五）经济法学、发展法学与法学的发展

如前所述，法律和法学正在发生变化。法学要发展，也必须有正确的、先进的发展观，必须紧密地结合经济和社会的发展实际，使法学能够更好地反映制度发展变化的需要，使法学研究能够更好地为经济和社会的发展服务。为此，就必须转变传统的法学观念，对法学体系进行结构性改造。

要对法学体系进行改造或重构，就必须关注一些新兴的法学分支学科，特别是直接影响经济和社会发展的经济法学、社会法学等。要对法学的各个分支学科的发展进行协调，结合现实和长远发展的需要，有效地分配相关资源，这对于法学的整体发展，尤为重要。

在对法学体系进行重构的过程中，之所以要进一步强调经济法学、社会

---

① 发展经济学和发展社会学所涉及的问题领域都较为广阔，可参见谭崇台：《发展经济学的新发展》，武汉大学出版社1999年版；景天魁：《中国社会发展与发展社会学》，学习出版社2000年版，等等。

② 参见张守文：《宏观调控法的周期变易》，载《中外法学》2002年第5期，第695—705页。

法学等发展法学,是因为发展法学对于整个法学的发展,能够起到重要的推动作用。对于发展法学的研究,不仅会带来整个法学研究方法、研究范式的转换,而且还会带来从具体理论到具体制度的一系列创新。

例如,以往的传统法研究,关注的是特定时空中的特定人事,或者说关注的是一时一事,对于宏观上的发展问题往往关注不够,对此前已述及。而以经济法学等为代表的发展法学的研究,则是以发展为核心,以解决发展中的问题(包括突出的分配问题)为目标;它不只关注哈耶克所说的"司法法律"[1],而且也重视"非司法性法律"。发展法学与传统部门法理论的迥异之处在于:它关注更为宏观层面的、涉及更多不特定主体的动态发展问题;它在时间期限上跨度更大,在空间上小至一个地区、一个国家,大至若干个国家的组合,乃至全球。正是在这个意义上,发展法学研究已经超越了过去按照部门法理论划分的相关学科,甚至也可以超越国内经济法学与国际经济法学的划分等,从而形成跨越其上的高层学科。

又如,"均质性"或"无差异性"是传统民法理论的重要假设,它是民法得以调整平等主体的民事关系的基础。但实际上,在经济和社会领域,从主体到客体,从职权/权利到职责/义务,都差别甚巨,甚至在法律实施的具体时空维度上,也都存在着巨大的差别,这在分配领域体现得尤为突出。因此,在经济和社会领域,从发展的角度,从横向公平和纵向公平的结合以及实质正义的角度出发,必须强调"差异性"。由于在经济和社会领域,在发展法学领域,受经济政策和社会政策等公共政策的影响巨大(这也是现代法的重要特点[2]),基于"没有区别,就没有政策"的观念,发展法学更要关注"差异性",强调实质公平,而非实然法律的机械适用,这样,才能更好地解决经济、社会的动态运行过程中不断生成的各类问题,特别是分配问题。

发展法学直接关系到法学的整体发展。过去曾有人认为,法学研究远没有经济学研究活跃,对经济和社会发展的直接影响力不及经济学等相关学科,

---

[1] 哈耶克认为,代议机构进行立法的最早领域,是涉及财政的政治法律(political laws),它不同于一般的司法法律(juridical laws),例如,在作为"法律"的预算中,所涉及的是政府掌握的资源应予达致的目的和应采取的方式,它更是一种对政府的指令,而不是一般的规则。参见〔美〕哈耶克:《法律、立法与自由》(第一卷),中国大百科全书出版社2000年版,第213—214页。可见,哈耶克已经认识到了法律之间的差异,这对于理解传统法与现代法,对于更好地理解发展法学,都是有帮助的。

[2] 参见张守文:《论经济法的现代性》,载《中国法学》2000年第5期,第56—64页。

其实，法学领域的许多研究同样可以对经济和社会发展产生直接影响。特别是随着人们对经济法学和社会法学等的逐渐了解和接受，人们对法学研究的认识会更为全面，同时，对于建立在上述学科基础上的发展法学，人们也不会否认其研究价值。随着人们对经济法学等相关学科研究的进一步深化，对于发展法学的某些基本问题，或者各个学科有关发展的共通问题，也会有更多的提炼，从而会形成发展法学的基本框架。这对于促进经济、社会等领域的发展，特别是对于各个领域的协调、可持续发展，实现更高层次的目标，亦有其助益。

事实上，尽管以往未必有发展法学研究之名，但却有发展法学研究之实。中国的经济和社会发展中存在的各类突出问题，如分配不公问题、"三农问题"、社会保障问题、宏观调控问题、整顿和规范市场经济秩序问题等等，多是从经济法或社会法的角度在研究，这些问题都可以归结为发展法学领域的问题。从发展法学的角度，还可以把这些问题的研究进一步整合，从而有利于更全面、更系统地从推动发展的角度，来有效地解决世界最大的发展中国家在发展中的问题。对于上述重大现实问题，传统的法学领域不能有效解决，需要新兴的超越部门法学之上的发展法学着力解决。上述问题的解决，特别是相关分配问题的解决，能够更有力地推动法学的发展，并可能在解决中国诸多发展问题的过程中，奠定中国法学在世界法学版图上的地位。

（六）小结

我国作为最大的发展中国家，发展是第一要务，如何实现富国裕民[①]，也是法学研究需要面对的重要问题。随着国家对发展问题，特别是对分配问题的高度重视，从法学角度来研究发展问题或分配问题，也必然是一个可持续研究的重要课题，由此也为发展法学研究的深化，以及在发展法学领域构建相关的分配危机理论提供了重要契机。对于发展法学的基本问题，国内尚缺少深入研讨。前面也只是结合发展观对发展法学的影响，结合不同类型法学理论对分配问题的关注，以及经济法理论与分配的关联，来说明发展法学的

[①] 斯密认为，政治经济学有两个目标：一是给人民提供充足的收入或生计，一是给国家或社会提供充分的收入，两者可总称为"富国裕民"。参见〔美〕亚当·斯密：《国民财富的性质和原因的研究》（下卷），郭大力、王亚南译，商务印书馆2003年版，第1页。

一些特殊性，以及在发展法学领域构建分配危机理论的可能性等问题，从而进一步强调发展法学对法学发展的重要价值。

发展观和相关的分配观，不仅会影响到制度建设，也会直接影响相关法学学科的发展。正确的、先进的发展观和分配观，对于制度建设和法学发展会起到积极的推动作用。在解决分配问题、防范和应对分配危机方面，必须考虑相关价值因素的影响，并在正确的发展观和分配观的指导下，有效解决分配与发展、分配与法治等方面的问题，这对于在发展法学领域构建分配危机理论也很重要。

经济法和社会法的产生，有其共同的经济和社会基础，它们对于解决由于"两个失灵"所带来的"两个失衡"，具有积极的作用。从学科整合的角度来看，建立在经济法学和社会法学基础之上，着重研究经济和社会发展过程中的重要问题的发展法学，会有其强大的生命力，它在一定程度上有助于弥补以部门法标准划分法学学科所产生的问题，因而有利于法学的整体发展。当然，就新兴的发展法学而言，尚有许多问题有待于研究，其基本的理论框架尚需在相关学科进一步发展，在学界转变传统法学观念的基础上，才可能更为合理地确定。

法学的发展离不开发展法学。发展法学的深入研究，有助于解决现代法发展过程中的一些理论问题，包括经济法与社会法等方面的理论问题，同时，也有助于解决传统法学所不能有效解决的问题，特别是分配风险和分配危机的防范与应对问题。尽管发展法学自身还有许多问题尚待解决，但从长远来看，要推进中国法学的发展，就必须大力推进发展法学的发展。

发展法学的研究涉及分配、危机、法治、发展，这些正是本书着力强调的相互关联的四大方面的问题。其实，本书不只是提出有关分配危机与相应经济法规制的若干思考，同时也是力图将上述四个方面的问题加以贯通探讨，实质上已在从发展法学的视角展开探讨。相信随着人们对分配问题和分配危机、经济法治或经济法规制等问题的日益重视，发展法学定会有更大的发展，整体的法学研究也会有更大的进步。

结　　论

本书着重探讨了"分配危机与经济法规制"的相关问题，从分配问题导致的分配危机出发，探讨了在法治的框架下，如何通过加强经济法规制，来促进经济与社会的发展，因而其中主要涉及分配、危机、法治、发展这四个密切关联、融为一体且贯穿始终的问题。

在上述问题的研讨过程中，既有从分配视角对经济法理论和制度的审视，又有从经济法理论和制度的视角对分配问题和分配危机的解析，对于由此形成的若干基本认识，有必要简要概括和说明，并在此基础上，作出进一步的延伸思考，提出本书研究的局限和尚待深掘的问题。

一、若干基本认识

（一）对基本认识的简要概括

经由前面各章的研讨，本书形成了若干基本认识，简要概括如下：

分配问题是世界各国都须着力解决的重大现实问题。作为分配问题的极端表现，分配危机更是各国需加防范和有效应对的重要问题，2008年发生的全球金融危机乃至整体经济危机，再一次昭示世人：有效解决分配问题至为重要。

中国自改革开放以来，在经济快速增长的同时，各领域的不协调、不均衡、不可持续的问题日益显现，分配领域亦不例外。如何更好地解决分配问题，特别是分配差距过大、分配不公、分配失衡的问题，实现社会的公平正义，已日益受到关注。与此同时，国家财政压力与国民民生压力的并存，使分配问题更趋严峻。如何防范各类分配风险，化解各类分配危机，是我国必须持续面对和解决的重大现实问题。

解决分配问题，防范和化解分配危机，需要不断完善国家治理体系，提升国家治理能力。为此，必须通过推进法治，来保障分配秩序，防止分配失衡所带来的经济失衡和社会失衡，避免合法化的危机。只有加强分配领域的法治，才能更好地促进经济与社会的良性运行和协调发展，并在总体上促进各领域的发展。

在推进分配领域的法治建设方面，加强经济法规制非常重要。从现实情况看，在解决各类分配问题，防范和化解分配危机的过程中，各国主要运用两种手段，即政策手段和法律手段，并且，以法律手段为主；而在法律手段中，由于经济法在分配和再分配领域具有特殊功能，其蕴含的"促进型"规范有助于解决分配问题，因而历来是各国解决分配问题、防范和化解分配危机的重要规制工具。这也是本书着重探讨"分配危机与经济法规制"问题的重要缘由。

无论是一般分配问题的解决，还是分配危机的防范和应对，都需要加强对分配关系的国家协调，并对分配结构进行法律优化。而在优化分配结构的过程中，法律自身的结构也将得到优化。其实，我国改革开放的过程，在一定意义上也是不断优化分配结构的过程，因为改革开放以来的经济政策和经济法规制，始终贯穿着"分配导向"，并且，在解决分配问题的压力和动力下，相关领域的经济法治亦得到不断完善。

通过经济法规制来解决分配问题固然重要，但分配问题远非仅靠经济法规制所能够解决。因此，要特别重视各类法律的综合规制，至少在法律体系内部，要加强经济法与其他部门法之间的规制协调，尤其应加强经济法与宪法、民商法之间的制度协调，这不仅有助于实现有效的分配规制，也有助于促进不同类型（包括不同位阶、不同性质）的分配制度之间的协调。此外，即使在同类分配制度之间，亦需注意相互协调，这样才能更好地发挥其制度的整体功效。

强调分配制度之间的协调，还因为分配制度存在着统一性与差异性的矛盾。一方面，从法治的角度看，分配制度作为一类"制度"，应当强调其统一性；另一方面，分配制度作为"分配"的制度，还要考虑分配主体、分配对象等诸多差异，以体现区别对待和实质正义。因此，既要考虑统一的分配制度之外的差异，又要考虑差异化制度安排的统一性问题，以确保符合公平和法治的精神。同时，应当在法治的框架下，辩证看待分配制度中的统一性与差异性。

如果分配制度不够协调，或者涉及分配的权义结构不合理，就会带来经济法规制以及其他法律规制的诸多问题，同时，也难以有效解决实践中的分配问题，就可能会发生分配危机。针对已发生的分配危机，在危机应对过程中同样应强调"法治"，无论是具体的应对措施，还是后续的制度安排，都要符合法定原则、公平原则和效率原则，这样才会有效防止在应对危机过程中再发生新的危机，尤其不应发生"法治危机"。

基于上述对分配问题和分配危机的基本认识，以及对分配领域的法治与发展问题的基本思考，既可以在经济法领域提炼分配范畴，构建总体的分配理论，也可以提炼具体的分配危机理论，并与社会法上的分配理论相结合，构建发展法学领域的分配危机理论，这些理论提炼不仅有助于分配领域诸多问题的解决，也有助于促进法学的发展。

（二）对上述基本认识的进一步说明

对于上述基本认识，还可以从本书的线索和内容安排的角度作出进一步说明。如前所述，由于本书集中讨论的是分配危机与经济法规制的相关问题，因而涉及两条紧密相连的线索，一条是分配危机的线索，另一条是经济法规制的线索。

第一，从分配危机的线索看，分配危机是分配问题的突出体现，它本身也属于分配问题，因此，在本书开篇的部分，先从分配危机切入，提出本书要探讨的核心问题；在本书的中间部分，则从危机成因的角度，探讨如何解决各类分配问题，特别是分配结构失衡、分配差距过大、分配不公问题，分析加强相应的经济法规制的必要性和可行性，以及如何通过经济法规制，来防范和化解分配危机；在此基础上，本书在后面的部分，进一步探讨了应对分配危机的相关实践和理论。可见，本书对于分配危机的讨论，不只涉及危机发生后如何应对和化解，也关注通过分配问题的解决来防范危机的发生。而关注危机发生之前的各类分配问题的解决，更是强调要未雨绸缪，加强危机的防范和事先化解，这比危机发生后的被动应对更重要。

此外，在有关分配危机的探讨中，本书对财政危机和金融危机更为关注，这是因为它们对国家和国民影响十分巨大，其有效防范和化解，以及在危机发生后的有效应对，事关经济、政治和社会的稳定与发展，直接影响人民的安居乐业和国家的长治久安。

第二，从经济法规制的线索看，相关的探讨涉及经济法的各个主要部门法，但基于财税法在解决分配问题、防范和化解分配危机方面的特殊重要性，本书更多地以财税法作为经济法部门法中的重要代表，来说明经济法规制的特殊重要性，这样可以使问题的探讨更为集中，也有助于使分配危机与经济法规制这两条线索更紧密地交织在一起。

在经济法规制方面，不仅应强调经济法规制对于防范、应对和化解分配危机的特别重要性，并因而应加强相关经济法制度的完善，还应特别强调推进经济法理论的研究。事实上，研究分配问题的经济法规制，同时也是在丰富和推进经济法理论研究。本书希望借由分配危机的经济法规制问题的探讨，进一步发展经济法理论，特别是经济法作为"分配法"所应具有的分配理论，以及更为具体的分配结构优化理论、分配规制理论、分配危机理论或危机应对理论等。此外，还要研究相关宪法层面的分配理论、国家竞争理论、风险理论，发展法学理论，等等。

因此，本书也是从分配视角研究经济法理论的一个尝试。尽管经济法的研究可以有多个视角，但分配视角不应被忽视。面对各类分配主体，如何有效进行经济法规制，如何通过经济法领域的宏观调控和市场规制，形成一种良好的分配秩序，对于解决分配问题非常重要。

二、进一步的延伸思考

基于上述基本认识，本书试图从分配视角来观察和审视经济法的理论和制度，并形成有关经济法的新的认识。为此，本书从分配问题出发，探讨经济法规制的必要性、可行性、合理性和合法性，以及可能存在的问题和局限性等，这些研讨有助于进一步理解：为什么经济法会产生和发展？经济法制度变迁的动力、目标是什么？如何确保其在法治的框架内发展？等等。而在探讨上述问题的过程中，对于经济法的理论和制度建设，对于经济法研究方法的发展等，也会有一定的促进。为此，有必要在前述基本认识的基础上，作进一步的延伸思考。

(一) 对经济法理论发展的促进

从分配问题或分配危机的视角来展开研究，可以发现分配危机与经济法理论的诸多关联，而由此展开研究，则有助于促进经济法理论的发展，例如：

首先，分配危机与经济法的产生存在内在关联。市场失灵是经济法产生的重要前提，而分配问题是市场失灵的重要体现。尽管分配问题自古及今都不同程度地存在，但在现代市场经济阶段，随着各类要素在初次分配中所占比重的不同，由市场经济自身所导致的分配差距大幅扩大，分配不公更受瞩目，分配失衡及其带来的经济失衡等问题更加突出，这些分配问题直接影响需求并可能导致总量失衡，从而会带来经济的危机。因此，经济的危机其实就是分配的危机。经济法作为危机对策法或"反周期"的法，必然要在解决分配问题，防范和应对分配危机方面发挥重要作用。

其次，分配危机与经济法价值存在内在关联。从价值论的角度看，分配问题与价值直接相关，相关研究难以做到"价值无涉"。如何确保公平分配，实现分配正义，是经济法规制要追求的重要价值目标。经济法要实现保障稳定增长的目标，防范和化解经济危机，就必须解决好分配问题，缓解个体营利性和社会公益性的矛盾，真正在分配中兼顾效率与公平。毕竟，只有实现这些目标，才能避免突出的分配问题，防范和化解分配危机。

再次，分配危机会影响经济法分配理论的构建。对于"经济法是分配法"这个命题，尽管人们耳熟能详，但经济法领域的分配理论却长期未受到重视。结合分配问题特别是分配危机问题的研究，有必要构建经济法的分配理论。为此，要结合各类分配制度，提炼重要的分配原理和分配范畴。在此基础上，还可以结合经济法和社会法领域所关注的分配危机的特殊性，构建经济法领域或发展法学领域的分配危机理论，这有助于推进经济法理论的多维度发展，全面提升对分配危机问题的解释力。

最后，分配危机与经济法规制的合法性直接相关。无论是经济法制度巨变的动力，还是其微观变化的起因，都与分配直接相关。在本书所有的制度探讨中，都关注合法性问题，强调要体现法治精神。尤其是经济法制度变迁的法律依据（包括授权立法等立法权基础），以及对相关主体分配权的保障等问题，在经济法规制过程中都需要特别关注。因此，无论分配问题的解决，抑或分配危机的应对，只要涉及经济法规制，就必须贯彻法定原则，这样，才不至于发生法治自身的危机，才能在解决分配危机的过程中实现长治久安。

总之，从分配角度看，无论将经济法视为"分配的经济法"还是"经济的分配法"，经济法规制都应当有助于使分配更经济、更合理、更有效、更公平，并应当在制度上关注生产、交换、消费与分配之间的关联。需要强调的是，分配视角只是分析经济法问题的一个维度，并不是全部，因此，决不能由此忽视从其他角度分析经济法问题。

（二）对经济法制度完善的促进

本书探讨的经济法规制，所针对的是分配问题及作为其极端体现的分配危机问题，但对分配危机的防范和化解，并非仅是经济法的任务，宪法和其他法律也要发挥重要作用。为此，本书其实进行了扩展研究，关注经济法与宪法、民商法的协调规制问题，强调必须不断完善经济法制度。此外，即使在经济法体系内部，也要通过不断完善相关制度来实现分配规制的目标。

基于分配导向，经济法制度应当在平时能够有效解决资源配置，尤其是收入、财富的分配问题；在发生分配危机时，又应能够通过自身的调试，有效化解危机。为此，经济法制度的设计应当能够有效防范分配风险，防止经济波动，从而能够通过持续的分配规制来熨平周期，这是经济法的重要分配规制功能。

经济法的分配规制功能，源于经济法的内在结构，源于各类法律化的经济手段。经济法所内含的各类调控和规制手段，是在宏观和微观层面影响分配的重要工具，它们为经济法的分配规制提供了可能性。因此，诸如分配差距、分配不公、分配失衡等市场失灵问题，需要通过经济法来加以解决，并且，经济法不仅要影响再分配，同样要影响初次分配或"三次分配"。只有经济法对历次分配都有直接影响，才能更好地发挥其分配规制的功能。与此相关联，经济法制度完善的重点，就不仅是公认的再分配领域，还包括其他分配环节。

从完善经济法制度的角度看，分配危机不只是"经济的危机"，在一定程度上也是"法律的危机"或"法治的危机"。它说明,如果法律上所进行的权利配置未能有效地解决公平分配的问题,则分配的不公平和不正义必然会带来分配的失衡,并引发社会危机和政治危机。对于分配危机,尽管社会科学各学科都可以从不同角度展开研讨,但从法律的角度展开研讨是非常必要的。法律应当在保持经济的平稳运行方面设置框架和轨道,这尤其有助于防范危机的发生,防止由此带来的经济波动。

(三) 对结构分析方法的强调

在前面的探讨中涉及多种研究方法,对此在导论中已经提及。在此需要再强调一下结构分析的方法。本书之所以重视结构分析,并在多处加以体现,是因为分配问题本身就是结构性问题,无论对各类主体的分层结构,还是国家财政的收支结构;无论对宏观上的分配结构,还是具体分配制度中的权益结构,等等,都可以进行结构分析。为此,在解决分配问题方面,必须关注分配系统或分配体系存在的结构失衡问题。这也是本书重视分配结构的法律优化,以及经济法自身的规范结构、权益结构调整的重要原因。在整个经济法理论研究中,结构分析方法会越来越重要。由于结构与功能紧密相关,因此,从功能分析的角度来研究分配问题和相关的经济法规制问题,也将越来越重要。

三、研究局限与尚待深掘的问题

分配问题十分复杂,分配系统是典型的"复杂性系统",面对如此复杂的问题,需要从多种不同的维度,综合多种不同学科的理论,运用多种不同的研究方法来展开研究,但即使如此,也仍会存在一些局限。本书的相关讨论虽然也涉及相关学科的理论和方法,但毕竟更着重从经济法规制的角度来研究相关的分配问题,因而对于全面解决分配问题的局限性是显而易见的。

此外,即使从经济法规制的角度看,由于经济法体系包括多个部门法,且每个部门法都不同程度地影响分配问题的解决,而本书却并未就每个部门法所涉及的分配问题逐一研究,只是着重探讨那些对分配规制影响更大的制度,因此,本书并未对经济法规制的所有问题进行面面俱到的阐释。

上述研究局限的存在，留下了诸多值得深掘的问题。例如，在经济学领域，对于分配不均或分配差距的存在究竟是经济增长的动力还是阻力，曾有不同看法。斯蒂格利茨等著名学者就强调，不合理的分配差距会构成经济增长的阻力。与经济学的研究相关联，在法学研究领域，经济法规制究竟是否有利于全面解决分配问题，是否有助于有效防范和应对分配危机，以及在多大程度上有助于解决上述各类问题，还需要进一步深入论证。

不仅对于经济法规制解决分配问题的效果或局限性问题尚需深入研究，对于与此相关的经济法学的分配理论以及具体的分配危机理论，或者发展法学的分配危机理论，以及综合的分配法理论，等等，在前面都只是提出了初步的观点和框架，都还需要进一步的深入探讨。

可见，无论在分配理论构建方面，还是在分配规制的有效性方面，本书的探讨还远未完成，需要另外的专门研究。本书主要是提出分配—危机—法治—发展的脉络和框架，着重从分配危机与经济法规制的关联性、规制的必要性、合法性等角度来揭示和体现上述的脉络和框架，并将其与经济与社会的发展、政治与法律的发展相关联，这对于实现人类的共同价值目标也许更为重要。

参考书目

一、中文著作

1. 陈东琪：《新政府干预论》，首都经贸大学出版社2000年版。
2. 高鹏程：《危机学》，社会科学文献出版社2009年版。
3. 葛克昌：《税法基本问题——财政宪法篇》，台湾元照出版公司2005年版。
4. 胡鞍钢、王绍光等：《第二次转型：国家制度建设》，清华大学出版社2003年版。
5. 胡代光：《西方经济学说的演变及其影响》，北京大学出版社1998年版。
6. 何帆：《为市场经济立宪——当代中国的财政问题》，今日中国出版社1998年版。
7. 何梦笔：《德国秩序政策理论与实践文集》，庞健等译，上海人民出版社2000年版。
8. 季卫东：《法治秩序的建构》，中国政法大学出版社1999年版。
9. 景天魁：《中国社会发展与发展社会学》，学习出版社2000年版。
10. 李明：《公共风险与地方治理危机》，北京大学出版社2011年版。
11. 林毅夫：《新结构经济学——反思经济发展与政策的理论框架》，苏剑译，北京大学出版社2012年版。
12. 刘永军等：《中国居民收入分配差距研究》，经济科学出版社2009年版。
13. 刘大椿：《科学哲学》，人民出版社1998年版。
14. 刘尚希等：《宏观金融风险与政府财政责任》，中国财政经济出版社2006年版。
15. 平新乔：《财政原理与比较财政制度》，上海三联书店1996年版。
16. 谭崇台主编：《发展经济学的新发展》，武汉大学出版社1999年版。
17. 汪习根：《发展权全球法治机制研究》，中国社会科学出版社2008年版。
18. 王建民等：《经济周期与宪政秩序》，浙江大学出版社2010年版。
19. 王绍光：《多元与统一：第三部门国际比较研究》，浙江人民出版社1999年版。
20. 王绍光、胡鞍钢：《国家能力报告》，辽宁人民出版社1993年版。
21. 王小鲁：《国民收入分配战略》，学习出版社、海南出版社2013年版。
22. 吴俊培：《赤字引出的思考》，中国社会科学出版社1992年版。

23. 吴易风等：《政府干预和市场经济》，商务印书馆 1998 年版。
24. 谢地主编：《政府规制经济学》，高等教育出版社 2003 年版。
25. 杨坚白、陈东琪主编：《宏观经济调控与政策》，经济科学出版社 2000 年版。
26. 杨紫烜：《国家协调论》，北京大学出版社 2009 年版。
27. 姚海鑫：《经济政策的博弈论分析》，经济管理出版社 2001 年版。
28. 张鸿骊：《科学方法要论》，陕西人民出版社 1998 年版。
29. 张其仔：《新经济社会学》，中国社会科学出版社 2001 年版。
30. 张守文：《经济法理论的重构》，人民出版社 2004 年版。
31. 张守文：《财税法疏议》，北京大学出版社 2005 年版。
32. 赵人伟主编：《中国居民收入分配再研究——经济改革和发展中的收入分配》，中国财政经济出版社 1999 年版。
33. 赵伟：《干预市场》，经济科学出版社 1999 年版。

二、中文译著

1. 〔澳〕布伦南、〔美〕布坎南：《宪政经济学》，冯克利等译，中国社会科学出版社 2004 年版。
2. 〔德〕贝克：《风险社会》，何博闻译，译林出版社 2004 年版。
3. 〔德〕费肯杰：《经济法》，张世明等译，中国民主法制出版社 2010 年版。
4. 〔德〕哈贝马斯：《公共领域的结构转型》，曹卫东等译，学林出版社 1999 年版。
5. 〔德〕哈贝马斯：《合法化危机》，刘北成等译，上海人民出版社 2000 年版。
6. 〔德〕加比希等：《经济周期理论：方法和概念通论》，薛玉炜等译，上海三联书店 1993 年
7. 〔德〕柯武刚、史漫飞：《制度经济学：社会秩序与公共政策》，韩朝华译，商务印书馆 2000 年版。
8. 〔德〕拉德布鲁赫：《法学导论》，米健等译，中国大百科全书出版社 1997 年版。
9. 〔德〕马斯格雷夫：《比较财政分析》，董勤发译，上海人民出版社、上海三联书店 1996 年版。
10. 〔德〕毛雷尔：《行政法总论》，高家伟译，法律出版社 2000 年版。
11. 〔德〕韦伯：《论经济与社会中的法律》，张乃根译，中国大百科全书出版社 1998 年版。
12. 〔德〕韦伯：《社会科学方法论》，韩水法等译，中央编译出版社 1999 年版。
13. 〔法〕德萨米：《公有法典》，黄建华等译，商务印书馆 2009 年版。
14. 〔法〕杜尔哥：《关于财富的形成和分配的考察》，唐日松译，华夏出版社 2007

年版。

15. 〔法〕摩莱里:《自然法典》,黄建华等译,译林出版社 2011 年版。

16. 〔法〕皮凯蒂:《21 世纪资本论》,巴曙松等译,中信出版社 2014 年版。

17. 〔法〕涂尔干:《社会分工论》,渠东译,三联书店 2000 年版。

18. 〔美〕昂格尔:《现代社会中的法律》,吴玉章等译,译林出版社 2001 年版。

19. 〔美〕奥茨:《财政联邦主义》,陆符嘉译,译林出版社 2012 年版。

20. 〔美〕奥尔森:《国家兴衰探源:经济增长、滞胀与社会僵化》,吕应中等译,商务印书馆 1999 年版。

21. 〔美〕奥尔森:《集体行动的逻辑》,陈郁等译,上海三联书店,上海人民出版社 1995 年版。

22. 〔美〕奥格斯:《规制:法律形式与经济学理论》,骆梅英译,中国人民大学出版社 2008 年版。

23. 〔美〕比尔德:《美国宪法的经济观》,何希齐译,商务印书馆 2011 年版。

24. 〔美〕波特:《国家竞争优势》,李明轩等译,华夏出版社 2002 年版。

25. 〔美〕布坎南:《公共财政》,赵锡军等译,中国财政经济出版社 1991 年版。

26. 〔美〕布坎南:《宪政的经济学解释》,贾文华等译,中国社会科学出版社 2012 年版。

27. 〔美〕布朗芬布伦纳:《收入分配理论》,方敏等译,华夏出版社 2009 年版。

28. 〔美〕布雷耶:《规制及其改革》,李洪雷等译,北京大学出版社 2008 年版。

29. 〔美〕多德等主编:《金融与货币经济学前沿问题》,陈雨露等译,中国税务出版社 2000 年版。

30. 〔美〕费景汉、拉尼斯:《增长和发展:演进的观点》,洪银兴等译,商务印书馆 2014 年版。

31. 〔美〕弗里德曼:《法律制度:从社会科学角度观察》,李琼英等译,中国政法大学出版社 1994 年版。

32. 〔美〕黄仁宇:《中国大历史》,三联书店 1997 年版。

33. 〔美〕霍夫曼等:《财政危机、自由和代议制政府》,储建国译,格致出版社、上海人民出版社 2008 年版。

34. 〔美〕杰克逊主编:《公共部门经济学前沿问题》,郭庆旺等译,中国税务出版社 2000 年版。

35. 〔美〕凯甘主编:《赤字经济》,谭本源等译,中国经济出版社 1988 年版。

36. 〔美〕科斯、阿尔钦、诺斯等:《财产权利与制度变迁:产权学派与新制度学派译文集》,刘守英等译,上海三联书店、上海人民出版社 1994 年版。

37. 〔美〕克博:《社会分层与不平等:历史、比较、全球视角下的阶级冲突》,蒋超等译,上海人民出版社 2012 年版。

38. 〔美〕克拉克:《财富的分配》,王翼龙译,华夏出版社 2008 年版。

39. 〔美〕克劳斯、沃特:《公司法和商法的法理基础》,金海军译,北京大学出版社 2005 年版。

40. 〔美〕克鲁格曼:《萧条经济学的回归》,朱文晖等译,中国人民大学出版社 1999 年版。

41. 〔美〕库恩:《科学革命的结构》,金吾伦等译,北京大学出版社 2003 年版。

42. 〔美〕卢瑟福:《经济学中的制度》,陈建波等译,中国社会科学出版社 1999 年版。

43. 〔美〕罗尔斯:《作为公平的正义——正义新论》,上海三联书店 2002 年版。

44. 〔美〕梅多斯等:《增长的极限》,李涛等译,机械工业出版社 2006 年版。

45. 〔美〕奈特:《风险、不确定性与利润》,安佳译,商务印书馆 2010 年版。

46. 〔美〕诺斯等:《西方世界的兴起》,厉以平等译,华夏出版社 1999 年版。

47. 〔美〕诺斯:《经济史中的结构与变迁》,陈郁等译,上海三联书店、上海人民出版社 1994 年版。

48. 〔美〕帕森斯等:《经济与社会》,刘进等译,华夏出版社 1989 年版。

49. 〔美〕斯蒂格利茨:《发展与发展政策》,纪沫等译,中国金融出版社 2009 年版。

50. 〔美〕斯蒂格利茨:《政府为什么干预经济——政府在市场经济中的角色》,郑秉文译,中国物资出版社 1998 年版。

51. 〔美〕斯蒂格利茨:《自由市场的坠落》,李俊青等译,机械工业出版社 2011 年版。

52. 〔美〕斯密德:《财产、权力和公共选择:对法和经济学的进一步思考》,黄祖辉等译,三联书店上海分店、上海人民出版社 1999 年版。

53. 〔美〕斯坦、香德:《西方社会的法律价值》,王献平译,中国法制出版社 2004 年版。

54. 〔美〕图洛克:《收入再分配的经济学》,范飞、刘琨译,上海人民出版社 2008 年版。

55. 〔美〕威尔达夫斯基:《预算:比较理论》,苟燕楠译,上海财经大学出版社 2009 年版。

56. 〔美〕熊彼特:《财富增长论》,李默译,陕西师范大学出版社 2007 年版。

57. 〔美〕休斯:《美国经济史》,邸晓燕等译,北京大学出版社 2011 年版。

58. 〔美〕伊斯顿:《政治生活的系统分析》,王浦劬等译,华夏出版社 1999 年版。

59. 〔日〕丹宗昭信、伊从宽:《经济法总论》,吉田庆子译,中国法制出版社 2010 年版。

60. 〔日〕金泽良雄：《经济法概论》，满达人译，中国法制出版社 2005 年版。

61. 〔日〕青木昌彦：《比较制度分析》，周黎安译，上海远东出版社 2001 年版。

62. 〔日〕植草益：《微观规制经济学》，朱绍文等译，中国发展出版社 1992 年版。

63. 〔瑞典〕伯恩等：《危机管理政治学》，赵凤萍等译，河南人民出版社 2010 年版。

64. 〔以〕希尔曼：《公共财政与公共政策——政府的责任与局限》，王国华译，中国社会科学出版社 2006 年版。

65. 〔意〕阿克塞拉：《经济政策原理：价值与技术》，郭庆旺等译，中国人民大学出版社 2001 年版。

66. 〔意〕卡佩莱蒂：《福利国家与接近正义》，刘俊祥等译，法律出版社 2000 年版。

67. 〔英〕丹尼：《风险与社会》，马缨等译，北京出版集团公司、北京出版社 2009 年版。

68. 〔英〕哈耶克：《法律、立法与自由》（第三卷），中国大百科全书出版社 2000 年版。

69. 〔英〕哈耶克：《自由秩序原理》，邓正来译，三联书店 1997 年版。

70. 〔英〕李嘉图：《政治经济学及赋税原理》，周洁译，华夏出版社 2005 年版。

71. 〔英〕马歇尔：《经济学原理》，朱志泰译，商务印书馆 1983 年版。

72. 〔英〕麦考密克、〔澳〕魏因贝格尔：《制度法论》，周叶谦译，中国政法大学出版社 1994 年版。

73. 〔英〕皮尔逊：《科学的规范》，李醒民译，华夏出版社 1999 年版。

74. 〔英〕琼斯：《论财富的分配和赋税的来源》，于树生译，商务印书馆 1994 年版。

75. 〔英〕斯密：《国民财富的性质和原因的研究》，郭大力、王亚南译，商务印书馆 2003 年版。

76. 〔英〕汤普逊：《最能促进人类幸福的财富分配原理的研究》，何慕李译，商务印书馆 1997 年版。

三、外文文献

1. Cass R. Sunstein, *Risk and Reason: Safety, Law, and the Environment*, Cambridge: Cambridge University Press, 2002.

2. Geoffrey Brennan and James M. Buchanan, *The Reason of Rules: Constitutional Political Economy*, Cambridge: Cambridge University Press, 1985.

3. Henry George, *Progress and Poverty*, New York: Cosimo Inc., 2006.

4. Lawrence M. Friedman, *Law and Society: An Introduction*, New Jersey: Prentice-Hall, Inc., 1977.

5. Mancur Olson, *The Logic of Collective Action: Public Goods and the Theory of Groups*, Cambridge, Massachusetts: Harvard University Press, 1965.
6. Martin Bronfenbrenner, *Income Distribution Theory*, London: Macmillan, 1971.
7. R. A. Musgrave, *The Theory of Public Finance*, New York: McGraw-Hill, 1959.

本书索引

A

奥茨　270

B

贝克　1，334
比尔德　149
避税　174，221
波斯纳　266
波特　326
博弈行为　304，305，324
布坎南　28，30，126，143，144，158，176

C

财政风险　10，15，24，27—37，39，41—43，115，274，279，294，320，335，336，339
财政联邦主义　270，278，279
财政危机　1，4—8，10，15，24，27—43，115，119，284，293，321，336，339，359
差异性　7，9，11，12，44，47，48，50，54，80，84，99，185，200，216—222，224—226，234—236，247，256，303，314，347，353，357，358

产业法　21，25，67，75，84，224，321，322，335，339，350
产业政策　73，130，150，223，227，285，312
赤字财政　29，32，33
赤字问题　28，29，35，42，43，328
初次分配　10，52，54，59，65—67，78，97—104，107，109，112，113，119，245，247，301，360，361
传统法　7，8，10，12，81，98，101，104，112，136，192，313，344，346，347，353，355

D

倒U曲线　33，94，102，122
德萨米　117，348
抵扣权　11，51，192，237，249，250，255—257，259
地下经济　37
第三部门　96，241，266，343
第三次分配　98
定价权　24

E

二元分化　297—304，306，308

二元结构 39, 40, 42, 46, 72, 75, 84, 92, 96, 120, 148, 149, 160, 178, 201, 229, 241, 242, 282, 298—301, 305, 314—316, 323, 336, 347, 351

F

反不正当竞争法 137, 146, 246, 321

反垄断法 146, 246, 298, 321

房产税 53, 54, 68, 108, 109, 135, 180, 181, 186, 189, 193, 195, 197, 206, 237, 252, 260—271, 273, 280

分配法 5, 15, 51, 92, 93, 102, 104, 106, 113, 117, 141, 247, 304, 308, 334, 344, 348, 359—361, 363

分配风险 1—7, 9—12, 15, 17, 21, 27, 48—50, 54, 57, 59—61, 63, 65, 67, 69, 81, 89—91, 115, 142, 154, 156, 237, 238, 260, 282, 297—299, 309, 327, 333, 334, 336, 338, 341, 344, 349—351, 355, 356, 361

分配结构 2, 4, 7, 8, 10, 12, 13, 18, 22, 45, 49, 50, 55—57, 63—66, 69—80, 89—107, 109, 110, 112—115, 156, 176, 243, 245, 247, 325, 357—359, 362

分配能力 4, 5, 17, 43, 45, 63, 67, 80, 94—96, 111, 113, 249, 298

分配权利 4, 5, 9, 11, 90, 106, 112, 113, 260

分配失衡 3—5, 10, 12, 69, 91, 92, 95, 102, 106, 113, 158, 159, 161, 299, 307, 356, 357, 360, 361

分配危机 1—13, 15, 17, 27, 28, 43, 48, 50, 54, 57, 59—61, 63, 65, 69, 73, 81, 89—91, 141, 142, 146, 151, 152, 154—156, 161, 175, 214, 237, 238, 260, 282—284, 291, 292, 294, 297—301, 303, 307—311, 317, 322—324, 326, 327, 330, 333, 334, 338, 341, 342, 344, 346—352, 354—363

分配压力 6, 8, 9, 11, 12, 15—19, 21—27, 56, 80, 91, 115, 156, 162, 249, 344

分配要素 4, 63

分配正义 5, 9, 43, 45, 50, 83, 90, 92, 104, 106, 112, 113, 142, 161, 200, 221, 248, 253, 281, 360

分配制度 2, 10—13, 15, 43, 59—61, 64—69, 88—99, 101, 102, 104, 106, 109, 112, 118, 125, 141—144, 146—148, 150, 151, 154—167, 175, 184—187, 200, 204, 214—216, 222, 226, 237, 282, 344—346, 349, 350, 357, 358, 360, 362

分配秩序 5, 15, 32, 62, 64—66, 69, 73, 90, 92, 104—107, 109, 112—114, 147, 160, 175, 196, 203, 344, 349, 357, 359

分税制 18, 23, 25, 34, 94, 109, 111, 130, 135, 153, 154, 177, 238, 261, 271—281

复杂性问题 109, 114, 120, 335, 347, 351

G

个人所得税 51, 54, 68, 72, 108, 110,

172，182，206，272，276，284

公共利益　59，62，88，120，199，227，233，234，269，308，312，313，318，320，337

公共物品　19，28，31，33，35，38，41，42，50，52，61，94，96，105，120，122，169，170，201，208，218，233，277—280，282，306，311，317，325，348

公共欲望　120，170

公平竞争　53，132，146，165，183，195，204，207，210，214，215，228，245，246，248，249，305

管仲　25

规制　2—17，19，21，22，24—28，43，45，49—55，59，62，67，70—73，76，80—84，89，90，96，98，99，102—105，110，111，114，115，117，125，127，129，130，136，138，139，141，146，147，149，153，155，158—161，164，166，175，177，179，185，200，205，208，227，235，238，240，244—246，262，282，283，286，289，291，292，295，297，305，309—314，316，319，321—324，328—334，336，338，339，343，348，349，355—363

国债法　35，36，38—41，43，74，288，294，295，335

H

合法性　4，7，9，11，12，30，31，33，34，41，43，48，69，71，79，92，152，156，165，182，185，187，189—193，195—201，206，211—214，221，232，253—255，257，259，262，265，270，276—278，281，283，287，295，297，304，306—308，318，326，332，339，359，360，363

宏观调控　5，7，10，20，24，33，61，71，75—77，85，104，117，120，122，123，126—128，130，131，133，138，139，146，147，150，152，159—163，165，172，174，177，186，190，201，212，221，241，243，244，249，251，252，261，262，269，271，274，278，281，285，290，292—294，297，298，301，304，305，307，311，312，315—317，321，328，330—332，336，338，348，352，354，359

黄宗羲定律　33，42，109

汇总纳税　11，185，220，222—236

货币发行　152，153，244，245，249，287，336

货币政策　130，283，285，331，337

J

基尼系数　2，43，45，46，49，52，96，248

计划　20，35，44，64，66，77，86，93，118，121，122，125，126，128—137，148，153，158，159，162，179，189，245，284，285，287，288，290，318，326，328—330，349

计划调控　77

计划法　60，85，86

价格　25，53，59，63，65，69，86，119，

128，129，153，162，259，312，315，321，322，325，335，338

交易成本　61，88，121，234

结构性减税　1，18，52，68，135，175—179，181—185，192，198，200—202，204—211，213，214，237，245，269，288，325

金融调控　244，312，315，317，322，325

金融调控权　77

金融法　21，25，26，53，59，67，78，84—86，118，130，137，248，310，311，321，322，335，339，340

金融监管　53，311，312，314，315，317，322，325，336，350

经济发展权　5，9，11，17，23，48，165，176，237—249，344

经济法　3，5—12，14，16，17，19—27，39，40，43—45，48—50，52—63，66—68，70—91，93，94，96，98，101—122，124—131，133—167，169，175，176，185，186，194，213，214，216，221，222，225，227，238—249，282，283，285—297，300，309—317，319—324，326—363

经济宪法　24，26，143—145，148—151，158—160，163—166，212，275，276

经济性　32，39，58，82，107，117，130，142—145，147，148，150—152，154，155，158，160，163，164，166，227，231，320，331，348，349

竞争法　21，25，26，53，78，84，85，118，137，224，247，310，322，324，335，339

竞争权　23，25，118，246

就业权　23

绩效　7，32，73，83，113，222，258，289，307，317，319，323，332

K

可税性理论　217，265，266，295

空白授权　191，264，270

库兹涅兹　33，101，102

库兹涅兹假设　102

L

立法法　37，40，191，197，199，205，212，253，255，264

利改税　20，81，88，89，131，132，135，137，186，188，263

良性违宪　153，163，166，308

良性运行　2，3，5，26，55，60—62，73，78，88，104，114，147，152，169，241，282，294，297，299，305，308，313，319，337，338，343，349，357

两个失灵　118，310，311，316，322，330，348，355

量入为出　35

刘易斯　46，70，122，299，312

垄断　26，53，83，97，111，112，127，146—148，225—227，233，245，246，307，321，339，348

M

马斯格雷夫　30，126

摩莱里　5，117，348

N

纳什均衡 41

纳税人 24, 33, 41, 68, 101, 105, 108, 110, 172—174, 181, 183, 188, 192—200, 202, 203, 207—212, 223, 224, 233, 237, 249—253, 255—259, 267—270, 284, 289, 295, 296, 303—305, 307, 321, 325, 341

纳税主体 37, 171, 183, 194, 212, 216—222, 225, 227, 229—232, 251, 253, 255—258, 264, 265, 267, 305

诺斯 19, 28, 76, 119, 131, 156, 168, 172

诺斯悖论 131, 168

P

帕金森定律 42

赔偿性责任 320

Q

情势变更 11, 296, 318, 323, 329, 330, 333

权义结构 17, 24—27, 59, 64, 74, 75, 83, 113, 145, 242, 248, 341, 349, 350, 358

R

人民币 182, 287, 327

人民银行 68, 69, 337

S

商品税 108, 110, 167, 183, 194, 211, 245, 267, 272

社会保障法 10, 54, 68, 78, 101

社会法 10, 11, 59, 68, 78, 85, 98, 101, 112, 138, 157, 332, 335, 342, 343, 345—347, 350, 352, 354, 355, 358, 360

社会公益 24, 61—63, 71, 119, 120, 155, 227, 241, 289, 311, 313, 314, 320, 335, 349, 360

社会责任 160

市场规制 59, 85, 120, 126, 128, 130, 137—139, 146, 147, 150, 152, 159—161, 163, 165, 241, 243, 246, 298, 312, 315—317, 321, 328, 330, 332, 336, 338, 348, 359

市场规制权 24, 122, 146, 147, 160, 161, 243, 249

市场失灵 54, 57, 60, 69, 81, 97, 102, 129, 155, 307, 310, 311, 313, 316, 320, 330, 338, 340, 348, 360, 361

税法 11, 20—22, 25, 26, 31, 34, 36—39, 41—43, 49—54, 59, 67, 68, 78, 84—86, 88, 93, 94, 98—101, 105, 107—110, 112, 118, 120, 132—137, 141, 151, 163, 164, 166—186, 189, 190, 192, 194, 196—198, 200—206, 208—236, 245, 247, 248, 251—257, 260—262, 264, 266, 268, 270, 275, 277, 281, 288, 291, 294—296, 301—303, 307, 310, 311, 318, 321, 329, 335, 339, 359

税法主体 251, 253, 255

税收国家 34

税收逃避　37，41，112，174，304，305
所得税　10，11，51，53，68，108，110

T

特别国债　285，287，296，329
体制法　76，77，122，127，147，153，155，161，173，202，275
投资结构　72，74—77，93，113，325
投资权　75，76，100
透明度　67，78，289—292，297
土地财政　18，109，196，261，271，274，279，281

U

U形曲线　94，120，122，124—127，129，131，139，247

W

瓦格纳定律　42，124，126，306
危机对策法　5，7，21，117，331，338，340，348，360

X

现代法　8，10，12，16，27，31，82，98，101，104，112，138，139，170，338，346，347，353，355
现代性　130，138，290，351—353
消费结构　72，74—76，78，93，113，243，325
消费税　51，53，54，110，171，182，206，258，273，284，288，289，318
消费者　24，26，78，108，131，137，233，295，321，335，341，349

谢尔曼法　146，161
信息权　40，289

Y

营改增　52，108，173，182，183，188，194，198，208—213，245，255，271，272，280
营业税　51，54，72，108，110，135，171，182，183，186，188，192—195，211，212，245，258，261，263，267，272，274，280，289
有效发展　6，7，22，26，70，107，164，247，282，283，288，291—294，297，301
预算编制　36，38，41
预算调整　36，74，78，287，288，295，296，318，321，329，332，339
预算法　32—36，38—42，60，74，78，170，278，288，289，295，328，332，335，338
预算审批　42，329
预算外资金　32，34
预算资金　32

Z

再分配　10，52，54，58，59，64—66，68，87，97，98，101—104，107，112，113，160，168，245，349，357，361
增值税　11，51，110，135，163，171，173，182—184，186—199，208—214，223，237，245，249—261，263，272—274，280，284，288，289，302，318
正当竞争　26，83，146，246，321，

326，339

政府采购　41，283—285，288，294，295，325，328，336，350

治乱循环　3，16，28，33，44，48，91，118

中等收入陷阱　92，352

中央税　272—274，279—281

中央银行　35，311，317，322

中央与地方共享税　272，273

重复征税　52，107，108，181—183，188，190，193—195，211，231，245，255，267

转移支付　25，41，47，50，52，54，57，59，64，66，68，85，101，107，111，274，278，279，284，285，287，289，290，294，295，325，328，336，349，350

图书在版编目（CIP）数据

分配危机与经济法规制/张守文著. —北京：北京大学出版社，2015.4
（国家哲学社会科学成果文库）
ISBN 978-7-301-25569-8

Ⅰ. ①分… Ⅱ. ①张… Ⅲ. ①分配（经济）—关系—经济法—研究 Ⅳ. ①F014.4 ②D912.290.4

中国版本图书馆 CIP 数据核字（2015）第 039112 号

书　　　名	分配危机与经济法规制
著作责任者	张守文　著
责 任 编 辑	王　晶
标 准 书 号	ISBN 978-7-301-25569-8
出 版 发 行	北京大学出版社
地　　　址	北京市海淀区成府路 205 号　100871
网　　　址	http://www.pup.cn
电 子 信 箱	law@pup.pku.edu.cn
新 浪 微 博	@北京大学出版社　@北大出版社法律图书
电　　　话	邮购部 62752015　发行部 62750672　编辑部 62752027
印 刷 者	北京中科印刷有限公司
经 销 者	新华书店
	730 毫米×1020 毫米　16 开本　24.25 印张　380 千字
	2015 年 4 月第 1 版　2015 年 4 月第 1 次印刷
定　　　价	78.00 元

未经许可，不得以任何方式复制或抄袭本书之部分或全部内容。
版权所有，侵权必究
举报电话：010-62752024　电子信箱：fd@pup.pku.edu.cn
图书如有印装质量问题，请与出版部联系，电话：010-62756370